Landolf Scherzer
Madame Zhou
und der Fahrradfriseur

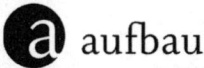 aufbau

Inhaltsverzeichnis

Der Chemiekuchen
ODER:
Dang wo lai de shi hou, wo zhi zhi dao yi dian, dang wo zou de shi hou, wo ye mei zhi duo shao — Als ich angekommen war, wusste ich nur wenig, als ich wieder wegfuhr, wusste ich kaum mehr

Polizisten, die Brust wie Eishockeyspieler mit Schutzwesten gepolstert und die MPi wie eine Mutter ihr Kind mit beiden Händen vor dem Bauch schaukelnd, umrunden langsam das Innere des Flughafengebäudes. Minutengenau kommen sie gleich den Prozessionsfiguren eines Kirchenspieles paarweise in Sicht und verschwinden dann behäbigen Schrittes wieder in der Menschenmenge. Jedes Mal wenn sie im Bistro, vor dem ich stehe, auftauchen, umringt ein hektischer Pulk von Journalisten die roboterstarr geradeaus schauenden Uniformierten und fotografiert sie von vorn, von hinten und von der Seite. Die meisten richten das Objektiv auf die Füße der im Entengang watschelnden Gesetzeshüter. Ich nehme an, dass es hier verboten ist, Polizisten so zu fotografieren, dass sie von jedermann identifiziert werden könnten.

Nach dem dritten Rundgang schaut ein Fotograf, der mit seiner schief aufs Ohr gesetzten Baskenmütze sehr kunstverdächtig aussieht, suchend in die Umherstehenden, steuert dann zielgerichtet auf mich zu und fragt: »Sind Sie ein Deutscher?«

Ich nicke. Er holt Stift und Notizblock aus der Jackentasche und möchte wissen, ob ich mich durch die MPi-tragenden Polizisten beschützt fühle.

»Beschützt vor wem?«, frage ich.

»Vor den Anschlägen der Al-Kaida-Terroristen!«

Ich verstehe nicht.

Er erklärt, dass Innenminister de Maizière heute Morgen vor solchen Anschlägen gewarnt hat.

Ich erwidere, dass ich den Politikern hierzulande misstraue und der Innenminister die Terrorwarnung eventuell nur inszeniert hat, um von sozialen und anderen aktuellen Problemen abzulenken. Der für eine Berliner Zeitung schreibende Journalist meint, dass es bestimmt zu wenig bewaffnete Polizisten wären, um einen Angriff auf den Flughafen Tegel abzuwehren, notiert mein zustimmendes Nicken, freut sich, dass ich ihm Namen und Wohnort nenne und sogar erlaube, mich zu fotografieren, verabschiedet sich mit der Frage, wohin ich fliegen werde, dreht sich, bereits im Gehen, noch einmal um, weil ich »Peking« sage, drückt mir die Hand und wünscht Glück für die Reise in das Land, das sich anschicke, durch seinen Reichtum die Welt zu beherrschen. Und wahrscheinlich, meint er, gäbe es in China nicht einmal Terroristen, denn jeder Chinese werde auf Schritt und Tritt überwacht, die Presse unterdrückt …

Bevor ich ihm entgegnen kann, dass es bestimmt sehr schwierig ist, 1,3 Milliarden Chinesen auf Schritt und Tritt zu überwachen, entschuldigt er sich. Er will auf dem Hauptbahnhof Fahrgäste zur neuen Sicherheitslage in Deutschland befragen und ruft nur noch einmal: »Alles Gute für Sie in China.«

Der Mann, der auf der Fahrt zum Flughafen im Bus neben mir saß, ein 60er in braunen Cordhosen und grünem Lodenmantel, unter dem ein blauer Seidenschlips glänzte, sagte nicht »China«, sondern »Kina«. Er hatte mir erzählt, dass er vor 5 Jahren als Tourist in Kina war und die Kinesen ihn freundlich behandelt hatten. »Nur das Essen bei den Kinesen …«

Weshalb er von Kina und Kinesen spreche, wollte ich wissen. Er meinte, dass Kina die in humanistisch gebildeten Kreisen übliche Bezeichnung für das Reich der Mitte sei. So hätte er das im Gymnasium in Nürnberg gelernt.

Ich könne mich auf die Kinesen freuen. »Sie sind ein sehr gastfreundliches Volk. Aber viele besitzen nicht einmal genügend Geld, um sich ausreichend Essen zu kaufen. Kina hat zwar neue Hochhäuser und neue Fabriken, ist aber sonst sehr, sehr arm.«

Ich hätte dem Mann zum Gegenbeweis meine ausgeschnittenen Zeitungsartikel zeigen können: Die Chinesische Bauernbank platziert im Sommer 2010 beim größten Börsengang der Geschichte Aktien für über 22 Milliarden Euro … Die chinesische Autofirma Zhejiang Geely kauft für 1,4 Milliarden Euro vom amerikanischen Autokonzern Ford den schwedischen Automobilhersteller Volvo … Die Volkswirtschaft Chinas wächst seit 1980 im Schnitt jährlich um 9,5 Prozent und verdrängt Japan vom zweiten Platz in der Welt … Ausländische Konzerne verkaufen auf dem anscheinend unersättlichen chinesischen Markt im ersten Halbjahr Millionen Autos (unter anderem Nissan eine halbe Million, Renault 850 000, VW 500 000) … Der chinesische Staatskonzern Cholco erwirbt beim britisch-australischen Baustoffkonzern Rio Tinto für 1,35 Milliarden Euro Eisenerzschürfrechte in Guinea … Und … Und … Und …

Doch die Zeitungsausschnitte liegen in meinem Koffer ganz unten.

Das Einchecken für den Flug in die Hauptstadt der Volksrepublik China beginnt damit, dass ein ungefähr 30-jähriger Chinese, der zur auberginefarbenen Uniform mit goldenen Knöpfen einen goldenen Schlips trägt, am Businessschalter als Abgrenzung vom gemeinen Flugvolk ein goldenes Geländer aufstellt, einen mit goldenen Ornamenten verzierten roten Teppich ausrollt und ihn mit dem Staubsauger von mir nicht sichtbaren Fusseln säubert. Er bleibt neben dem Schalter stehen, begrüßt die Ankommenden entweder mit einer leichten Verbeugung oder einem freundschaftlichen Handschlag und erkundigt sich bei manchen in gutem Deutsch nach dem Befinden. Einige der Angesprochenen packen Laptops aus, und ein Mann mit gegeltem, aber schon schütterem Haar präsentiert dem Mitarbeiter der staatlichen chinesischen Fluggesellschaft die Zahlen für sein neuestes China-Projekt. Er möchte in Peking ein internationales Weiterbildungsseminar für zahlungskräftige Mediziner organisieren. Mehrmals hat er alle Einnahmen und Ausgaben sorgfältig addiert, aber es fehlen immer noch 30 000 Euro. Der Livrierte sagt: »Die 30 000 werden Sie sich, wenn Sie einen chinesischen Partner an Ihrem Unternehmen beteiligen, in Peking leicht besorgen können. Laden Sie ihn zuerst zum Essen ein, und …«

Die Beratung endet abrupt, als sich eine lärmende Gruppe von vielleicht fünfzig Chinesen nähert. Obwohl sie nicht im Pulk, sondern in Zweierreihen laufen, versucht jeder, an der Spitze zu marschieren. Ein sie begleitender Deutscher in grauem Anzug und dunkelblauem Schlips schüttelt genervt den Kopf. Wieder und wieder fragt er, ob sie ein Businessticket besitzen würden, dann könnten sie auf dem roten goldgemusterten Teppich einchecken. Ansonsten … Alle stürmen zu dem Businessschalter. Doch schon den Zweiten schickt die Frau hinter dem Schalter zur Economy-Class. Stöhnend beginnt der deutsche Begleiter alle Tickets der Chinesen zu kontrollieren und sortiert die Gruppe auseinander. Zum Schluss dürfen sich nur fünf oder sechs am »Goldenen Schalter« anstellen.

Ich möchte wissen, woher die chinesische Delegation kommt, und heuchle dem genervten Begleiter gegenüber solidarisches Bedauern, indem ich erfinde, dass ich vor einigen Wochen auch eine Gruppe Chinesen durch Thüringer Betriebe führen musste. Und klopfe ihm tröstend auf die Schulter.

»Chinesische Techniker?«, fragt er.

Ich nicke.

Technisch interessierte Chinesen wären leichter zu lenken, behauptet er.

Seine Chinesen dagegen sind von der Regierung und der Kommunistischen Partei Chinas ausgesuchte Mitarbeiter und haben an einem von der Bundesregierung organisierten juristischen Seminar über Fragen des Urheberrechtes teilgenommen. »Schließlich kopieren die Chinesen nicht nur die meisten Filme, CDs und Computerprogramme, sondern auch technische Markenartikel.«

Die deutschen Juristen hätten versucht, den Chinesen beizubringen, dass das Urheberrecht international eingehalten werden muss. »Denn zwei Drittel aller gefälschten Produkte, die in der EU beschlagnahmt werden, und das jährlich in einem Wert von über 100 Millionen, kommen aus China.« Lachend erzählt er die Geschichte eines europäischen Ministers, der in China den Schutz geistigen Eigentums anmahnen sollte und sich dort eine, wie er später merkte, gefälschte Rolex gekauft hatte.

Die deutschen Seminarleiter hätten natürlich auch das Thema der Menschenrechtsverletzungen in China angesprochen: Tibet und die Unterdrückung der Opposition. »Doch dazu sagte keiner der Chinesen ein Wort.«

Ich frage ihn, weshalb nicht alle fünfzig Seminarteilnehmer der chinesischen Delegation in der Business-Class fliegen dürfen.

»Man muss die chinesische Rangordnung einhalten. Manche sind Abteilungsleiter von Ministerien und andere einfache Mitarbeiter.« Er hätte für alle eine bevorzugte Abfertigung im VIP-Bereich besorgen können. Aber die kostet pro Person 80 Euro. »Noch einmal rund 4000 Euro Steuergelder für die Chinesen ausgeben, die mehr Geld als wir im Staatssäckel haben? Nee!«

Der deutsche Beamte an der Passkontrolle ist aus seinem Kabuff verschwunden, um Kaffee zu trinken. Die Abfertigung stockt. Einige Chinesen laufen zu einem Schalter im Seitengang. Dort können Ausländer Anträge ausfüllen, damit sie für ihre in Deutschland gekauften Waren die Mehrwertsteuer zurückerhalten. Ich setze mich abseits vom Eincheckschalter auf eine der wenigen Bänke im Flughafenrondell. Ein junges chinesisches Paar rückt zur Seite. Sie packt eingeschweißte Wiener Würstchen aus, er nimmt aus seiner Tasche in Plaste eingepackte Brötchen. Sie beißen zaghaft in die Würste, kauen dann sehr schnell. Als sie die Brötchen herausholen, deren Festigkeit zwischen Daumen und Zeigefinger prüfen und den ersten Biss machen, lese ich auf der Verpackung, dass die Brötchen vor dem Verzehr noch 15 Minuten gebacken werden müssen. Ich versuche, es den beiden zu erklären. Irgendwann begreifen sie das für sie Unbegreifliche, wollen zwar nicht verstehen, dass man eingepackte Brötchen nicht essen kann, lächeln dann aber dankbar.

Ich erinnere mich an eine der ersten Geburtstagsfeiern meiner Mutter nach der Wende. Sie stellte auf den mit Kerzen geschmückten Tisch nicht nur, was zuvor unmöglich gewesen war, einen Strauß Rosen (am 8. Januar!), sondern kredenzte auch, wie sie stolz verkündete, einen besonderen mit Mohn verfeinerten Quarkkuchen einer Markenfirma aus dem Westen. Alle lobten Mutters Kaffee und den nassen Kuchen. Als die ersten Gäste sich schon das zweite Stück nahmen und Mutter sagte, dass sie ihn aus der Gefriertruhe im Supermarkt geholt und nur noch auftauen musste, ich aber den ersten Bissen immer noch nicht heruntergeschluckt hatte, ging ich in die Küche und suchte im Mülleimer die Verpackung. Darauf stand, dass der Kuchen nur noch zwanzig Minuten bei 175 Grad … Ich habe damals – wie gesagt, es war gleich nach der Wende – lange überlegt, aber dann gedacht, dass der Kuchen in diesem Zustand vielleicht gesundheitsschädlich wäre, und alle mit der Neuigkeit überrascht, dass auch ein eingeschweißter Marken-Kuchen aus dem Westen noch fertig gebacken werden muss.

Der Passbeamte hat seine Kaffeepause beendet und setzt sich nun gutgelaunt in seine Buchte. Während er ihre Pässe kontrolliert und stempelt, quatscht er die Chinesen, ob sie Deutsch verstehen oder nicht, unentwegt an. Einen sehr Pausbäckigen frotzelt er: »Auf dem alten Foto siehste aber noch mager, um nicht zu sagen verhungert aus. Inzwischen auch Millionär geworden und zu viele Peking-Enten gegessen, oder?« Noch nachdem er zwei weitere Chinesen kontrolliert hat, lacht er über seinen Witz.

Wegen der Verzögerung bei der Passkontrolle bleibt nur noch wenig Zeit bis zum »Boarding«. Zwar bringe ich für den Erzgebirgler Klaus Schmuck, der mich nach Peking eingeladen hat und bei dem ich wohnen werde, schon Kräuterschnäpse und Thüringer Würste mit, doch ich denke, dass es nicht schadet, im Duty-Free-Shop (der oft teurer als ein deutscher Supermarkt ist) vorsichtshalber noch eine Literflasche polnischen Büffelgrasschnaps zu kaufen. Als ich bei der Kasse stehe, stürmen an die dreißig Chinesen den Laden. In Windeseile und sich laut anschreiend, stapeln sie, ohne auf die Preisschilder, sondern nur auf die Marken zu achten, Parfüm, Alkohol und Schokolade in ihren Korb und stellen sich danach wie selbstverständlich ganz vorn an die Kasse. Durch ihr Überrumpelungsmanöver bekomme ich meinen ersten Körperkontakt mit Chinesen. Anschließend kämpfe ich mich, der zuvor an der dritten Stelle stand, mit Ellenbogen und Händen schiebend, wieder bis an die zehnte. Nachdem alle abkassiert sind, sagt mir die Verkäuferin, dass es heute noch sehr gesittet zugegangen ist. Manchmal würde kurz vor dem letzten Aufruf eine halbe Flugzeugladung Chinesen in den Regalen wühlen, die sich dann an der Kasse, schreiend und gegeneinander kämpfend, vordrängelten.

Ich frage, ob sie sich auch um den Vortritt prügeln.

»Nein, eine Schlägerei habe ich noch nicht erlebt. Sie sind einzeln sehr höflich und friedlich, die Chinesen. Nur in der Masse kennen sie keine Benimmregeln.«

Im Flugzeug muss ich durch die 1. Klasse gehen, um nach hinten zu kommen. Die großen roten mit der goldenen Lotosblume, dem Symbol der Hainan-Airline, geschmückten Plüschsessel stehen so weit voneinander entfernt, dass man sie bequem zum Schlafen umfunktionieren kann. Über den Sitzen in der 2. Klasse – sie scheinen von den amerikanischen Boeing-Erbauern extra für kleine, schmale Chinesen konstruiert worden zu sein – leuchten, kaum dass ich sitze, die Zeichen für »Anschnallen« und »Rauchen verboten!«. Und auf den individuellen Bildschirmen, die an jeder Rückenlehne angebracht sind, kann man sich die Sicherheits- und Rettungsübungen ansehen. Aber die Chinesen stehen noch auf den Sitzen, um Gepäck zu verstauen, rennen, ihre Plätze tauschend, zwischen der 1. und 2. Klasse hin und her und schreien von der letzten Reihe nach vorn zur ersten.

Auch als sich die Stewardessen zur Begrüßung tief verbeugen, beachtet sie keiner. Stattdessen telefonieren die Chinesen, fotografieren sich gegenseitig oder drängeln noch einmal zur Toilette. Ich aber bin fasziniert vom Aussehen der Stewardessen und denke – obwohl ich das nur im Fernsehen erlebt habe – sofort an Pekingoper. Die schlanken Frauen in ihren dunkelroten Kostümen haben die schwarzen Haare so straff zu einem Knoten nach hinten gebunden, dass ihre, den antiken Statuen ähnelnde, hohe Stirn hervorgehoben wird. Die Augenbrauen sind abrasiert und hauchdünn nachgezogen, die Lippen wie bei einer Maske grellrot geschminkt und die Krägelchen ihrer Jacken rot, schwarz und golden gestreift.

Nach dem Start um 18.25 Uhr – in China ist es 1.25 Uhr – werden die Passagiere auf allen Bildschirmen mit den touristischen Höhepunkten Chinas begrüßt: der aus Felssteinen gefügten großen Chinesischen Mauer, den goldverzierten buddhistischen Tempeln, den in der Sonne funkelnden Wasserfällen, den vom Grün der Teeblätter bedeckten Bergen. Dazwischen werden die an Bord üblichen Preise für amerikanische Zigaretten, französisches Parfüm und Schweizer Schokolade eingeblendet.

Mein Nachbar ist ein sehr schmächtiger Chinese. Er will den durch Fingerberührung zu bedienenden Bildschirm ausschalten, schafft es nicht und bittet mich in fließendem Englisch um Hilfe. Doch weder mein technisches Verständnis noch meine bruchstückhaften Kenntnisse der Weltsprache reichen aus, um mit ihm das Problem zu lösen. Er versucht mir die Ungerechtigkeit klarzumachen, dass die Sprache, die 1,3 Milliarden Menschen, also jeder Fünfte auf der Erde spricht, so bedeutungslos ist, dass ein Chinese, um verstanden zu werden, Englisch, also die Sprache der dadurch die Welt bestimmenden und manipulierenden USA beherrschen muss. Er schaut mich ungläubig an und begreift nicht, dass es in Deutschland noch Menschen gibt, die sich nicht fließend Englisch verständigen können. Obendrein wenn sie nach China reisen.

Ansonsten verstehen wir uns während des 9 Stunden dauernden Nonstop-Fluges sehr gut. Er stellt sich als Xiao Wang (Kleiner Wang) vor, rückt, wenn ich meinen Ellenbogen auf der gemeinsamen Sitzlehne platziere, höflich weiter zur Seite, reicht mir, damit ich bequemer sitze, zusätzlich sein rotes mit der goldenen Lotosblume verziertes Kissen, sucht den Stift, der mir hinuntergefallen ist, und klappt zuvorkommend meinen Esstisch herunter.

Die schönen, sich graziös bewegenden Stewardessen servieren, nein, sie zelebrieren schon kurz nach dem Start das erste warme Essen. Jedem wird mit einem vollendeten, wie echt wirkenden Lächeln ein großes, warmes, feuchtes Stofftuch gereicht. Weil es sich mein Nachbar wie die anderen Chinesen, anhaltend laut und genüsslich stöhnend, auf das Gesicht legt und erst danach die Hände damit abwischt, mache ich es ebenso. Und atme sehr tief und sehr lange den Jasmin-Blütenduft einer fremden Welt ein.

Eine Stewardess, die dabei wie ein kleines Kind singt, sammelt die Tücher wieder ein, die zweite serviert das Essen. Ich möchte Reis mit Huhn in Curry. Aber sie versteht mich nicht, und ich bekomme Gulasch mit Kartoffeln. Die Dritte bietet roten oder weißen Wein (ohne Zuzahlung!) an und schenkt mir, weil ich sehr schnell ausgetrunken habe, unaufgefordert noch einmal lächelnd nach.

Gegen 4 Uhr chinesischer Zeit wird das Kabinenlicht gelöscht. Auf dem Bildschirm jagen CIA-Agenten russische Mafia-Banden …

Auch Chinesen schnarchen. Damit meine Gedanken endlich einschlafen können, hätte ich wahrscheinlich noch ein drittes Glas vom roten chinesischen Wein trinken sollen. Immer wieder frage ich mich, was ich über meinen Pekinger Gastgeber Klaus Schmuck weiß. Nur, dass er im Erzgebirge aufgewachsen ist, danach in Moskau Außenpolitik mit der Spezialisierung China studiert, ein Praktikum in der DDR-Botschaft in China absolviert und ein Sprachstudium an einer Pekinger Uni beendet hat. Dass er zur Wende im DDR-Außenministerium in Berlin arbeitete, danach ein Westberliner Pharmaziehandelsunternehmen auch in Russland vertrat und schließlich, weil er in Deutschland keinen Job mehr bekam, vor 11 Jahren mit seiner Freundin, die er inzwischen geheiratet hat, nach China ging, sich zuerst mit Fensterbau, später mit Unternehmensberatung durchschlug und jetzt der Ansprechpartner einer Wälzlagerkomponentenfabrik aus Mittweida in China ist. Seine Frau Monika arbeitet bei einer deutschen Entwicklungsgesellschaft als Leiterin der Finanzabteilung. Zwischen Arzneimittelverkäufer in Russland, der Arbeitslosigkeit und China gibt es 6 Monate in Tschetschenien, in denen Klaus Schmuck, wie er mir einmal erzählte, nicht mehr geglaubt hatte, Deutschland lebend wiederzusehen …

Um 9 Uhr chinesischer Zeit, zu Hause 2 Uhr, erklingt im Lautsprecher sehr schrille, auf Saiteninstrumenten gespielte chinesische Musik. Die Stewardessen schalten das Kabinenlicht an und beginnen wenig später, Markenartikel zu verkaufen. Die Singende kniet auf dem Gang vor ihrem Wagen und türmt, weil eine der Chinesinnen aus der Regierungsdelegation nicht weiß, welches Parfüm sie nehmen soll, alle Schachteln vor der Frau auf. Nach einer Viertelstunde, in der die Frau sich für nichts entscheiden konnte, packt die Stewardess alles freundlich lächelnd ein und bringt wenig später wieder heiße, feuchte Tücher. Dieses Mal erwische ich sogar grünen Tee und Reis mit Hühnchen in Curry. In einem Set liegen Besteck, Salz, Pfeffer, Zahnstocher, ein in Goldpapier gewickeltes Stück Butter aus dem Allgäu, dazu Kaffeesahne aus Bremen und Kuchen mit der Aufschrift »Wilhelm Gruyters-Minikuchen Madeleine mit Butter« aus Krefeld. Außer Weizenmehl und Butterreinfett enthält der Kuchen Stabilisatoren, Glyzerin, Glukosesirup, Dinatriumphosphat, Natriumhydrogenkarbonat, Kalziumphosphate, Dextrose, Emulgator, E202, C-Säureregulator, Betakarotin …

Und so schmeckt er auch.

Als die Maschine nach 9 Stunden in Peking gelandet ist, verbeugen sich die Stewardessen wie nach einer Theatervorstellung. Aber die Chinesen beachten sie nicht mehr. Noch während die Maschine ausrollt, stehen sie schon auf den Sitzen, kramen in den Gepäckfächern, schreien in ihre Handys, fotografieren sich … Ich versuche durch das Bullauge erste Bilder vom Pekinger Flughafen zu erhaschen, aber wir fahren kilometerweit nur durch riesige Baustellen. Mein Nachbar erklärt mir, dass der Flugplatz »a little« vergrößert wird.

Beim Aussteigen, ich bilde mir ein, dass die Stewardess mich besonders freundlich verabschiedet, sehe ich, dass der Mann, der auf dem Flughafen Tegel dem Mitarbeiter am Business-Class-Schalter sein China-Projekt vorstellte, zu dem ihm noch 30 000 Euro fehlten, nur in der 2. Klasse geflogen ist.

Im Flughafengebäude suche ich zuerst ein Mao-Bild, finde aber nirgendwo ein Porträt vom Großen Führer. Statt seiner hängen Fotos von der Großen Mauer, den Tempeln, den Teeplantagen und Gemälde, auf denen goldverzierte Drachen, Buddhas, exotische Blumen und Vögel zu sehen sind, an den Wänden.

Klaus Schmuck entdecke ich unter den Wartenden sofort. Er überragt mit seiner Länge und der sehr aufrechten geraden Kopfhaltung nicht nur die Chinesen, sondern auch die meisten Ausländer. Weil er scheinbar nicht zu den Schwatzhaften gehört, fragt er nur, wie der Flug war, nimmt – ohne meine Antwort abzuwarten – den Koffer, trägt ihn zum Auto, sagt, dass es mit 8 Grad heute noch warm ist für den Beginn des Winters in Peking. Dann lächelt er ein wenig, wirkt mit seinem grauen Vollbart trotzdem noch streng, sagt: »Ni hao, Beijing – Guten Tag, Peking« und steigt mit mir in seinen großen schwarzen VW. Als wir in Richtung Stadt fahren und ich die Silhouette der Hochhäuser nur schleierhaft erkennen kann, frage ich: »Nebel im Winter?«

»Nein, Smog. An manchen Tagen kann man hier kaum atmen. Und selbst die nächste Umgebung bleibt dann unsichtbar.« Ich wünsche mir, dass der Schleier, der über der Stadt liegt, für meinen Versuch, China kennenzulernen und das chinesische Wunder zu erkunden, kein schlechtes Omen ist.

Doch selbst bei klarerer Luft hätte ich außer an der Mautstelle, an der jeder Autofahrer, der nach Peking hineinwill, umgerechnet 1 Euro bezahlen muss, wahrscheinlich keinen Blick auf die Landschaft verschwendet. Ängstlich und wie hypnotisiert, starre ich auf die Autos vor, hinter und neben uns, die, nur Zentimeter voneinander entfernt, Stoßstange an Stoßstange, Tür an Tür und Rad an Rad, blitzschnell die Spuren wechseln, Ampeln regelmäßig bei Rot überfahren, auf dem Fußgänger- und Radweg überholen, jede kleinste Lücke nutzen, um andere abzudrängen, und sich an überhaupt keine, außer der Wer-gibt-zuerst-auf?-Regel halten. Klaus flucht auf die Chinesen, die Auto fahren, ohne Auto fahren zu können.

Endlich biegen wir vom dreispurigen Ring in eine Seitenstraße, auf der weniger Autos, dafür aber mehr Fahrräder und Mopeds fahren. Sie sind mit meterhoch gestapelten Stoffballen, Getränkekisten, Zweigen, Radio- und Fernsehschrott,

Ziegelsteinen oder Altpapier beladen. An der Straße stehen kleine villenähnliche Häuser mit Gärten, in denen Palmen und Nadelgehölze gleichberechtigt nebeneinander wachsen. Die Wohnviertel sind von Mauern oder Draht umzäunt, und Poller auf der Straße verhindern, dass man zu schnell durch den offenen Eingang fährt. Neben dem Tor steht ein Pförtnerhäuschen, aus dem, sobald wir mit dem Auto auf dessen Höhe angekommen sind, ein junger Mann in einem dicken uniformähnlichen Mantel herausspringt und, wie vor einem Offizier salutierend, seine Hand an die Mütze legt. Ich schaue mich verstört um, doch ich sehe kein weiteres Auto.

Er hat vor uns salutiert!

»Wohnen hier nur Diplomaten, Militärs oder Ausländer?«, frage ich Klaus.

»Nein, ›Quanfa Garden‹ ist ein zwar teures, aber ansonsten normales Wohnviertel. Gleichermaßen für Chinesen und Ausländer, ein sogenanntes Compound. Die Häuser, die alle privaten Besitzern gehören, stehen auf unverkäuflichem staatlichem Grund und Boden. Die Besitzer vermieten sie, und das Compound-Management reinigt, bewacht und verwaltet das Wohngebiet.«

»Aber salutieren? Vor mir hat noch niemand salutiert.«

Er tröstet mich: »Mit der Zeit wirst du alles begreifen.«

SPICKZETTEL (1)

Als ich wieder in Deutschland war, schrieben mir Schüler der 9., 10. und 11. Klassen aus der Deutschen Schule in Peking, wie sie in China leben und was sie sich und ihrem Gastland wünschen.

Ich hatte sie zuvor per E-Mail gefragt: »Was möchtet Ihr werden, und wo wollt Ihr später leben? Was ist für Euch ein guter und was ist ein schlechter Tag? Welche drei Wünsche habt Ihr für Eure Zukunft? Und was wünscht Ihr China?

Was vermisst Ihr in China, wenn Ihr an Deutschland denkt, und was vermisst Ihr in Deutschland, wenn Ihr an China denkt? Würdet Ihr eine Chinesin oder einen Chinesen heiraten? Weshalb oder weshalb nicht?«

Viele von denen, die mir antworteten, leben schon lange in Peking, manche erst ein oder zwei Jahre. Einige schrieben, dass ich ihren Namen nennen darf, manche, dass ich ihn wegen der Eltern und der Klassenkameraden anonymisieren müsste (was ich getan habe). Und eine der Schülerinnen bezeichnete ihre Antwort als »Spickzettel für Herrn Scherzer, wenn er seine Arbeit über China schreiben muss«.

Alina M., seit einem Jahr in Peking. Berufswunsch: Verlagswesen oder Presse

Mein Hauptwohnsitz soll in Deutschland sein, denn Deutschland ist und bleibt meine Heimat. Dort sind meine Wurzeln und meine Familie. Jedoch möchte ich auch im Ausland leben. Am liebsten in Peking, weil ich die Stadt in mein Herz geschlossen habe. Ich mag das schnelle, aufregende, chancenreiche und unabhängige Leben in China, das ich in Deutschland nicht haben kann.

Ein guter Tag für mich ist auch, wenn ich den Schlaf genießen konnte, keinen Streit mit Freunden oder Familie habe und das tun kann, was mir in diesem Moment gefällt. Ein schlechter Tag: mit dem falschen Fuß aufstehen, mich mit meinen Freunden streiten und denken, dass ich das Erlernte sowieso nie wieder im Leben brauche. Wenn die Luftwerte in Peking dann auch noch so schlecht sind, dass man Kopfschmerz bekommt, ist der Tag beschissen.

Für die Zukunft wünsche ich mir einen Job, der Spaß macht, dass ich Karriere und Familie unter einen Hut bekomme und Zufriedenheit mit meinem Leben. China wünsche ich, dass es international für »lobenswerte Taten«, zum Beispiel die Einhaltung der Menschenrechte, berühmt wird.

Was würde ich, wenn ich an China denke, in Deutschland vermissen? Das Gefühl, wie hier vollkommen unabhängig zu sein. In Deutschland bin ich von meiner Mutter abhängig, vor allem wenn es um die Mobilität geht, denn sogar zum Bahnhof muss ich gefahren werden. Auch die große Auswahl an Märkten, Einkaufszentren und Restaurants mit den verschiedenen wunderbaren Gerichten würde ich vermissen.

Einen »Halbchinesen« würde ich heiraten. Ein »Ganzchinese« wäre mir vermutlich zu chinesisch eingestellt. Er müsste schon einen Großteil der westlichen Kultur angenommen haben, was bei einem »Ganzchinesen« vermutlich nicht der Fall ist.

Die Autonummer
ODER:

Yue chao yue you zi wie – Wer lärmt, hat mehr vom Essen

Wir halten vor einer ockerfarbenen Villa mit türgroßen Fenstern. Neben dem Eingang, an dem kein Namensschild zu sehen ist, hängt ein ebenfalls namenloser Briefkasten, den zwei kleine Vögel – einer kommt geflogen und hat einen Zettel im Schnabel – zieren.

Im Haus schaut eine junge Chinesin, die in der Küche einen Berg Geschirr abwäscht, kurz von der Arbeit auf, lächelt mich aus ihrem sehr runden Gesicht an, nickt, als wolle sie mich mit einer kleinen Verbeugung begrüßen, und beugt sich dann wieder über das Abwaschbecken.

Sie ist schlank und trägt Jeans.

»Unsere Ayi, die Putzfrau«, erklärt Klaus. »Sie kommt regelmäßig zwei Mal in der Woche.«

Die Männer dagegen, die, was deutlich zu hören ist, im oberen Stockwerk hämmern und bohren (»In diesem Haus ist immer etwas zu reparieren.«), kämen zwar nicht regelmäßig, aber sehr oft, weil Handwerker in Peking meist keine ausgebildeten Klempner oder Elektriker sind, und ihre Reparaturen nur eine kurze Lebensdauer hätten. Sie gehören zur Millionenschar der Bauern, die als Wanderarbeiter in der Stadt Geld verdienen wollen.

Die zwei Männer tragen gelb-blaue derbe Arbeitsjacken aus Leinen. Der ältere meldet Klaus (so übersetzt er es mir später), dass die Heizung wieder dicht ist.

»Ein schönes Haus«, lobt der Chinese und fügt, als müsste er erst überlegen, ob er mit seinen Worten jemanden kränkt, stockend hinzu: »In diesem Haus könnten mindestens zwanzig Wanderarbeiter untergebracht werden. Für jeden 5 Quadratmeter.«

Als die Putzfrau und die Handwerker gegangen sind, parkt außer dem neuen großen VW von Klaus noch ein kleiner klappriger VW-Santana neben der Haustür. Er gehört Monika, der Ehefrau von Klaus. Obwohl sie täglich gemeinsam in einem Auto zur Arbeit ins Zentrum der Stadt fahren, brauchen sie in Peking zwei Autos, denn jeweils an einem Wochentag muss einer, je nach der Endziffer des Nummernschildes, sein Auto stehenlassen. Am Montag zum Beispiel darf kein Auto mit der Endziffer 1 oder 6 in Peking fahren. Wer sich nicht daran hält, zahlt eine Strafe von 100 Yuan (offiziell als Remenbi/ Volkswährung bezeichnet). Das sind gut 10 Euro.

Klaus rechnet mir vor, dass danach theoretisch in der 17-Millionen-Metropole, in der schon 5 Millionen Autos fahren und monatlich 50000 neu zugelassen werden, durch diese Regel täglich 1 Million Autos weniger auf den verstopften Straßen unterwegs sein müssten. Theoretisch! Aber praktisch könnte man mit etwas Glück oder Geld für einen Zweitwagen eine andere Endzahl als die 1 oder 6 erhalten und damit an allen Tagen mit dem Auto fahren.

»Einhalten von Regeln bedeutet in China häufig, sie formell zwar zu erfüllen, aber sie dem Sinn nach zu umgehen.«

Empfang in Peking

Er zeigt mir das Haus. Unten befinden sich Flur, Bad, Küche, ein großes Wohnzimmer und die Veranda. Oben gibt es ein zweites Bad und drei kleine Zimmer. Im Wohnzimmer stehen auf Regalen und Fensterbrettern, auf Schränkchen und in allen freien Ecken des Fußbodens große und kleine, dicke goldene und dünne dunkelfarbene Buddhas aus Ton oder Bronze. Und an den Wänden hängen bunte chinesische Drachen, Masken und pastellfarbene Tuschzeichnungen.

»Das sammelt meine Frau.«

Über die Glasveranda gelangt man in den Garten, in dem auf braunem, vertrocknetem Gras winterlich kahle Sträucher und zwar angebundene, aber nicht mehr sehr lebensfähig aussehende Bäumchen stehen. Als ich durch die Terrassentür in den Garten gehe, erschrecke ich vor einem bisher nicht sichtbaren, mich überragenden Krieger aus Terrakotta, der einen mit roten Kordeln verzierten Spieß in der Hand hält. Er ist gelb, extrem schlitzäugig und hat den Schnurrbart spitz nach oben gezwirbelt, was gefährlich aussieht.

In einer Eckes des Gartens verkümmert ein mickriger Tannenbaum, dessen mit Erde verkrustete Wurzeln mit einem Netz zusammengehalten werden. Neben ihm ist ein Loch ausgehoben.

»Diese Krücke von einem Weihnachtsbaum hat unser Gärtner angeschleppt. Den soll er wieder mitnehmen«, schimpft Klaus.

Als wir einen Begrüßungsschluck getrunken haben und ich das Glas heftig auf den Couchtisch stelle, zucke ich zusammen, denn sofort ertönt ein schrilles krächzendes, sich mehrmals wiederholendes lautes Lachen. Zwischen den vielen Buddhas hatte ich die amerikanische Halloween-Hexe übersehen, die, sobald der Tisch erschüttert wird, dreckig lacht.

Die Ayi würde, wenn sie beim Putzen die Buddhas auf dem Tisch platziert, das Lachen der Hexe an einem Knopf unter dem Rock abstellen, sagt Klaus. Und manchmal zum Leidwesen seiner Frau vergessen, die Stimme wieder zu aktivieren.

Noch heiliger als die Buddhas und die Hexe sind seiner Frau die Figuren auf der Treppe zum Obergeschoss. Auf den Holzstufen stehen hintereinander 9 gelblackierte Phantasietiere: ein auf dem Schwanz stehender Fisch mit dem Kopf eines gehörnten Drachens, ein Löwe, ein Pferd, ein Drache, ein auf einem Hahn reitendes Fabelwesen, ein Phönix, ein Einhorn, ein Stier, ein geflügelter Affe.

Klaus erklärt mir die Bedeutung der Figuren, von denen manche nur noch mit viel Phantasie auf ihren Tierursprung zurückzuführen sind. Seit Jahrhunderten stehen sie auf den Dächern von Pagoden, Palästen und Häusern der Beamten und Bediensteten des Kaisers und beschützten deren Bewohner. Die Anzahl dieser Dachreiter war das äußere Zeichen für die Macht dessen, der im Haus wohnte. »Je mehr Dachreiter umso näher am Kaiser und an der Macht. Umso weniger umso unwichtiger. 9 Figuren waren nur dem Kaiser gestattet.«

Vorsichtig steige ich an den 9 Figuren vorbei die Treppe hinauf zu »meinem« Zimmer, das sonst das Arbeitszimmer des Hausherrn ist. Ein Bett steht darin, ein Schreibtisch, ein Schrank und ein Bücherregal. Ich stelle den Koffer, ohne ihn auszupacken, in die Ecke und schaue mir zuerst die Bücher an.

Liedersammlungen mit den »Partisanen vom Amur«, »Wann wir schreiten Seit an Seit«, dem »Vugelberboom« und »Stille Nacht« … Bücher zur Geschichte und Gegenwart Chinas. Stalins Verbrechen. »Silly« und Tamara Danz. Der Osten Deutschlands nach der Wende. Erinnerungen von Politikern an die DDR … Und einen Meter Christa Wolf, wahrscheinlich alles, was sie bisher geschrieben hat. Daneben stehen einige Scherzer-Titel, die auch der Anlass unserer Bekanntschaft waren.

Klaus meint, Bücher könne ich zu Hause lesen, dafür hätte ich nicht nach China fliegen müssen. Um China kennenzulernen, sollten wir zuerst essen gehen.

»Jede Begegnung beginnt in China mit einem gemeinsamen Essen in einem Restaurant.« Essen sei für die Chinesen nicht nur Nahrungsaufnahme, sondern immer auch ein kulturelles Ritual. Um sich nach dem Befinden des anderen zu erkundigen und ihm Wohlergehen zu wünschen, begrüßen sich vor allem ältere Chinesen oft nicht mit »Ni hao – Guten Tag«, sondern wie früher immer noch mit »Chi le ma? – Heute schon gegessen?«. Chinesen essen nicht, um zu leben, sondern sie leben, um zu essen. Essen ist eine gesellschaftliche Zeremonie, mit ihr erweist man dem anderen seine Ehrerbietung.

Als wir am Wachhäuschen vorbeifahren und der Posten – der Junge scheint wirklich nicht älter als 20 zu sein – wieder Haltung annimmt und salutiert, will ich ihm freundlich dankend zunicken, aber plötzlich bewegt sich meine rechte Hand zum Kopf, und die Finger strecken sich automatisch wie früher bei der Armee.

Auf dem Ring angekommen, starre ich nicht mehr hypnotisiert auf die Autokarawane, sondern bestaune den Wald der Hochhäuser, die mit ihren Dächern scheinbar an den Himmel stoßen. Zwanzig Stockwerke und höher sind die Regel. Kaum ein Wolkenkratzer gleicht dem anderen. Glas und Beton und Stahl streiten sich um die Vorherrschaft. In den meist uniformen Wohnhochhäusern dominiert der Beton. Die futuristischen Gebäude der großen Firmen und staatlichen Behörden protzen mit Stahl- und Glasfassaden, in denen sich die Nachbarhäuser spiegeln.

Monika arbeitet in einem kastenförmigen 25-stöckigen Bürohochhaus. Als wir ankommen, hat sie noch keinen Feierabend. Wir sollten, meint Klaus, wie das bei ihnen üblich ist, im irischen Pub auf sie warten. Am Eingang steht ein aus Plaste geformtes irisches Monsterweib mit riesigen Brüsten. »Durty Nellies« streckt ihre geöffnete große Hand aus, als ob man Geld hineinlegen sollte. Klaus begrüßt sie, indem er mit seiner Hand kurz auf die ihre klopft.

Der chinesische Barkeeper sagt »Hallo« und stellt, ohne zu fragen, ein »Stella Artos«-Bier auf den Tresen. Es gibt auch Kilkenny, Guinness, Dubliner und ein chinesisches Bier. Ein chinesisches kostet nur 3 Euro, für alle übrigen bezahlt man 4 Euro. Zum Bier reicht der Chinese eine Schale mit Erdnüssen, sobald sie leer ist, füllt er unaufgefordert nach. In den Regalen hinter dem Ausschank stehen so viele Whisky-Sorten, dass mir der französische Kognak und der russische Wodka

Der Wald der Hochhäuser

dazwischen sofort auffallen. Doch ich frage nicht, was ein Glas davon kostet, sondern will wissen, was ein chinesischer Bauern-Handwerker im Compound am Tag verdient.

»Umgerechnet vielleicht 4 Euro«, sagt Klaus.

»Und der kleine salutierende Wachhabende?«

»Wahrscheinlich weniger als 4 Euro.«

Im Pub sitzen außer uns nur zwei Englisch sprechende Inder (deren Väter Pubs vielleicht noch aus der Kolonialzeit gekannt haben) und zwei noch sehr kindlich aussehende Männer, die »I will love«-T-Shirts tragen. Sie schreien enthusiastisch, wenn sie beim Billard die Kugel im Loch versenken. Auf dem Bildschirm des Fernsehers, der neben dem Billardtisch steht, lehren Chinesen Kung-Fu, und zwischen den einzelnen Übungen werben bekannte chinesische Sportler für die Erhöhung der Lebensfreude durch Marlboro, McDonald's und Mercedes. Nach kurzer Zeit schaue ich weg, denn ich will nicht sehen, wie sich Erwachsene regelmäßig ins Gesicht schlagen, während ich chinesisches Bier trinke und Erdnüsse esse.

Bevor Monika per SMS ihr sofortiges Kommen ankündigt, haben wir zwei Bier (ich, wegen des Geldes und weil ich kein

Bierkenner bin nur chinesisches) getrunken und drei Schalen Erdnüsse aufgegessen.

Schon als Monika nach ihrer Hand-zu-Hand-Begrüßung mit »Durty Nellies« die Treppe heruntertrippelt, gießt der Keeper ihr ein Glas »Stella Artos« ein. Monika hat ihre dunkelblonden Haare mit einem roten Samtband zusammengebunden. Sie trägt einen hellblauen Schal mit Fransen über dem kurzen Mantel. Die Hosen sind zwar weit, lassen aber einen sehr fraulich geformten Körper ahnen. Sie sieht erschöpft aus, umarmt mich schnell und heftig und lacht, aber ihr Blick hetzt dabei im Pub umher, als ob sie Bekannte suchen würde. Nach dem dritten Bier und der vierten Schale Erdnüsse gehen wir, verabschieden uns mit Hände-Klatschen von der dicken irischen Frau und fahren zum Essen in ein chinesisches Sichuan-Restaurant. Es ist nach der Provinz benannt, in der vor allem scharf gewürzte Gerichte angeboten werden.

Der Autoverkehr hat sich auch am Abend kaum verringert, doch inzwischen leuchten an den Straßen, Bäumen, Fassaden und Brücken rote, blaue, goldene und silberne Lichterketten. Die an jeder Straßenecke im Winde schaukelnden funkelnden Glitzersterne schmücken Peking schon jetzt für das Weihnachtsfest. Vor allem die in Peking lebenden Ausländer und die wenigen christlichen Chinesen begehen es, so erklärt mir Klaus. Das Nachahmen des westlichen Brauchs animiert die Pekinger zum Einkaufen und dient nur dem Kommerz.

Die Illuminatoren (Chinesen waren auch die Erfinder von Illumination und Feuerwerk) haben das Sichuan-Restaurant hinter einem beweglichen Vorhang aus winzigen hellblauen elektrischen Lichtertropfen versteckt. Wir wollen zu dem großen Parkplatz neben dem Restaurant fahren, doch obwohl es in Peking, wie Klaus versichert, an die 3000 Restaurants geben soll, ist die Einfahrt hoffnungslos überfüllt. Wir stehen, rechts blinkend, hilflos auf der Hauptstraße. Hinter uns hupen und blenden die sich scheinbar immer mehr ineinander verkeilenden Autos. Doch das stört weder Klaus noch die vier Männer, die wie Geisterbeschwörer um die Wagen herumtanzen, die zum Restaurant abbiegen wollen. Einer klopft an unsere Fensterscheibe und sagt, wir sollten aussteigen, ihm den Autoschlüssel geben und die 80 Meter bis zum Restaurant laufen. Er gehöre zum »Sichuan«, werde das Auto wahrscheinlich in der nächsten Stunde in eine Lücke fahren können und den Schlüssel danach im Restaurant abgeben. Dort soll Klaus ihn sich nach dem Essen wiederholen. Monika schüttelt den Kopf, doch Klaus überreicht dem Unbekannten den Autoschlüssel. Der steigt ein, nimmt eine Illustrierte aus der Jacke und beginnt, während das Hupen hinter ihm immer lauter wird, mit stoischer Ruhe zu lesen.

An der Tür des Restaurants begrüßen uns schöne Frauen in knöchellangen und bis zu den Hüften geschlitzten enganliegenden roten Kleidern. Das Restaurant hat zwei Etagen. Unten gibt es keinen freien Platz, doch oben räumen zwei Kellnerinnen gerade einen Tisch ab. Sie werfen die neben den Tellern liegenden Essensreste mitsamt der Papierdecke in eine Mülltonne, die sie hinter sich herziehen und kehren auf dem Boden liegende Knochen zusammen.

Auch am Nachbartisch schieben laut schwatzende Chinesen, wenn sie auf ihrem Teller Platz brauchen, die Reste vom Teller auf den Tisch, und wenn sie Platz auf dem Tisch haben wollen, werfen sie die Knochen vom Tisch herunter. Aber nicht das Essverhalten der Chinesen, sondern der ohrenbetäubende Lärm im Restaurant ist für mich das Gewöhnungsbedürftigste. Ich fühle mich wie in einem auf Krawall inszenierten italienischen Theaterstück, in dem bei einer Volksszene hundert Statisten gleichzeitig reden, lachen und sich gegenseitig zu überschreien versuchen. Doch wahrscheinlich bin ich der Einzige im Restaurant, der sich wegen des nur in kurzen unregelmäßigen Abständen auf- und abschwellenden Kreischens, Schreiens und Lachens die Ohren zuhalten möchte.

»Das ist die Normalität«, versucht mir Klaus zu erklären.

»Ein Chinese geht zum Essen nur in ein Restaurant, in dem er schon von draußen fröhlichen Lärm – renao – hört.«

Auch ich gewöhne mich schnell daran, denn der Lärm gehört wohl zur Üppigkeit der mit roten Lampions, goldenen Masken und hohen Grünpflanzen überladenen Ausstattung des Restaurants und der unter der Last der vielen Speisen fast zusammenbrechenden Tische.

Die Gerichte bestellt man nicht nach einer Karte, sondern aus einem dicken Speisebuch, in dem von der Suppe bis zur Nachspeise alles, was das Restaurant zu bieten hat, auf Hochglanzpapier abgebildet ist. Klaus tippt auf die bunten Fotos, und die Kellnerin – das einzige Zierliche im Restaurant – schreibt die Gerichte auf. Als sie schon 10 unterschiedliche Speisen notiert hat, denke ich, dass Klaus noch weitere Gäste erwartet. Bei 12 werde ich unruhig. Bei 14 will er aufhören, doch die Zahl Vier – das erfahre ich erst später – meidet man in China. Die Vier – si – wird im Chinesischen genauso ausgesprochen wie das Wort Tod. Deshalb verzichten manche Hotels auf die Zimmernummer 4. Nach dem Zimmer Nr. 3 kommt das Zimmer Nr. 5, und in manchen Hochhäusern kann man im Fahrstuhl nach dem 3. Stockwerk erst wieder die 5 drücken.

An unserem Tisch erscheinen keine weiteren Gäste, und nacheinander stellen die Kellnerinnen in Schalen und auf Tellern die 15 Köstlichkeiten auf den Tisch: gedünstete Gurken, Sprossen in Ingwersoße, lange Reisnudeln in Fleischbrühe, gebackene Auberginen mit Shrimps, kalte scharf gewürzte Hühnerflügel, Lammspieße, süß-saure Pilze, zwischen Hunderten roten Chilischoten gebratene winzige Rindfleischkügelchen, kandierte gegrillte Bananen …

Ich genieße die Üppigkeit und den Überfluss an Gerüchen und Farben, und plötzlich gehört auch der Lärm im Restaurant wie selbstverständlich zum Ritual.

Ungeniert kann man seine lukullische Neugier aus jeder

Schale und von jedem Teller stillen. Doch diese Neugier wird bei mir nun nicht mehr vom Lärmpegel – wir schaffen es sogar, uns am Tisch zu »unterhalten« –, sondern von den Essstäbchen gebremst.

Klaus tröstet mich. Auch er hat das akrobatische Fingerspiel nicht sofort beherrscht. Die entscheidende Bewährungsprobe musste er seinerzeit im DDR-Außenministerium bei einem Empfang des chinesischen Handelsattachés bestehen. Dort habe man gehobelte und polierte glitschige Möhrenkugeln serviert.

Ich sage, dass es wahrscheinlich keine extra rund geschnittene, sondern die kleinen Pariser Karotten waren.

»In der DDR gab's keine Pariser Karotten, und auch heute kenne ich nur lange Möhren«, widerspricht Klaus. »Das waren raffinierte, glitschige, rote kleine Kugeln. Und die sollte ich zwischen zwei Stäbchen festhalten. Der Handelsattaché der Volksrepublik China saß in der Runde. Es war unvorstellbar, was passiert wäre, wenn mir die Kugel weggeschnipst wäre.«

Er hat die Prüfung damals bestanden.

Ich frage, wann er das erste Mal nach China gekommen ist und woran er sich noch erinnert.

Es sei vor 27 Jahren gewesen, im September.

»Ich habe Peking bei der Ankunft zuerst mit der Nase erkundet. Es roch modrig nach nassen, schwitzenden Pflanzen. Auf den Straßen fuhren nur wenige Autos (in Peking gab es damals lediglich an die zehntausend den Behörden und der Partei vorbehaltene PKW), aber Karawanen von Fahrrädern. Ich war wenig in der Stadt unterwegs, ich wohnte in der DDR-Botschaft. Dort habe ich als Praktikant alle Abteilungen, außer der militärischen, kennengelernt. Mao-Bilder? Ja, sie hingen noch an vielen Häusern und auf Plätzen. Weil China zeitweilig andere Wege als die Sowjetunion gegangen war, konnte es nicht zu unseren Verbündeten gehören. Die Gegner unserer Freunde waren auch unsere Gegner.«

Ich frage, was aus der DDR-Botschaft wurde.

»Das Gebäude ist wahrscheinlich abgerissen und das Gelände im Botschaftsviertel weitervermietet worden.«

Er war nach seiner Rückkehr vor 11 Jahren nicht mehr dort. Als ich ihn bedränge und wissen will, was heute auf dem Gelände steht, sagt er, dass wir auf dem Heimweg vorbeifahren können.

Bevor er bezahlt, die 15 lukullischen Köstlichkeiten samt 6 Gläsern Bier kosten für jeden nur 8 Euro, gehe ich zur Toilette.

An ihrer hinteren Wand befinden sich durch Seitenverschläge abgetrennte Buchten mit Fußabtritt und Loch dazwischen. Das kenne ich schon aus asiatischen und orientalischen Ländern. Das Pissoir daneben ist allerdings als geologisches Kunstwerk gestaltet. Die Wand hat man mit blauen, schieferähnlichen Steinkacheln gefliest, und darunter zieren blau angestrahlte Muscheln, Korallen und Steine die Pinkelrinne. Ich bin sehr gehemmt.

Vor der Toilette steht eine Frau unter einem großen roten mit Goldkordeln geschmückten Lampion. Sie dreht mir zum Waschen den Wasserhahn auf, reicht mir ein Handtuch und gibt mir zum guten Schluss noch eine duftende Papierserviette. Es ist mir sehr peinlich, denn ich habe kein Geld einstecken, und versuche, ihr mit Händen und Füßen deutlich zu machen, dass ich sofort mit Geld zurückkomme. Sie versteht mich falsch, dreht mir lächelnd noch einmal den Wasserhahn auf, reicht mir das Handtuch, eine Papierserviette …

Ich laufe sehr schnell zum Tisch, um Geld zu holen, und erzähle Klaus von meinem Missgeschick, aber er hindert mich daran zurückzugehen. »In China nimmt man meist kein Trinkgeld. Selbst wenn du das Wechselgeld auf dem Tisch liegen lässt, kann es passieren, dass dir der Kellner damit hinterherrennt.«

Man behauptet, dass es seit der Mao-Zeit so üblich ist. Aber dieses moralische Prinzip der Revolution hätten sich

viele chinesische Neureiche, Beamte, Politiker und Partei-
bosse nicht bewahrt.

»Die können inzwischen nicht genug ›Almosen‹ in Form
von Bestechungsgeldern einstecken.«

Während der Fahrt zur ehemaligen DDR-Botschaft schweigt
Klaus. In diesem rechtwinklig angelegten Viertel mit den von
Anfang bis Ende überschaubaren gradlinigen Gassen und
Straßen leuchten keine Glitzergirlanden. Nur wenige Laternen
erhellen die meist niedrigen Botschaftsgebäude. An manchen
erkenne ich trotzdem über der Umzäunung auch Stacheldraht.

Klaus stoppt. »Hier müsste es gewesen sein.«

Eisentor und Mauer verbergen das Haus dahinter.

»Vielleicht doch weiter vorn?«, sage ich.

Dort steht eine schon sehr alte, in der Dunkelheit wie ein
verwunschenes englisches Landhaus aussehende Villa.

»Nein, hier war es nicht.«

Er fährt rückwärts und dann in eine andere Gasse. Aber
auch dort findet er die wahrscheinlich wieder bebaute Stelle
nicht mehr.

»Wir versuchen es nächste Woche am Tag noch einmal.«

Die Dunkelheit endet abrupt, als wir das Botschaftsviertel
verlassen und wenig später durch die Barstraße fahren.

Als er vor 11 Jahren in Peking ankam, standen in dieser
Gegend noch Wohnhäuser und kleine Geschäfte. In den
Tanzlokalen der Barstraße würden sich inzwischen auch
Frauen, vor allem Mongolinnen und Russinnen, »illegal le-
gal« prostituieren. Ich sollte mir dieses Viertel allerdings besser tagsüber anschauen. Erst vor kurzem sei ein junger Deutscher, der mit seiner chinesischen Freundin aus einem
Tanzlokal kam, »verunglückt«. Seine Leiche hatten die Chinesen wochenlang beschlagnahmt, im Kühlhaus eingelagert
und nicht erlaubt, sie nach Deutschland zu überführen.

Wahrscheinlich könnte ich, wenn es mich interessiert,
morgen mehr über diese Geschichte und die oft in China

nicht einklagbaren Individualrechte erfahren. Morgen sind wir bei Frank zur Geburtstagsparty eingeladen, der mit einer Chinesin zusammenlebt.

Als wir am Compound ankommen, ist es gleich 23 Uhr. Im Wachhäuschen am offenen Eingangstor brennt kein Licht. Doch im Scheinwerferlicht sehe ich, dass der Junge verstört und geblendet aus der Tür rennt, im Laufen versucht, den viel zu großen weiten Mantel zuzuknöpfen und stillzustehen. Aber er schaut nicht wie am Tag freundlich in das Wageninnere, sondern nimmt mühsam Haltung an. Er friert. Und salutiert. Die Hand am mützenlosen Kopf.

»Weshalb steht er auch in der Nacht hier?«, frage ich.

Klaus wiederholt nur, was er mir schon heute Mittag gesagt hatte: »Mit der Zeit wirst du alles begreifen.«

SPICKZETTEL (2)

N.N., Berufswunsch: Arzt

Ich werde vielleicht in Afrika leben. Meine Eltern waren früher in Angola. Dort braucht man Ärzte. In Peking würde ich auch wohnen. Aber eben nur so, wie wir Ausländer in Peking wohnen. Unsere guten Wohnungen sind doch nicht die Norm für Menschen, die in Peking wohnen. Die Mehrzahl lebt in Hütten. Aber daran denken wir in unseren schönen Häusern oft nicht.

Meine drei Wünsche sind: niemals Geldschulden haben, eine blonde, sehr lebenslustige Frau heiraten und die Fähigkeit, im Schlaf fremde Sprachen oder alle lateinischen Begriffe für Muskeln, Sehnen und Knochen zu erlernen.

Was ich China für die Zukunft wünsche? China soll nie wie andere Länder Kriege führen, sondern in der Welt weiter durch friedliche Arbeit mit an der Spitze stehen.

Eine Chinesin heiraten? Nein, ich sagte schon, ich will eine naturblonde Frau haben. Mit ihr hebt man sich sowohl in Afrika als auch in China aus der Masse heraus. Um eine blonde Frau

wird man hier beneidet. Aber ich habe nichts gegen Chinesinnen.
Vielleicht muss ich das noch hinzufügen: Mir gefällt in China,
dass andere Nationalitäten, also zum Beispiel Türken, nicht wie
in Deutschland angepöbelt oder gar diskriminiert werden.

Der Spatzenkrieg
ODER:
Hun shui ye neng xi wu hui – Auch schmutziges Wasser wäscht den Schmutz

Wie ein Arbeiter, der nach seiner ersten Nachtschicht am Tag schlafen soll, wälze ich mich wegen der Zeitverschiebung – in Deutschland säße ich jetzt beim Nachmittagskaffee – die halbe Nacht lang unruhig von einer Seite auf die andere. Noch bevor der Morgen graut, bricht das Bett zusammen. Der Matratzenboden fällt auf den Fußboden, und ich lege mich daneben.

Gegen 7 Uhr klopft Klaus. Noch schlaftrunken, balanciere ich auf der Treppe vorsichtig an den Dachreiterfiguren vorbei nach unten. Klaus sitzt inzwischen, die Füße auf einen Hocker gelegt, Kaffee trinkend in einem großen Sessel vor dem Fernseher. Er sieht mit seinem gepflegten grauen Bart und dem langen flauschigen braunen Bademantel wie ein italienischer Lebemann aus und bietet mir »een Schälchen Heeßen« an.

»Keinen chinesischen Tee am Morgen?«, frage ich.

»Wir wohnen zwar in China, aber müssen wir deshalb auch wie Chinesen leben?«

Im Fernsehen läuft »CCTV International« auf Englisch. Deutsche Sender kann er nicht empfangen. »Man wird schon am Morgen daran erinnert, dass wir uns auf der Deutschland gegenüberliegenden Seite der Erdkugel befinden.«

Ein Dutzend Männer in grauen Jacken und klobigen Stiefeln trottet die Gasse vor dem Gartenzaun entlang. Ich entdecke unter ihnen auch den Jungen, der mir salutiert hat. Er versucht nicht wie die anderen neugierig durch das hohe Fenster in unsere Stube zu schauen.

Klaus sagt: »Wir sollten den Osterhasen aus dem Fenster nehmen und am Wochenende die Arzgebirgs-Mannle aus der Kiste holen und aufstellen. Es weihnachtet.«

Eine Frau mit einem zweirädrigen, sie überragenden Müllwagen, an dem Schaufel und Rutenbesen und Eimer befestigt sind, lässt die laut gestikulierenden Männer vorbeigehen, kommt dann mit ihrem Gefährt noch einmal zurück, bückt sich mühsam – ich bilde mir ein, ihr Ächzen zu hören – und hebt die Plastiktüten auf, die sich Schaufel und Besen widersetzt haben. Auf ihrer grauen Jacke ist am Rücken ein großer bunter Glückskranich appliziert. Er reckt seinen Schnabel stolz in die Höhe.

Klaus bringt seiner Frau einen Pott mit Kaffee hinauf in das Schlafzimmer. Während sie sich anzieht, duscht er und kommt sehr schnell, ohne die Dachreiterfiguren anzustoßen, zwei Stufen auf einmal nehmend und gut riechend, wieder nach unten.

»China TV« wirbt inzwischen mit von der Sonne beschienenen grünbewachsenen Hügeln für chinesischen Tee und einheimischen Reisschnaps und informiert über das Wetter in allen wichtigen Hauptstädten der Welt und in den verschiedenen Zeitzonen Chinas: Tibet minus 15 Grad. Peking plus 1 Grad. Shanghai plus 10 Grad …

Monika kann sich nicht entscheiden, ob zu ihrem hellblauen Pullover besser rote oder dunkelblaue dicke Perlen passen und ob sie Stiefel oder Hackenschuhe anziehen soll. Klaus stellt die Kaffeetassen in die Küche, packt seinen Aktenkoffer, drängelt Monika, endlich fertig zu werden, schaltet im Auto zuerst die Heizung und dann den CD-Player an. Silly »Alles Rot«. Bei »ich und ich waren einander schon so fremd …« und »halt dich fest an was Festem, bild dir ein, dass es hält …« dreht er die Musik lauter. An der Mautstelle sucht er die Schranke, vor der die wenigsten Autos warten, flucht über den wieder verstopften

Airport-Expressway, überholt mit 120 km/h auf dem Radweg, wird bei Rot im Pulk Schritt für Schritt über die Kreuzung geschoben und kommt neben einem Linienbus zu stehen.

Weil die Chinesen im Bus ungeniert von oben in unser Auto gucken, lese ich verlegen in meinem Notizbuch. Aber auch wenn ich sie anschaue, mustern sie, ohne den Blick zu senken, stumm und anscheinend ohne Gefühlsregung weiterhin das Innenleben unseres Autos.

Vor der nächsten Kreuzung schließe ich instinktiv die Augen. Ein nur Zentimeter neben uns fahrender Chinese will uns bei 90 km/h mit seinem Mercedes aus der Spur drängeln. Wahrscheinlich verhindert nur die Erkenntnis, dass sein Auto neuer und teurer ist und er keine Karambolage mit einem Ausländer riskieren möchte, den unvermeidlich scheinenden Unfall.

An der einer Autobahn ähnlichen 3. Ringstraße stehen auf den wenigen noch unbebauten Flächen zwischen den Hochhäusern kleine Laubbäume wie angetretene Soldaten in Reih und Glied. Ihre Abstände sind, so scheint es, zentimetergenau eingehalten.

Klaus erklärt, dass die chinesische Parteiführung vor einigen Jahren angewiesen hatte, Platz für den Bau neuer Fabrikanlagen und Wohngebiete zu schaffen. Und die Chinesen fällten Millionen Bäume. Als die Böden des Landes dadurch immer weiter verteppten und die Luft in den Städten von Jahr zu Jahr schlechter wurde, organisierte man eine patriotische Kampagne zur Wiederaufforstung. Und die Chinesen pflanzten Millionen Bäume. Dieses Prinzip des »demokratischen Zentralismus« sei in diesem Land mit seinen 1,3 Milliarden Menschen bei vernünftigen Beschlüssen vernünftig, philosophiert Klaus. Aber nachdem Mao beispielsweise befohlen hatte, alle Spatzen auszurotten, weil sie Getreide fressen, und die Chinesen die Vögel, sobald die sich auf einen Baum oder ein Haus gesetzt hatten, mit Rasseln und Lautsprechermusik so lange wieder und wieder aufjagten, bis Millionen kraftlos vom Himmel fielen, gab es bald keine Spatzen mehr. Die Käfer und Raupen konnten sich ungehindert vermehren. Und die Ernten wurden vernichtet. Und Hungersnöte brachen aus.

Klaus dreht »Alles Rot« wieder lauter. Anna Loos singt »Ich sag nicht Ja, nicht ohne guten Grund …«. Monika steigt vor dem Bürohochhaus aus. Ein junger Chinese in dunkelgrauer Uniform, mit klobigen Schuhen und schwarzer Schirmmütze öffnet ihr den Wagenschlag. Sie ruft uns noch zu: »Heute Abend wieder bei ›Durty Nellies‹« und verschwindet, schneller als der sie grüßende Wagenöffner ihr auch die Eingangstür aufhalten kann, im Gebäude.

»Mein Büro«, sagt Klaus, »ist zu Fuß nur 10 Minuten entfernt.« Im Auto brauchen wir genauso lange. Mit seiner grauen Fassade sieht das Gebäude neben dem Glaspalast des gegenüberliegenden Bürohauses und dem in der Glitzerwelt alles überragenden »Grand China« klein und ärmlich aus. Vor der Tiefgarage steht eine frierende junge Chinesin. Auch sie wieder in derber dunkelgrauer Uniform mit klobigen Schuhen. Weil die Automatik der Schranke nicht funktioniert, notiert sie sorgfältig die Autonummer und die Uhrzeit der Einfahrt auf einem Zettel. Wahrscheinlich hat sie das heute Morgen schon einige hundert Mal getan, denn Klaus muss, um einen Parkplatz zu finden, sehr lange in der sportplatzgroßen Garage umherfahren.

Von der Tiefgarage steigen wir auf einer glatten Marmorrampe zum Erdgeschoss des Bürohochhauses hinauf. Vor den Fahrstühlen warten junge Chinesinnen in kurzen bunten Miniröcken, auberginefarbenen Samtjacken, Bluejeans und Seidenblusen. Sie trippeln mit ihren hochhackigen Pumps, Lackschuhen oder bis zu den Knien reichenden Wildlederstiefeln unruhig hin und her und rennen von einem Fahrstuhl zum anderen, um an der Anzeige zu erkennen, welcher zuerst unten sein wird.

»Die Fahrstühle waren für ein Wohnhochhaus gedacht. Stattdessen hat man sie in diesem 26-stöckigen Bürogebäude eingebaut, in dem stündlich Tausende Mitarbeiter hinauf- und hinunterfahren müssen«, sagt Klaus stöhnend.

Sein großflächiges Büro, in dem nur das Chefzimmer durch eine Glastür getrennt ist, befindet sich im 12. Stock. Er begrüßt Huang, den 45-jährigen chinesischen Mitarbeiter, der schon eine Brille mit sehr dicken Gläsern trägt, mit »ni hao«. Dann informiert er ihn auf Englisch und Chinesisch, dass die chinesische Delegation, die eventuell einen Vertrag mit der Firma in Mittweida vorbereiten will, inzwischen in Deutschland angekommen ist. Allerdings könnte die Weiterreise nach Mittweida wegen der im Dezember ungewöhnlich heftigen Schneefälle schwierig werden. Und weil chinesische Manager in einem fremden Land ohne original chinesisches Essen nicht lange bei guter Laune zu halten sind, hat er seinen deutschen Kollegen empfohlen, chinesisches Essen – »kein Fastfood der sich chinesisch nennenden Restaurants in Deutschland« – bei einem Chinesen in Dresden zu bestellen. Seine Mitarbeiterin Song, die als Delegationsbegleiterin das erste Mal in Deutschland ist, wird ihm heute Abend ausführlich Bericht erstatten.

Nach dieser Information für den Mitarbeiter schaltet er den Computer an.

Danach kocht er Kaffee.

Danach liest er die neuen E-Mails.

Danach ordnet er die auf dem langen Konferenztisch ordentlich gestapelten Papiere noch einmal.

Danach schreibt er eine Liste, wen er heute kurz vor seinem Feierabend um 18 oder 19 Uhr (in Deutschland ist es dann zwischen 12 und 13 Uhr) in der Geschäftsleitung noch erreichen muss.

Danach plant er mit Huang die Termine für den nächsten Tag.

Danach brüht er noch einmal Kaffee …

Die zwei Außenwände des Büros bestehen zum großen Teil aus bis zum Fußboden reichenden gläsernen Fensterfronten.

Wegen meiner Höhenangst – als 11-Jähriger war ich in der Sächsischen Schweiz von einem Felsen gestürzt – will ich nicht hinunterschauen. Ich beobachte, am Schreibtisch sitzend, wie der Sturm Plastetüten von der Straße als lautlose durchsichtige Vögel bis zum 12. Stock und höher wirbelt, bilde mir ein, dass unser Hochhaus oder die umstehenden schwanken, zwinge mich, auf all das nicht zu achten, und beginne die Einzelheiten meines ersten Morgens in Peking stichpunktartig aufzuschreiben: Im braunen Morgenmantel Kaffee trinken … »CCTV News« auf Englisch … Frau wecken … Aktenkoffer packen … Autorennen auf dem Ring … Silly »Alles Rot« … der Chinese öffnet Moni die Autotür … die automatische Schranke der Tiefgarage, die per Hand bedient werden muss … Warten vor dem Fahrstuhl … Begrüßung des Mitarbeiters … Computer einschalten … Kaffee kochen … E-Mails lesen … Papiere ordnen …

Als Klaus wissen will, was ich schreibe, und ich ihm sage, dass ich, um nichts zu vergessen, jede Kleinigkeit des ersten Morgens notiere, entgegnet er: »Das kannst du dir sparen. Wenn du mit mir täglich vom Compound in die Stadt fährst, wirst du immer dasselbe Ritual erleben. In schönster deutscher oder vielleicht auch chinesischer Regelmäßigkeit.«

Ihn hätten geregelte Abläufe in seinem Leben allerdings noch nie gestört. Bereits auf der Oberschule wurde er für das spätere Diplomatenstudium ausgewählt und vorbereitet. Danach sei alles planmäßig gelaufen: Dienst im Wachregiment »Feliks Dzierzynski«, Auslandsstudium in Moskau und China und der Einsatz im DDR-Außenministerium.

Er glaubt, dass Regelmäßigkeit sowohl für eine Gesellschaft als auch für den Einzelnen die Grundlage für Stärke sein kann. Schon als Schulkind war Spontaneität zwangsläufig nicht sein Ding. »Mein Vater war der Stellvertretende Direktor und Lehrer an meiner Schule, meine Mutter Deutsch- und Geschichtslehrerin. Und ich deren einziges Kind.«

Mehr müsste er dazu nicht sagen.

»Schule und Disziplin gehörten für mich zusammen.« Unfug hat er kaum getrieben. Nur an eine Begebenheit erinnert er sich. »Aber die war für meine Verhältnisse schon ziemlich hochkarätig. Ich hatte bei den Nachbarn Schneeglöckchen geklaut und sie im Klassenzimmer als Frühlingsgruß in das Fenster gestellt. Meine Mutter fragte streng: ›Wo sind die Blumen her?‹ Da habe ich mir blitzschnell das Gehirn zermartert. Zum Glück fiel mir ein, dass mein Großvater an der Eisenbahnstrecke früher einen kleinen Garten besessen hatte. Der war zu meiner Zeit zwar schon Brachland, aber ich dachte, dass dort theoretisch noch Schneeglöckchen wachsen könnten. Also behauptete ich, dass ich sie dort gepflückt hätte und sagte es derart überzeugend, dass meine Mutter mir glaubte. Dennoch wartete ich danach lange auf einen Blitz oder so etwas Ähnliches, das mich für meine Lüge bestraft. Aber es kam nichts.«

Am Mittag fahren wir noch einmal zurück in unser Compound. Klaus will mich bei der Polizei anmelden.

»Ausländischen Touristen ist es in China streng verboten, Chinesen berufsmäßig zu interviewen!«

Schlechte Erfahrungen hätten ihn misstrauisch gemacht, erklärt mir Klaus. Und der chinesische Schriftsteller, der mich, ohne zu wissen, wer ich sei, nur wegen eines gemeinsamen deutschen Bekannten in Berlin per E-Mail zu einem Treffen in Peking eingeladen hat, der könnte auch …

Während Klaus zur Polizei fährt, laufe ich vom Compound in das Dorf nebenan. Sun He befindet sich an der hinteren Seite unseres Compounds und ist von ihm durch eine Mauer abgegrenzt. Um in das Dorf zu gelangen, bräuchte ich nur über die brüchigen Steine zu klettern. Doch als müsste ich mich erst langsam auf die Begegnung mit dem Dorf und seinen Bewohnern vorbereiten, steige ich nicht schnell und neugierig hinüber, sondern rede mir ein, dass mich die überall umherwieselnden Chinesen dabei beobachten könnten, und laufe brav eine Viertelstunde an der Außenmauer entlang.

Im Dorf gehe ich langsam an den aus Holz oder Stein gebauten und teilweise schon eingefallenen Hütten vorbei. Fehlende Wände sind oft nur notdürftig durch Plasteplanen ersetzt. Aus dem davorliegenden Müll, den leeren Stiegen, den Autoreifen, dem Elektroschrott, den zerrissenen Tüchern, den Benzinfässern und Plastekanistern versuche ich zu ergründen, ob sich in den Gebäuden eine Reparaturwerkstatt, eine Imbissbude, ein Brotladen oder eine Gemüsehandlung befindet. Wenn ein Chinese die grauen Baumwolllappen der Tür zur Seite schiebt und mich beäugt, bleibe ich stehen und grüße freundlich nickend. Das müsste ich nicht. Ich könnte auch schnell und zielgerichtet vorbeilaufen und mir nur die grellbunten Bilder, die die Innenseite der Mauer zum Compound auf Hunderten Metern agitatorisch verschönern sollen, interessiert anschauen: Ein Kind und eine Polizistin helfen einem Großvater an der Ampel über die Straße … Ein Mann trennt und ermahnt sich prügelnde Halbwüchsige … Eine Frau im bunten Kleid sitzt unter dem Schein einer über ihr baumelnden Glühlampe vor einem Stapel Bücher … Zwei glückliche Eltern heben ihr Einzelkind strahlend in die Höhe …

Die Farben der wie von Kindern gemalten Figuren sind an vielen Stellen der Mauer schon abgeplatzt.

Neben einer Karikatur, auf dem ein Unternehmer einem Staatsbeamten wohl als Bestechung einen Stapel Geldscheine über den Tisch schiebt, befindet sich ein Hof, in dem meterhohe Haufen von Plastemüll liegen. Daneben türmen sich alte Feuerlöscher, die Reste einer Gefriertruhe, bunte verbeulte Eimer, zerrissene Kabel, kaputte Stühle und Sessel, verbogene Wasserrohe, ein Bildschirmgehäuse, Stangen, Bleche, Pappkartons …

In der Mitte von all dem Unrat steht ein dreirädriger, klobiger, niedriger Transportwagen, an dessen dicker, in die Höhe

Karikatur an der Dorfmauer

ragender eisernen Ziehstange sich ein vielleicht zweijähriges Kind in roter Jacke und plustrigen rosa Hosen festhält. Ich traue mich nicht, es zwischen all dem Gerümpel zu fotografieren, und halte meine kleine Kamera unauffällig in der Hand. Ein Mann in schwarzer Stoffhose, einem dunklen Anorak, dessen Kragen gelb abgesetzt ist, und mit Halbschuhen aus Leder sieht, dass ich – wie um von meinem eigentlichen Objekt der Begierde abzulenken – das gemalte Bild des Betrügers fotografiere. Er zeigt lachend auf das Kind, hebt es von dem Bully, postiert sich mit ihm stolz vor dem Plastehaufen und dem Sperrmüll, bedeutet mir, dass ich sie fotografieren soll, und überzeugt sich dann freudestrahlend, dass die Aufnahme gelungen ist. Schließlich erklärt er mir mit Zeichensprache, dass er den Müll aus Plaste, Holz und Eisen in Peking sammelt und hier verkauft. Er bückt sich, hebt einen Stock auf, dabei rutscht ihm die randlose Brille auf die Nase, tunkt den Stock in einen Farbeimer und schreibt an einen Pappkarton die Zahl 120. Jeden Tag verdient er mit dem Verkauf der Plaste, der gebrauchten Feuerlöscher, Schüsseln und Drähte 120 Yuan. Hinter der baufälligen Hütte, auf deren Flachdach zwischen kaputten Ziegeln, Blechen und Steinen ein ausgedienter Warmwasseraufbereiter, ein zerlöcherter Radarschirm und die Überbleibsel einer Air Condition von besseren Zeiten zeugen, zeigt er mir ein Bettgestell mit Schaumstoffauflage. Dort schläft er nachts, um den Müll vor Dieben zu schützen.

Er lacht immer noch, und ich versuche ihm zu glauben.

Vor einem der Mauergemälde, auf dem eine fröhliche Frau zu sehen ist, die an einem Straßenrand wachsende Blumen gießt, frittiert ein dick eingemummelter Mann, der sein Fahrrad zu einem mobilen Grill umgebaut hat, über einem offenen Feuer in einem mit Öl gefüllten Topf Würste und Teigstücke. Das Öl stinkt ranzig, und im Umkreis von einigen Metern wächst auf dem fettigen Boden kein einziger Grashalm mehr.

Der »Grillstation« gegenüber hat ein Chinese eine »Nudelmaschine« an sein Fahrrad gehängt und dreht wie bei einer kleinen Wäschemangel den Teig durch zwei Walzen. Neben ihm tritt ein alter Mann unermüdlich die gelben Pedalen eines der vor der Fahrradreparaturwerkstatt aufgestellten blaugestrichenen Fitnessgeräte. Zwei beschlipste Männer heben dort ein Moped an, damit zwei Arbeiter das Hinterrad ausbauen und den Reifen flicken können. Ein Straßenkehrer kurvt mit seinem Besen um die Haufen von Blechdosen, leeren Farbeimern, Stiegen und Matratzen, die vor den Hütten liegen.

Als ich die Dorfstraße wieder zurückgehe, laufe ich schneller, grüße auch nicht mehr mit einem Kopfnicken und bleibe, weil es dort – im Gegensatz zum ranzigen Frittieröl – sehr würzig nach Gebratenem riecht, vor einem einstöckigen Haus stehen. An ihm hängt wie an den meisten, selbst an den schon einfallenden Hütten ein rotes, für mich unverständlich beschriftetes Stofftransparent. Aber unter diesem steht auch ein Schild mit Bildern von gebratenen Enten, Fleischröllchen, Möhren, Garnelen, Pilzen, gekochten Eiern und Scha-

Auf dem Hof des Müllsammlers

len mit Reis und den dazugehörigen Preisen von jeweils 3 bis 5 Yuan. Der Nudelmann bringt einen Karton mit frischen Teigwaren in das »Restaurant«. Ich öffne ihm den Türvorhang, er sagt lachend »Thank you« und lädt mich, nachdem er seinen Karton den zwei Köchinnen übergeben hat, zum Essen in das kleine stickige Zimmer ein. Er geht mit mir noch einmal zur Eingangstür, wo eine große Plasteschüssel mit nicht mehr sauberem Wasser steht. Sehr gründlich wäscht er sich die Hände, und ich mache es ihm – mich an die afrikanische Weisheit »Auch schmutziges Wasser wäscht den Schmutz« erinnernd – nach.

Weil schon an allen wackligen Plastetischen Gäste sitzen – ich sehe außer Männern nur zwei Frauen mit Kindern –, schlägt der Nudelmacher vor, dass ich mit ihm in der Kochecke esse. Doch ich nehme an, dass Klaus bald von der Polizei zurück ist. Da ich ihm nichts von meiner Dorferkundung gesagt habe, könnte er beunruhigt sein, und lehne freundlich ab. Der Nudelmacher wickelt mir drei Handvoll Nudeln in Zeitungspapier und sagt lachend »Bai bai«.

Am Ende der Dorfstraße parken vor einem zweistöckigen Haus, dessen Fensterscheiben mit bunten Tier- und Blumenbildern beklebt sind, 6 PKW hintereinander. Ein klein gewachsener Chinese kommt mit einem »Langnasenkind« an der Hand aus dem Gebäude, öffnet dem vielleicht 5-jährigen Jungen den hinteren Wagenschlag eines Mercedes und fährt, weil schon eine Frau in einem kleinen blauen Peugeot auf seine Parklücke wartet, sehr schnell davon. Aus dem Peugeot klettert ein Mädchen, rennt blindlings zur Haustür, und die Mutter schreit ihr hinterher: »Madeleine, lauf bitte langsam!«

Auf einer Tafel am Haus steht in Englisch und Deutsch, dass sich hier ein Kindergarten befindet. Ich warte, bis die schwarzhaarige junge Frau wieder herauskommt.

Die Rheinländerin Marion Sawade erzählt mir, dass Madeleine noch in Köln geboren ist. Sie leben seit zwei Jahren in Peking. Der Vater von Madeleine ist Franzose und arbeitet in Peking als Autohändler. Sie berät chinesische Unternehmer in der Werbung. Um den Platz für diesen Kindergarten bezahlen zu können, müssen sie beide verdienen. »Er kostet uns im Monat fast 7000 Yuan, also 700 Euro.«

Ich frage, ob ich die Zahl richtig verstanden habe. Sie nickt. Früher haben vor allem Deutsche, später auch Engländer, Franzosen und Russen ihre Kinder hergebracht, inzwischen aber auch Chinesen.

Die Nudelmaschiene

Hinter dem Kindergarten beginnt ein quadratisch angeleg-
tes Labyrinth enger Gassen, die rechts und links von hohen
Mauern begrenzt sind. Dass sich niedrige Häuschen dahinter
befinden, ist nur an den Türen in den Mauern auszumachen.
Diese alten oder inzwischen neu gebauten Wohnviertel würden mit ihren abstandslos aneinandergereihten Häuschen
und den engen Gassen der ursprünglichen Bauweise in Peking entsprechen. Sie würden Hutongs genannt, erklärt mir
die Werbemanagerin. »Die Bewohner dieser Hutongs teilen
sich inzwischen oft den Hof, die Toiletten, die Wasserstelle,
den Kochherd, den Schuppen.«

Ich frage die Rheinländerin, ob sie schon einmal in einem
der Hutong-Häuschen neben dem Kindergarten gewesen ist.

»Nein, das interessiert mich nicht. Außerdem lassen Chinesen keine Ausländer in ihre Wohnung. Die bleibt bei ihnen
streng privat.«

Als eine alte Frau aus einer Tür herausschlurft und sie nicht
sofort wieder schließt, kann ich kurz in das Innere des quadra-

49

tischen Hofes schauen. An den Wänden lehnen viele Fahrräder, ansonsten türmen sich wie an der Dorfstraße leere Farbeimer, Pappkartons, defekte Kühlschränke und Holzstiegen. Die Frau bemerkt meine Neugier, schließt die Tür sehr schnell, und ich tröste mich mit der Feststellung, dass ich nicht schon an meinem zweiten Tag in Peking alles sehen, alles hören, alles riechen, alles schmecken und alles begreifen muss. Nicht das Essen im Dorfrestaurant und auch nicht das Innere der Hofhäuser in einem Hutong. Später, denke ich, später. Heute möchte ich mir nur noch im Gemüseladen des Dorfes frisches Obst kaufen.

Das Geschäft ist nicht viel breiter als die Eingangstür. In dem langen schlauchförmigen Gang stehen die Kisten mit Gemüse und Früchten schräg an der Wand, und am Ende sitzt der Händler mit Waage und Taschenrechner. Ich bitte die Werbemanagerin, meine Wünsche ins Chinesische zu übersetzen. Sie schüttelt den Kopf.»Ich spreche nur Deutsch und Englisch.«

Ich fülle mir Mandarinen, Bananen, Birnen, Äpfel, Erdbeeren, Weintrauben und Ingwer in Tüten. Und der Händler bedeutet mir wiederum mit Zeichensprache stolz, dass alles, was er verkauft, auch im November noch in China geerntet worden ist.

Nur wenige Schritte neben seinem Laden steht an einem Haus unter den chinesischen Schriftzeichen in Großbuchstaben »SEXSHOP«. Die Tür ist mit einer Kette verschlossen und das Schaufenster mit Brettern vernagelt.

Zu Hause erklärt Klaus, dass Sexshops in Peking inzwischen nichts Ungewohntes sind. Korrekt heißen sie »Geschäft mit Waren für Erwachsene zur Erhaltung der Gesundheit«.

Die polizeiliche Anmeldung konnte er problemlos erledigen. Kein Beamter hat gefragt, weshalb ich länger als 30 Tage (das Limit für Touristen) in China bleiben werde.

Wir reparieren das in der Nacht zusammengebrochene Bett, und ich frage Klaus, ob es stimmt, dass ein Kindergartenplatz in Peking monatlich bis 700 Euro kosten kann. Er nickt. In den kommunalen chinesischen Kindergärten bezahlt man nur

50 Euro. Doch auch diese Summe können die Wanderarbeiter aus den Dörfern, die Straßenkehrer, die Wachleute in den Compounds, Bürohochhäusern und Tiefgaragen, die Maurer, Kellner, Köche und Ayis nicht bezahlen. Deshalb lassen sie ihre Kinder meist bei den Großeltern im Dorf zurück.

»Es gibt in Peking allerdings auch Straßenkinder, die nicht, wie es in China üblich ist, von den Verwandten großgezogen werden. Die Eltern dieser Kinder sind hingerichtet oder sitzen wegen schwerer Verbrechen lebenslänglich im Gefängnis. Kein Verwandter kümmert sich um diese, der Familie Schande bringenden sogenannten ›Mörderkinder‹.«

Inzwischen haben sozial engagierte Menschen in verschiedenen chinesischen Städten für diese Straßenkinder privat finanzierte Wohngemeinschaften aufgebaut. »Wenn du am Wochenende mit uns zum Silber-Pagodenwald in die Berge fahren willst, kommen wir an solch einem Heim vorbei. Du kannst es fotografieren.«

Ich hoffe, dass ich Klaus überzeugen werde, das Heim nicht nur von außen zu fotografieren, sondern mit mir hineinzugehen.

Für die Geburtstagsparty am Abend kaufen wir in einer Markthalle, in der es außer farbigen Papierdrachen, Keramikvasen und Ampelbildern auch alle erdenklichen Arten von Blumen gibt, einen Weihnachtsstern und einen Topf mit Orchideen. Zwar gehen wir zur Geburtstagsfeier einer Chinesin, aber weil ihr Mann ein Leipziger ist, nimmt Klaus an, dass es ein deutsches Grillfest mit Bratwürsten, Schweinshaxen und Schaschlik wird. Nach dem irischen Pub und dem chinesischen Restaurant nun eine deutsche Grillparty! Ich hoffe, dass ich in Peking nicht nur die verschiedenen Lokale erkunden werde, und Klaus verspricht, mich in der kommenden Woche in ein 500 Kilometer entferntes chinesisches Wälzlagerwerk mitzunehmen.

Frank, ein waschechter Leipziger Sachse, wohnt mit seiner

chinesischen Lebensgefährtin, einem Sohn und einem Hund auch im Compound. Im Garten hat er ein mit Strahlern beheiztes Bierzelt aufgebaut. Davor steht ein Imbisswagen mit Gläsern, Flaschen, Tellern, Besteck und einem Rost. Auf ihm grillt Frank, ein kräftiger, vielleicht 40-jähriger Mann, wie es Klaus vorausgesehen hat.

Ich drücke dem Leipziger als Mitbringsel einen kleinen Thüringer Taschenrutscher in die Hand und sage: »Ein Gruß aus der Heimat.«

Er greift lachend hinter sich, holt eine Flasche »Wilthener Weinbrand« und schenkt die Gläser voll. »Danke für den Neudietendorfer aus der Heimat«, sagt er, »aber auch hier ist fast alles Heimat.«

Es gibt saure Gurken aus einem der vielen internationalen Läden, Brötchen vom deutschen Bäcker, Wernesgrüner Bier aus einem der deutschen Restaurants und Schweinshaxen, Rippchen, Rostbrätel und Bratwürste nach eigenem Rezept aus dem deutschen Fleisch- und Wurstbetrieb. »Den hat der ehemalige DDR-Militärattaché Oberst a.D. Steffen Schindler nach der Wende in Peking aufgebaut, und er liefert seine Ware in die größten chinesischen Städte.«

Frank fragt, ob ich eine Thüringer Bratwurst möchte. »Seitdem der Schindler einen südthüringer Kollegen – früher auch im Außenministerium der DDR beschäftigt – als Betriebsleiter eingestellt hat, schmecken die wirklich wie Thüringer.« Meint zumindest er. Ein Sachse!

Als er in das Haus geht, sehe ich, dass auf dem Rücken seiner schwarzen Jacke in großen Buchstaben »MAD DOG CHINA« steht. Man kann es als »verrückter Hund« oder auch »tollwütiger Hund« übersetzen. Frank gehört zu einem internationalen Motorradclub. »In China musst du dich nicht wie in Deutschland durch bewohnte Gegenden quälen, hier kannst du als Biker die Freiheit genießen. Tausende Kilometer unbewohnte Freiheit.«

Ein Dutzend seiner »MAD DOG«-Freunde sind zur Geburtstagsparty gekommen. Alle uniformiert in schwarzen Motorradjacken. Ich bitte Frank, dass er mir irgendwann mehr von den »verrückten Hunden« in China erzählt. Solch ein Interview muss der Präsident der »MAD DOG« genehmigen, sagt er. Der Präsident, ein Engländer, trinkt mit mir zwei Bier, dann sagt er: »Okay!« Doch heute nicht, entgegnet Frank. Heute sollten wir feiern.

Irgendwann vor Mitternacht fordert mich Frank auf, in die Küche zu kommen. Er hat dort noch saftig gegrilltes Lammfleisch im Topf. Um den großen Topf stehen schon drei deutsche Männer, essen Fleisch, trinken Rotwein und schwärmen von den, wie sie sagen, beim Sex unübertrefflichen chinesischen Frauen. Nach meinem zweiten Glas Wein – Wein ist in China teuer, eine Flasche einfacher französischer Tischwein kostet über 10 Euro – fragt einer der Männer, wie lange ich noch in Peking bleiben werde. Mindestens 5 Wochen, sage ich.

»Warte noch zwei Wochen, dann packt auch dich das Gelbfieber«, prophezeit einer. »Chinesische Frauen sind im Bett völlig anders.«

»Wie anders?«, frage ich.

» Zärtlicher, weicher, anschmiegsamer, leiser und doch leidenschaftlicher. Man kann es nicht beschreiben. Das musst du selbst erleben.«

Frank legt mir ein neues Stück auf den Teller. Es ist so zart und saftig, wie ich noch kein Lamm gegessen habe.

Der Schlankste und Größte der drei warnt mich vor chinesischen angeblichen Massagesalons. Das Gewerbe sei inzwischen zwar auch in der Volksrepublik China stillschweigend legalisiert und von der Kommunistischen Partei toleriert (»Wie alles, was Geld – oder, wie sie es hier nennen, ›Wohlstand für das Volk‹ bringt. Mehr als zehn Millionen Prostituierte arbeiten in den großen Städten von China.«), aber selbst ein Besuch in einem chinesischen Tanzlokal könnte für einen Ausländer gefährlich enden. Und dann hätte man kaum eine Chance zu klagen, geschweige denn sein Recht durchzusetzen.

Ausführlich und manchmal lachend und manchmal fluchend, erzählt er die Geschichte des jungen Deutschen, dessen Leiche wochenlang nicht aus dem Kühlhaus in Peking herausgegeben wurde. Von diesem Fall gebe es zwei Versionen. »Eine vertritt das chinesische staatliche Taxiunternehmen in Peking und die andere die nach der Wahrheit suchenden Angehörigen. Die zwei Versionen gleichen sich nur in zwei Fakten: Erstens, dass der Deutsche ein Tanzlokal besuchte, es mit einer chinesischen Freundin verließ und zum Taxistand ging. Die zweite Übereinstimmung: Er wurde im zertrümmerten Taxi allein tot aufgefunden und seine Leiche in das Kühlhaus gebracht. Das staatliche Taxiunternehmen wurde von der Polizei in seiner Behauptung bestärkt, dass nicht der Taxifahrer den Unfall verursacht und danach das Weite gesucht hat, sondern dass der Deutsche den Fahrer bedroht, das Taxi geklaut und allein mit der chinesischen Freundin weggefahren ist. Sie sei mit leichten Verletzungen davongekommen und könne die Behauptung des Taxiunternehmens bestätigen.«

Er macht eine Pause, trinkt einen Schluck Wein und sagt, dass er alles Weitere von einem zuverlässigen Freund erfahren hat.

»Danach verlangte das Taxiunternehmen von der deutschen Familie, dass sie das schrottreife Taxi und Schmerzensgeld für die Chinesin bezahlt. Die Leiche würde so lange im Pekinger Kühlhaus bleiben, bis das Geld in Peking wäre. Alle Einsprüche der Eltern blieben erfolglos. Die chinesische Polizei hatte nach dem Unfall weder eventuell vorhandene Blutspuren des Taxifahrers im Auto sichergestellt, noch Zeugen des Unfalls gesucht. Nach 4 Wochen befand sich die Leiche immer noch in Peking. Da tauchten Polizeifotos der Leiche auf. In Deutschland stellte man im Kriminologischen Institut anhand der Verletzung der Wirbelsäule fest – was auch in China möglich gewesen wäre –, dass der Tote nicht gefahren sein konnte, sondern auf dem Rücksitz gesessen hat. Als das Taxiunternehmen nach 5 Wochen begriff, dass es kein Geld herausschlagen konnte, wurde die Leiche freigegeben.«

Nur selten könnte ein Einzelner (noch seltener ein Ausländer) sein individuelles Recht – ein in China von Staats wegen verpönter Begriff – erfolgreich einklagen. »Und dann hätte die Leiche, um gegen Recht, Gesetz und gegen die Pietät Geld zu erpressen, als tote Geisel noch sehr lange im Pekinger Kühlhaus gelegen.«

Wahrscheinlich mag Klaus diese Geiselgeschichte nicht, denn er meint, dass es Zeit ist, zu gehen. Ich trinke als Absacker einen Wodka. Er, die Ermahnung seiner Frau beherzigend, einen Weinbrand. Die »MAD DOG« sitzen beim Bier und planen die Tour für den nächsten Sonntag. Frank verteilt die letzten Thüringer Bratwürste, und der Erzähler der Unfallgeschichte schwärmt nun wieder vom »Gelbfieber«.

SPICKZETTEL (3)

Beining C., Berufswunsch: Architektin oder Produktdesignerin

Die Stadt, in der ich später wohnen möchte, sollte einerseits interessant und lebhaft sein, und andererseits möchte ich dort viele Freunde kennenlernen. Hongkong zum Beispiel wäre spannend, weil es westliche und östliche Kultur miteinander vereint.

Ein guter Tag ist für mich, wenn ich mich mit etwas Sinnvollem beschäftigt habe, das heißt, dass ich etwas für die Gesellschaft oder einfach für mich persönlich erreicht habe. Ein schlechter Tag hingegen vergeht orientierungslos, zum Beispiel wenn ich mit viel Mühe etwas Sinnloses gemacht habe.

Ich kann mir nichts Konkretes wünschen, aber ich weiß, dass mir im Leben viele Höhen und Tiefen begegnen werden. Und ich möchte, dass ich später mit gutem Gewissen sagen kann: Ich

habe meinen Mitmenschen Liebe gegeben und von ihnen auch Liebe bekommen.

China sollte sich so entwickeln, dass ich in Zukunft immer stolz darauf sein kann, dass ich eine Chinesin bin. Es darf keine Kriege geben, und die Entwicklung soll nicht schlagartig, sondern kontinuierlich verlaufen.

Weil ich chinesische Wurzeln habe, fühle ich mich in China auch wie zu Hause, denn meine Verwandten leben hier. Das Essen ist vielfältiger als in Deutschland, und man kann jeden Tag die Fortschritte in Infrastruktur, Kommunikationsmitteln, Hygiene und so weiter beobachten!

Natürlich werde ich einen Chinesen heiraten, weil ich es einfach gewohnt bin, chinesisch zu denken. Ich bin davon geprägt und würde es auch bevorzugen, meine Gefühle auf Chinesisch auszudrücken und ein chinesisches Leben zu führen.

Die »Mörderkinder«
ODER:
Liu xia lai de shi lu di xia de hui jin – Geblieben ist nur die Asche unter den Öfen

In dieser Nacht fällt das Bett nicht zusammen, aber am Morgen erschrecke ich zuerst über einen schussähnlichen Knall im Erdgeschoss und danach über das schrille Kreischen der Halloween-Hexe. Eine tönerne chinesische Maske ist von der Wand gestürzt und hat die amerikanische Hexe erschüttert. Die Maske hat den Sturz ohne Schaden überstanden. Aber weil an einer der Dachreiterfiguren – »wegen der Schusslichkeit der Ayi«, wie Monika schimpft – schon ein Stück Lasur fehlt, werden wir heute in der Töpferei, in der man Figuren und Masken in traditioneller Weise formt und lasiert, den beschädigten Dachreiter durch einen neuen ersetzen.

Der Wochenendausflug beginnt wie die Fahrt zur Arbeit damit, dass die Heizung im Auto angestellt wird und Anna Loos behauptet »Alles ist Rot«. Aber wir müssen uns weder an den Ampeln vorbei durch den Stau des dritten Ringes kämpfen, noch an der Mautstelle warten. Wir fahren aus Peking hinaus. Meine beiden Gastgeber staunen. In den zwei Monaten, die sie hier nicht vorbeigekommen sind, haben die Wanderarbeiter in einem rasanten Tempo eine neue U-Bahn-Strecke samt Bahnhof aus dem Boden gestampft, genauer gesagt oberirdisch auf mächtigen Pfeilern verlegt. Vor den Olympischen Spielen existierten in Peking 700 Kilometer U-Bahn-Netz. Seitdem sind rund 2800 dazugekommen.

Als wir durch eine scheinbar endlose Fläche fahren, auf der nur noch Abrisssteine, Balken und Schutt als Zeugnisse früherer Bebauung herumliegen, zeigen Klaus und Monika immer wieder nach draußen: »Hier standen vor 6 Wochen die Gemüseläden, hier die kleinen Restaurants, hier die Reparaturwerkstätten ...« Und fassungslos: »Nichts mehr davon, nichts mehr.« Auch von den Dörfern ist keine Hütte stehengeblieben.

»Auf die freien Flächen wird man vielleicht fünfzig 18- oder 20-stöckige Hochhäuser hinsetzen«, sagt Klaus. »Doch schon zwei davon würden reichen, um den Leuten aus den abgerissenen Dörfern wieder ein Dach über dem Kopf zu schaffen. Und für jede Familie fließend Wasser. Und für jede Familie eine eigene Toilette.«

Nur an einer Stelle der Brache steigt noch dicker graugrün-gelber Rauch auf. Er gelangt als beißender Gestank durch die Heizungsluft in das Auto und lässt uns husten. Ein Mann verbrennt nicht mehr zu verkaufende Abfälle.

Kaum sind wir an der Abrissfläche vorbeigefahren, auf der das Unkraut noch keine Zeit hatte, sich auszubreiten, tauchen an der linken Straßenseite niedrige, langgestreckte, in der Sonne strahlend bunte Häuschen auf. Ihre Giebeldächer sind mit blauen, gelben und roten Streifen und die verschiedenenfarbigen Wände mit Zeichnungen verschönt. Die Häuschen erscheinen mir in dieser Welt so unwirklich, als ob ein freundlicher Riese sie aus einem Steinbaukasten seiner Kindheit zusammengesetzt oder Pippi Langstrumpf sie angemalt hätte. Die filigranen Flügel des Eisentores ähneln denen eines Märchenschlosses, sie stehen weit offen.

»Das ist ein Dorf, in dem Kinder von inhaftierten oder schon hingerichteten Verbrechern aufgenommen werden«, sagt Klaus. Wir könnten es von außen fotografieren.

Ich möchte hineingehen und bitte ihn, zu dolmetschen, wenn ich mit den Kindern und den Leitern sprechen darf. Er sagt: »Ich arbeite in China eigentlich nicht als Dolmetscher!« Dann steigen wir aus.

Hinter dem Tor sitzen zwei Mädchen und ein Junge auf den Treppenstufen. Die Mädchen, vielleicht 12 oder 13 Jahre alt, tragen weite Pumphosen, eine in Grün, die andere in Blau. Und dazu bunte wollene Pullover. Der Junge hat Jeans und eine tarnfarbene Militärjacke an. Sie schieben dominoähnliche Holzsteine auf der Treppe hin und her und zeigen uns ganz selbstverständlich mit einer Handbewegung die Richtung: immer geradeaus. Klaus fragt sie nach der Direktion. Da sagt der Junge, ohne aufzuschauen: »Madame Zhang ist nicht hier.« Eines der Mädchen weist ihn zurecht. Er steht auf, nimmt Haltung an und wiederholt sehr laut und deutlich: »Madame Zhang ist nicht hier.« Aber Herr Gao Feng wäre im Dorf.

Während die zwei Mädchen loslaufen, um Herrn Gao Feng zu suchen, gehen wir zwischen den Häuschen bis zu einem großen betonierten Platz. Ich vermute, dass es der Appellplatz ist. Aber wahrscheinlich wird dort in der nächsten Zeit niemand zu einem Appell antreten, denn die Fläche von bestimmt 1500 Quadratmetern ist bis zum Rand mit Maiskolben belegt. Dahinter schieben 5 Jungen einen mit Kohlköpfen beladenen Wagen, füllen den Kohl in Körbe und schleppen sie in ein Lagerhaus. Mädchen tragen Melonen. Auf einem Tram-

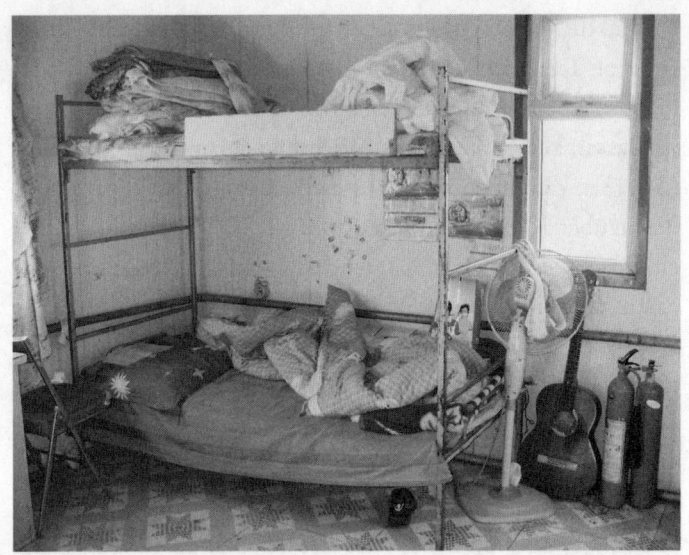

Im Heim der »Mörderkinder«

polin hüpfen kleine Kinder. An einem Häuschen lese ich auf Deutsch: »Haus der deutschen Mütter«. Wir gehen hinein. In dem Vorraum stehen in einem Regal Schuhe und Stiefel in Reih und Glied. In den Zimmern dagegen liegt alles, meine Mutter würde sagen, wie Kraut und Rüben durcheinander. Auf den Doppelstockbetten stapeln sich zusammengewickelte Decken, Hosen und Jacken zuhauf, und unter den Betten stehen Eimer zwischen Pappkartons, und an der Wand lehnt die Gitarre neben dem Ventilator und zwei Feuerlöschern.

Die Mädchen haben Herrn Gao Feng gefunden.

Er ist bullig, hat kleine schmale Lippen im fülligen Gesicht, und die steile hohe Stirn bleibt bis zur Mitte des Kopfes kahl. Lächelnd begrüßt er uns auf Englisch und betont, dass er diese Sprache noch nicht gut und noch nicht lange spricht. Er hat Englisch gelernt, um seinem Sohn zu helfen.

Das Modernste im Büro von Herrn Gao Feng ist ein Computer, der auf einem sehr alten Schreibtisch steht. Die Regale sind schief, und der Stuhl, auf den ich mich setze, ist sehr wacklig. Auf dem Fensterbrett liegen Orangenschalen. Ich frage, ob er sie zu Tee trocknet. »Nein, der Duft der Schalen verbessert die Luft. In unseren Häusern gibt es keine Klimaanlage.«

Sparsamkeit heißt das erste Gebot in den mittlerweile 7 chinesischen »Sonnendörfern« (auf Chinesisch »Taiyangcun«), in denen über 500 Kinder betreut werden. »Natürlich ist das nur ein Bruchteil, aber viele Kinder der vielleicht 1,5 Millionen Inhaftierten sind von ihren Verwandten aufgenommen worden.«

»1,5 Millionen sitzen in chinesischen Gefängnissen?«, frage ich erstaunt.

Herr Gao Feng sagt: »Das sind nicht mehr als 0,12 Prozent der chinesischen Bevölkerung.«

In Deutschland gibt es nach seiner Information 63 000 Häftlinge, also 0,09 Prozent der deutschen Bevölkerung. Aber in den USA wären 2,5 Millionen Menschen (rund 1 Prozent der Bevölkerung) inhaftiert. Die amerikanischen Verhältnisse auf China hochgerechnet, müssten in China statt der 1,5 Millionen 13 Millionen im Gefängnis sitzen.

»Als Ausländer sollte man sich bei der auf Zahlen basierenden Analyse von chinesischen Zuständen zuerst über diese Dimension klarwerden«, sagt Herr Gao Feng.

Gao Feng war Oberst bei den Panzertruppen der Chinesischen Volksbefreiungsarmee. Inzwischen ist er Oberst im Ruhestand. Und weil er mit seinem Sohn Englisch lernte, kaufte er während der Olympischen Spiele die englischsprachige Tageszeitung »China Daily«. Darin las er von Frau Zhang, die in Peking und anderen chinesischen Städten Heime für Kinder von Inhaftierten gegründet hatte. Und weil er nur 70 km von Peking entfernt wohnt und dachte, dass er mit 40 im Ruhestand noch nicht ausruhen sollte, bewarb er sich bei Frau Zhang.

»Obwohl meine Eltern mir den Namen Feng – hoher Berg – gaben, bin ich zu klein geraten: nicht einmal 160 Zentimeter groß, und die Arme auch zu kurz. Das war zwar gut in dem en-

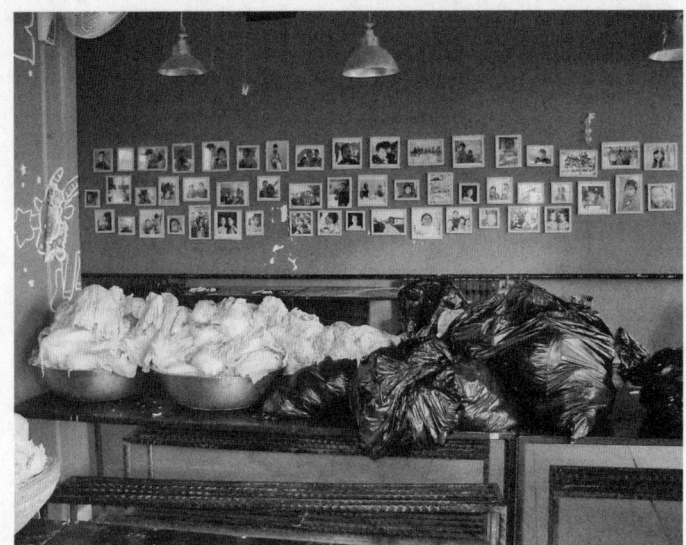

Im Speisesaal

gen Panzer, aber schlecht für eine Autoritätsperson zur Erziehung von Straßenkindern. Mein 12jähriger Sohn überragt mich schon jetzt um einen Kopf.«

Doch seine Entscheidung, im Sonnendorf zu helfen, sei trotzdem richtig gewesen. Als ehemaliger Oberst erhält er außer der Sozialversicherung noch 85 Prozent seiner früheren Bezüge. »Der Staat sorgt für das Militär. Deshalb muss ich für meine Tätigkeit im Kinderdorf nur das Fahrgeld verlangen. Die anderen Mitarbeiter erhalten 600 Yuan im Monat. Die reichen nicht einmal, um die Sozialversicherung zu bezahlen.«

Er geht mit uns zuerst in den Speisesaal, der einer Bildergalerie gleicht, denn an einer Wand hängen Porträtfotos aller 99 Mädchen und Jungen, die im Dorf leben. Stolz will er uns auch in das »Haus der deutschen Mütter« führen, das mit deutschen Spenden gebaut worden ist, warnt uns aber, dass es innen, was die Ordnung betrifft, nicht deutsch aussieht, denn dort wohnen 12 Jungen. Wir erzählen, dass wir es schon gesehen haben.

Im Turnsaal ist – wie in einem Ballettraum – ein großer

Spiegel angebracht. Er hat an vielen Stellen schon Sprünge. »Aber die Mädchen üben davor fast täglich die Tänze für das Neujahrsfest.«

Auf einem großen Foto ist eine Frau abgebildet, die zwar nicht wie eine Sportlerin aussieht, aber in stolzer Haltung sehr aufrecht eine brennende Fackel trägt und mit weit ausholenden Schritten läuft.

»Das ist unsere Direktorin Frau Zhang Shuqin, die Gründerin der Sonnendörfer. Sie gehörte zu den von Partei und Regierung ausgesuchten ehrenvollen Personen, die das olympische Feuer auf dem Weg durch China tragen durften.«

Dann versucht er uns auf Chinesisch und Englisch klarzumachen, dass diese Ehrung ungewöhnlich war, denn Frau Zhang hatte mit den Dörfern für Kinder von Inhaftierten sozusagen gegen Partei und Regierung opponiert.

»Der Staat und die Partei haben in China nur die Pflicht, sich um Versehrte, Verwundete und Helden der Nation zu kümmern. Und weil die Partei alles Nötige im Land reguliert, fasst sie jede nicht angeordnete Aktion, jede private Bürgerinitiative als Einmischung und Bedrohung auf. Frau Zhang, eine Mitarbeiterin der Gefängnisverwaltung, stand plötzlich in Opposition zum Staat, ohne allerdings zu einer Oppositionellen zu werden.« Herr Gao Feng meint, dass einer, der mit seinen Initiativen in Opposition zum Staat steht, die Ideen selbstlos nach innen durchsetzt. Ein Oppositioneller dagegen versucht von außen wahrgenommen zu werden, beispielsweise von europäischen und amerikanischen Medien.

»Obwohl der Staat immer noch kein Geld für die Heime der Kinder der Inhaftierten bereitstellt, hat Frau Zhang das olympische Feuer tragen dürfen!«

Dann erzählt er uns ihre Geschichte: Frau Zhang wurde 1948 in einem kleinen Bergdorf in der Provinz Shaanxi geboren. Die Familie lebte in dem Bergdorf Jianhe, in dem es nicht mal Elektrizität gab. Der Vater arbeitete als Verkäufer im armseligen Dorfkonsum, und die kleine Shuqin musste im Winter mit den 5 Brüdern im Bett der Mutter schlafen. Als sie 14 Jahre alt geworden war, erhielt sie eine Ausbildung in Traditioneller Chinesischer Medizin. Während der Kulturrevolution gehörte die 18-Jährige zu den roten Arbeiter- und Studentengarden, die auf Maos Befehl alle »noch übriggebliebenen Feinde des Sozialismus«, also Professoren, Handwerker, Buddhisten, Ladenbesitzer, vernichten oder umerziehen wollten. Und Zhang Shuqin sagte sich von ihrem Vater – »einem im Handel beschäftigten kapitalistischen Feind« – los, verleugnete ihren alten Namen und nannte sich Zhang Weihua – die China Beschützende. 1976, nach Maos Tod, ging sie als sogenannte Barfußärztin in die Berge und behandelte die Menschen dort mit Kräutern und Akkupunktur.

1979 widerrief die Partei Maos Losung, »mehr Menschen sind mehr Hände« (dass China immer stärker würde je mehr Chinesen es gäbe), weshalb jede Familie mindestens drei Kinder haben musste. Stattdessen verordnet sie per Gesetz die Ein-Kind-Ehe. Frau Zhang musste in dieser Zeit bei vielen Frauen zwangsweise das Ungeborene abtreiben. Später arbeitete sie als Journalistin, schrieb auch über die Gefängnisse der Provinz Shaanxi und wurde danach als Polizistin in der Gefängnisverwaltung angestellt. Dort sah sie Kinder, die wochenlang vor den Gefängnistoren lagen und vergeblich auf ihre inhaftierten Eltern warteten. Und sie erlebte, dass Mütter sich im Gefängnis die Pulsadern aufschnitten, weil sie nicht wussten, was aus ihren Kindern geworden war, dass Väter den Verstand verloren, ausbrachen, um ihre Kinder zu sehen, und bei der Flucht erschossen wurden. Auf Bitten der Gefangenen suchte sie deren Kinder auf und fand viele in völliger Verwahrlosung. 1996 kündigte Frau Zhang Shuqin bei der Gefängnisverwaltung, gab ihre Polizeiuniform zurück, verkaufte ihren Hausrat und gründete von dem Erlös das erste Heim für die Kinder von inhaftierten chinesischen Verbrechern.

Herr Gao Feng fasst sich sehr kurz. Schon viele Reporter hätten über die »Mutter der Mörderkinder« geschrieben. Ich bemerke auch keine Gefühlsregungen, als Gao Feng von den Zwangsabtreibungen, die sie vornehmen musste, berichtet. Die militärische Knappheit seiner Rede ist wahrscheinlich nicht nur in seiner Vergangenheit begründet. Auch hier im Dorf läuft alles nach genauen »militärischen« Regeln. 5.30 Uhr wecken. Frühstücken. Gemeinsamer Abmarsch in die Schule. Um den Wert des Essens nicht zu vergessen und damit sie keine Nahrungsmittel vergeuden, müssen die Kinder vor den Mahlzeiten das alte chinesische Gedicht vom hart arbeitenden Bauern rezitieren, der im Schweiße des Angesichts das Feld bestellt und der ihnen mit seiner mühsamen Arbeit den Teller füllt. Jeden Tag rezitieren sie das zwei Mal im Chor. Sie müssen selbst auf den Feldern arbeiten. Auf knapp 20 ha bauen sie Mais, Melonen, Kraut und Sojabohnen an.

Im Empfangsraum vor dem Büro zeigt uns Herr Gao Feng Fotos von den Kindern, die ihre Eltern im Gefängnis besuchen oder mit ihnen vom Heim aus telefonieren dürfen. »Einer von ihnen telefonierte noch am Abend, bevor der Vater hingerichtet wurde, mit seinem Baba. Er wusste nicht, dass es das letzte Mal sein würde. Er fragte immer nur: ›Baba, wann kommst du nach Hause?‹ Und der Baba sagte: ›Lerne gut, mein Sohn, dann bin ich stolz auf dich.‹«

Ein Mädchen, das miterlebte, wie die Mutter den Vater, der sie Tag für Tag geschlagen hatte, mit dem Messer erstach, schreibt der inzwischen hingerichteten Mutter immer noch Briefe. Eine Pflegerin hat die Briefe unter der Matratze gefunden. »Mama, er hat dich geschlagen, er war böse. Du bist gut. Und wenn ich heirate, wirst du auf meiner Hochzeit tanzen ...«

Man würde den Kindern nicht sagen, wenn die Mutter oder der Vater tot sind. Ein Vater, der mit seinem Kind viele Jahre in China als Wanderarbeiter von Baustelle zu Baustelle und von Fabrikhalle zu Fabrikhalle umhergezogen war und wegen eines Päckchens Opium verhaftet wurde, durfte erst, als das Urteil feststand, mit dem Kind telefonieren. Er wurde zum »Tod mit zwei Jahren Bewährung«, also eventuell Umwandlung in lebenslänglich, verurteilt. (Durch ein neues Gesetz sollen die Delikte für die Todesstrafe in China von 68 auf 55 reduziert werden.) Sein erster Satz am Telefon: »Mein Sohn, wir werden uns bald wiedersehen.«

Auf den Fotos weinen die Kinder nicht. »Das tun sie nur nachts in ihren Betten.« Um 21.30 Uhr ist für alle im Heim der Tag zu Ende.

Auch die Königin von Schweden hat das Kinderdorf schon besucht. Aber inkognito. Erst später erfuhr Frau Zhang, dass sie hier gewesen war. Herr Gao Feng weiß nicht, ob sie anschließend königliches Geld für das Heim überweisen ließ.

»Der Aufenthalt kostet im Monat für jedes Kind 35 Euro, aber wie gesagt: Der Staat zahlt nichts. Wir sind froh, wenn die Zusammenarbeit so klappt, dass uns die Polizei auf der Straße oder vor Gefängnissen aufgelesene Kinder übergibt.«

Inzwischen sind alle Kinder vom Feld zurück, haben den Kohl abgeladen und das Unkraut zwischen den Obstbäumchen im Dorf gejätet. An jedem dieser Bäume hängt ein Herz mit dem Namen des Stifters. 50 Yuan muss man für seinen Baum bezahlen.

Es ist nicht einfach, die Chinesen zu Spenden zu bewegen, sagt der Oberst a. D. Immer noch klingen vielen die Sprüche von Mao in den Ohren, dass der Sohn eines fleißigen Vaters ein fleißiger Sohn wird und der Sohn eines Helden selbst ein Held, aber der Sohn eines faulen armen Tunichtguts ein fauler armer Tunichtgut wird. »Diesen Kreislauf kann man nicht durchbrechen, er ist ebenso naturgegeben, wie die Chinesen sagen, dass eine Katzenmutter keine Hunde gebären kann. Weshalb sollte man Kindern von Mördern, die wieder Mörder werden, helfen? Aber inzwischen gibt es auch in China Unternehmer, die Millionen Dollar besitzen und die wie in den USA manchmal für soziale und kulturelle Zwecke spenden.«

Privat geht heute schon vor Sozialismus.

Im Empfangsraum schauen sich mittlerweile Besucher die ausgelegten Alben mit den Fotos aller Kinder an. Sie können sich ein Kind, das ihnen gefällt, aussuchen, mit ihm sprechen und ihm Sachen oder Geld schenken.

»Doch das Geld dürfen die Kinder nicht für sich behalten. Es wird an alle, auch an die von Besuchern weniger bevorzugten Kinder, verteilt. Unter Führung der Kommunistischen Partei gibt es, zumindest bei der Verteilung der Spenden, immer noch eine Art von Sozialismus in China … Oder eine Wiederauferstehung von Konfuzius«, philosophiert Herr Gao Feng.

Der nach Maos Tod wieder zu Ehren gekommene Gelehrte habe den Chinesen schon 500 Jahre vor Christi beigebracht, wie sie sowohl im Kleinen als auch im Großen zusammenleben müssen: »Sie sollen sich gegenseitig helfen, aber sie müssen dabei bedingungslos den Gesetzen und Strukturen der Macht gehorchen. Hier im Dorf helfen wir den Kindern von zum Tode Verurteilten und Hingerichteten. Doch wenn Sie mich fragen, ob ich dafür bin, die Todesstrafe in China abzuschaffen, antworte ich: Man soll sie beibehalten! Wie könnte unser 1,3 Milliarden großes Volk sonst vor der Gesetzlosigkeit bewahrt werden? Nur wenn Mörder, Drogenhändler, Vergewaltiger und andere Verbrecher wissen, dass sie für ihre Taten hingerichtet werden.«

»Ist auch Frau Zhang für die Todesstrafe?«, frage ich.

Er nickt.

Am Informationsstand kaufe ich für 20 Euro ein Bild mit zwei Dschunken. Die Kinder haben es aus Bambusfäden zusammengesetzt und eine farbenfrohe fünfblättrige Sonne – das Symbol des »Sun-Village«-Kinderdorfes – auf den Himmel gestickt.

Als wir durch das schmiedeeiserne Tor hinausgehen und

ich immer noch über die Ansicht von Frau Zhang und Herrn Gao Feng, dass die Todesstrafe in China nicht abgeschafft werden soll, nachdenke, wiederholt Klaus: »Mit der Zeit wirst du alles begreifen.«

(Das Bild der Kinder aus dem Sonnendorf hängt heute im Wohnzimmer. Kunstsinnige Besucher betrachten es nur kurz und denken – ohne dass sie es aussprechen –, dass ich billigen Erinnerungskitsch liebe. Manchen erzähle ich dann vom Dorf der »Mörderkinder«.)

Je weiter wir aus Peking hinausfahren, umso deutlicher verfärbt sich der graue smokverhangene Himmel zu einem kalten hellen Blau und umso frischer wird die Luft. Nur 50 Kilometer vom Zentrum der Stadt entfernt, erheben sich die Berge, die wie ein Damm verhindern, dass die klare Luft des Nordens in die Millionenstadt hineinströmen kann. Als wir an den Silbernen Pagoden aussteigen, die vor 300 Jahren vor und in die Felsen gebaut worden sind, brennen auf den Gipfeln der Berge schon die Feuer der untergehenden Sonne.

Die silbernen Pagoden

Nur wir wandeln jetzt noch zwischen den Türmen und durch die Gärten. Im Tempel lächelt der Buddha gütig und schenkt uns, die wir aus der Hektik der Stadt in seine Einsamkeit gekommen sind, den Frieden, die Schönheit und den Einklang von Natur und Religion. Erst am Ausgang des silbernen Pagodenwaldes wird die Stille durch die Rufe von Frauen, die Obst, Nüsse und Andenken verkaufen, gestört. Sie stehen dick eingemummelt da und frieren. Wir sind heute bestimmt ihre letzte Hoffnung auf ein Geschäft. Und je weiter wir uns entfernen, umso lauter schreien sie uns nach.

Monika meint, dass die Nüsse, die sie für das Weihnachtsfest in Deutschland kaufen will, an der Straße nach Peking billiger zu haben sind als hier vor den Pagoden. Noch während Klaus »Alles Rot« einschaltet, höre ich das Rufen der Frauen.

Die Töpferei, in der Monika ihre Dachreiterfiguren und Masken gekauft hat, befindet sich am Stadtrand. Auf dem Hof der niedrigen aus Ziegeln gemauerten Werkstätten stehen Paletten, in denen Hunderte gebrannte, aber noch unbemalte Krüge und Vasen liegen. Eine Frau führt uns in den Verkaufsraum, in dem Affen, Löwen, Drachen, Widder, Gnome, Pferde, Schlangen und vielbeinige, mehrköpfige Fabelwesen nebeneinander aufgereiht sind.

Monika tauscht ihren angeschlagenen Dachreiter-Affen, ich kaufe die Tierkreissymbole für meine Kinder, und Klaus wünscht der Verkäuferin Frau Lu, die aus einem 500 km entfernten Dorf nach Peking gekommen ist, eine gute Woche und ein glückbringendes Neujahrsfest. Die Frau schüttelt den Kopf. »Das Feuer in der Töpferei ist erloschen. Es blieb nur die Asche unter den Öfen.«

In drei Wochen werden die Bagger kommen und die Töpferwerkstatt wie die anderen Häuser rechts und links der Straße abreißen. Nebenan sind die Häuser schon dachlos. »Die Ziegel haben die Besitzer mitgenommen«, sagt sie.

Die Dachreitertöpferei

»Wohin?«, frage ich.

Das weiß sie nicht. »Die Behörden haben uns nur mitgeteilt, dass die Häuser in drei Wochen leer sein müssen.«

In den Regalen stehen noch Tausende Masken und Figuren. Ich suche für zwei Enkel, die nach dem chinesischen Kalender im Jahr des Tigers geboren worden sind, Tigerfiguren.

»Die Tiger sind ausverkauft – 2010 war ein fruchtbares Jahr«, sagt die Frau. »Und das chinesische Symbol für das Jahr 2011, das Jahr des Hasen, wird der Meister hier nicht mehr brennen.«

Klaus fotografiert die alten Werkstätten. Monika findet einen noch unbemalten dicken, lachenden Buddha. Sie bekommt ihn von der Verkäuferin 50 Prozent billiger.

»Ich kann in mein Dorf zurückgehen oder in Peking Straßen kehren oder die Schranken von Tiefgaragen bedienen. Aber der Meister«, klagt Frau Lu, »der alte, erfahrene Meister, wo wird er die kaiserlichen Dachreiterfiguren brennen können?«

Am Abend treffen wir uns mit deutschen Bekannten von Monika und Klaus im Restaurant zum »Feuertopf«. Wir sitzen zu zehnt um den runden Tisch, auf dessen Drehscheibe Rindfleisch, Eier, Rettich, Hummer, Rinderzunge, Lachs, Kraut, Pilze, Hähnchenfleisch, Spinat, Tofu, Süßkartoffeln und andere noch rohe Köstlichkeiten liegen. Jeder Gast erhält einen Topf, in dem über einem Rechaud sehr scharf gewürzte Brühe kocht. Darin kann man sich Fleisch, Fisch und Gemüse garen. Bier gibt es, so viel man trinken will, gratis. Nach drei Stunden Schlemmerei bezahlt jeder von uns nicht einmal 5 Euro.

»Ich muss in China nicht mehr kochen, wenn ich spät von der Arbeit komme«, sagt Monika. »Wir können jeden Abend in einem Restaurant preiswerter als zu Hause essen.«

SPICKZETTEL (4)

Max L., Berufswunsch: Tennisprofi

Ich wünsche mir eine heiße Freundin, außerdem dass ich viele Sprachen beherrsche, viel Geld habe und Glück im Leben. China wünsche ich, dass der Lebensstandard für alle viel höher wird, dann wünsche ich ihnen bessere Häuser und eine Bildung, die die Chinesen auch auf ein Studium im Ausland vorbereitet. Am meisten würde mir in Deutschland das Nachtleben hier in Peking fehlen, weil hier auch Jüngere ohne Kontrollen dabei sein können.

Ich würde auch eine Chinesin heiraten. Chinesen sind gute Menschen.

Daniel W., Berufswunsch: Arbeit im Umweltschutz

Ich wünsche China, dass das wirtschaftliche Wachstum anhält und China einfach so bleibt, wie es jetzt ist. Wenn ich an Deutschland denke, fehlen mir hier nur Luxusartikel wie Nutella oder Haribo.

Die Pekingente

ODER:

Wo ke yi chang chu lan duo de zi wie – Ich glaube die angenehme Süße des Faulseins zu schmecken

Am nächsten Tag fährt mich Klaus zu dem Treffen mit dem uns noch unbekannten chinesischen Schriftsteller. Er hat zum Essen in eines der hauptstädtischen Restaurants eingeladen, in denen die Pekingente – sozusagen als lukullisches Kunstwerk – noch traditionell auf kaiserliche Art zubereitet wird. Das Restaurant befindet sich in der Nähe des dritten Stadtrings, der insgesamt fast 50 Kilometer lang ist. Die Hochhäuser in dieser Gegend sind noch höher, stehen noch enger und erscheinen mir noch bedrohlicher, weil sie sich in den Glasfassaden gegenseitig spiegeln und dadurch vervielfachen. Eines ragt als Ruine aus einem architektonisch ungewöhnlich modern aussehenden Komplex heraus, in dem die Verbindung von zwei Häusern aus einer hängebrückenähnlichen Betonkonstruktion besteht.

Ich frage Klaus grienend: »Hat man hier begonnen, die Hochhäuser abzureißen, um Platz für neue Hutongs zu schaffen?«

»Nein, die Ruine gehört zum Ensemble des neuen Medienzentrums des chinesischen Staatsfernsehens, das international bekannte Architekten aus Holland und Deutschland entworfen und Chinesen gebaut haben. Übrigens für fast 1 Milliarde Dollar. Dieses Hochhaus war vor den Olympischen Spielen als Hotel und Aufnahmestudio errichtet worden, ist aber bei einem Feuerwerk zum chinesischen Neujahrsfest im Februar 2009 abgebrannt.«

Das zweistöckige Pekingenten-Lokal »Li Li« steht neben alten Plattenbau-Wohnhäusern, an denen die Stromleitungen immer noch bündelweise vor den Fenstern baumeln, ein großer Transformator hängt an einem Balkon. Rote Lampions schmücken den Baldachin vor dem Restauranteingang. Ein

Kellner öffnet uns die Tür, ruft etwas in das Innere des Hauses, und eine Frau, die sich als Chefin der Gastronomie vorstellt, sagt, dass Herr … (die Auslassungspünktchen werde ich später erklären) im Restaurant auf uns wartet.

Er ist, das fällt mir zuerst auf, nicht schwarzhaarig. Sein zu einer Igelfrisur gestutztes schütteres Haar, das zu seinem spitzbübischen Lächeln passt, glänzt silbern. Nur die Brauen über der Brille mit den dicken Gläsern sind noch schwarz. Zum Begrüßungsritual steht er auf, deutet eine leichte Verbeugung an und tauscht, mit beiden Händen gebend und mit beiden Händen nehmend, seine Visitenkarte gegen die von Klaus. Ohne Visitenkarte ist man in China ein Niemand, hatte mir Klaus gesagt. Ich bin ein Niemand, doch die beiden sehen großzügig darüber hinweg.

Wir trinken Kaffee und berichten über das Woher, Wohin, Wann und erzählen Lebensläufe in Kurzform. Dabei spricht der silberhaarige Chinese sehr schnell, überspringt oft mir wichtig erscheinende Stationen und beschreibt dafür irgendwelche Einzelheiten in aller Ausführlichkeit. Wie die von einem neuen chinesischen Fahrer in Bonn, der sich auf dem Trödelmarkt einen Aschenbecher kaufen wollte. Er fragte den Händler nach dem Preis. Der beschrieb mit abgespreiztem Daumen und Zeigefinger eine 2, die der Chinese aber, weil Daumen und Zeigefinger im rechten Winkel gehalten in China eine 8 bedeuten, nicht akzeptieren wollte. Er fing an zu handeln, wollte auf keinen Fall 8 DM bezahlen, höchstens, und er zeigte es an den Fingern, drei. Der Händler blieb bei seiner Zwei und konnte nicht verstehen, weshalb der Chinese mehr bezahlen wollte. Der Kauf des Aschenbechers beim Trödler in Bonn kam wegen scheinbar unüberwindlicher Gegensätze nicht zustande. »Und mein Fahrer schimpfte tagelang auf die überhöhten Preise der deutschen Kaufleute.«

Alles andere in Kurzfassung: Geboren 1943 in einem bekannten Badeort am Meer. Sieben Geschwister. Der Vater war

Parteisekretär des Ortes. In der Kulturrevolution … Er stockt in seinem Bericht. Sagt nur, die Mutter sei zwei Jahre später gestorben. Er studierte damals Germanistik und arbeitete danach »kulturpolitisch« in Europa. Er hat Essays über die Stadt Bonn und den Geist von Potsdam geschrieben, auch Gedichte in deutscher Sprache. Eines davon ist in einer Anthologie veröffentlicht, die Günter Kunert herausgegeben hat.

Unser Gastgeber bricht ab, sagt, es sei nun Zeit, über die gemeinsame Reise zu sprechen. Ich könnte mit ihm im Zug nach Tai'an, dem heiligen Ort, fahren, dann weiter nach Jinan, einige Tage dort bleiben, mit einem taoistischen Abt, einem Unternehmer, einem Dichter, einem Heiler und dem Bürgermeister eines Dorfes sprechen. Allerdings müsste ich einen Dolmetscher mitbringen. Darauf besteht er.

»Sie sprechen doch sehr gut Deutsch«, sage ich.

»Aber ich werde nur Ihr Begleiter sein und nicht Ihr Dolmetscher!«

Er ist heute zwar schon Pensionär, aber immer noch ein Mann mit politischen Beziehungen. Deshalb wünscht er, dass ich nichts über seine Identität schreibe, und besteht darauf, dass sein Name im Buch nicht genannt wird.

Das muss ich ihm, noch bevor die Kellner die Pekingente auftragen, versprechen. Und nenne ihn also Herr Wu Ming – Herr Namenlos.

Eine kleine Kellnerin füllt den Drehtisch mit rohem und gesottenem Gemüse, mit Fisch und Fleisch. Sie strahlt dabei und steht fast andächtig, als der Oberkellner auf einer großen Platte die wie ein Spanferkel glänzende Pekingente hereinbringt und mit einem säbelähnlichen scharfen Messer ihre oberen Schichten tranchiert. Herr Wu Ming legt mir mit seinen Stäbchen diese nach seiner Meinung schmackhaftesten Stücke auf den Teller. Knusprige, papierdünne Haut, unter der sich eine saftige, dicke, weiche Fettschicht und zartes Fleisch befinden. Herr Wu Ming erklärt, dass nicht allein die Zubereitung im Backofen über den Geschmack der »Pekingente« (die erst im 15. Jahrhundert mit dem Umzug des Kaiserhofes von Nanking nach Peking gekommen ist) entscheidet. Knapp zwei Monate nach dem Schlüpfen müssen die Enten ihr Einheitsgewicht von rund 5 Pfund erreicht haben. Die letzten zwei Wochen der Mast dürfen sie nicht mehr laufen und müssen, damit die Haut dünn und das Fleisch zart bleibt, nur noch hocken und Spezialitäten wie Sesam, Hirse und Bohnen fressen.

Das nach Mandeln und Nüssen duftende Fleisch zergeht auf der Zunge, und ich glaube die angenehme Süße des Faulseins zu schmecken. Um den Genuss zu vollenden, tunkt man kleine Häppchen des Entenfleischs in pikante Soßen und wickelt es dann zusammen mit Frühlingszwiebeln, Gurkenstreifen oder anderem Gemüse in handtellergroße Fladen. Und das alles mit Essstäbchen!

Nach unserem wiederholten Lob für die in Gefangenschaft gemästete Pekingente sagt Herr Wu Ming unvermittelt: »In einem kleinen Land wie der DDR kann man den Sozialismus leichter umschubsen als in dem Riesenreich China.« Und während die kindlich lachende Kellnerin gebackene und mit karamellisiertem Honig übergossene Ananasstücke auf den Drehteller stellt, philosophiert er wie gestern Herr Gao Feng im Kinderdorf über die Lehre des Konfuzius.

«Den Kindern wird heute wieder beigebracht, die Eltern nicht nur zu achten, sondern für sie ein Leben lang zu sorgen. Sie ehren alte Menschen und eignen sich ihre Weisheit an. Sie können sich nach dem Essen selbst davon überzeugen.«

Er hat in der Mittagspause zwischen 14 und 16 Uhr drei junge Angestellte des Restaurants, die vor einigen Jahren aus ihren Dörfern nach Peking gekommen sind, zu Gesprächen bestellt.

»Unsere kleine Bedienerin – in China sagt man zur Kellnerin Bedienerin – wird auch dabei sein.« Sie räumt den Tisch ab, weiß scheinbar schon von dem Gespräch, denn sie schaut mich unsicher an und kichert verlegen, weil ich ihr die Teller reiche. (Später erfahre ich, dass kein chinesischer Gast auf eine derart komische Idee kommt.)

Die Restaurantchefin stellt drei Stühle nebeneinander. Herr Wu Ming bedankt sich bei ihr und sagt, dass sie während des Gesprächs nicht dabei sein muss. Sie geht, lässt die Tür offen, und drei junge Leute trippeln herein, bleiben hinter den Stühlen stehen, bis Herr Wu Ming ihnen sagt, dass sie sich setzen dürfen. Es ist noch eine zweite Bedienerin mitgekommen. Beide sehen sich mit der über der Stirn schräg geschnittenen Pagenfrisur, dem dunklen Hosenanzug, den weißen Schillerkragen und den roten Namensschildern am Jackenrevers zum Verwechseln ähnlich. Allerdings hat die »kleine Bedienerin« ihre Lippen nicht so grellrot geschminkt wie ihre Kollegin, bei der über dem Namensschild außerdem eine gelbe, lachende Blume prangt. Zwischen den beiden Frauen sitzt in grau-schwarz gestreiften Hosen und einer weißen Kochjacke, die Hände im Schoß ineinander verhakt und unbewegt geradeaus schauend, einer der Köche.

»Sie können alle drei, die zweite Bedienerin ist eine leitende Bedienerin, nach ihrem früheren Leben und ihrer Arbeit heute, also nach allem fragen, was sie interessiert«, sagt Herr Wu Ming.

Ich fühle mich jedoch unwohl, wie ein Prüfer, der die bedauernswerten Prüflinge befragen muss. Doch weil mich die kleine Bedienerin inzwischen wieder verschämt, aber frech anschaut, beschließe ich, sie zuerst zu interviewen. Herr Wu Ming widerspricht sofort: »In China muss man bei Gesprächen die Position der Partner beachten. Also zuerst die leitende Bedienerin, dann den Koch und zum Schluss die kleine Bedienerin.«

Die leitende Bedienerin Huai Hui Xian: »Meine Eltern sind Bauern in einem Dorf bei Shenqiu in der Provinz Henan. Auch ich habe als Kind schon auf dem Feld gearbeitet. Mit 14 Jahren musste ich die Schule verlassen, weil die Eltern zu arm waren. Ich sollte zu einem Onkel, der dort beim Militär diente, in das

Tausende Kilometer entfernte Peking fahren. Die Eltern weinten beim Abschied und sagten immer wieder: ›Sei brav, Tochter, und mache im Leben, ohne zu fragen und ohne zu murren, immer das, was dir die Chefs sagen.‹ Der Onkel hatte einen Bekannten, und dieser besaß in einer Schule einen kleinen Laden. Zwei Jahre konnte ich dort als Verkäuferin arbeiten. Jeden Tag sah ich die Kinder, die so alt waren wie ich, aber die mussten nicht verkaufen, sie konnten in der Schule lernen. Nach zwei Jahren bekam ich einen Job in einem Fotoladen. Und 2006 durfte ich mich durch Vermittlung meines Freundes, der ein Koch ist, hier in diesem schönen Restaurant vorstellen. Ich arbeite gern, ich erhalte jeden Monat fast 2000 Yuan (200 Euro). Im Laden in der Schule waren es nur 400 Yuan.«

Der Koch Zhao Jian: »Ich bin 28 Jahre alt und vor 10 Jahren von Changqing in der Provinz Sichuan nach Peking gekommen. Ein Bekannter hat mit Geld nachgeholfen, damit ich an einer Kochschule aufgenommen wurde. Meine Eltern arbeiteten in einer kleinen Papierfabrik, und wenn sie spätabends von der Arbeit kamen, hatte ich manchmal eines der zwanzig Gerichte, die meine Mutter kennt, für sie gekocht. Sie waren sehr traurig, als ich nach Peking ging. Dort wohnte ich mit 12 anderen Schülern in einem kleinen Zimmer. Nach einem Jahr konnte ich entscheiden, ob ich die Ausbildung abbrechen will. Doch meine Eltern hätten sich zu Tode gegrämt. Ich lernte weiter, und vor 6 Jahren durfte ich hier im Pekingenten-Restaurant vorkochen. Erdnüsse süß-sauer mit Chilischoten und Hühnerfleisch, alles sehr scharf. Es hat dem Chefkoch geschmeckt.«

Die »kleine Bedienerin« Zhang Jie: »Ich habe zu Hause in Tianshui in der Provinz Gansu in einem Teehaus gearbeitet. Doch alle jungen Leute bei uns wollten damals nach Peking. Mit zwei Freunden bin ich, ohne hier einen Menschen zu kennen, in die chinesische Hauptstadt gefahren. Die Eltern gaben mir mit auf den Weg, dass ich viel lernen soll, um die Welt zu begreifen. Doch wie andere Wanderarbeiterinnen er-

Die leitende Bedienerin, der Koch und die kleine Bedienerin

hielt ich in Peking nur eine Arbeit in einer Textilfabrik und musste für sehr wenig Geld – nicht einmal 300 Yuan im Monat – Kleider und Anzüge nähen. Das Geld reichte kaum für Reis und Soße. Ich konnte kein Fleisch essen, kein Obst, kein Gemüse, und ich hätte den Eltern nie ein Geschenk kaufen, nie einen Wunsch erfüllen können. Aber ich hatte dann Glück im Leben, ein Bekannter stellte mich hier im Restaurant vor. Und ich bekam die Stelle als Bedienerin.«

Die drei sitzen immer noch, die schwitzenden Hände gefaltet oder am Stuhl reibend, brav wie Zinnsoldaten vor uns auf ihren Stühlen. Nur, wenn der Tee ausgetrunken oder die Nüsse an unserem »Prüfertisch« aufgegessen sind, springt die kleine Bedienerin auf, serviert neuen Tee und bringt eine Schale Nüsse.

Nun, da ich das Wichtigste über sie wüsste, sagt Herr Wu Ming, könnte ich sie auch nach Einzelheiten fragen.

Ich stelle ihnen wie später all meinen anderen Gesprächspartnern vier Fragen, von denen ich nicht weiß, ob es in China wirklich wichtige Fragen sind:

Was ist für dich ein guter Tag?

77

Was ist für dich ein schlechter, um nicht zu sagen beschissener Tag?

Was wünschst du dir für dein künftiges Leben?

Was wünschst du China?

Es scheinen wichtige Fragen zu sein, denn sie lachen, reden durcheinander, und dann beginnt die leitende Bedienerin: »Ein guter Tag ist für mich, wenn ich freundlich bin, und weil ich immer freundlich bin, habe ich nur gute Tage.«

Der Koch meint, dass ein guter Tag lediglich dann ein guter Tag ist, wenn er ein neues Gericht gelernt hat. »Als ich von Sichuan wegging, sagten die Eltern: ›Werde ein guter Koch, es gibt tausend verschiedene Gerichte in unserer Provinz, deshalb darfst du lernen, bis du alt bist.‹ Ich koche jetzt seit 10 Jahren und beherrsche rund 150 Gerichte. Um alle 1000 zu kennen, muss ich mindestens 84 Jahre alt werden.« Dann fügt er hinzu: »Der glücklichste Tag in meinem Leben war, als ich den Eltern am Telefon sagen konnte: ›Mama, heute habe ich mein erstes Geld verdient.‹«

Für die kleine Bedienerin reicht ein Kompliment vom Chef, damit es ein guter Tag ist.

»Und ein schlechter?« Sie dreht die in den Schoß gelegten Hände hin und her: »Weiß ich nicht … Sag ich nicht.«

Die leitende Bedienerin: »Wenn ich mich mit meinem Freund gestritten habe.«

Und der Koch: »Der schlimmste Tag für mich ist, wenn betrunkene Männer im Restaurant ins Essen spucken.«

Alle drei haben einen Wunsch gemeinsam: Mindestens ein oder zwei Mal möchten sie im Jahr nach Hause fahren und den Eltern Geschenke bringen. Der Koch eine Pekingente, eine besondere Trockenfrucht und Geld. Die leitende Bedienerin: »Zigaretten, Klamotten und Tee …« Und die kleine Bedienerin: »Auch Zigaretten, Klamotten und Tee.«

»Und was wünscht ihr euch für eure Zukunft?«

Die kleine Bedienerin träumt davon, »irgendwann für immer nach Hause zu gehen und dort einen Kosmetikladen zu eröffnen«.

Der Koch möchte ein Buch mit seinen Gerichten herausgeben, das überall in China verkauft werden soll. »Auf der ersten Seite würde ich das Lieblingsessen meiner Mutter vorstellen: Schweineleber mit saurem Kraut.«

Die leitende Bedienerin: »Ich wünsche mir für meinen Freund und mich ein kleines Restaurant. Er kocht, und ich bediene. Aber das wird noch sehr, sehr lange ein Wunsch bleiben.«

Ihren Wunsch für die Zukunft Chinas wird man dagegen schneller erfüllen müssen, meint sie. »In China sollten alle Kinder, ohne dass die Eltern Geld dafür bezahlen müssen, auch nach der Grundschule weiterlernen dürfen. Sonst studieren nur noch die Kinder von Reichen, und die sind nicht immer die Begabtesten und oft auch keine Menschen, die unserem Land und seinem Volk später selbstlos Nutzen bringen.«

Der Koch wünscht sich mehr Rechte für die 9 Millionen in Peking arbeitenden Menschen aus den oft weit entfernten Dörfern und kleinen Städten. »Auch die, die keine Hukou-Einwohnerkarte besitzen, sollen in Peking gesundheitlich betreut werden, hier zur Wahl gehen dürfen, ihre Kinder sollen hier eingeschult werden und die Familien eine neue Bleibe erhalten, wenn die alte abgerissen wird. Sie sollen, weil sie für die Stadt den Reichtum erarbeiten, wie gleichberechtigte Bürger behandelt werden und nicht wie Menschen zweiter Klasse.«

Die kleine Bedienerin sagt nur: »Ich meine das auch.« Nach einer Pause fügt sie noch hinzu: »Außerdem möchte ich, dass in China nicht reiche Ausländer bestimmen, sondern die Chinesen selbst.«

Ohne dass ich sie danach fragen muss, berichten die inzwischen lebhafter gewordenen drei, wie sie ihre Freizeit – zwei Tage nach jeweils vier Dienstwochen – verbringen.

Die leitende Bedienerin: »Ich spaziere durch ein Kaufhaus,

schaue mir die Markenklamotten an, und zwei Mal im Monat leiste ich mir dort auch einen Imbiss.«

Der Koch surft im Internet und erholt sich im Park.

Die Kleine geht in Textilgeschäfte. »Früher musste ich Kleider nähen, aber konnte mir keines kaufen. Heute schaue ich sie mir alle sehr lange an und sage der Verkäuferin schließlich: ›Dieses möchte ich haben!‹« Stolz würde sie es dann den 5 Mitbewohnerinnen in ihrem 10 Quadratmeter großen Gemeinschaftszimmer zeigen.

Auch die leitende Bedienerin und der Koch sind in solch winzigen Zimmern untergebracht, in denen jeweils 6 wohnen. Und weil die zwei Bedienerinnen einen festen Freund haben, will ich wissen, ob wenigstens die Freunde ein eigenes Zimmer besitzen.

Die zwei schütteln den Kopf.

Der Freund der Kleinen muss sich sogar ein Zimmer mit 11 Männern teilen.

»Und was ist mit der Liebe, wenn ihr, die ihr von weither gekommen seid, hier allein sein wollt?«

Sie kichern leise in sich hinein, rutschen auf den Stühlen hin und her und sagen nichts.

Ich will ihnen einen Brücke bauen und erzähle, dass ich den zwei Studenten, die mit mir in einem Zimmer wohnten, ab und an eine Kinokarte spendierte, um drei Stunden Zeit für die Liebe zu haben.

Sie protestieren sehr laut und sagen, dass sie sich nicht einmal eine, geschweige denn fünf Kinokarten leisten können.

»Wir sind nicht nach Peking gegangen, um uns zu amüsieren und Geld auszugeben, sondern um zu arbeiten und Geld zu sparen.«

Von den rund 20 000 Yuan, die sie im Jahr verdienen, legen sie 12 000 Yuan zurück. »In 5 Jahren sind das 60 000 Yuan – dafür kann man sich im Dorf ein kleines Haus bauen lassen und mit dem Mann dann endlich zusammenwohnen«, sagt die leitende Bedienerin.

»Und die Liebe hier?«

Die Kleine: »Man geht zusammen in den Park.«

Die leitende Bedienerin: »Im Winter, wenn es für den Park zu kalt ist, verzichte ich auf den Imbiss und bezahle stattdessen ein kleines privates Zimmer für eine Nacht.«

Herr Wu Ming unterbricht. Darüber müssten wir nicht sprechen. Und er fragt, ob sie noch nach den Lehren des weisen Konfuzius leben.

Die leitende Bedienerin: »Er lehrte die Chinesen die Achtung vor den Eltern. Und ich habe hier in Peking nur einen Wunsch: dass es meinen Eltern zu Hause immer gut ergeht.«

Der Koch: »Konfuzius wollte, dass wir Jungen die alten Menschen ehren – und das mache ich.«

Die Kleine: »So denke ich auch.«

Eine wichtige Frage habe ich vergessen: »Wie viel Mut gehört dazu, mit 14 oder 18 Jahren aus eurem Dorf in das Tausende Kilometer entfernte Peking zu gehen und mit 9 Millionen anderen Wanderarbeitern auf einen Job in der 17-Millionen-Stadt zu hoffen?«

Und alle drei sagen: »Was sollten wir sonst machen?«

Der Koch verabschiedet sich. Obwohl die Mittagspause für die Mitarbeiter noch nicht zu Ende ist, muss er die Gerichte für das Abendessen vorbereiten. Die zwei Bedienerinnen zeigen mir noch die Räume des Restaurants. In einem Saal hängen zwischen goldenen Masken und roten Lampions viele Bilder von chinesischen und ausländischen Politikern, die im Restaurant schon Pekingente gegessen haben. In einem Séparée steht gegenüber der Tür – so sieht ihn jeder, und er kann jeden begrüßen – ein den zwei Frauen bis zu den Schultern reichender Gnom. Er hat sehr kurze Beine, einen geschrumpften Körper und einen überdimensionalen Doppelkopf. Sein Gesicht wird von einem langen, zottigen weißen Bart geziert, und über der flachen Stirn hat er einen riesengroßen Glatzkopf. In einer Hand hält er einen bunten

Papagei mit großem Hahnenkamm, in der anderen einen braunen Ast, aus dem ein grünes Blatt wächst. Es ist ein taoistischer Glücksbringer, sagen die zwei Bedienerinnen und bitten, dass wir uns zu dritt hinter ihm fotografieren lassen.

Herr Wu Ming hat für heute noch ein Interview mit dem Doktor der Philosophie, Herrn Rong Jian, organisiert. Dieser marxistische Philosoph ist nach den, wie Herr Wu Ming sagt, »schlimmen Ereignissen auf dem Platz des Himmlischen Friedens« von seiner Lehrtätigkeit entbunden worden. »Aber inzwischen ist er einer der angesehensten Galeristen in Peking!«

Am Ende der Woche werden wir, wie vereinbart, für 8 Tage nach Tai'an und Jinan fahren und, wie Herr Wu Ming verspricht, vier interessante Menschen kennenlernen: einen Unternehmer, der eine Röhrenfabrik besitzt, einen taoistischen Abt, der, ohne mit fremden Leuten zu sprechen, ihre Probleme kennt, einen Heiler, der die chinesische Medizin auch in Deutschland bekannt machen möchte, und einen Dichter, der früher Lobeshymnen auf Mao verfasst hat.

Herr Wu Ming will schon morgen die Tickets für die Hin- und Rückfahrt buchen. »Ohne Fahrkarte für einen bestimmten Platz im Zug kommt niemand durch die Sicherheitsschleuse auf dem Bahnsteig.«

Die Restaurantleiterin schenkt Klaus und mir zur Erinnerung einen als Hardcover gebundenen Prospekt, in dem die Geschichte des traditionsreichen Pekingenten-Restaurants beschrieben und die Speisen abgebildet sind. Danach spricht sie aufgeregt mit Herrn Wu Ming, und weil sie wohl in der Zwischenzeit die drei Interviewten gefragt hat, worüber wir gesprochen haben, erlaubt sie, dass ich deren Namen nenne, bittet aber darum, den Namen ihres Restaurants, in dem die Gespräche stattgefunden haben, nicht zu erwähnen. Ich sage lachend, dass ich auf keinen Fall den Satz »Wir sitzen mit Herrn Wu Ming im Restaurant Wu Ming« schreiben werde, sondern bei »Li Li« bleibe.

Klaus hat in der Zwischenzeit mit der von ihm ausgesuchten chinesischen Dolmetscherin den Reisetermin nach Jinan und Tai'an besprochen. Sie kann nicht, wie Herr Wu Ming geplant hat, 8 Tage, sondern nur 5 Tage mitfahren. Obwohl Herr Wu Ming sehr heftig protestiert und immer wieder betont, dass doch alles abgesprochen war, müssen wir das Programm kürzen. Daraufhin verabschiedet sich unser Gastgeber sehr hastig. Das Gespräch mit dem Galeristen sollen Klaus und ich ohne ihn führen. Und damit geht er.

Ich nehme an, dass er wegen meiner Weigerung, auch das Restaurant »Wu Ming – Namenlos« zu nennen, verstimmt ist. Doch später erfahre ich von der Dolmetscherin, dass eine Meinungsverschiedenheit für einen Chinesen gewöhnlich kein Grund ist, sich überstürzt zu verabschieden. Aber weil wir das Angebot von Herrn Wu Ming, uns 8 Tage zu begleiten, im Beisein der »kleinen chinesischen Restaurantangestellten« gekürzt haben, hat er »vor anderen sein Gesicht verloren«. Und das ist das Schlimmste, was einem Chinesen passieren kann.

Als wir gehen, kommen wir im Erdgeschoss am Speisesaal vorbei, in dem etwa dreißig Köche und Küchenhilfen in weißen Kitteln und mit weißen Mützen und Hauben an weißgedeckten runden Tischen sitzen und ihr Mittagessen aus Schälchen »stäbeln«. Die kleine Bedienerin serviert lachend das Essen.

Die Galerie von Rong Jian befindet sich auf einem großflächigen Betriebsgelände, in dem außer einem Heizhaus mit hohem Schornstein und Verwaltungsgebäuden noch 6 Fabrikhallen stehen. Als ich mir die aus roten Klinkern erbauten Fabriken ansehe, traue ich meinen Augen nicht. Auf der anderen Hälfte der Erdkugel errichtet, gleichen die Hallen denen der Kammgarnspinnerei in Mühlhausen wie ein Ei dem anderen. Ihre wellenförmig aufgesetzten Giebeldächer bestehen auf einer Seite aus einem mit Bitumen gedeckten Viertelkreisteil und auf der anderen aus einer gläsernen

Schräge. Die Hallen hat man so angeordnet, dass die Fenster-fronten nach Norden zeigen, wodurch das Licht gleichmäßig von oben in die sonst fensterlosen Gebäude einfällt. An einer Eisentür sehe ich auf einer alten, sonst nicht mehr zu entzif-fernden Firmen-Prägung noch deutlich die ausgestanzte Be-zeichnung »Made in GDR«.

»Dieser Staatsbetrieb ist vor über 50 Jahren, als die Bezie-hungen zwischen der Volksrepublik China, der UdSSR und der DDR noch intakt waren, von 150 Architekten und Kon-strukteuren der DDR, die 1957 als ›Aufbauhelfer‹ nach China geschickt worden waren, entworfen worden. Chinesi-sche und sowjetische Ingenieure und Maurer haben danach die Fabrik errichtet, die 1960 eingeweiht wurde«, erklärt mir Klaus.

Im Dezember 2000 begannen chinesische Künstler, Gale-risten und Designer, die inzwischen zum Teil leerstehenden Fabriken vom Schutt zu befreien, mieteten die Räume für wenig Geld, hatten viel Platz und die Möglichkeit, kreativ, von Partei und Staat relativ unbehelligt, zeitgenössische Kunst zu schaffen, auszustellen und zu verkaufen. Aus der Fabrik mit der Nummer 798 entstand die »Kunstzone 798« mit Galerien, Ateliers, Studios, Klubs und Bars.

Dem Galeristen Rong Jian stehen seine dunklen Haare nicht wie vielen Chinesen stopplig und borstig gleich einem Igel in die Höhe, sondern sie sind leicht gewellt. Er trägt einen brau-nen Pullover und darüber eine bronzefarbene vielgliedrige Me-tallkette. Bevor er uns seine Galerie zeigt, lädt er zum Essen ein. Er führt uns in ein zweistöckiges turmähnliches Gebäude, das früher ein Domizil der Meister und Büroangestellten war. Eine alte Frau hockt vor einem zweiflammigen Gasherd und kocht darauf einen großen Fisch einer mir unbekannten Sorte, dessen herausgezogene Flossen sie anschließend durch gold-gefärbte Teilchen ersetzt. Aus dem geschmückten Fisch reißt sich jeder seine Portion mit Stäbchen heraus. Als auch mir das endlich gelingt, frage ich den Galeristen, was früher in der heutigen »Kunstzone« produziert worden ist.

»Vor allem Rüstungsgüter, Waffen«, erklärt er und fügt lachend hinzu: »Kunst ist Waffe.« Er weiß sogar, dass diese Losung von dem kommunistischen deutschen Schriftsteller Friedrich Wolf stammt. »Er hat sie 1928 in seiner Rede vor Theaterleuten zum ersten Mal verwendet.«

Der Galerist schweigt einen Moment, dann erklärt er unsicher, als müsste er sich dafür entschuldigen: »Ich weiß das, ich habe von 1983 bis 1986 Philosophie studiert.«

»Und was haben Sie davor gemacht?«

Der Galerist

»Meine Eltern waren reiche Bauern. 1949, nach der Gründung der Volksrepublik China, wurden sie enteignet. Seit 1949 gibt es in China nur noch staatliches Eigentum an Grund und Boden. Wer heute ein 30-stöckiges Hochhaus bauen will, muss den Boden dafür vom Staat pachten.«

Als Rong Jian 1975 die Schule beendet hatte, wollte er studieren. »Aber damals waren die Roten Garden der Kulturrevolution unterwegs. Philosophie zu studieren galt als bürgerlich dekadent. Und ich ging fünf Jahre zur Chinesischen Volksbefreiungsarmee, zu den Kanonen.«

Der Galerist entschuldigt sich und fragt, ob uns sein persönlicher Werdegang, in dem sich die Entwicklung Chinas spiegelt, interessieren würde oder ob wir mehr über die Entwicklung der »Kunstzone 798« wissen möchten. »Obwohl – beide ähneln sich«, relativiert er.

Er, Doktor des Marxismus, der die Ausbeutung des Menschen durch den Menschen, das Diktat des Geldes und die Profitsucht abschaffen wollte, sucht heute reiche Profiteure und verkauft ihnen Bilder für über 100 000 Yuan. Und aus dem Kulturrefugium, das vor 10 Jahren unabhängige Künstler gründeten, die sich dort autonom verwirklichen wollten, ist inzwischen ein Tempel des Kunstkommerzes gemacht worden. »Markenfirmen wie ›Dior‹ und ›Sony‹ und die teuersten Galerien der Welt haben im ›798‹ ihr gewinnbringendes Domizil aufgeschlagen. Die Miete ist von 1,50 Euro pro Quadratmeter im Monat auf über 10 Euro gestiegen. So viel kann kaum ein chinesischer Künstler bezahlen. Über 60 Ateliers und Galerien sind in den vergangenen Jahren wieder geschlossen worden. Auch ein Gründer der ›Kunstzone 798‹, Huong Rui, hat aus Protest gegen die Vermarktung und die hohen Mieten die frühere Kulturoase verlassen.«

Seine Doktorarbeit schrieb Rong Jian über die Aktualität der marxistischen Lehren in China.

»Ich meinte das mit der aktuellen Lebendigkeit sehr ernst

und gehörte als 33-Jähriger zu den protestierenden Studenten auf dem Platz des Himmlischen Friedens. Bis zum Schluss, als die Panzer kamen.«

Nach 64 Stunden Haft und Verhör wurde er zwar entlassen, aber danach blieben dem Doktor der Philosophie in China alle Türen von Hochschulen und Universitäten verschlossen. »Notgedrungen ging ich nach Hainan, wo Deng Xiaoping Sonderwirtschaftszonen eingerichtet, marktwirtschaftliche Prinzipien und das Diktat des Geldes wieder eingeführt hatte.« Der Philosoph Rong Jian handelte dort mit Immobilien. Als dieser Handel genügend Profit abgeworfen hatte, kaufte er Gemälde von chinesischen Künstlern und mietete sich in der »Kunstzone 798« als Galerist ein. Damals hätten sich nur wenig Chinesen für zeitgenössische Kunst interessiert.

Aber zum »Tag der offenen Tür« im Jahr 2003 besuchten schon rund 1000 Besucher die Ausstellungen. Und inzwischen sind es täglich mehrere Tausend. Chinesische Familien verbringen in der Kunst- und Kommerzzone, in der es inzwischen auch Mode-, Möbel- und Spezialitätenhäuser gibt, ihre freien Wochenenden, und Touristen werden für 70 Euro aus ihren Hotels für ein paar Stunden in die »Kunstzone« gekarrt.

»Das ›798‹ ist für den internationalen Kunsthandel heute eine der ersten Adressen. Und wahrscheinlich hat es sich durch seine Ausstellungen, Modeschauen, internationalen Restaurants, Designergeschäfte und Galerien zu einer der interessantesten und profitabelsten Kunstzonen der Welt entwickelt.« Für Politiker, die China besuchen, gehört die »Kunstzone 798« oft schon zum Pflichtprogramm. Auch Jacques Chirac, José Manuel Barroso, Nicolas Sarkozy, IOC-Präsident Jacques Rogge und Gerhard Schröder waren dort.

Rong Jian hat Deutschland schon zwei Mal besucht und schätzt die deutsche Philosophie. Vor allem Hegel. Er zitiert: »Der Staat dagegen kennt keine selbständigen Individuen, von denen jedes nur sein eigenes Wohl im Auge hat und verfolgt. Im

Staat ist das Ganze Zweck und das Einzelne Mittel.« Und: »Die Weltgeschichte geht von Osten nach Westen, denn Europa ist schlechthin das Ende der Weltgeschichte, Asien der Anfang.«

Dann will er wissen, ob die Politiker und Historiker der beiden deutschen Staaten nach der Wiedervereinigung auch zusammenfassende, gemeinsame Kernsätze für die Geschichte Deutschlands aufgestellt haben.

»Wahrscheinlich war das, bedingt durch die zwei unterschiedlichen Gesellschaftssysteme, sehr viel schwerer als für die chinesische Geschichte. 60 Jahre China, das sind 30 Jahre strenger Sozialismus, 20 Jahre Liberalisierung und 10 Jahre Weltwirtschaftsmarkt. Für China sind in dieser Zeit drei Kernsätze wichtig. Erstens: Nur wenn es Sozialismus gibt, gibt es China. Das war bis zum 4. Juni 1989 der Fall. Danach: Es wird nur noch Sozialismus auf der Welt sein, wenn es China gibt. Und heute gilt: Es wird den Kapitalismus auf der Welt nur geben, wenn es China gibt. Wenn die Chinesen nichts mehr kaufen, bricht der gesamte globale kapitalistische Markt zusammen.«

Nach dem Essen gehen wir zu seiner Galerie. Draußen ist es kalt. An einigen Außenwänden der Fabrikgebäude hängen an den roten Klinkern kleine abstrakte Bilder und Porträtfotografien.

»Das sind die Arbeiten von jungen Künstlern, für die das Kulturzentrum hier einmal gedacht war, die aber das Geld für die Miete nicht aufbringen können. Im Gegensatz zu den kitschigen Mao-Bildern und den Gemälden sozialistischer Arbeitshelden, die heute wieder etablierte Künstler malen und überteuert verkaufen, machen diese jungen Leute noch richtig gute Kunst. Doch diese jungen, hoffnungsvollen Künstler werden durch die kommerziellen Kunsthändler aus der ›Kulturzone‹ vertrieben oder an die Mauern verbannt. Um 1955 hatte man hier vor dem Bau des Rüstungsbetriebes die Bauern vertrieben. Und die Arbeiter kamen. Um 2000 mussten die Arbeiter gehen und die Künstler kamen. Heute müssen die Künstler gehen, und die Kunsthändler und andere Geschäftemacher kommen.«

Seine Galerie ist etwa 80 Quadratmeter groß. Die alten Rohrleitungen der Fabriken hängen noch wie eine Kunstinstallation unter der Decke. Die ihn begleitende Mitarbeiterin, eine magere, langhaarige, immer lächelnde Kindfrau, bringt ihm, weil es auch in der Galerie kalt ist, einen Schal und kocht uns Tee. Vor einem der großen abstrakten Bilder fotografiere ich den Galeristen. Gemalt hat es Zhang Guolang, es heißt »Rund mit Platz Nummer 97«. In einem dicken braunen Rahmen ist eine gelbe kreisrunde Fläche zu sehen, in deren Mitte ein kleines Quadrat durch eine weiße von einem roten Querbalken unterbrochene Linie halbiert wird. Kreis und Quadrat werden von verschlungenen Linien verbunden.

»Was kostet das Bild?«

»150 000 Yuan.«

Ich frage, was für ihn ein guter Tag ist, und ahne seine Antwort. »Wenn ich ein Bild der abstrakten Kunst verkauft habe.«

»Und ein schlechter Tag?«

»Wenn meine 17-jährige Tochter sehr traurig ist.«

»Und was wünschen Sie China?«

Er hält mir einen etwa 15-minütigen detaillierten Vortrag, den er dann noch einmal in Grundsätzen zusammenfasst: »Der Kommunismus brachte für China viel Schlechtes, aber auch manch Gutes. In der Geschichte stagnierte China immer oder entwickelte sich sogar zurück, wenn Uneinigkeit und Chaos herrschten. Die Kommunisten dagegen verschafften China Einheit, Stabilität und Ordnung. Dazu brauchen wir jetzt noch eine vierte Säule: die Demokratie. Aber sie einzuführen wird bestimmt erst in 10 Jahren möglich sein. Jetzt würde durch Demokratie, die wir nicht geübt haben, das große Land auseinanderfallen und ein Chaos entstehen. Man kann inzwischen schon manches Kritische bei uns sagen, auch politisch. Aber das ist von Provinz zu Provinz ver-

schieden. Für eine Meinung, die du in Peking vertreten darfst, schlägt man dich in der Provinz vielleicht zusammen.«
»Und was wünschen Sie sich für Ihre persönliche Zukunft?«
»Ich bin jetzt 54 und träume davon, mir ein Haus zu bauen. Aber wenn ich das Haus gebaut habe, steht nur die Hülle, sozusagen ein leerer Raum. Ich muss es mit Leben, mit Inhalt, füllen. Und dieser Inhalt ist für mich immer noch meine wissenschaftliche Arbeit als Philosoph. Manchmal schreibe ich Artikel für Zeitschriften …«

Zum Abschied schenkt er uns ein dickes, in Samt gebundenes, mit Goldschnitt versehenes Buch mit abstrakten Bildern und erklärt, dass auch die chinesischen abstrakten Maler sich wieder auf die Tradition chinesischer Pinselzeichnung besinnen.

Er entlässt uns mit der Versicherung: »Auch wenn wir chinesischen Galeristen Andy Warhol ausstellen und die chinesischen Künstler nun zeitgenössische Werke schaffen, werden wir unsere chinesischen Maltechniken bewahren und fördern.«

Am Abend warten wir diesmal nicht im irischen »Durty Nellies«, sondern im »Schillers« auf Monika. Außen symbolisiert ein Gänsekiel die Bar, innen eine unter Glas vor Diebstahl gesicherte Sammlung deutscher Bierdeckel. Allerdings sehe ich keinen Deckel aus den »Schiller-Orten« Marbach, Mannheim oder Weimar. Dafür verspricht die Speisekarte Schnitzel, Cordon bleu, Kasseler mit Sauerkraut, Buletten und Bratwurst. Und der Barkeeper bietet von 17.00 bis 20.00 Uhr zwei Bier zum Preis von einem an. Jeder kennt hier fast jeden, und jeder begrüßt hier fast jeden mit Handschlag. Nur die Besatzung der Lufthansa-Maschine ist neu und bleibt unter sich. Am Tresen diskutiert ein schon sehr laut sprechender, etwas angetrunkener Mann mit einem akkurat gekleideten Managertyp im schwarzen Anzug über die »angebliche Diktatur« in China. Auf alle in der Bar zeigend, schreit der Mann schließlich: »Aber manche leben doch sehr gern und sehr gut in dieser Diktatur!«

Als er mich, einen Neuen, sieht, lässt er den Anzugsmenschen stehen und umarmt mich, nachdem ich ihm erzählt habe, dass ich in Lohmen in der Sächsischen Schweiz gelebt habe. »Und ich bin ein Dohnaer – nur 15 km von Lohmen entfernt. Darauf musste einen ausgeben!«

Im Fernsehen läuft die Übertragung der Schwimmwettbewerbe bei den Asien-Spielen in Guangzhou. (Für die Übertragung der Spiele wurde mit über 600 Metern der höchste Fernsehturm der Welt gebaut.) In der aktuellen Nationenwertung steht Gastgeber China vor Japan, Südkorea und Nordkorea an erster Stelle. (Einen Tag später werden sich die Koreaner nach einem Seemanöver der Südkoreaner und 10 Salven der Nordkoreaner auf eine kleine südkoreanische Fischerinsel mit Kanonen beschießen.)

Jedes Mal, wenn ein volksdemokratischer Nordkoreaner das Sprungbrett im Schwimmstadion von Guangzhou betritt, hebt der Dohnaer beide Arme in die Höhe und schreit: »Los, zeig es denen!« Und wenn es nur eine verunglückte Wasserbombe wird, stöhnt er: »Ihr hättet bei uns in der DDR trainieren sollen, da wäre auch aus euch was geworden!«

Eine sehr pummelige junge Frau mit Motorradhelm in der Hand wird von allen in der Bar mit lautem »Hallo« begrüßt. Sie schält sich sehr schnell aus den dicken Lederklamotten und verwandelt sich dabei in ein sehr kleines zierliches Persönchen. Die lustigen Augen und die kurzen dunklen Haare passen zu ihr. Friederike fährt jeden Tag mit dem Motorrad zur Arbeit in die Presseabteilung der deutschen Botschaft. Und ihr Freund Robert hat seine erste Fahrt von Deutschland nach Peking im Motorradsattel zurückgelegt.

Als ich Friederike von meinen ersten »Interviews« in China, dem Gespräch mit den zwei Bedienerinnen, dem Koch und dem Galeristen erzähle, meint sie, die täglich die offizielle chinesische Presse auswertet, dass solche »Alltagsgespräche« durchaus aufschlussreicher sein können als staatliche Medienberichte.«Doch das zur Zeit sicherlich Interessanteste und Spannendste in China sind verschlüsselte Texte der manchmal oppositionellen jungen Blogger im Internet.«

Wenn ich möchte, könnte sie mir bei einem unserer nächsten Treffen solche Texte zeigen.

Und ob ich möchte!

Vom »Schillers« fahren wir in die »Deutsche Schule«, einen großen verzweigten Neubau des Architekten Meinhard von Gerkan, in dem 500 Schüler von der 1. bis zur 12. Klasse unterrichtet werden. Die Lehrer sprechen mit ihnen Englisch und Deutsch. (Chinesisch kann man leider nur in einer außerschulischen Arbeitsgemeinschaft lernen, sagte mir später die Bibliothekarin.)

Auf einer langen, weichen Tartanbahn gehen wir, weil der Haupteingang schon verschlossen ist, zur Turnhalle. Auch sie kann sich in Größe und Ausstattung mit jeder Sporthalle eines Gymnasiums in Deutschland messen. Klaus und Monika treffen sich hier regelmäßig einmal in der Woche zum Volleyball.

»Wenn nicht, renne ich die 12 Stockwerke zu meinem Büro hinauf«, behauptet Klaus. Auch die Spieler kennen sich alle. Es sind Lehrer und Schüler und deren Bekannte. Nach dem Volleyball gemeinsames Essen im separaten Zimmer eines einfachen chinesischen Restaurants. Ich verzichte darauf, die lukullischen Genüsse aufzuzählen.

Wir bleiben nicht lange, denn am Morgen wollen Klaus und ich schon um 4.30 Uhr in das Wälzlagerwerk nach Xingtai fahren.

SPICKZETTEL (5)

N.N., Berufswunsch: Managerin
Ich möchte in Peking arbeiten, weil ich hier seit 6 Jahren lebe und begriffen habe, dass man in China auch schnell viel Geld verdienen kann.

Ein guter Tag ist, wenn meine Mutter von ihrem chinesischen Freund besucht wird und sie versucht, Teigtaschen (jiaozi) oder ein anderes chinesisches Essen für ihn zu kochen. Ich muss dann, wenn es ihr nicht gelingt, zum chinesischen Straßenverkäufer laufen und Teigtaschen bei ihm holen.

Für meine Zukunft wünsche ich, dass ich eine glückliche Familie haben werde. Alles andere ist heute unwichtig. Die Welt kann ich nicht ändern, aber das Leben in meiner Familie.

China wünsche ich, dass es das viele Geld, das das Land durch seinen Export verdient, für den Bau von Schulen und Krankenhäusern ausgibt. Was ich in Deutschland Chinesisches vermisse und in China Deutsches? Weil ich an Deutschland nur Urlaubs- und Kindheitserinnerungen habe, aber in Peking den Alltag lebe, würde ich sagen: In Peking und drum herum fehlt mir nur der Fichtenwald, in dem ich mit meiner Oma Pilze suche. Außerdem vielleicht ein eigener kleiner Garten.

In Deutschland habe ich nach zwei Tagen Sehnsucht nach dem Geplapper der Chinesen und gucke, wenn ich doch mal früh aufgestanden bin, enttäuscht in den Park bei uns nebenan, weil dort niemand tanzt oder Tai-Chi-Übungen macht. Es fehlt mir einfach die Fröhlichkeit der Chinesen. Deutsche sind so stur.

Das Geschäftsessen
ODER:
Bai fen zhi ling dian ling yi de cuo wu yi jing shi bai fen zhi yi bai tai duo le – 0,01 Prozent Fehler sind schon 100 Prozent zu viel

Um 4.30 Uhr schläft wahrscheinlich auch der diensthabende Junge im Eingangsbereich des Compounds. Erst das Scheinwerferlicht unseres Autos macht ihn munter. Doch der schlaftrunken aus dem Häuschen herausstolpert ist nicht »mein« Salutierender, sondern ein wohl gleichaltriger, aber korpulenterer Junge. Er weiß nicht, was er zuerst machen soll. Die verstrubbelten Haare glattstreifen? Die Kapuze gegen die Kälte überstülpen? Oder stillstehen und salutieren? Er versucht alles gleichzeitig. Lachend grüßt Klaus zurück. Trotz der frühen Morgenstunde ist mein Gastgeber gut gelaunt.

Ohne auch nur einmal im Stau stehen zu müssen, fährt Klaus entspannt durch das nächtliche Peking, holt seinen Mitarbeiter ab, der nach 5 Minuten auf dem Rücksitz schon wieder in den Nachtschlaf zurückgefallen ist, und singt mit Anna Loos: »Wir sind Findelkinder …«

Ich freue mich, als wir die Hochhäuser hinter uns gelassen haben und ich trotz des Nebels, der sich mit dem Smog zu einem dichten, noch auf der Erde liegenden grauen Schleier vermischt hat, eine rötlich matte Sonne aufgehen sehe. Später erblicke ich auch Felder, die zwar schon abgeerntet sind, aber auf denen an manchen Stellen noch grüne Inseln wachsen. Klaus sagt, dass es Gräber von Bauern sind, die auf ihrem Acker beerdigt werden dürfen. Die Hinterbliebenen kurven mit den Traktoren und Mähmaschinen beim Pflügen und Ernten ehrfürchtig drum herum und mühen sich dort, besonders ordentlich zu arbeiten, denn der Tote beobachtet sie dabei.

Wenn wir durch Dörfer fahren, rieche ich den mir noch gut bekannten Rauch der Kohlefeuerung. Vor den garagengroßen, aus Betonteilen zusammengesetzten, dicht aneinander stehenden Wohnunterkünften sind runde Briketts oft bis zu den Dächern gestapelt. Sie werden aus Kohlenstaub gepresst. »Noch vor zwanzig Jahren heizten alle Pekinger nur mit diesem furchtbar stinkenden Brennmaterial«, sagt Klaus.

Als müssten sie die Luft säubern, stehen zwischen den Siedlungen und entlang der Autobahn neu gepflanzte Laubbäume. Die Fahrbahnen trennt eine grüne Wand aus kleinen Zypressen. Auf den Brücken werden sie durch hölzerne, grün angemalte Attrappen ersetzt, die wie Schießbudenfiguren aussehen. Klaus meint, dass es in China noch einfach

ist, sehr schnell neue Straßen zu bauen, neue Fußwege anzu-
legen und Bäume zu pflanzen. »Man muss keine privaten Eigentümer fragen: ›Dürfen wir hier eine Autobahn oder Eisenbahnstrecke entlangführen?‹«

Je höher die Sonne steigt, umso dichter wird der Verkehr.
Der Geruch von Kohlenrauch vermischt sich mit den Diesel-
wolken, die altertümliche Lastkraftwagen ausstoßen. Sie fahren sehr langsam. Klaus überholt sie rechts auf der schmalen
Standspur. Und ich muss ihm signalisieren, ob sie frei ist,
denn oft stehen dort unverhofft Frauen und kehren den As-
phalt mit Straßenbesen. Bei einer Vollbremsung auf der
Standspur wacht der Mitarbeiter von Klaus auf.

Gegen 10 Uhr zahlen wir an der Mautstelle für die 500 Ki-

Der Mais wird getrocknet

lometer 150 Yuan und fahren auf der Landstraße nach Xingtai weiter. Kurz vor dem Ort staut sich der Verkehr. Auf etwa 50 Metern ist die Straße nur auf einer Seite zu befahren. Daneben liegen viele Tonnen Maiskörner zum Trocknen in der Sonne. Und die sonst sehr rabiaten chinesischen Chauffeure, die jeden Radfahrer, der nicht ausweicht, gnadenlos in den Straßengraben drängen, fahren vorsichtig um den Mais herum.

Das Wälzlagerwerk befindet sich außerhalb der Stadt neben einer sehr breiten schnurgeraden vierspurigen Allee. An allen Laternenmasten hängen rote Plakate mit Losungen.

»Nein«, sagt Klaus, »das ist keine sozialistische Propaganda, sondern Reklame für alle möglichen Markenartikel und für Geschäfte und Dienstleistungen in der Stadt.«

Er parkt das Auto an einer Stelle, die vom Werk aus nicht einzusehen ist, holt einen schwarz-weiß gestreiften Schlips und die schwarze Anzugjacke aus dem Kofferraum und verwandelt sich auf der Straße in einen deutschen Geschäftsmann.

Ich frage, woher er das chinesische Unternehmen kennt.

»Von der Messe in Shanghai. Dort hatte es einen großen interessanten Stand.«

Der Mitarbeiter und ich laufen beim Gang durch das Werktor zum Verwaltungsgebäude einen Schritt hinter Klaus. Er trägt seinen schwarzen schweren Aktenkoffer und ich seinen Laptop.

In der Pförtnerloge des Gebäudes werden wir von zwei unbeschlipsten jungen Männern und einer Sekretärin begrüßt und von ihnen in einen daneben befindlichen Warteraum begleitet. Der dickere der beiden Männer stellt sich als Manager Fu Deqiang vor, der andere als Marketingdirektor Zhang Bin. Klaus reicht jedem mit beiden Händen seine Visitenkarte und bekommt jeweils eine zurück. Um die Verhandlungen nicht zu stören, halte ich mich im Hintergrund. Doch die Verhandlungen können noch nicht beginnen, denn wir sind nach der

500 Kilometer langen Fahrt zwar pünktlich, aber der Chef, Herr Xin, fehlt. Wir sollen uns zuerst erfrischen. Anstelle von grünem Tee bietet die Sekretärin kleine Sodaflaschen mit Vitaminen an. In der nächsten Stunde erhalten wir, auch wenn wir sie nur zur Hälfte ausgetrunken haben, dreimal neue Flaschen.

Weil der Chef immer noch nicht erscheint, schlägt der Marketingchef vor, die Hallen des Betriebes zu besichtigen. Und als wollte er uns wegen des Ausbleibens des Chefs trösten, sagt er, dass wir alles, auch die Produktion, die Wälzlager und die Maschinen, fotografieren dürfen. Vor dem Betriebsrundgang ruft der Manager Fu Deqiang den Werksfotografen an. Der dokumentiert den »Besuch der deutschen Wirtschaftsdelegation im Wälzlagerwerk von Xingtai« zuerst mit einem Gruppenfoto und begleitet uns dann in die Werkhallen. Die mit ziegelroten runden Blechdächern gedeckten Hallen stehen zwischen Sträuchern und Baumsetzlingen inmitten von gepflegten Rasenflächen. Vor jedem Halleneingang ist ein grüner Abfalleimer angebracht.

Auch in den Hallen sieht es aus, als ob ein Besengeschwader extra für unseren Besuch den Fußboden geschrubbt und Staub gewischt hat, denn ich entdecke kaum einen Ölfleck, kein herumliegendes Verpackungsmaterial und sehe auch keine Fusseln auf den alten Maschinen.

Wahrscheinlich ist es nicht schwer, hier Ordnung zu halten, meint Klaus. »Guck dich mal um! Was siehst du?«

»10 Maschinen, aber nur zwei laufen. Und lediglich 5 Leute, die hinter den Maschinen stehen oder die ölglänzenden Wälzlager verpacken, arbeiten in der Halle.«

»Was siehst du noch«, examiniert er mich weiter. Und weil ich ehemaliger DDR-Bürger immer noch auf rote Plakate schaue und neugierig bin, was draufsteht, sage ich: »In jeder Halle hängen ein oder zwei an die zwanzig Meter lange Banner.«

Klaus übersetzt mir die Losungen darauf.

»0,01 Prozent Fehler sind schon 100 Prozent zu viel!«

»Wenn du bei anderen Menschen Hochachtung erringen willst, musst du sie auch achten!«

»Wer keine Ordnung hält und deshalb suchen muss, verliert Zeit, um Geld zu verdienen!«

»Schütze deine Hände und Augen bei der Arbeit vor allen Gefahren!«

Was mir sonst noch auffällt?

»Eigentlich nichts.«

»Der geringe Ausstoß der Maschinen, die hier laufen, reicht wahrscheinlich kaum für eine positive Betriebsbilanz. China boomt nicht überall«, erklärt mir Klaus.

Der Marketingchef Zhang Bin hatte uns im Verwaltungsgebäude informiert, dass im Betrieb 200 Leute beschäftigt sind. Auf dem Weg zu den Hallen korrigiert er die Zahl auf 100. Und in den Hallen fügt er hinzu, dass zurzeit viele Arbeiter Urlaub haben oder krank sind.

Am Ende der breiten Betriebsstraße steht zwischen Zementsäcken, Steinhaufen, Schutt und Blechteilen ein großes Denkmal auf einem schwarzen, mit goldenen Schriftzeichen verzierten Sockel. Die Betonfigur – in Falten gelegter, bis zur Erde reichender Umhang mit weiten Ärmeln, einem langen zipfligen Gelehrtenbart am Kinn und einem hohen Würdenträgerhut auf dem Kopf – hält ein mir unbekanntes, wahrscheinlich geodätisches Messinstrument in der Hand. Der Begleiter des Marketingchefs erklärt mir, dass dieser Mann Guo Shoujing, der Erfinder der Wälzlager ist.

»Der Wälzlager in China oder in der ganzen Welt?«, fragt Klaus.

»Bestimmt in der Welt«, sagt der Chinese. Und fügt, nachdem er höflich neben den Gehweg gerotzt hat, hinzu, was die Chinesen in ihrer schon sehr alten Zivilisation erfunden haben: Kompass, Seide, Nudeln, Porzellan, Fußball, Taschentuch, Schießpulver …

Ich frage, wo und wann Guo Shoujing gelebt und was er außer den Wälzlagern noch entwickelt hat.

Das könnte ich, sagt der Marketingchef, in einem Buch, das er mir schenken wird und in dem die Geschichte ihres Betriebes beschrieben ist, nachlesen. Das Buch findet er im Büro. Den Direktor nicht. Dessen Zimmer und der Chefsessel mit einer hochaufragenden Rückenlehne sind immer noch verwaist. Der U-förmige Schreibtisch des Direktors reicht kaum aus, um die Bürotechnik darauf zu platzieren. Bildschirm, zwei Computer, drei Telefone und ein viertes am Faxgerät, ein Drucker, zwei Handys, ein Kopierer. Verschämt steht hinter dem Bildschirm ein kleiner runder grüner Kaktus.

Für uns gibt es erneut Sodawasser mit Vitaminen. Und Klaus zeigt auf dem Laptop ein Video über den Betrieb in Mittweida. Die Chinesen loben die Präzision der Teile und die automatische Fertigung mit modernsten Maschinen. Danach teilen sie, damit wir uns die Hände nicht beschmutzen, grob gewebte Fingerhandschuhe aus und präsentieren eine Kollektion von Wälzlagern. Sie stammen nicht alle aus dem eigenen Betrieb.

»Wir verkaufen als Zwischenhändler auch Wälzlager aus anderen Ländern«, sagt der Marketingchef. Und weil der Direktor unterwegs ist und es noch dauern kann, bis er ankommt, schlägt er vor, das Lager zu besichtigen. Der Fotograf läuft wegen der Gruppenfotos immer einige Schritte vor uns.

In der großen Lagerhalle finden wir kaum noch einen Gang zwischen den übervollen Regalen und den auf dem Boden gestapelten Wälzlagern. Wir klettern über russische, deutsche, englische, französische … Klaus begutachtet die in den Regalen liegenden sehr kleinen und die am Eingang gestapelten im Durchmesser über einen Meter großen Wälzlager. An den bestimmt 1000 verschieden großen, aber nicht nach Größe sortierten, sondern ungeordnet in den Regalen liegenden Fabrikaten hängen Pappen, auf denen mit Hand geschrieben steht, woher, wie groß, wann hergestellt, und wie viel davon noch am Lager sind.

Klaus stöhnt: »Wer soll sich in diesem Wirrwarr bloß zurechtfinden?«

Und mir fällt der Spruch über die Ordnung auf dem roten Banner ein.

Als wir am Betondenkmal des Wälzlagererfinders Guo Shoujing vorbeigehen, bedanke ich mich beim Marketingchef noch einmal für das Buch und sage, dass in dem dicken Werk leider nur Persönlichkeiten des Betriebes und die Parteichefs der Stadt im Foto zu sehen sind, aber nicht Guo Shoujing.

Dann sollten wir, sagt Herr Zhang Bin sehr unwirsch – ich habe ihn unbeabsichtigt vor seinem Mitarbeiter kritisiert –, zu Hause im Internet nachschauen.

Zum Mittagessen fahren wir auf der Allee mit den vielen Straßenlaternen in die Stadt, die mir, weil sie beschaulich ist, auf den ersten Blick besser gefällt als Peking. Radfahrer, Mopeds und dreirädrige mit den Füßen angetriebene Lasttransporter beherrschen das Straßenbild. Kleine Geschäfte säumen die Hauptstraße. Vor einem steigen Feuerwerkskörper in die Luft, und rote Ballons sind als schwebender Triumphbogen über die Straße gespannt. Darunter breitet sich ein Blütenteppich aus. Viele Chinesen drängeln sich vor diesem schon alten Geschäft, das wohl eine Neueröffnung feiert und in Peking vielleicht zu denen gehören würde, die dort täglich dem Abrissbagger zum Opfer fallen.

Im Restaurant begleitet mich der Manager zur Toilette, wartet davor und geht dann mit mir zurück in das vorbestellte Séparée. Dort stehen vorerst nur Kandiszucker und Zahnstocher auf der gläsernen Drehscheibe. Mit dem in Plaste eingeschweißten Geschirr bringen die Kellner dann Fleisch und Fisch, Tofu und Teigtaschen …

Während des Essens erzählt Fu Dequiang, dass viele Menschen in Xingtai von der Produktion der Wälzlager leben. Er selbst besitzt ein Geschäft für den Verkauf der Lager. Das hat er seiner Frau übergeben.

Kurz bevor die Kellner Reis, Suppe und Tee, die in China eine Mahlzeit abschließen, servieren, kommt ein Mann ins Séparée. Er sieht wie ein großer Junge aus und trägt eine schwarze, modische Cordjacke mit Schulterklappen und doppelreihigen Silberknöpfen. Sofort stehen die beiden Chinesen auf, und der Marketingchef öffnet dem jungen Mann, noch während der im Stehen mit seinem Handy telefoniert, eilfertig das eingeschweißte Geschirr und legt ihm die Essstäbchen zurecht. Der Mann holt drei Visitenkarten aus seiner Brieftasche und überreicht sie uns. Ich möchte es nicht glauben, was ich Gold auf Weiß in der Hand halte: Dieser große Junge ist Direktor Xin.

Der 26-Jährige, dem der Vater alle Eigentumsrechte an der Firma abgetreten hat, freut sich, wie er sagt, über unseren Besuch und dass wir uns kennenlernen. Während er isst und mit uns spricht, greift er bestimmt ein Dutzend Mal zum Telefon. Er führt anscheinend, man merkt es an seinem angespannten Gesicht, sehr ernsthafte Gespräche.

Wieder im Betrieb angekommen, entschuldigt sich Herr Xin mit einer unaufschiebbaren Arbeit und verschwindet in seinem Büro. Uns überreicht Herr Fu Deqiang neue, saubere Handschuhe, denn die anderen hatten wir ordentlich zurückgelegt. Dann holt er aus einem Schrank ein Pendelrollenlager und zeigt uns das schwere, nach allen Seiten drehbare in Deutschland hergestellte Produkt. Er lobt es mit blumigen Worten und fragt Klaus schließlich sehr höflich, ob sein Betrieb in Deutschland dieses hochwertige Pendelrollenlager mit ihnen gemeinsam in China nachbauen würde.

Klaus lehnt genauso höflich ab.

Als alle ihre Handschuhe zurücklegen, stecke ich meine klammheimlich ein. Weil ich mir in Deutschland nicht vorstellen konnte, dass es in Peking so bitterkalt sein wird, hatte ich mir keine Handschuhe mitgenommen.

Der Marketingchef bittet den Direktor zum Abschieds-
foto. Ich fotografiere die fünf vor dem Verwaltungsgebäude.

Am Auto zieht Klaus die Anzugjacke aus, bindet den Schlips
ab und verstaut alles zusammen mit dem Laptop im Kofferraum.
Auf der Nebenstraße staut sich schon wieder der Verkehr. Arbeiter schaufeln den getrockneten Mais auf einen Hänger.

»Hoffentlich hatten sie eine gute Ernte«, bemerkt Klaus.

Während der Heimfahrt spricht er wenig, aber wenn, wun-
dert er sich über den 26-jährigen Direktor, Herrn Xin. Was
ich während des Essens vor allem als störende Telefonate
wahrgenommen hatte, waren in der Tat wichtige Aufträge für
den Betrieb und Kaufabsprachen.

»Darunter bestimmt zehn Bestellungen für Wälzlager.
Und dieser Herr Xin hatte, ohne auf ein Papier zu schauen,
alle gewünschten Größen, die verschiedenen Fabrikate und
die Anzahl der noch im Lager vorhandenen Wälzlager,
einschließlich der ausländischen, im Kopf und besiegelte den
Kauf schon während des Essens.«

Ich frage ihn, ob er mit dem Direktor auch über einen
Kaufvertrag gesprochen hat.

Er schüttelt den Kopf. »Wir haben zusammen gegessen
und uns kennengelernt. Ich weiß jetzt, ob ich mit dem Betrieb weiterverhandeln kann oder nicht. Das ist doch viel. Mit
deutscher Ungeduld kommst du in China nicht weit.«

Und er überholt rechts auf der Standspur. Jedes Mal, bevor er
Vollgas gibt, signalisiere ich ihm, ob die Standspur frei ist. Oder
ob sie mit Schaufel, Besen und Schubkarre bewaffnete Frauen
in schwarzen Jacken und mit klobigen Schuhen kehren wollen.

Wir kommen rechtzeitig nach Peking zurück, um am Abend
im Auditorium der Deutschen Schule Anja Obst bei ihrer
Buchpremiere des »Fettnäpfchenführers China«[*] zu erleben.

* Anja Obst, »Fettnäpfchenführer CHINA. Der Wink mit dem Hühnerfuß«, Meerbusch
2010.

Fünfzig Leute sitzen in dem großen Hörsaal, dessen Reihen so steil ansteigen, dass sich die oberste bestimmt 8 Meter über dem Rednerpult der Autorin befindet. Ich bedauere die schmächtige Frau nicht nur, weil sie zum ersten Mal aus ihrem ersten Buch vor Publikum vorlesen soll, sondern weil sie bis zur letzten Reihe hinauf schreien muss, denn die Organisatoren haben vergessen, ein Mikrofon aufzustellen. Sie schüttelt die langen schwarzen Haare zur Seite und versucht es ohne Mikrofon, schaut dann aber mit ihren eigentlich sehr lebendigen Augen traurig ins Publikum.

Das bräuchte sie nicht, denn es ist mucksmäuschenstill. Und das Lachen zwischendurch beweist, dass man sie – wenn auch mit Mühe – selbst in der obersten Reihe noch hören kann. Alle verstehen Anja Obst, ohne dass sie jedes Wort verstehen müssen. Denn die Geschichten ihres Helden Peter, der zuvor noch nie in China war, dann aber ein sechsmonatiges Austauschstudium in Peking absolviert und sich durch die Hindernisse und ungewohnten Eigenheiten des chinesischen Alltags kämpfen muss, das sind die Geschichten der meisten, die im Auditorium sitzen. Sie kamen vor zwei, drei oder zehn Jahren nach China. Und sie kennen längst die öffentlichen Toiletten, die Anja Obst beschreibt. Loch an Loch im Zementboden mit Fußabtritt, aber ohne Wasser. Loch an Loch mit Fußabtritt, Zwischenwänden und Wasser – ein Kommunikationszentrum, in dem man davor, danach oder dabei Auskunft über Woher, Wohin und Wohlbefinden gibt. Und schließlich in Vorbereitung der Olympischen Spiele der Bau von Luxustoilettenkabinen mit Sitzklo, Brille und Parfümzerstäuber. (Schon 10 Jahre zuvor hatte der damalige Staatspräsident Jiang Zemin geklagt: »Wie kann es sein, dass China Satelliten bauen kann, aber keine Toiletten, die nicht stinken?«) Doch diese Luxussitzklos erscheinen manchem Chinesen, der ein Leben lang über der Toilette gehockt hat, derart widernatürlich, dass Verhaltensschilder angebracht werden mussten. »Darauf sind 6 Strichmännchen abgebildet, die in verschiedenen Varianten die Toiletten benutzen: sitzend, stehend hineinpinkelnd, die gleiche Variante noch mal, diesmal mit dem Deckel auf der Brille, aus der Schüssel trinkend, auf der Schüssel hockend und wie ein urinierender Hund davor kniend. Bis auf die Sitzpositionen sind alle anderen rot durchgestrichen.« Und Anja Obst weiß, dass in chinesischen Linienflugzeugen manchmal Fußabtritte von schmutzigen Schuhen auf den Brillen zu sehen sind. Alte Gewohnheiten können sehr hartnäckig sein.

Die Zuhörer kennen auch Peters traumatische Erlebnisse mit Strom und Gas. Die müssen in China meist im Voraus bezahlt werden. Eine Chipkarte für den Zähler wird bei Bank oder Post gegen Geld aufgeladen, und wenn die Karte leer ist, wird es unweigerlich – und falls Bank und Post abends schon geschlossen haben, bis zum nächsten Morgen – zappenduster.

Fast alle im Saal finden ihre eigenen Erfahrungen wieder. Für mich sind die beschriebenen Details »die theoretischen Krücken, mit denen man durch die praktische Realität eines fremden Landes humpelt«, wie ein chinesischer Dichter, den ich 5 Tage später treffe, formulieren wird.

Nach einer Viertelstunde bringt ein Techniker das Mikrofon. Anja Obst liest nun noch sicherer und souveräner. Sie weiß, wovon sie spricht. Sie hat Wirtschaftssinologie studiert, lebt seit 1998 in Peking, arbeitete unter anderem für die ARD und den »Focus«. Und sie hat mit dem »Fettnäpfchenführer« ein Buch verfasst, das nicht nur den Europäern die unverständlichen Eigenheiten des chinesischen Alltags zu erklären versucht, sondern das die soziologischen, politischen und wirtschaftlichen Probleme des Riesenlandes sehr genau dokumentiert.

Für Klaus und mich ist die Lesung außerdem der passende Abschlusskommentar unseres Besuches in der Wälzlagerfabrik Xingtai. Nur das Geschäftsessen dort war mit zwei Schnäpsen wohl nicht repräsentativ, denn »50 Milliarden Euro, ein Drittel des landesweiten Gastronomieumsatzes, werden jährlich für Geschäftsessen in China ausgegeben, viele davon durch Steuergelder finanziert. Dabei rinnen 5 Milliarden Liter Reisschnaps die Kehlen hinunter. Ohne Alkohol sind Geschäftsabschlüsse in China schwer zu bewerkstelligen. Einige chinesische Städte haben die luxuriösen Geschäftsessen jetzt zur Mittagszeit verboten.«

Dass nach dem Kennenlern-Essen in Xingtai kein Geschäftsabschluss zustande gekommen ist, lag aber nicht am fehlenden Alkohol. Und Klaus hat bei dem Besuch – wenn man die Ratschläge der Autorin wörtlich nimmt – durchaus alles richtig gemacht.

»Bleiben Sie offen. Reagieren Sie auf Ihr Gegenüber. Manchmal überrascht ein Chinese Sie mit unerwarteten Ähnlichkeiten, manchmal mit widersprüchlichem Verhalten. Nehmen Sie es, wie es kommt, passen Sie sich an und übertragen Sie nicht Ihre Vorstellungen von Verhandlungen auf dieses unbekannte Wesen. Beide Seiten müssen sich kennen und verstehen lernen. Versuchen Sie nicht, zu einem schnellen Ergebnis zu kommen. Nehmen Sie sich Zeit, gehen Sie in kleinen Schritten vor […].

Vermeiden Sie dabei direkte Formulierungen wie ›Sie sollten …‹ oder ›Sie müssen …‹, und achten Sie darauf, dass der Partner nicht das Gesicht verliert […]. Bei den Verhandlungen kommt es darauf an, dass der chinesische Partner das Gefühl hat, nicht überrumpelt oder in die Ecke gedrängt zu werden. Durch geschicktes Manövrieren können Sie ihn dahin bringen, genau das vorzuschlagen, was Sie im Kopf haben. Beiden ist gedient: Der Chinese fühlt sich als Sieger, und Sie bekommen, was sie wollen.«

Monika lässt für mich ein Buch signieren. In zierlicher, fast kindlicher Schrift unterschreibt die Autorin: »Anja Obst, Bejing, Nov. 2010«

Es ist inzwischen 21.00 Uhr, und wir finden in der Nähe kein kleines chinesisches Restaurant, in dem noch Speisen serviert werden. Die disziplinierten Chinesen würden die Essenszeiten minutengenau einhalten, sagt Klaus.

»Punkt 12 Uhr fällt in jedem großen und kleinen chinesischen Unternehmen der Hammer, und die Angestellten – zumindest die, die Geld dafür ausgeben können – müssen fast zwanghaft an der Straße oder in einer Garküche eine Kleinigkeit essen. Am Abend beginnt die Essenszeremonie in chinesischen Restaurants um 18.00 Uhr und endet gegen 21.00 Uhr.«

Weil wir nicht lange suchen wollen und ich, »um Peking kennenzulernen, noch viele Restaurants besuchen soll«, schlägt Monika vor, in das orientalische »1001 Nacht« zu gehen. Die chinesische Bedienerin serviert den bestellten grünen Tee, indem sie heißes Wasser und einen »Lipton«-Teebeutel auf den Tisch stellt. Danach bringt sie Hammel mit Bohnen für 6,50 Euro und Sardinen auf Pommes frites für 7,50 Euro. Ich, ein Fischliebhaber und ein immer aufessendes Nachkriegskind (!), lasse die Sardinen, nachdem ich mir die Hälfte hineingezwungen habe, stehen.

Wahrscheinlich kochen Chinesen nur chinesisch gut.

Und außerdem ist für die Gäste im »1001 Nacht« nicht das Essen, sondern die Ablenkung davon das Wichtigste. Zu sehr lauter Musik lässt eine Bauchtänzerin ihre schmalen Hüften, die nicht sehr großen Brüste und einen muskulösen Hintern kreisen. Für ein 1001-Nacht-Märchen fehlt ihr die orientalische Figur. Und in der Pause spricht die mit original Glitzer behangene Bauchtänzerin mit ihrer Kollegin Russisch. (Als ich die mir vertraute Sprache höre, ahne ich noch nicht, dass ich am nächsten Tag auch Russisch reden werde.)

Bei der morgendlichen Fahrt in die Stadt zeigt Klaus mir einen nur zwanzig Gehminuten von seinem Büro entfernten Park. »Hier regenerieren sich die Chinesen von dem Stress der Großstadt. Vor allem Ältere wie du!«

Und vielleicht sollte auch ich mich vor meiner Reise nach

Tai'an und Jinan in diesem Park von den ersten Tagen in Peking erholen.

Er lächelt, und ich widerspreche nicht.

Auf dem Weg zum Park muss ich, um die vierspurigen, sehr breiten Autostraßen zu queren, über Brücken und durch Unterführungen laufen. In den Unterführungen liegen Plüschtiere, gebackene Fladen, Bücher, Ketten und Ringe, Nägel, Mandarinen, Naschzeug und Wasserpistolen auf bunten Seidenstoffen, Decken und ausgebreiteten Zeitungen. Eine Frau wärmt ihre Ware – einen possierlichen Welpen, den sie den Vorbeilaufenden für umgerechnet 1 Euro anbietet – unter ihrem Mantel. Sie, die wahrscheinlich nicht täglich einen Hund verkauft, steht allein. Die übrigen Frauen warten nicht still und stumm hinter ihren ausgebreiteten Schätzen, sondern vertreiben sich die Zeit mit gemeinsamem Schwatzen, Lachen und Singen. Die meisten drängeln sich um einen auf grobem Leinen sitzenden Bettler. Neben ihm liegen zwei Krücken und eine reichlich mit Yuan-Scheinen gefüllte Pelzmütze.

Aus der Unterführung kommend, gehe ich auf einer langen Brücke über den dritten Ring. In der Ferne ist der Park zu erkennen: eine schmale, wahrscheinlich nicht einmal hundert Meter breite, aber mindestens einen Kilometer lange von der Flut der Autos umströmte grüne Insel.

Ich will im Park spazieren gehen, mich auf eine Bank setzen und in aller Ruhe ein Buch mit weisen Sprüchen des Konfuzius lesen. Doch statt zu lesen, staune ich wie als Kind, wenn der Rummel in unserem Dorf Station gemacht hat. Dort gab es ein für mein damaliges Empfinden riesengroßes Zelt. »Die Wunder der Welt« stand über der Eingangstür, die so niedrig war, dass man sich beim Hineingehen selbst als Kind bücken musste. Innen konnte man sich für zwanzig Pfennige ausgestopfte Wölfe, lebensgroße japanische Kriegerpuppen, aus Pappmaché geformte Kamele, Fotos von amerikanischen

Straßenkreuzern, unechte Palmen, an denen echte Kokos-
nüsse hingen, Gulliver und Haremsfrauen anschauen.

60 Jahre später steh ich in diesem chinesischen Park plötzlich
wieder ungläubig vor »Wundern der Welt«: zuerst vor einem
zum »Fischgeschäft« umgebauten Fahrrad. In bis zum Rand
mit Wasser gefüllten großen Aquarien schwimmen Zierfische,
Muscheln, Schnecken und Wasserpflanzen. Daneben versuchen 5 Frauen, sich einen kleinen Federball mit den Füßen
zuzuspielen, ohne dass er den Boden berührt. Und Männer in
schlabberigen weiten Trainingshosen gehen singend, ohne sich
umzuschauen und ohne an Hindernisse zu stoßen, sehr schnell
rückwärts. Und ein Mann umarmt den Stamm einer Zypresse
und atmet an seiner Rinde wie an der Haut einer Frau. Und ein
Fahrradreparateur sucht in einer Schüssel mit Wasser, an welcher Stelle der Schlauch undicht ist, und lacht, als Bläschen her-
aussprudeln, triumphierend und laut, als hätte er eine Ölquelle
entdeckt. Und an einer niedrigen Mauer beugen alte Männer
ihren Kopf so weit zu den Füßen hinunter, dass mir schon vom
Zuschauen die Wirbelsäule schmerzt. Und Frauen stechen mit
bändergeschmückten stumpfen Schwertern rhythmisch in die
Luft. Und Männer hängen Käfige mit singenden Vögeln in die
Bäume oder spazieren hin und her und schwingen dabei die
Käfige so heftig, dass die darin hockenden Vögel das Gefühl
haben zu fliegen. Dazwischen kehren Männer in Gruppenformation das Laub zusammen und vertreiben besenschwingend
und entrüstet schreiend ein sich in aller Öffentlichkeit küssen-
des junges Paar. Und als ich in die Park-Toilette gehe, spritzen
Frauen dort den Boden ab und bedeuten mir, dass ich trotzdem pinkeln kann. Und spritzen weiter, bis ich sohlentief in
einer Wasserpfütze stehe. Und Männer, selten Frauen, quälen
die Muskeln und Gelenke ihrer Arme, Hände, Beine und Füße,
indem sie an Fitnessgeräten (die, wie Klaus sagte, zur Vorbereitung der Olympischen Spiele zu Tausenden in Peking aufgestellt wurden) Gewichte stemmen, Kurbeln drehen oder an

Stangen hangeln. Und auf einem der weniger bevölkerten Wege sagt mir eine grell geschminkte junge Frau auf Englisch und ohne dabei stehenzubleiben, dass sie mir für 10 Euro Love gibt. Als ich unsicher den Kopf schüttele, läuft sie einen Bogen, kommt mir zwei Minuten später wieder entgegen und verlangt nur noch 8 Euro. Und sehr alte Männer sitzen auf großen, runden Steinen, murmeln in ihren Bart und drehen Kugeln in den Händen. Und auf einem freien Platz haben drei weißbekittelte Männer Friseurläden aufgebaut. Ihre Fahrräder lehnen an dicken Bäumen. Auf der Lenkstange ist ein großer Spiegel angebracht, am Fahrradrahmen baumeln Scheren, Rasierpinsel, Messer, Kämme, Schärfleder, und auf einem Anhänger stehen Näpfe mit Wasser und die Batterie, mit der die Haarschneidemaschine angetrieben wird. Einer der Friseure winkt und zeigt mir, dass meine Haare sehr lang sind.

Ein Laden für Zierfische

Nachdem ich eine halbe Stunde ungläubig staunend durch die mir unbekannte Welt gelaufen bin, schubst mich ein rückwärtsgehender, nach dem Zusammenprall schimpfender Mann wieder in die Realität. Ich hole meine Kamera aus dem Rucksack, um Fahrradfriseure, baumumarmende Männer und mit den Füßen Federball spielende Frauen zu fotografieren. Zwischen einem Pulk von vielleicht hundert Männern sitzen 10 Spieler, die Holzsteine, wie ich sie schon im Kinderdorf gesehen habe, hin und her schieben. Als die jeden Zug sehr heftig kommentierenden Zuschauer merken, dass ich das Objektiv auf sie gerichtet habe, kommen zwei und zeigen, dass ich hier nicht fotografieren soll. Der eine steckt seinen nicht sehr dicken Bauch bis zu einem beachtlichen Umfang heraus und beklopft ihn dann wie den Bauch eines Buddhas. Wahrscheinlich will er mir damit sagen, dass ich nicht die Menschen im Park, sondern, wie es sich für Touristen gehört, Buddhas und Tempel fotografieren soll.

Als ich den Fotoapparat eingesteckt habe, klopft mir ein Mann mit strohblonden (!) kurzgeschnittenen Haaren, der eine tarnfarbene Militärjacke trägt, auf die Schulter und fragt, woher ich komme. Nach meiner Antwort will er wissen, ob aus West- oder Ostgermany und sagt dann lachend: »Otlitschno! Germanskaja Demokratitscheskaja Respublika.«

Wir setzen uns abseits der spielenden, singenden und turnenden Chinesen auf eine Bank, und er holt, nein, keinen Wodka, sondern einen Apfel aus der Tasche, bricht ihn auseinander und gibt mir eine Hälfte. Igor Kusnezow stammt aus einem kleinen sibirischen Dorf an der Eisenbahnstrecke von Moskau nach Peking. Er wohnte mit seiner Frau Ljuba und seiner Tochter Irina im Bahnhofsgebäude. Seine Frau stellte die Weichen, und er begleitete erst kleine Züge und später auch die großen, die bis nach China fuhren.

»Vor 15 Jahren musste ich mit meiner damals 5-jährigen Tochter aus Russland weggehen und wohne seitdem in Peking.«

Im Park

Auf meine Frage, weshalb er sein sibirisches Dorf verlassen musste, antwortet er nicht und sagt nur: »Hier lebe ich, der immer noch ein Mitglied der Kommunistischen Partei der Sowjetunion ist, zufriedener als zu Hause. In Russland steht kaum noch ein Denkmal von Wladimir Iljitsch Lenin. Hier dagegen, wo die Kommunistische Partei das Land regiert, ehrt man den Genossen Mao Zedong mit Fotos, Gemälden, Denkmälern und Souvenirs. Vor seinem Porträt, das am Eingang zur Verbotenen Stadt am Platz des Himmlischen Friedens hängt, lassen sich Tag für Tag Tausende Chinesen fotografieren.«

Inzwischen, sagt Igor Kusnezow, leben auch viele Russen in Peking. »Sie gehen in russische Diskotheken, kaufen Kaviar in russischen Läden, trinken russischen Wodka und singen danach schwermütige russische Lieder.« Aber er glaubt nicht, dass ihre Seele noch wie seine in Russland zu Hause ist.

»Vor 5 Jahren habe ich an der Liangmaqiao-Lu-Straße junge Birken gepflanzt. Die Birke, Berjoska, ist der russischste Baum aller russischen Bäume. Nun leuchten ihre weißgefleckten Stämme dort zwischen den grauen der chinesischen Bäume.«

Er versichert, dass er die Wahrheit sagt. Ich könnte mir die Birken anschauen. Die Liangmaqiao Lu, weiß er, ist eine der

111

großen breiten Autostraßen, auf denen wir, vom Compound kommend, zum Büro fahren.

Wenn ich ihn noch einmal treffen möchte, würde ich ihn immer hier im Park oder im kleinen Restaurant an der Shunyuan Jie finden.

Bevor wir uns verabschieden, frage ich ihn noch einmal, weshalb er vor 15 Jahren mit seiner 5-jährigen Tochter aus dem Heimatdorf weggehen musste.

»Als ich mit dem Zug in China unterwegs war, ist der Bahnhof abgebrannt – i moja shena Ljuba toshe – und meine Frau Ljuba auch.«

Im »Schillers« fragt mich Klaus, ob ich mich im Park gut erholt habe.

»Ja«, sage ich. Und gebe zwei Bier zum Preis von einem aus.

Am nächsten Tag wird das übliche Schweigen beim morgendlichen Kaffeetrinken und Fernsehen von Klaus gebrochen. Er steht vom Sessel auf, um sich einen Mann, der im Fernsehen über die gemeinsame russisch-chinesische Nutzung der Naturressourcen spricht, genauer anzuschauen. Er nickt ihm zu, als wollte er ihn grüßen, dann sagt er stockend, als könne er es nicht glauben: »Das ist Alexander Lukin! Mit ihm habe ich am IMO in Moskau studiert.«

Abrupt dreht er sich um, schenkt mir Kaffee nach und sagt wohl mehr zu sich als zu mir: »Der Lukin hat wie unsereiner Außenpolitik studiert und zu Sozialismus-Zeiten im Außenministerium gearbeitet. Und nun ist er Professor! Ein China-Experte, der im Fernsehen interviewt wird ...«

Zusammenhanglos – das Kurzinterview mit seinem Studienkollegen Lukin ist zu Ende – sagt mir Klaus, dass sich das Management vom Wälzkörperlager in Xingtai per E-Mail bei ihm gemeldet hat.

»Wegen kommender Vertragsverhandlungen?«, frage ich.

»Nein, der Marketingchef Herr Zhang Bin bat nur um die Fotos von unserem Betriebsrundgang.«

Klaus hat inzwischen auch nach Guo Shoujing, dem im Betrieb von Xingtai ein Denkmal gesetzt wurde, weil er angeblich das Wälzlager erfunden hat, gegoogelt.

Guo Shoujing ist 1231 in Xingtai geboren und studierte zuerst Wasserbau. Wegen seiner Fähigkeit, die Mathematik für den Bau von Brücken und das Verlegen von Kanälen zu nutzen, wurde er 1271 zum obersten Beamten für den Wasserbau in China ernannt. Außerdem betätigte er sich als Astronom, entwickelte astronomische Messinstrumente und schuf durch neue Berechnungen der Erdumlaufbahn einen über 300 Jahre gültigen Kalender, der dem gregorianischen ähnelte. 1986 wurde ein Asteroid nach ihm benannt. Und 1991 ließ die chinesische Notenbank 5000 5-Yen-Münzen mit dem Porträt von Guo Shoujing prägen. 3048 mal wurde sie inzwischen verkauft. Zurzeit handelt man die Münze für 39,90 Euro.

Über Wälzlager steht in keinem der Artikel, die sich mit dem Schaffen von Guo Shoujing beschäftigte, auch nur ein Wort.

»So sind sie, meine Chinesen«, sagt Klaus, lächelt und denkt wieder über Professor Lukin nach.

Ich tröste ihn: »Aber er sah schon sehr viel älter aus als du.« Und frage, wie schwer das Studium der Außenpolitik mit Spezialrichtung China damals in Moskau gewesen ist.

»Wir mussten zuvor in der DDR einen Intensivlehrgang in Russisch absolvieren. Man hatte uns gesagt, und so fühlten wir uns auch: ›Es ist ein Privileg, im am weitesten entwickelten sozialistischen Land studieren zu dürfen.‹ In der Theorie stimmte das wohl. Aber das Drumherum!«

Er hätte sich schnell an das Leben im nicht gerade komfortablen Wohnheim, an den Wodka und manche »Schlamperei« gewöhnt. Viel wichtiger aber wären ihm die Begegnungen mit den Menschen in Moskau und bei Fahrten durch das Land und bei Arbeitseinsätzen gewesen. »Die unbeschreibliche Gastfreundschaft dort. Die Alten, die uns ihre Lebensweisheiten mitgaben. Das Feiern ...«

Das Studium sei schwer gewesen. »Wir haben fast jeden Tag bis Mitternacht über den Büchern gesessen. Chinesisch lernen. Und dazu noch ›Das Kapital‹ von Marx in zwei Bänden auf Russisch! Ich hätte es natürlich auch Deutsch lesen können. Aber im Seminar und bei den Prüfungen wurde Russisch gesprochen.«

Die wissenschaftlichen Möglichkeiten aber wären besser gewesen als in der DDR. »Einmal, weil die sowjetischen Professoren toleranter mit westlichen Forschungsergebnissen umgingen, und zum anderen hatte man nicht so viel Angst wie in der DDR, dass die Studenten durch westliche Medien ›ideologisch infiltriert‹ werden könnten. Wir lasen in Moskau auch den ›Spiegel‹ und die ›Frankfurter Allgemeine‹!«

Doch über die Zeit in Moskau sollten wir, sagt Klaus, nicht zwischen Kaffee und Fahrt zur Arbeit reden. Wenn überhaupt, dann später. Aber während er die Tassen artistisch auf das schmutzige Geschirr in der Küche stapelt – »Heute kommt die Ayi« – fügt er hinzu: »Was haben wir in Moskau gefeiert. Mit Speck und Brot und süßem Wein. Meine Geburtstage damals ...«

»In zwei Wochen wieder », sage ich. Klaus ist ein Nikolaus.

Er lacht. Dann aber verzieht er das Gesicht und brummelt, als müsste er sich die Worte einzeln abringen: »Nicht alle meine Geburtstage, bei denen Russisch gesprochen wurde, waren gut. Einmal hockte ich unten im Keller. Und die mich oben bewachten, wussten, dass ich Geburtstag hatte. Sie wussten alles von mir...«

Er bringt seiner Frau den Kaffee hinauf. Danach wird er frisch geduscht den Aktenkoffer packen, Silly anschalten, im Büro nachsehen, ob eine gute Nachricht aus dem Betrieb zu Hause im Internet steht.

Er sagt, ich solle mich beeilen und meine Sachen, die ich für die Fünf-Tage-Reise mitnehmen will, einpacken.

Im Büro hat mir Klaus aus der Vogelperspektive gezeigt, an welcher Stelle der Nebenstraße man eines der Taxis, die zu Zehntausenden ständig durch Peking kutschieren, anhalten kann. Es funktioniert. Doch der Fahrer steigt nicht aus, sondern öffnet mir nur von innen die Tür. Er trägt eine fast mantellange Anzugjacke. Sie ist schwarz, hat goldene Knöpfe und verdeckt seine zerschlissene Hose bis über die Knie. Ich gebe ihm den Zettel, auf dem Klaus mit chinesischen Schriftzeichen geschrieben hat, dass ich zum Südbahnhof möchte. Der Taxifahrer öffnet den Schraubverschluss eines als Teebehälter umfunktionierten Marmeladenglases, nimmt einen großen Schluck, wischt sich den Mund mit dem Handrücken ab, verschließt das Glas, liest den Zettel, nickt und schaltet das altertümliche Taxameter ein. (Der Kilometer kostet in Peking umgerechnet 20 Cent.)

Danach schweigen wir.

Vor den Olympischen Spielen ließen die Pekinger Behörden Tausende Taxifahrer in Hygiene und Fremdsprachen schulen. Sie mussten sich in Kursen ein Dutzend englische Woher- und Wohin-Sätze aneignen, wurden belehrt (und bei Zuwiderhandlung mit Fahrverboten bestraft), dass es im Taxi nicht nach Schweiß oder anderen Ausdünstungen riechen darf, dass nicht auf den Boden gespuckt wird und dass im Auto auch nicht geraucht, gegessen oder getrunken werden darf.

Die Olympischen Spiele sind seit zwei Jahren Vergangenheit.

Obwohl der Mann wahrscheinlich noch keine dreißig Jahre alt ist, fährt er – falls man in Peking diesen Begriff gebrauchen darf – sehr gemächlich im Strom und versucht nicht, mit Vollgas in Lücken zu rasen oder auf der Standspur zu überholen. Er lenkt das Auto meist nur mit einer Hand, denn in der anderen dreht er zwei kastaniengroße Kugeln. Nach einer halben Stunde ist unsere Schweigefahrt zu Ende. Noch bevor ich bezahle – auch der Taxifahrer nimmt kein Trinkgeld –,

115

schraubt er das Glas auf und bietet mir von dem Tee an. Als ich verlegen lächelnd ablehne, kramt er eine Mandarine aus der Jackentasche, schält sie und drückt sie mir in die Hand.

SPICKZETTEL (6)

Dietrich N., Berufswunsch: irgendein multikultureller Beruf, bei dem man viele Sprachen sprechen muss

Ich möchte später vielleicht in Peking leben. Die Kulturen, die aus der ganzen Welt hier in Peking zusammentreffen, sind alle sehr verschieden. Aber sie sind auch gleich, weil sie von Menschen geschaffen worden sind. Und das macht das Leben hier so interessant. Nachdem man einmal in Peking gewohnt hat, findet man meistens große Städte sehr gut. Hier kann man viel mehr unternehmen als in einer deutschen Kleinstadt.

Den Chinesen wünsche ich sehr, dass sie verstehen, dass die Hutongs zu ihrer Kultur gehören und dass man diese nie durch Hochhäuser ersetzen kann.

Marc H., Berufswunsch: Pilot

Wenn ich in Deutschland bin, freue ich mich, dass Facebook und YouTube wieder gehen. Deshalb würde ich mir auch wünschen, dass das chinesische Volk mehr Internetfreiheiten erhält und dass das Volk und der Staat noch enger zusammenarbeiten, so dass Einigkeit und Zufriedenheit im Land herrscht.

Bei den Chinesen gefällt es mir, weil sie sehr lustig sind. Das Essen ist lecker und das McDonald's halb so teuer wie in Deutschland.

Ich würde auch eine Chinesin heiraten. Es wäre alles anders, aber das ist ja das Interessante im Leben, denn wenn man eine Chinesin heiratet, hat diese einen anderen Kulturhintergrund, ist anders aufgewachsen. Außerdem werden deutsche Frauen auch immer eigenständiger und eigensinniger. Mit ihnen muss man sich in einer Beziehung viel mehr auseinandersetzen.

Der Kampfwagen
ODER:

Dao zou 100 mi bi wang qian zou 1 gong li jian kang – Es ist gesünder, 100 Meter rückwärts als einen Kilometer vorwärts zu gehen

Der Komplex des in Vorbereitung auf die Olympischen Spiele gebauten supermodernen Südbahnhofs ähnelt in Funktion und Architektur einem Flughafen. Aber seine weiträumigen Warte- und Abfertigungsbereiche sind nicht mit Läden, Cafés und Reisebüros eingeengt, sondern vermitteln noch lichtdurchflutet die Vorstellung von Größe und Weite.

Herr Wu Ming und Kuni, die Dolmetscherin, warten vor der Abfertigung. Ich biete ihnen zur Begrüßung Schokoladenkekse an. Herr Wu Ming lehnt dankend ab. Die Dolmetscherin aber greift zu und bläst ihre Pausbacken im runden, mit Augen und Mund lachenden Gesicht auf. Sie ist an die dreißig, nicht groß, aber schlank und von schöner fraulicher Figur. Das Lustigste in ihrem Gesicht ist ein brauner Leberfleck auf dem Nasenrücken.

Sie arbeitet in einer deutsch-chinesischen Firma, war schon zu Praktika in Deutschland und hatte, sagt sie ein wenig traurig, längere Zeit auch einen Freund aus Deutschland.

Bevor wir in die Wartehalle gehen dürfen, in der sich das »Gate« zu unserem Zug befindet, müssen wir einchecken, das heißt, unsere Zugtickets, auf denen Zug, Waggon, Reihe und Sitzplatznummern aufgedruckt sind, an einer Sperre kontrollieren lassen. Es werden auf allen Stationen der Fernzüge nur so viele Fahrkarten verkauft, wie Sitzplätze frei sind. Stehplätze gibt es keine. Nur zum Neujahrsfest, zu dem jährlich rund eine halbe Milliarde Chinesen unterwegs ist, soll dieses ansonsten unumstößliche System zusammenbrechen. Nach der Kontrolle müssen wir durch die Sicherheitsschleuse gehen und das Gepäck durchleuchten lassen. Doch obwohl ich ein langes, feststehendes Messer zum Zerschneiden des Reiseproviants mitgenommen habe, piepst es nicht. Als wir nach den Kontrollen endlich im Warteraum vor dem Ausgang zu unserem Zug sitzen, verteilt Herr Wu Ming die Tickets, die er für die Hin- und Rückfahrt gekauft hat. Ich entziffere meine Platznummer und will meinen Augen nicht trauen. Hinfahrt Reihe 14 und Platz 4. Auf der Rückfahrt dieselben Zahlen. Ich erkläre Herrn Wu Ming, was er nicht wissen kann: »Der 14. 4. ist mein Geburtsdatum.«

Doch Herr Wu Ming scheint nicht überrascht, sondern erklärt mir lächelnd, dass ich die Zahlen nicht zufällig erhalten habe. »Wahrscheinlich hat es der Abt in Tai'an vorausahnend so bestimmt.«

Ich weiß nicht, wem ich mehr misstrauen soll: dem nicht glaubhaften Zufall oder der noch unglaubhafteren Vorsehung des Abtes.

Herr Wu Ming will mir darauf nicht antworten. Er sagt nur, dass ich mit der Zeit alles verstehen werde.

Obwohl alle im Wartesaal Sitzenden garantiert ihren Platz bekommen werden, beginnt, nachdem ein Leuchtzeichen ankündigt, dass unser Zug bereitsteht und die Wartesaaltür geöffnet wird, die Schlacht jeder gegen jeden. Sie endet auch im Zug noch nicht. Die Chinesen drängeln beim Gepäckverstauen, Anstehen vor der Toilette und der Suche nach ihren Platznummern. Die Nummer 3 neben mir gehört einem Chinesen mit dem Umfang eines glücklichen Buddhas. Er setzt sich, verschränkt die Arme zufrieden auf den Bauch und schiebt mich lächelnd zur Seite. Ich wünschte, dass der taoistische Abt in seiner Vorsehung mir anstelle der Nummern 4 und 14 lieber einen schlanken Nachbarn für die 5 Stunden Fahrt organisiert hätte.

Ein junger Mann, der in seinem schwarzen Anzug und dem blütenweißen Hemd wie ein Steward aussieht, überprüft, ob die Gepäckstücke ordentlich in der Ablage liegen.

Auch der den Müll einsammelnde Mann trägt Anzug und weißes Hemd. Die Bedienerin hat die Haare straff zu einem Knoten gebunden. Die umherwieselnde Waggonchefin – sie muss nach der strengen Einlasszeremonie am Bahnhof keine Tickets kontrollieren – ist durch eine goldene Kordel an der Mütze zu erkennen. Die Kehrfrauen, die die Gänge hin und her laufen, arbeiten mit Besen und Schaufeln, die an hellblauen, langen Stangen befestigt sind. In den Taschen der Sitze stecken neben der Zugbeschreibung (»die Behindertentoilette mit Becken und Brille!«) auch Kotztüten.

Als der Zug anfährt, beginnt Richard Clayderman auf dem Klavier zu spielen. Der Buddha neben mir schläft sehr schnell ein. Sein Gesicht entspannt sich. Und nun hat er auch am Kinn einen kleinen Bauch. Hinter mir sitzt ein zweiter Ausländer im Waggon. Auch ihn hätte sich der Abt in seiner Vorsehung für mich schenken können. Er ist lang aufgeschossen und spindeldürr und redet sehr laut, sehr schrill und sehr agitatorisch. Seine Augen blicken nicht die Gesprächspartner an, sondern sind starr geradeaus gerichtet. Wie ein Messias erklärt er zwei Chinesen fast drei Stunden auf Englisch die Wirkungsweise von Management und Marketing am Beispiel von internationalen Autofirmen. Die beiden Chinesen können sich wohl nicht gegen den Redefluss wehren, befolgen seine »Controller«- und »Flash«-Befehle, und der dickere tippt im perfekten 10-Finger-System bedeutende Sätze wie »Marketing is allround in the World« in die Tastatur seines Laptops.

Irgendwann übertönt ein noch lauter singendes Kind den lauten Ausländer. Clayderman hat schon längst aufgegeben. Vor dem Fenster ist die Sonne im Smog der ersten großen Stadt, in der wir halten werden, nur noch wie durch Milchglas zu sehen. Kilometerweit stehen neue Pfeiler, auf denen Straßen oder Bahnen gebaut werden sollen. Ein Wald aus Tempelsäulen.

Nach der erst Chinesisch und dann in Englisch wiederholten Ansage »Yonglinying« erheben sich leider weder der Buddha neben mir noch der »Wirtschaftsdoktor« hinter mir. Nur ein alter Mann, der während der Fahrt einen aus Ästen geflochtenen Korb, in dem zwei Hasen sitzen, auf dem Schoß hielt, verlässt den Platz vor mir. Ein kleiner Chinese, der auch durch seinen sehr hohen, blauen Hut nicht größer wird, steigt ein. Ich helfe ihm, den hölzernen Koffer im Gepäckfach zu verstauen. Clayderman beginnt wieder zu spielen. Ich glaube »Pour Adeline«. Und Steward und Müllsammler und Bedienerin und Waggonchefin und die Kehrfrauen laufen wieder und wieder die Gänge entlang. Durch die Zugheizung riecht man den beißenden Rauch der Kohleöfen in den Dörfern, durch die wir – so steht es auf der Anzeige – mit über 200 km/h rasen.

In der Toilette sind, obwohl wir keine Kurven, sondern immer nur geradeaus fahren, vorsichtshalber rechts und links von den Fußtritten, auf denen man über dem Loch hockt, zwei stabile, chromglänzende Haltebügel – ähnlich denen, die in Rallyewagen beim Überschlagen die Karosserie schützen sollen – angebracht.

Ich hocke und fühle mich, mich an den Bügeln festhaltend, wie in einem römischen Kampfwagen, mit dem ich durch China rase. Die Konzentration auf das Wesentlichste ist mir dabei allerdings unmöglich. Vielleicht hätte ich doch die mit Becken und Brille versehene Toilette für Behinderte benutzen sollen.

In Jinan, der Hauptstadt der Provinz Shandong, steigen die meisten Passagiere aus. Auch der Buddha neben mir, der Englisch sprechende Agitator und seine zwei Schüler hinter mir und der kleine Chinese mit dem blauen Hut vor mir. Der deutet zum Abschied eine Verbeugung an und überreicht mir mit zwei Händen in rote Aluminiumfolie eingeschweißten chinesischen grünen Tee.

Kuni schläft. Ich bin froh, dass sie uns begleitet. Wie sehr habe ich Anja Obst um ihre chinesischen Sprachkenntnisse beneidet. Sie kann sich überall mit jedem Chinesen unterhalten, alles fragen und alles erfahren. Herr Wu Ming verbessert mich. In der Fremde könne man zwar alles fragen, aber werde trotzdem nie alles erfahren und noch weniger begreifen. Er hat Nescafé geholt, setzt sich zu mir und blättert in meinem Buch mit Zitaten von Laotse und Konfuzius. Der große chinesische Lehrer Konfuzius sei in der Provinz Shandong geboren, sagt er und zitiert: Wo alle verurteilen, muss man prüfen, und wo alle loben auch.

»Konfuzius hat den Chinesen beibringen wollen, nach welchen Regeln sie miteinander leben sollten. Sein Prinzip: Die Unteren müssen den Oberen gehorchen! Also der Schwache dem Starken, der Kleine dem Mächtigen, der Schüler dem Meister, der Soldat dem Offizier, die Frau dem Mann, der Diener dem Beamten, der Beamte dem Kaiser …« Laotse, der Lehrer des Taoismus dagegen, wollte den Menschen vor allem in Harmonie mit der Natur, mit seinem Körper und mit den ihn umgebenden anderen Menschen sehen. Er sagt beispielsweise: Wahre Meisterschaft ist es, den Dingen des Lebens ihren Lauf zu lassen. Oder: Übe dich im Nichts-dagegen-Tun, und alles fügt sich zum Guten.«

Ich könnte den Abt zum Taoismus befragen, verspricht Herr Wu Ming.

»Er wird uns zusammen mit dem Heiler und dem Unternehmer am Bahnhof erwarten.«

Als wir in Tai'an aussteigen, ist es schon dunkel.

Einer der drei Männer, die Herr Wu Ming ungewöhnlich herzlich (selbstverständlich ohne die bei Chinesen gemiedene körperliche Umarmung) begrüßt, trägt zwar ein auffällig auberginefarbenes Sakko, aber mein Blick verweilt nicht bei ihm, sondern bei dem ganz in Schwarz mit einem kuttenähnlichen Kaftan gekleideten taoistischen Abt. Auf seinem Kopf sitzt eine flache, ungefähr 10 Zentimeter hohe, oben offene Kappe, aus deren Mitte ein dünnes, graues Haarschwänzchen heraushängt. Sein schütterer Bart erinnert mich in seiner zipfligen Form an den Bart von Guo Shoujing, der

Der Abt

zwar kein Erfinder der Wälzlager, aber trotzdem ein großer Gelehrter war.

Ich reiche dem Abt mit einer kleinen Verbeugung eine Hand, die andere lege ich, weil ich nicht weiß, wie man einen taoistischen Abt begrüßt, ehrfürchtig auf meine linke Brusthälfte. Danach gebe ich den zwei Männern die Hand. Ich nehme an, dass der im auberginefarbenen mit Goldknöpfen verzierten Sakko der Unternehmer und der nur einen grauen Pullover über dem weißen Hemd tragende Mann der Doktor der Traditionellen Chinesischen Medizin ist.

Im Hotelrestaurant erfahre ich von Herrn Wu Ming, dass ich mich getäuscht habe. Der Heiler, Dr. Liu Junbo, trägt Aubergine mit Gold und der Unternehmer, Herr Xuan Jiaguo, den grauen Pullover. Beide sind wahrscheinlich noch keine 40 Jahre alt und haben ihr schwarzes Haar nach hinten gekämmt. Allerdings ist das des Unternehmers in der Mitte schon bis auf die Kopfhaut gelichtet. Aber er wirkt mit seinen großen, hinter der Brille neugierig schauenden Augen und der sehr geraden, die Brust herausstreckenden Haltung jugendlich und kräftig. Der

Heiler, mit schmalem Mund, kleinen, oft zusammengekniffenen Augen, lässt die Schulter herabhängen. Und er lächelt listig wie einer, der sein geheimes Wissen nicht preisgeben will.

Herr Wu Ming erzählt, dass in dem geschichtsträchtigen historischen Nachbargebäude schon 17 Kaiser geschlafen haben. Und 6 von ihnen hätten den sich nebenan erhebenden heiligsten Berg Chinas, den 1545 Meter hohen Tai Shan, erklommen und auf seinem Gipfel Erde und Himmel Opfer gebracht.

Auch uns wird kaiserlich aufgetragen. Der Doktor der Traditionellen Chinesischen Medizin legt die besten Stücke eines in Reisweintrester marinierten Fisches, der Shandong-Spezialität Dongpingzaoyn, auf meinen Teller. Und Herr Wu Ming gießt mir Bier, das die Übrigen aus Likörbechern nippen, in ein großes Glas. Ich soll es, weil, wie der Unternehmer Xuan Jiaguo sagt, alle Deutschen Bier lieben, auf Wunsch des Abtes mit Ganbei – das Glas trocken machen –, also auf ex, leeren.

Und als ich, der ich kein Biertrinker bin, den halben Liter, ohne abzusetzen, ausgetrunken habe, lächelt der Abt und kneift seine kleinen Äuglein zu, als würde er meditieren.

Nachdem ich darauf bestanden habe, wie die andern mein Bier aus einem kleinen Glas zu trinken, und wir uns vier Mal mit Ganbei zugeprostet haben, sagt Herr Wu Ming plötzlich sehr laut: »Hier am Tisch sitzt China. Der westlich ausgerichtete Unternehmer. Der Abt der taoistischen Religion. Der Heiler der Traditionellen Chinesischen Medizin und ich selbst, der Kunstliebhaber, Ex-Diplomat und Mitglied der Kommunistischen Partei Chinas.«

Ich frage vorsichtig: »Und die Wanderarbeiter, die Bauern, die Ayis, die Fahrradfriseure …?«

»Diese Leute verfügen nur über ein begrenztes Wissen«, erklärt mir Herr Wu Ming. Aber um zu verstehen, weshalb China in den letzten Monaten zum Leidwesen der neidvollen Amerikaner und Europäer zur zweitstärksten Wirtschaftsmacht der Welt aufgestiegen ist, müsste ich nicht mit Wanderarbeitern und

Fahrradfriseuren, sondern mit neuen Unternehmern, alten Äbten, Medizinern, Künstlern und Parteifunktionären sprechen.

»Morgen vielleicht mit dem Abt Huo Huaxu und dem Unternehmer Xuan Jiaguo.«

Weil ich seinen Plan, noch länger in der Provinz Shandong zu bleiben, leider wegen der Dolmetscherin abgelehnt hätte, sei es nun schwierig, auch mit dem Heiler Liu Junbo einen Termin zu vereinbaren. Wahrscheinlich sei ein Gespräch mit ihm nur heute Abend möglich.

»Gut«, sage ich. »Dann gleich heute.«

Zum Schluss kosten wir, wie nach jedem guten Essen, ein wenig vom Reis und löffeln die Nudelsuppe mit Hühnerfleisch. Und machen auch noch mit Schnaps das Glas trocken.

Zum Gespräch mit Dr. Liu Junbo treffen wir uns in Kunis Hotelzimmer. Sie bittet mich verlegen, den Heiler nicht sofort über die Medizin, sondern erst über sein Leben zu befragen. »Begriffe der Traditionellen Chinesischen Medizin sind den Europäern nur schwer zu übersetzen.« Deshalb möchte sie sich erst warmreden. Sie lacht mit ihren großen, schönen braunen Augen, und ich beginne das Interview also sehr förmlich. Es sei für mich eine Ehre mit einem Doktor der inzwischen weltweit bekannten und nachgeahmten Traditionellen Chinesischen Medizin (TCM) sprechen zu dürfen. Ich möchte wissen, wann und wo er geboren wurde und was er gelernt hat.

Es klopft. Dr. Liu Junbo öffnet und nimmt der Bedienerin das Tablett mit Tassen und einer Kanne Tee ab. Als er den grünen Tee eingeschenkt hat, berichtigt er: »Ich bin kein Doktor der Medizin, sondern ein Doktor für Maschinenbau und Mechanik!«

Doch wenn ich das Leben seiner Familie kenne, würde ich verstehen, weshalb ihn mir Herr Wu Ming als Heiler vorgestellt habe.

»Ich bin 1973 im Norden von China, in dem Dorf, in dem auch die letzte Frau von Mao Zedong gewohnt hat, geboren.

Meine Eltern waren wie andere Bauern aus der Provinz Shandong, in der es für zu viele Bauern zu wenig Land gab, in den bevölkerungsarmen Norden gezogen. Doch dort war es im Winter so kalt, dass die Schule drei bis vier Monate geschlossen werden musste. Mein Bruder erkrankte regelmäßig an Halsentzündungen, hatte Fieber und ...« Kuni schaut mich, die Schultern hochziehend, verzweifelt an. »Dafür weiß ich den deutschen Namen nicht: wenn aus den Ohren Flüssigkeit herausläuft.«

Als Liu 5 Jahre alt war, ist die Familie aus dem kalten, unfruchtbaren Norden nach Shandong zurückgegangen.

»Mein Vater begann mit Maschinen für Mühlen und Bewässerungsanlagen zu handeln. Er sparte jeden Yuan, damit ich die Hohe Schule besuchen und danach studieren konnte. Dass ich ein Doktor und Lehrer für Maschinenbau und Mechanik geworden bin, verdanke ich meinem Baba. Und wahrscheinlich hätte ich mich mein Leben lang nur mit Maschinen beschäftigt, wenn in meiner Familie nicht so viele Leute erkrankt wären. Schon während meines Studiums starb die Großmutter an einer, wie die staatlichen Ärzte damals sagten, unheilbaren Krankheit. Ein Jahr später, 1998, lernte ich meine Frau kennen, die an unserer Universität Elektronik studierte. Sie litt ständig unter schrecklichen Kopfschmerzen. Und 1999 konnte meine Mutter plötzlich nicht mehr laufen. Damals wünschte ich mir, dass ich anstelle der Mechanik einer Maschine die Mechanik in einem Menschen begreifen könnte. Ich begann im Selbststudium Bücher über die Lebensenergien, über Yin und Yang und über die Heilmethode der Traditionellen Chinesischen Medizin zu lesen, erwarb mir als Autodidakt praktische Kenntnisse der Krankenbehandlung durch Heilkräuter, Massagen, Ernährungsumstellung, Akupunktur und Schröpftechniken. In den Sommerferien wandte ich das Neuerlernte an. Ich massierte die Stellen, die im Körper meiner Mutter den Fluss der Lebensenergie Chi blockierten. Am Ende der Ferien konnte sie wieder laufen. Und meine Frau befreite ich von ihrem unerträglichen Kopfschmerz.«

Dadurch sei er schon während des Studiums zwar von Beruf Maschinenbauexperte, aber von der Berufung her Heiler geworden.

Er schenkt grünen Tee nach. Danach hält er für Kuni eine lange Rede, die sie nicht sofort übersetzt. Er will mir die Prinzipien der auch auf der Philosophie des Taoismus basierenden Traditionellen Chinesischen Medizin erklären sowie deren Unterschied zur europäischen Schulmedizin deutlich machen. Und versucht es mit der Lehre von der Funktionsweise der Maschinen, denn auch der menschliche Organismus funktioniere nach mechanischen Regeln.

Nach einer Viertelstunde fasst Kuni für mich zusammen: »Die Lebensenergie für eine Maschine, beispielsweise einen Motor, ist das Benzin. Doch von dieser Lebensenergie hängt die Lebensdauer der Maschine nicht ab, denn das Benzin kann man jederzeit nachfüllen. Das Leben einer Maschine ist erst dann zu Ende, wenn sie selbst, also ihr Material, verschlissen ist. Dem Menschen dagegen wurde bei der Geburt das Chi, eine gewisse Menge Lebensenergie, mitgegeben. Wenn die verbraucht ist, kann man sie nicht wie Benzin nachfüllen. Dann ist der Mensch tot.«

Es käme also im Leben eines Menschen – in China gäbe es mehr als 20 000 Hundertjährige – immer darauf an, mit dem Chi, der geschenkten Lebensenergie, hauszuhalten und sie nicht zu vergeuden. »Stellt man eine Kerze – nehmen wir an, sie ist das Chi – in den Wind, wird sie nur unruhig flackern und sehr schnell herunterbrennen. In einem windstillen, harmonischen Raum dagegen wird sie ruhig und sehr lange brennen.«

Deshalb sollte man nach den Regeln der Traditionellen Chinesischen Medizin für Körper und Seele immer die größtmögliche Harmonie schaffen.

»Um zu erreichen, dass die Energie in dieser Harmonie unbehindert fließen kann, ist es notwendig, dass die Gegensätze, das Yin und das Yang, die sich gleichzeitig als Einheit bedingen, immer im Gleichgewicht bleiben. Kein Gutes ist ohne das Böse, kein Warmes ohne das Kalte möglich.«

Er versucht, mir das Yin und Yang an Beispielen deutlich zu machen. Das Yin verkörpert die Nacht, die Erde, die Finsternis, das Weibliche, den Mond, die Feuchtigkeit, die geraden Zahlen, das Spontane, das Wasser, die Rückseite, das Saure, das Nichtentscheiden, das Abwärts …

Das Yang dagegen verkörpert den Himmel, das Licht, das Männliche, die Sonne, das Trockene, die ungeraden Zahlen, das Geplante, das Feuer, die Vorderseite, das Süße, die Entschlusskraft, das Aufwärts …

Durch Massage und Akupunktur wird versucht, den Fluss der Energie im Körper zu verbessern und die Harmonie von Yin und Yang durch Heilkräuter, bewusstes Essen und Trinken und gymnastische Übungen zu befördern. Deshalb müsste ein Heiler auch die Yin-fördernden Lebensmittel von den Yang-fördernden Lebensmitteln unterscheiden können und beachten, dass die Menschen nur Produkte essen, die in ihrer Heimat wachsen. Dabei sollen Yin-Lebensmittel den Menschen Entspannung, Geduld und Zurückhaltung bringen. Yang-Lebensmittel dagegen Leistungsstärke, Dynamik, Willenskraft und Lebensfreude. Zu den Yin-Lebensmitteln zählen Gurken, Milch, Tee, Tomaten, Wein, Äpfel, Birnen, Mandarinen, Sahne … Und zu den Yang-Lebensmitteln Fisch, Knoblauch, Fleisch, Kardamon, Nüsse, Haferflocken … Hat ein Mensch zu wenig Yin, ist er unruhig und nervös, bei Yang-Mangel leidet er an Erschöpfung und geistiger Müdigkeit.

Um Liu Junbo und der sich redlich mühenden Kuni zu beweisen, dass ich das Prinzip verstanden habe, sage ich: »Demnach bräuchte ich nur viel Fleisch und Knoblauch zu essen und wäre willensstärker, dynamischer und weniger erschöpft.«

Der Heiler will sich die Enttäuschung über seine unverstandenen Erklärungsversuche bzw. meine Begriffsstutzigkeit nicht anmerken lassen und erläutert mir das Yin-und-Yang-Prinzip an einem »für Schriftsteller wahrscheinlich verständlicheren, allgemeinen, sozialen, gesellschaftlichen Problem«.

»Wenn das Yin sinkt, steigt das Yang. Und wenn das Yang sinkt, steigt das Yin. Wie auf einer Waage. Es ist nicht möglich, dass beide, also Tag und Nacht oder feucht und trocken oder positiv und negativ oder kalt und heiß, gleichzeitig sinken oder gleichzeitig steigen. Und das gilt auch für das Leben der Menschen. Zu guten, steigenden Zeiten weiß der Mensch, dass sie wieder sinken werden und danach die schlechten Zeiten kommen. Also legt er vorsorglich Nahrung und Geld zurück. Und in den schlechten Zeiten verliert er, weil er weiß, dass die guten Zeiten wieder aufsteigen werden, niemals die Hoffnung. Dieses Wissen ist für die Menschen lebenserhaltend.«

Um immer nach den Grundsätzen des Sinkens und des Steigens von Yin und Yang leben zu können, würden die Chinesen nicht nur die Lehren der Traditionellen Chinesischen Medizin befolgen, sondern sie auch durch dazugehörende Kung-Fu-Übungen wie Tai-Chi oder Qigong täglich unterstützen.

Ich sage ein wenig spöttisch: »Und im Park Bäume umarmen und rückwärtslaufen.«

Der Heiler nickt erfreut.

»Ja, hundert Meter rückwärtsgehen ist für die Gesundheit besser als tausend Meter vorwärts.«

Beim Vorwärtsgehen beansprucht der Mensch ein Leben lang dieselben Muskeln und Gelenke mit den immer selben Bewegungsabläufen. Und seine Augen schauen immer nur starr und angestrengt nach vorn. Beim Rückwärtsgehen können sich die sonst arbeitenden Beinmuskeln erholen und die normalerweise nicht gebrauchten müssen sich anstrengen. Kranke Gelenke und Sehnen schmerzen dabei nicht. Außerdem können die Sinne alles neu erfassen. »Und wenn es dann wieder vorwärtsgeht, sind sie umso empfindsamer und aufmerksamer.«

Das verstehe ich.

»Und die Bäume umarmen?«

Der Heiler fragt, ob ich als Kind im Spiel mit anderen Kindern nicht schon hilfesuchend einen Baumstamm umarmt hätte?

Ich versuche mich zu erinnern und nicke.

»Der Baum gibt bei der Umarmung Energie an den Menschen ab. Der Ahorn hilft gegen Schmerz, die Eiche beruhigt, und die Birke ermutigt den Menschen, schwierige, unangenehme Probleme zu bewältigen.«

Immer würde es darum gehen, Energie zu erhalten und so wenig Lebensenergie wie möglich abzugeben. Er schaut Kuni an, erklärt ihr etwas, sie errötet ein wenig, dann übersetzt sie, dass der Heiler auch Verschwendung von sexueller Energie dazu zählt. Sexuelle Aktivität verjünge den Menschen, sie sei wichtig, aber der Mann solle auf die ihn schwächende Erfüllung des Liebesaktes verzichten. Der Heiler winkt lachend ab. Kuni sagt etwas von »Tantra« und dass ich besser im Internet darüber nachlesen soll.

Ich frage Liu Junbo, wie viel Kinder er hat.

»Nur eine Tochter.«

Und er werde auch nicht gegen das Gesetz verstoßen und ein zweites Kind zeugen.

»Das Glück oder Unglück, das Gute oder das Schlechte im Leben der Eltern hängt – außer in Afrika, wo viele Kinder durch ihre Arbeit die Eltern ernähren müssen – nicht von der Zahl der Kinder ab. Wenn das eine Kind, das der chinesische Staat uns erlaubt, gut erzogen ist, wird dieses eine Kind viel mehr für die Eltern sorgen, als drei oder vier schlecht erzogene.«

Außerdem hat das Gesetz der Ein-Kind-Ehe bewirkt, dass seit seiner Einführung das chinesische Volk nicht auf kaum zu ernährende 1,7 Milliarden, sondern nur auf 1,3 Milliarden Menschen angewachsen ist.

Ich frage, ob er die Familie mit seinem Verdienst als Heiler ernähren kann.

»Meine Frau unterrichtet Elektronik. Und ich arbeite noch nicht als professioneller Heiler. Ich behandle nur die Geschäftspartner meines Freundes, des Unternehmers Xuan Jiaguo. Wenn ich sie gut massiere, kann er seine Kunden auch dadurch behalten.«

»Was ist für Sie ein guter Tag, Herr Liu Junbo?«

»Ein guter Tag? Wenn ich der Beste bin. Bei der Arbeit oder für meine Frau oder für mein Kind oder für meine Patienten. Ich wollte schon in der Schule und auf der Universität immer der Beste sein.«

»Und ein schlechter Tag?«

»Wenn ich auf der Straße anderen Frauen hinterherschaue und meine Frau mich deshalb beschimpft.«

»Und was würden Sie China wünschen?«

»Dass die Regierung es jedermann an jedem Ort in China weiterhin erlaubt, so viel Geld, wie es ihm möglich ist, zu verdienen.«

»Und was wünschen Sie für sich?«

»Ein internationales, vielleicht sogar in Deutschland, anerkanntes medizinisches Unternehmen mit Praxen der Traditionellen Chinesischen Medizin zu gründen. Und trotz der damit verbundenen großen Arbeit und der Verantwortung ein sittlicher, nach den Regeln von Konfuzius und Laotse lebender Mensch zu bleiben.«

Am Ende unseres Gespräches verspricht er Kuni, die ihm von ihren Schulterschmerzen erzählt hat, morgen noch einmal in das Hotel zu kommen und sie mit seinen Schröpfkegeln zu behandeln. Ich wollte nicht aufdringlich sein und habe ihm kein Wort von meiner schmerzhaften Arthrose in den Armgelenken erzählt. Aber anscheinend ist mein Yin und Yang nicht im Gleichgewicht, denn mir fehlt der Mut, unangenehme Bitten zu äußern. Ich könnte das ändern, indem ich einen Birkenstamm umarme. Oder öfter rückwärtsgehe, um dann schneller vorwärtszukommen.

(Notwendige Ergänzung: Nach meiner Rückkehr aus China habe ich zwar nicht mehr Fleisch als zuvor gegessen, auch keine Bäume umarmt, mich aber sehr oft im Rückwärtsgehen geübt.)

SPICKZETTEL (7)

Paula H., Berufswunsch: Journalistin oder Ärztin

Ein guter Tag ist der Tag, an dem der Himmel über Peking nicht grau, sondern entweder sonnig blau oder bewölkt ist. Aber meistens ist er grau.

Von Deutschland vermisse ich hier nichts, weil ich aus der Schweiz komme. Aber auch die Schweiz vermisse ich in China nicht. Nur meine Großeltern und meine alten Freunde. Wenn ich zurückgehe, werde ich alles vermissen: die freundlichen Menschen hier, das gute Essen, meine neuen Freunde, die Schule, mein ganzes Umfeld, die Läden. Eben einfach alles! China ist so ein tolles Land. Ich ziehe im Sommer mit meinen Eltern wieder zurück. Aber ich gehe nicht »zurück nach Hause«, sondern von zu Hause weg. Hier bin ich zu Hause.

»Reiny«, Berufswunsch: Grafikdesigner

Ich bin 19 Jahre alt und bin in der 10b der Deutschen Schule in Peking. Ich habe einige Klassen wiederholen müssen, weil ich mit meinen Eltern sehr oft umhergereist bin und damit auch oft die Schule wechseln musste. Außerdem ist Deutsch nicht meine Muttersprache. Mein Traumberuf wäre eigentlich, ein berühmter Rockstar zu werden, aber das ist ziemlich unrealistisch. Ich möchte in der Welt etwas tun, was ich mag, und dann will ich das gut und ehrlich machen. Ich möchte auch genug Geld ver-

dienen, um eine kleine Familie zu ernähren und eine Frau zu haben, die ich liebe.

Ich würde auch in Peking leben wollen, weil ich noch zu wenig weiß über dieses Land und wie die Menschen hier leben. Dazu reicht nicht das, was man in der Schule lernt. Dort erfährt man im Politikunterricht höchstens, dass die Menschenrechte in China nicht eingehalten werden.

Der Abt
ODER:
Fen shou de shi hou wo ba shou fang zai xiong qian – Beim Abschied lege ich die Hand auf mein Herz

Schon eine Viertelstunde vor der vereinbarten Frühstückszeit warte ich allein am Hotelempfang. Der Herr hinter dem Tresen telefoniert, und sogleich erscheinen zwei junge Frauen, die mir, indem sie Essbewegungen simulieren und mich sanft vorwärtsschieben, den Weg zum Restaurant weisen. Es ist noch menschenleer. Am Eingang steht ein mit mehreren Kubikmetern Wasser gefülltes Aquarium, in dem Hunderte Goldfische schwimmen. Ich schaue zuerst hinein und dann hindurch und sehe schemenhaft Tempelsäulen, Drachenmasken, rote und goldene Lampions, Palmengewächse, zwei große Lautsprecher und ganz vorn ein mit verschiedenfarbig leuchtenden Lämpchen illuminiertes Buffet. Die Frauen lotsen mich am Aquarium vorbei, drücken mir ein Tablett mit Tassen, Schälchen und Stäbchen in die Hand und zeigen, indem sie die Speisefront wie eine angetretene Gruppe von Kindern abschreiten, die Köstlichkeiten für den Morgen: rotes Krebsfleisch, grüne Spinatblätter, braune ungefähr 3 Monate roh eingegrabene, sogenannte tausendjährige Eier, weiße Shrimps, blaue gebackene Auberginen, dazu Milchsuppen mit Reis und Nudeln …

Ich mag nicht mutterseelenallein essen und gehe, obwohl die zwei Frauen protestieren, wieder aus dem Goldfisch-Frühstücks-Restaurant hinaus. Vor dem Hotel laufe ich die von Säulen, blühenden Sträuchern und Drachenfiguren gesäumte Eingangsstraße bis zum Torbogen, an dem das Gebäude des tempelähnlichen Hotels endet. Dahinter beginnt der chinesische Alltag mit kleinen Läden, Buffets, Lastenfahrrädern und Mopeds. Am Torbogen liegen zwischen den Fabelfiguren wie Fremdkörper wirkende unbehauene Felssteine. Auch vor den meisten Häusern an der Straße entdecke ich diese Steinbrocken. Herr Wu Ming, der mich inzwischen sucht, weiß, dass die Steine aus dem Felsen des heiligen Tai-Shan-Berges gebrochen worden sind. Auf einer 9 Kilometer langen Treppe mit fast 6300 Stufen kann man an unzähligen kleinen Pagoden und Tempeln vorbei bis zum Jade-Gipfel des Berges hinaufsteigen. »Wir leider nicht, denn weil Sie eher abreisen wollen, fehlt uns die Zeit!«

Der Berg gehört zu den 5 heiligen Bergen und ist der östlichste Eck-Berg des Reiches der Mitte. »Jährlich besuchen ihn rund 6 Millionen Menschen, zünden in seinen Tempeln Räucherstäbchen an und trinken von seinem heiligen Wasser.«

»Und die Steine?«, frage ich.

»Die holen sich die Bauern seit Jahrhunderten vom heiligen Berg und legen sie als Wächter gegen alles Unheil vor ihre Häuser. Zu Maos Zeiten war das verboten. Aber nach den Reformen von Deng Xiaoping im Jahre 1983 wurden die taoistischen heiligen Felssteine wieder die Hüter der Häuser rund um den Tai-Shan-Berg.«

Allerdings ist es den Bewohnern inzwischen verboten, sich wie früher Steine aus dem Berg zu brechen. »Auch die heiligen Wächter werden heute verkauft!«

Beim Frühstück sagt mir Kuni, die zuvor sehr lange und so interessiert, als spräche sie mit ihnen, die Goldfische im Aquarium beobachtet hat, dass die goldenen Fische die Kinder der Drachen sind. Gleich nach dem Frühstück fahren wir zu dem taoistischen Abt. Herr Wu Ming, der in der Nacht ein Gedicht »für eine gute Bekannte, die Alkoholikerin war und der ich Mut machen möchte, nie mehr zu trinken«, geschrieben hat, sagt: »Wir Besucher kommen im Auto. Der Abt selbst besitzt nur ein Fahrrad.«

Der Abt läuft uns auf dem Hof des Tempels bereits entgegen, als hätte er die Zeit der Ankunft vorausgeahnt, und überfällt uns zur Begrüßung mit einem lauten, minutenlangen Redeschwall. Kuni fasst für mich alles in einem Satz zusammen. »Der Herr Abt Huo Huaxu freut sich über unseren Besuch an der heiligen Stätte des Taoismus.«

Danach führt uns der Abt durch eine Baustelle, auf der 5 Männer die heilige Stätte vergrößern. Originalgetreu rekonstruieren sie mit dicken Rundhölzern und passgenau geschnittenen Vierkantbalken alte Gebäude und setzen Säulen, die ohne Verstrebungen die Dächer tragen werden. Nur wenige Handwerker beherrschen diese Technik noch, erklärt der Abt. Rund 4 Millionen Yuan kostet die Rekonstruktion.

Ohne dass ich ihn fragen muss, was ich fragen wollte, erzählt der Abt wieder sehr laut und zwischendurch nur sehr kurz Atem holend, dass der Staat für die taoistische heilige Stätte kein Geld ausgibt. »Wir müssen uns selbst erhalten.« Besucher spenden Geld, und seine Schüler bringen Lebensmittel. Außerdem kostet der Besuch der Tempel des heiligen Berges zwischen 20 und 50 Yuan. Die Mönche verkaufen Räucherstäbchen und Souvenirs und holen von den Quellen des Berges das heilige Wasser, tragen es in Eimern hinunter und verkaufen es für 2 Yuan pro Kessel.

Der Abt ist in Eile. Weil er uns alles zeigen will, lässt er uns keine Zeit, damit die Augen in Ruhe das Unbekannte des heiligen Ortes erkunden können. Nur vor einem Baum, an dem rote Schleifen und viele kleine Schlösser ohne Schlüssel hängen, bleibt er einen Moment stehen. »Nach einer alten chinesischen Tradition hängen junge Paare Schlösser auf, werfen die Schlüssel weg und wünschen sich, dass sie durch ihre Liebe immer verbunden bleiben wie durch ein schlüsselloses Schloss.« Wir gehen schnell weiter, der Abt redet und redet und rennt, und ohne Vorwarnung stehen wir vor dem Tempel, der seinerzeit nur der kaiserlichen Familie vorbehalten war. Der Abt drückt mir Räucherstäbchen, die nicht größer als Wunderkerzen sind und die er schon angezündet hat, in die Hand und bedeutet mir, sie in eine mit Sand gefüllte Holzschale zu stecken. Ich mache es falsch, weil ich die Stäbchen – als gelehriger Schüler des Taoismus an Harmonie denkend – zusammenfasse und alle auf einmal in die Schale stecke. Der Abt zieht sie noch einmal heraus und gibt sie mir wieder in die Hand, damit ich sie einzeln und jeweils an einen Menschen denkend, opfere. Der Gott, vor dem ich mich danach kniend und mit Händen und Kopf die Erde berührend, verbeugen soll, ist kein dicker Buddha, sondern eine goldglänzende frauenähnliche Phantasiefigur. Kuni übersetzt sehr andächtig: »Es ist die alte Oma des Taoismus.« Ich verneige mich, halte aber die Hände nicht vor dem Kopf. Der Abt lässt es den Mönch, der danebensteht und nach jeder Verbeugung einen Gong anschlägt, vormachen. Ich verneige mich, nicht auf mein Kreuz achtend, sehr tief. Und der Mönch schlägt jedes Mal, wenn ich mich aufrichte und die Gottheit anschaue, melodisch den Gong. Drei Mal. Am Ende der Zeremonie nimmt der Abt eine Apfelsine aus dem Korb, der zu Füßen der göttlichen Figur steht, und reicht sie mir mit beiden Händen.

Zur Besinnung komme ich erst, als wir im großen Besucherraum des Abtes sitzen. An den Wänden hängen Fotos von den Mitgliedern der ehrwürdigen taoistischen Gesellschaft. Außerdem auf Seide oder Papierbahnen kunstvoll gemalte kalligraphische Schriftzeichen und zarte Tuschgemälde, auf denen der heilige Berg nicht wie in Wirklichkeit felsig dunkel, sondern in hellen Farben glitzernd abgebildet ist.

Die thronähnlichen Stühle sind von den Füßen bis zur Lehne kunstvoll geschnitzt. Obwohl sie sehr stabil aussehen, setze ich mich nur vorsichtig auf die Vorderkante. Im Raum befinden sich außerdem ein Fernseher, der ausgeschaltet ist, und eine bis zur Decke reichende weiß emaillierte Klimaanlage, deren Temperatur der Abt, ohne seinen Redefluss zu unterbrechen, ständig reguliert. In der Mitte des Raumes deckt ein Mönch einen runden Tisch, auf dem ansonsten, wie der Abt sagt, Opfergaben liegen, mit Gemüse, Fleisch und anderen Speisen. Neben dem Eingang steht ein Kessel mit Wasser vom heiligen Berg. Eine Frau in dunkler Kutte nimmt, wenn sie Wasser daraus schöpft, den Deckel vorsichtig ab und legt ihn danach wieder, als müsste das Wasser vor Staub geschützt werden, sorgsam auf den Kesselrand.

Ich muss den Abt nichts fragen. Nachdem wir den ersten Schluck Tee, den die Frau mit dem heiligen Wasser gekocht hat, getrunken haben, berichtet er unaufgefordert. Und spricht wieder, als ob er eine Reiterarmee befehligt, sehr laut über sein Leben.

Geboren wurde er 1950 in dem Dorf Pingyuan Dazhou. »Meine Eltern waren Bauern. Ich habe noch 16 Geschwister. Eines starb schon bei der Geburt. Jetzt sind wir noch 6.«

Im Dorf gab es eine Kirche für die Christen und einen buddhistischen Tempel.

»Meine Großmutter war Christin, meine Mutter taoistisch und mein Vater ungläubig.« Von 1956 bis 1966 ging Huo Huaxu zur Schule. Danach sollte er Verkäufer werden. »Aber ich wollte nicht durch Handel mit dem, was von anderen Menschen hart erarbeitet worden war, mein Brot verdienen. Ich wollte den Boden selbst bearbeiten und sehen, wie durch meine Mühe alles wächst. Ich war immer ein Bauer. Und ich wurde als einziger meiner Geschwister ein gläubiger Mensch.«

Sein Handy klingelt. Ohne die Stimmlage zu wechseln, telefoniert er laut und lange.

Dann erzählt er von seiner Mutter, die sich, wie es der Taoismus verlangt, um eine alte Frau im Dorf gekümmert hat. »Wenn meine Mutter zu ihr ging, nahm sie mich mit. Als die Horden der Kulturrevolutionäre auch in unser Dorf kamen, plünderten sie sowohl die Kirche der Christen, als auch den taoistischen Tempel und rissen beide ab. Doch die Bauern versteckten kleine Altäre in ihren Häusern. Und in der Nacht lernten wir die Regeln des taoistischen Glaubens. Wenn am Tag die Kontrolleure der Partei erschienen, ließen wir die Räucherstäbchen, die goldenen Figuren und die Bücher des Laotse verschwinden und legten dafür die marxistischen Bücher von Mao Zedong auf den Tisch. Die alten Weiber oder Kinder passten vor den Häusern auf und warnten das Dorf vor den Kulturrevolutionären. Ein Bauer hatte sogar seinen Hund dressiert. Er bellte, sobald sich die Jungen und Mädchen mit den roten Binden an den Uniformen den Häusern näherten.«

Als die Religionen von der Kommunistischen Partei wieder erlaubt wurden, ging der Bauer Huo Huaxu, der sich den Glauben selbst angeeignet hatte, als Schüler zu einem Lehrer des Taoismus. Bei ihm bestand er alle Prüfungen und kam 1985 in das Kloster am Tai Shan. Nun unterrichtet er als Abt Schüler im taoistischen Glauben und lebt, ohne nach Reichtum im irdischen Leben zu streben. »Erst im Himmel wird der Mensch mit dem Reichtum des ewigen Lebens belohnt werden.«

Von den drei in Harmonie nebeneinander existierenden großen Religionen und Philosophien in China, dem Buddhismus, dem Konfuzianismus und dem Taoismus, hat der Taoismus, meint er, den Vorrang. Er ist schon 400 Jahre vor der Zeitrechnung unter Laotse entstanden. Der Konfuzianismus hat erst 200 Jahre später in der Han-Dynastie Bedeutung erlangt, und der Buddhismus ist mit Beginn der Zeitrechnung von Indien nach China gekommen. Doch chinesische Historiker behaupten inzwischen, dass der Buddhismus aus dem von den Indern damals falsch interpretierten chinesischen

Taoismus entstanden ist. Laotse war nach Indien gegangen, um den ungläubigen Indern den Taoismus zu lehren. Die jedoch hatten seine Lehre nicht begriffen und daraus eine den Taoismus zwar verfälschende, aber ähnliche Lehre, den Buddhismus, entwickelt.

Den Taoismus kann er mir, unterbricht der Abt seinen Redeschwall, nicht in wenigen Sätzen erklären. »Das Dao ist das Universum, das seit Urbeginn existierende Absolute, aus dem alle Dinge und Erscheinungen des Kosmos, das Materielle und das Ideelle, entstanden sind und das immer noch den Lauf der Welt regelt. Diesen Lauf der Welt kann man nur beobachten und das eigene Handeln diesem Lauf anpassen. Man darf sich nicht mit Willenskraft oder geistiger Anstrengung dagegen stemmen, sondern muss dem Fluss der Dinge seinen Lauf lassen. Ein Taoist lebt den vorgezeichneten Weg der Harmonie mit sich, der Natur und der Gesellschaft.«

Er gibt Kuni ein Zeichen, dass es nun genug ist, denn der Mönch legt schon die Essstäbchen neben die Teller, für uns kurze, hölzerne Wegwerfstäbchen, für den Abt sehr lange, edle, schwarze. Als der Abt sich vorbeugt, um die Konsistenz der Süßkartoffeln zu prüfen, bemerke ich, dass das Schwänzchen, das aus seinem offenen Hut herausragt, nur das Ende seines dicken, darunter zu einem Knoten gebundenen Haares ist.

Ich möchte ihn fragen, wie die jungen Chinesen die Lehren des Taoismus beherzigen. Aber noch ehe Kuni meine Worte übersetzt hat, referiert er, als hätte er meine Frage geahnt, schon über den Taoismus im neuen, »reichen China«. Er bedauert, dass, obwohl der Taoismus sehr modern ist – »auch Frauen dürfen Abt werden« –, immer weniger junge Chinesen dessen Regeln befolgen. »Sie zünden zwar Räucherstäbchen an, hängen ihr Schloss an den Baum der Liebe und verneigen sich im Tempel, aber sie beherzigen selten, dass sie auf Erden nicht nach Geld und Gütern streben, sondern harmonisch und bescheiden leben sollen. Und dafür im Himmel den Reichtum geschenkt bekommen.«

Allerdings könnte auch er jungen Menschen den Glauben nicht wie Lesen und Schreiben beibringen. »Er muss aus dem Herzen wachsen. Nicht alle, denen ich den Taoismus predige, werden gläubige Taoisten. Oder werden alle Dichter, denen Sie Gedichte vorlesen?«

Er schweigt. Dann lächelt er zum ersten Mal und bittet, dass wir, die wir um den Opfertisch sitzen, essen sollen.

Auf dem runden Tisch stehen nur Gerichte, die aus selbst angebautem Gemüse und Früchten gekocht sind. Und Fleisch von Hühnern und Fischen, die ihm die Schüler gebracht haben. Und dazu selbstgebrannter Schnaps.

Der Abt schiebt den Teller mit den Fleischstücken zu mir hinüber und nimmt sich dafür die Schüssel mit den dicken, in Öl gebratenen Möhren. Er trinkt keinen Schnaps, fragt mich aber nach meinem ersten Glas, was ich über China schreiben werde. Und antwortet selbst darauf: »Die Zeit der Reise mit Herrn Wu Ming ist zu kurz, um die Menschen in China kennenzulernen. Und weil Sie bei Deutschen in Peking wohnen, mit Deutschen essen gehen und die deutschen Freunde der Deutschen besuchen, werden Sie nicht viele Chinesen kennenlernen.« Doch ich sollte nicht versuchen, dagegen zu handeln, ich müsste diese vorgegebene Situation meines Aufenthaltes in China nur annehmen und könnte etwas erfahren, was andere nicht erfahren. »Sie werden danach wissen, wie die Deutschen wirklich denken, wie sie fühlen und wer sie sind. Nur in der Fremde, wenn man sich von den eigenen Leuten unbeobachtet fühlt, vergisst man sich zu verstellen. Und wenn Sie schreiben wollen, wie Chinesen wirklich denken und fühlen, studieren Sie deren Verhalten in Deutschland.«

Er lässt sich nur von einem Handyanruf unterbrechen. Und ich versuche jeden Satz seiner Rede, die mir Kuni übersetzt, wörtlich aufzuschreiben, bin verblüfft, was er alles, ohne mit mir darüber gesprochen zu haben, über mich weiß, und frage, ob er ein Hellseher ist.

»Ich weiß vieles von den Menschen, mit denen ich noch nie gesprochen habe. Ich lese in ihren Gesichtern, wie andere aus ihren Händen.« Aber er werde diese Fähigkeit nicht missbrauchen. »Es gibt in China schon viele Quacksalber, die entweder mit falschen Versprechen oder Wahrsagen die Menschen betrügen.«

Er weiß von seinem Freund, dem Heiler, ohne mit ihm darüber geredet zu haben, dass er die Schönheit der Frauen liebt. Er weiß auch, dass sein Freund, der Unternehmer, sich dagegen wehrt, den erarbeiteten Reichtum zu verschwenden. »Und wenn ich meinem Freund Wu Ming in das Gesicht schaue, weiß ich, dass er sich hier im Kloster bald einmal allein erholen sollte, um wieder zu sich finden zu können. Und ich hoffe, dass seine zwei Söhne zurückkehren vom Weg des Geldes, den sie eingeschlagen haben.«

Von Kuni sagt er nichts, oder sie übersetzt es mir nicht.

»Ich wusste«, versicherte der Abt, »bevor Sie mich gefragt haben schon, was Sie mich fragen werden.«

Ich lächele unsicher und bitte ihn, meine vier Standardfragen zu beantworten.

»Was ist für Sie ein guter Tag, Herr Huo Huaxu?«

»Für mich ist jeder Tag ein glücklicher Tag.«

»Und was ist für Sie ein schlechter Tag?«

»Wer nur glückliche Tage hat, kennt keine schlechten.«

»Was wünschen Sie dem Land China?«

»Friede für das Land und Harmonie für alle chinesischen Familien.«

»Und was wünschen Sie für sich?«

Ich schaue ihm ins Gesicht und weiß die Antwort. »Ich habe mir alle meine Wünsche schon erfüllen können.«

Und ich frage ihn nicht mehr nach den 4 Millionen Yuan, die ihm für die Renovierung des Tempels fehlen.

Er schenkt Kuni und mir – die wir, wie er sagt, mit ihm am Opfertisch gesessen und uns im Tempel verneigt und damit der Unsterblichkeit nahe gewesen sind – zum Abschied eine kunstvolle Kalligraphie und Armbänder aus dicken Perlen, die Kuni und meine Töchter vor allem Unheil bewahren sollen.

Kuni wird das olivfarbene Armband noch tragen, als wir wieder in Peking sind.

Beim Abschied lege ich, immer noch nicht wissend, wie man einen taoistischen Abt grüßt, nach orientalischer Art wieder meine linke Hand auf das Herz.

Weil der Unternehmer Xuan Jiaguo am Nachmittag geschäftlich verreisen muss, werden wir, wie Herr Wu Ming sagt, »noch ein Stündchen durch das Gelände des ehrwürdigen Dai-Tempels spazieren«. Viele Jahrhundert war das Betreten des Heiligtums nur der kaiserlichen Familie und den Ministern erlaubt. »Der Kaiser schritt durch das Mitteltor, die Minister durch die Tore links und rechts davon, und als in der Son-Dynastie auch das Gefolge den Tempel besuchen durfte, errichtete man seitlich noch ein viertes und ein fünftes Tor.«

Wir gehen zwar durch das mittlere Tor, aber der Tempel interessiert mich nicht sonderlich, denn ich bin in Gedanken schon bei dem Gespräch mit dem Unternehmer, von dem ich mir Auskunft über das Entstehen des chinesischen Wirtschaftswunders erhoffe. Als ich Kuni bitte, sie solle mir durch ihre diplomatische Übersetzung helfen, dass der Unternehmer erzählt, wie man in China zum Millionär wird, sagt sie lachend: »Danach hätte ich mich auch ohne Ihre Frage bei ihm erkundigt!«

Wegen dieser Neugier auf einen Manager des chinesischen Wirtschaftswunders erinnere ich mich nur noch an wenige, wahrscheinlich unwichtige Einzelheiten der Besichtigung des Tempels.

Zum Beispiel an die Tempel-Erklärerin, die Herr Wu Ming bestellt hat und die uns länger als eine Stunde über Flächenmaße, Jahreszahlen, historische Geschichten und Herrschaftsnamen informiert. Sie ist noch jung, trägt ein schwarz-blau gestreiftes Minikleid über wollenen Strumpfhosen und lässt ihr Haar, obwohl es mit einem hellen, schmalen Band zusammengerafft ist, sehr locker fallen. Vor dem Bauch baumelt unter der Nummer 007 ihr in Plaste eingeschweißtes Erkennungsfoto.

Auch an die Bäume erinnere ich mich. Im 19. Jahrhundert hatte ein General versucht, den Tempel zu zerstören und dabei die Bäume angezündet. Hunderte stehen schwarzstämmig, wie angekohlte oder in den Jahrhunderten auseinandergerissene Stelen. Aus einigen der über 1000-jährigen Bäume, die nur noch durch gespannte Drähte aufrecht gehalten werden, und sogar aus den verkohlten Exemplaren wachsen strauchförmig grüne Büschel. Zusammen mit den durch Feuer und Wasser ausgehöhlten meterhohen Steinen sind sie das Pendant zu den von Künstlern gefertigten Skulpturen in europäischen Parks. Hier hat nur die Natur Hand angelegt.

In den Souvenirläden des Tempels liegen neben bunten Drachen und goldenen Buddhas auch ineinandergeschachtelte Matroschkas und bärtige Gnome. Und Räucherstäbchen in allen Größen. Die neben den Verkaufstischen stehenden »Räucherraketen« sind mindestens einen Meter lang. Kuni versichert, dass diese Raketen ihre reichen Käufer nicht besser beschützen als die kleinen, die wir beim Abt angezündet haben. »Der sie opfert, gibt an wie mit einem großen Auto«, sagt sie. Und ergänzt lachend: »Oder es sind Extraanfertigungen für die neuen chinesischen Millionäre.«

Im Tempel »Die Macht der Natur« müssen wir anstelle der in Deutschland üblichen Filzlatschen blaue Plastetüten über unsere Schuhe stülpen und gehen dann bis zu einem 60 Meter langen Wandgemälde, das nur durch ein Seil vor Berührungen geschützt ist. Auf dem Gemälde sind 697 minutiös gemalte Menschen bei einer Prozession am Tai-Shan-Berg zu sehen.

Die Farben verblassen schon, aber niemand kann sie heute noch restaurieren. Die neuen Chemiefarben würden die alten noch erhaltenen Naturfarben »auffressen«. Und das Geheimnis, wie die Naturfarben angemischt wurden, ist inzwischen verlorengegangen. »Man hat es leider nicht so gut bewahrt wie die Geheimnisse der Traditionellen Chinesischen Medizin«, sagt unsere Fremdenführerin.

In Erinnerung geblieben sind mir auch viele junge Leute, die mit geschlossenen Augen um einen besonders löchrigen hohen Stein liefen.

»An diesem Stein mussten die Minister des Kaisers stehenbleiben und warten, bis er aus dem Tempel zurückkam.«

Die Eltern, die heute mit ihren Kindern mit geschlossenen Augen um den Stein rennen, dreimal rechtsherum und dreimal linksherum, versuchen zu einem etwa 30 Meter entfernt stehenden Baum zu gelangen und ein kanonenkugelgroßes Loch in seinem Stamm zu berühren.

»Wer das schafft, ohne die Augen zu öffnen, dem schenkt die Gottheit Glück«, erklärt mir »007«.

»Glauben Sie daran?«, frage ich.

»Es ist alles nur ein Spiel, genau wie das Leben. Und Glück ist für jeden doch ein anderes Glück.«

»007« heißt Xue Ying.

Xue Ying – die im Tempel beklagt hatte, dass die Geheimnisse der Herstellung von Naturfarben unwiederbringlich verloren sind – hat an der Universität Malerei studiert. »Tuschzeichnen und außerdem noch Design. Doch von Malerei konnte ich hier nicht leben. Aber ohne dass ich zum Stein gelaufen bin, hatte ich göttliches Glück: Ich erhielt diesen Arbeitsplatz als Führerin im Dai-Tempel.«

Sie nimmt an, dass im »deutschen Kulturland« alle studierten Maler von ihrer Kunst leben können.

»Manche sind auch Taxifahrer«, sage ich.

Obwohl der Chef noch unterwegs ist, hat uns der Fahrer des Unternehmers Xuan Jiaguo am Dai-Tempel abgeholt und kutschiert nun so gemächlich durch die Stadt, dass die Autos hinter uns hupen. Was ihn aber nicht daran hindert, zum zweiten Mal am Tai Shan vorbei zu kurven. Am Fuß des Heiligen Berges wachsen stachlige Sträucher und vereinzelte Kiefern. Ein Bild, das in der Sonne einer zarten chinesischen Tuschzeichnung ähnelt. Nach jeweils 10 Minuten ruft der Fahrer im Betrieb an und drosselt weiter das Tempo, bis wir zum Ärger aller anderen die Stadt fast nur noch im Schritttempo umrunden. Als wir erneut am Tai Shan vorbeikommen, tragen vier Männer auf ihren Schultern an Stangen Kessel mit heiligem Wasser vom Berg herunter. Der Jüngste geht sehr aufrecht, die drei alten Männer mit gekrümmtem Rücken.

Nach dem letzten Anruf gibt der Fahrer Gas, überholt nun seinerseits fluchend und hupend die vor ihm fahrenden LKW und rast mit 100 km/h aus der Stadt hinaus. Wir kommen an einem Wohnviertel vorbei, in dem mehrere Hundert völlig gleichförmige Häuser so dicht aneinanderstehen, dass ein Nachbar, der sich aus dem Fenster lehnt, dem anderen die Hand reichen kann.

»Wie in den Städten, die früher für die Beamten des Kaisers errichtet worden sind«, sagt der Fahrer.

Die neue Halle des Röhrenbetriebes von Herrn Xuan Jiaguo steht neben der »Beamtenstadt«. Der Unternehmer erwartet uns vor der Tür des Direktionsgebäudes. Jeder Besucher, der dort hineingeht, sieht zuerst eine vielleicht 5 Meter lange und 2 Meter hohe Kalligraphie. Kuni kann mir die Schriftzeichen des Künstlers nur nach Erklärung von Herrn Xuan Jiaguo übersetzen. Quelle. Fluss. Wohlstand. Tai Shan. Kraft. Tapferkeit … Also: »Der Fluss des Betriebes soll immer ohne Hemmnisse fließen können und die Quelle des Wohlstandes durch die Stärke und Tapferkeit der Menschen wie die Quelle des Heiligen Berges nie versiegen.«

Kuni im Röhrenwerk

In der Werkhalle, in der Arbeiter über 2 Meter dicke Stahl-
rohre zusammenschweißen und dabei wie Drachen Funken-
wolken versprühen, ist die Losung weniger kunstvoll auf ein
rotes Transparent geschrieben. »100 Prozent Qualität heute
sind 100 Prozent mehr Wohlstand morgen.«

Ich frage, wie viel ein Arbeiter im Betrieb verdient.

»Etwa 2500 Yuan im Monat«, sagt der Unternehmer. Und
Herr Wu Ming dreht sich zu mir um und spottet: »Zwei alte
ehemalige Kommunisten gehen mit einem jungen chinesischen Kapitalisten durch den Betrieb und wollen wissen, was
die Arbeiterklasse verdient.«

Im großen Arbeitszimmer von Herrn Xuan Jiaguo steht
wie im Hotelrestaurant – nur viel kleiner – ein Aquarium, in
dem die goldenen (»der Farbe des Kaisers«) Kinder der Drachen schwimmen. Um einen kleinen Tisch sind niedrige
Hocker gruppiert. Auf einem sitzt der Heiler Liu Junbo, der
heute kein auberginefarbenes Sakko, sondern nur einen dun-
kelblauen Pullover trägt. Wir sollen Platz nehmen und uns
ausruhen, sagt der Unternehmer.

Herr Xuan Jiaguo, Herr Liu Junbo und Herr Wu Ming zünden sich Zigarren an und genießen schweigend. Noch bevor er zu Ende geraucht hat, setzt Xuan Jiaguo einen Kessel mit Wasser auf die Kochplatte. Ich hoffe, dass wir uns beim Tee unterhalten können, und ich den Unternehmer nach seinem Betrieb, Management, Marktwirtschaft – »und den Millionen«, erinnert Kuni – fragen kann. Doch die Vorbereitung zum Teetrinken lässt mich daran zweifeln, denn der Unternehmer und der Heiler stellen nicht nur eine Teekanne und fünf Gläser auf den Tisch, sondern viele winzige Schälchen aus Glas und Porzellan, dazu Tassen, kleine Kannen und dicke oder zerbrechlich wirkende dünne Glasröhrchen. Zum Schluss holt der Unternehmer eine Schublade aus Edelholz, in deren Fächern viele Schächtelchen mit verschiedenen Teesorten liegen.

Die anschließende Zeremonie dauert fast eine Stunde, und ich habe das Gefühl, dass sie nicht extra für uns inszeniert worden ist, sondern dass sich die drei Männer damit begrüßen. Herr Wu Ming sagt, dass sie dadurch das Yin und Yang zwischen der lauten, anstrengenden Arbeit und dem leisen, erholsamen Teetrinken herstellen. Am Ende der kultischen Handlung weiß ich, dass der Tee reihum in winzigen Schlückchen ausgeschenkt wird – der helle Tee in die Glasschälchen, der dunkle Tee in die aus Porzellan. Ich erfahre, dass in den Teeröhrchen verschiedene Sorten ausprobiert werden, dass der erste Aufguss sofort wieder weggeschüttet wird, dass grüner Tee, der die Frau und ihre Leichtigkeit symbolisiert, von den Südchinesen bevorzugt wird. Der schwarze kräftige Tee dagegen symbolisiert die Stärke des Mannes und wird vor allem von den Nordchinesen getrunken. Ich lerne, dass man Tee wie einen Menschen nicht auf einmal, sondern Schluck für Schluck erkennen kann: der erste Blick, das Aussehen, die ersten Worte eines Menschen sind gleichbedeutend mit der Farbe, dem Geruch und dem Geschmack des Tees. Ich lerne, dass man den Tee wie Wein »schlürft«, dass man die Nüsse und Plätzchen nicht zum Tee, sondern zwischen den einzelnen Teesorten isst, dass grüner Tee den Magen reizt, dass es weißen, roten, schwarzen und goldenen Tee gibt und dass Liebhaber für 100 Gramm besonders seltenen und alten Tees über 2000 Yuan (200 Euro!) bezahlen.

Ich habe in der ersten Stunde unseres Zusammenseins mit dem Unternehmer viel von Tee, aber noch nichts über die Arbeit eines Unternehmers erfahren. Ich weiß nicht, wie er sich den Betrieb aufgebaut hat. Und ob er so viel Gewinn macht, dass er täglich Tee, der über 2000 Yuan kostet, trinken könnte.

Auf dem Weg zur Toilette muss ich durch ein Nebenzimmer gehen, in dem ein Bett mit zurückgeschlagener Decke steht. Über dem Waschbecken liegen Zahnbürste, Seife, Kamm und Cremedose, und am Kleiderhaken hängt ein Morgenmantel.

»Schlafen Sie im Betrieb?«

Der Unternehmer nickt. »Manchmal, wenn die Arbeit zu viel wird, bleibe ich drei Tage ununterbrochen in der Fabrik und schlafe und esse hier.« Allerdings würde er sich, wie heute Nachmittag, auch regelmäßig erholen. Wenn alles gut läuft, könne er seine Arbeit genießen und sich dabei erholen. Er brauche nicht wie Unternehmer in Europa …

Der chinesische Unternehmer Xuan Jiaguo stockt und wählt seine Worte langsam und sorgsam, damit ich keine Kritik heraushöre. »Ich war in einer großen österreichischen Firma zu einem Arbeitsgespräch mit dem Chef eingeladen. Als ich eintraf, war der Chef nicht zu sprechen. Er müsste sich von der Arbeit erholen, sagte seine Sekretärin. Na gut, dachte ich, morgen wird er sich erholt haben. Doch man teilte mir mit, dass er sich vier oder fünf Wochen auf einer Insel, wo er nicht erreichbar ist, ausruhe.«

Vielleicht, meint Xuan Jiaguo, besteht der Unterschied zwischen einem jungen europäischen und einem chinesischen Unternehmer darin, dass die meisten Eltern der europäischen Jungunternehmer selbst Unternehmer waren oder zu einer Bevölkerungsschicht gehörten, die nie körperlich gearbeitet hat. Deshalb mussten das auch ihre privilegierten Söhne nie tun. »In China sind die Eltern der jungen Unternehmer Bauern. Und bevor ich studieren konnte, habe auch ich auf den Feldern gearbeitet. Der Vater legte jeden Yuan für mein Studium zur Seite.«

Inzwischen hat er den Eltern im Dorf ein Haus bauen lassen.

Ich frage, wie aus dem Bauernsohn Xuan Jiaguo der Unternehmer Xuan Jiaguo geworden ist, der in seinem Betrieb 356 Menschen beschäftigt.

»Ich bin 38 Jahre alt und hatte also schon viel Zeit in meinem Leben, die ich nutzen konnte.« Nach dem Maschinenbaustudium arbeitete er von 1995 bis 1997 in einem staatlichen Betrieb als Ingenieur und Verkäufer. »Danach wechselte ich zu einem privaten Unternehmen.«

»Weshalb?«

»Weil die privaten Betriebe flexibler und risikofreudiger als die staatlichen sind. Sie erwirtschaften auch mehr Gewinn. Man kann dort besser verdienen.«

»Also wird es künftig in China nur noch private und keine staatlichen Großunternehmen mehr geben?«

»Nein, der Staat braucht die Macht der staatlichen Wirtschaft. Er kann nur stark sein, wenn seine eigenen Unternehmen stark sind.« In der privaten Firma verdiente Herr Xuan Jiaguo so viel, dass er in den wirtschaftlich reicheren Süden nach Ningbo gehen und sich dort bei einer Firma nicht nur mit seinen Kenntnissen, sondern auch mit 25 Prozent Kapital einbringen konnte.

»Und von wem bekamen Sie das Geld dafür?«

»Kredite erhält man in China schwerer als in Deutschland. Ich brauchte deshalb die finanzielle Hilfe von Leuten, die an mich glaubten.«

»Auch von Leuten aus der Partei und den Behörden?«

»Ja. Aber das war nur zu Anfang wichtig. Danach musste ich alles allein schaffen. Doch weil die Wirtschaft in China sich sehr schnell entwickelt, sind Maschinen eine begehrte

Ware. Und wir haben an den chinesischen Universitäten eine gute Ingenieurausbildung erhalten. Außerdem betragen die Lohnkosten chinesischer Arbeiter nur ein Viertel der von ähnlich qualifizierten Arbeitern in Europa. Die Aktien des Betriebes in Ningbo stiegen sehr hoch.«

Er ließ sich das Geld seiner Aktien auszahlen und errichtete 2004 mit seinem Freund Liu Junbo diesen Betrieb.

Ich sage, dass es heute anscheinend nicht schwer ist, in China einen neuen Betrieb erfolgreich aufzubauen.

Er widerspricht mir mit einem für ihn ungewöhnlich langen Monolog. »Wenn man, um ein Unternehmen zu gründen, die Stationen von eins bis zehn durchlaufen muss, kapitulieren manche schon bei der ersten oder zweiten Station. Ich habe inzwischen die 10. geschafft. Dazu braucht man allerdings Zuversicht und Stärke, ein großes Wissen und die Einsicht, dass auch Fehler, die man macht, nützlich sein können. Ich hatte zuerst einen Partner, der nicht in die Zukunft schauen, sondern nur sehr schnell reich werden wollte. Dadurch erlitten wir große Verluste. Aber ich jammerte nicht, sondern gewann aus dem Fehler die nötige Erkenntnis, jeden neuen Partner zuvor sehr genau zu prüfen. Doch das Wichtigste, das ich schon aus der Philosophie kannte, aber nun in der Wirtschaft anwenden sollte, war das Wissen über den unabänderlichen Lauf der Welt. Ich musste immer überlegen, wie ich mich der politischen und ökonomischen Entwicklung anpasse, ohne mich gegen sie zu stemmen. Wenn die Stadt oder der Staat die Finanzbestimmungen ändert, nützt es einem nichts, die Kräfte zu vergeuden und dagegen zu protestieren. Stattdessen muss man gründlich überlegen, wie man sich den neuen Bedingungen im Fluss des Lebens anpasst.«

Ich unterbreche ihn und sage: »So könnte das auch der Abt formulieren.«

Xuan Jiaguo nickt. »Wenn Laotse heute leben würde, hätte er sich nicht gegen den Lauf der Welt gestemmt, sondern sich als ein kapitalistischer, jedoch sozial denkender Unternehmer eingefügt.«

»Aber auch Laotse wäre heute gezwungen, Konkurrenten zu bekämpfen und des Gewinnes wegen über Leichen zu gehen.«

Der Unternehmer protestiert: »Die Konkurrenz ist hier größer als in Europa, denn in China leben mehr Menschen, also wollen auch mehr vom Geschäft profitieren. Aber ein Geschäft ist immer ein Geschäft mit Menschen. Ich möchte meinen Konkurrenten noch guten Tag sagen können und einige weiterhin als Freunde behalten. Statt darüber nachzudenken, wie ich andere vernichte, versuche ich herauszufinden, wo ich unsere Produkte noch anbieten kann. Bevor ich den Röhrenbetrieb aufbaute, habe ich viele Monate den Markt für Ölleitungsrohre studiert. In den USA liegen 600 000 Kilometer. In China, mit viermal mehr Menschen noch nicht einmal 300 000 Kilometer.«

»Weshalb sind Sie, Herr Xuan Jiaguo, nicht schon auf den Stationen fünf oder sechs, also mit einem kleineren Betrieb und einem kleineren Gewinn stehengeblieben, sondern haben sich auf der von Ihnen gewählten Skala bis zur 10 hochgearbeitet? Um immer mehr Geld zu erwirtschaften?«

»Nein, um noch sinnvoller leben zu können. Für manche Menschen ist es sinnvoll, jeden Tag eine sehr lange Straße sehr sauber zu kehren. Für andere, wie für mich, ist es sinnvoll, eine große Fabrik erfolgreich zu managen und dadurch vielen Menschen eine Arbeit geben zu können.«

»Beschäftigen Sie auch Wanderarbeiter aus den Dörfern?«

»Ja. Ich bin, wenn Sie so wollen, selbst ein Wanderarbeiter aus dem Dorf.«

»In deutschen Medien stand, dass Wanderarbeiter in China durch ausländische und chinesische Unternehmer oft so menschenunwürdig behandelt und ausgebeutet werden, dass sich einer von ihnen aus Protest vom Dach des Betriebes gestürzt hat.«

Er antwortet nur sehr kurz: »In meinem Betrieb erhalten die Wanderarbeiter den gleichen Lohn wie alle anderen!«

Danach schweigt er. Und sagt in die peinliche Stille hinein: »Vielleicht war es nicht nur einer, vielleicht waren es sogar drei oder vier, die sich vom Dach stürzten. In China gibt es schließlich 700 Millionen Wanderarbeiter.«

Er versteht jedoch nicht, weshalb die Medien in Deutschland immer nur von Chinesen berichten, die sich als ausgebeutete Wanderarbeiter umbringen, oder über Hausbesitzer, denen die Hütten abgerissen werden. »Ist unser Land für ausländische Journalisten nur dann einen Bericht wert, wenn sich Angehörige unseres Volkes von 1,3 Milliarden aus Protest gegen Ungerechtigkeiten das Leben nehmen? Weshalb berichten diese Medien nicht über die Betriebe, die ihre Arbeiter gut behandeln oder über die schwer erkämpften Erfolge im sozialen Bereich?«

Er könne nicht sagen, ob sich in Deutschland Arbeitslose aus Verzweiflung umgebracht haben oder Obdachlose im Winter erfroren sind. »Und wissen Sie, weshalb ich, ein sehr aufmerksamer Leser chinesischer Zeitungen, das nicht weiß? Weil keine chinesische Zeitung solche tragischen Fälle als das Typische, das Anzuprangernde oder gar von China aus zu Verurteilende zum Gegenstand ihrer Berichterstattung macht. Genauso wenig wie wir darüber urteilen, ob in Deutschland die Menschenrechte, wie wir sie verstehen, nämlich auch mit dem Recht auf Arbeit und eine Wohnung für die Familie, verletzt werden. Und wir verlangen auch nicht, dass unser Ministerpräsident diese Ansichten bei seinem nächsten Besuch Ihrer Bundeskanzlerin vorträgt.«

Er entschuldigt sich mit den Worten, »dass die deutschen Medien wahrscheinlich deshalb China und nicht Mexiko, Thailand oder andere Länder, in denen täglich Menschen umgebracht werden, als Zielscheibe ihrer kritischen Angriffe ausgesucht haben, weil in China die Kommunisten regieren und das Land sich trotzdem zur zweitgrößten Wirtschaftsmacht der Welt entwickelt hat«.

Ich entgegne, dass vom kommunistischen China, außer der Kommunistischen Partei, nicht viel geblieben ist. »Das Land hat sich der Globalisierung und dem kapitalistischen System perfekt angepasst. Für die größten Finanzmanipulationen an den Aktienmärkten sind inzwischen chinesische Banken verantwortlich. Und die Frauen der neuen Millionäre fliegen wie die europäischen oder amerikanischen in einer Privatmaschine zum Friseur nach Paris.«

Xuan Jiaguo nickt. »Doch das ist keine Frage der unterschiedlichen oder gemeinsamen Kultur in China und Europa, sondern ein Zeichen für die allgemeine Verwahrlosung der Sitten.«

Auch der Tee in der dickbauchigen Porzellankanne ist inzwischen kalt geworden.

Der Unternehmer schenkt uns Reisschnaps ein, und Herr Wu Ming sagt, dass Herr Xuan Jiaguo nicht erzählt hat, dass er sehr große Summen des Gewinnes für kulturelle und soziale Zwecke verwendet. »Er sponsert zum Beispiel Gemäldeausstellungen chinesischer Künstler in Deutschland. Er ermöglicht die Besuche von chinesischen Schriftstellern in Deutschland – auch von Herrn Sang Hengchang, den wir morgen treffen werden. Der Unternehmer hat Gedichtbände junger Dichter herausgeben lassen, den Wohnungsbau für Arbeiter finanziert, und er unterstützt den Abt, Galeristen und Künstler aus der Provinz.«

Nachdem wir Ganbei getrunken haben, frage ich, ob es nicht besser wäre, mit diesem Geld die Löhne der Arbeiter zu erhöhen?

»Dann wäre das Geld heute sehr schnell aufgegessen«, widerspricht der Unternehmer, »aber so wird es auch in der Zukunft dem chinesischen Volk und meinem Betrieb Nutzen bringen.«

»Herr Xuan Jiaguo, was ist für Sie ein guter Tag?«

»Wenn im Betrieb alles planmäßig«, er lacht, »also in diesem Sinn staatlich läuft. Und wenn ich gute Gespräche mit Freunden führen kann.«

»Und ein schlechter Tag?«

»Wenn ich nichts zu tun habe.«

»Was wünschen Sie für China, Herr Xuan Jiaguo?«

»Dass niemals Raubtiere das Land beherrschen und wir immer nur so viel von der alten Gesellschaft beseitigen, dass mit dem neuen Guten nicht auch das neue Böse hereinkommen kann.«

»Und was wünschen Sie sich persönlich?«

»Dass ich zusammen mit meinem Freund Liu Junbo die Traditionelle Chinesische Medizin bewahren und er nicht nur die Körper, sondern auch die Seelen der Menschen heilen kann. Denn der Erfolgsdruck und die sozialen und psychischen Konflikte werden wachsen. Doch wir müssen weiter in Harmonie miteinander leben können. Nur aus der Harmonie entsteht die Stärke unseres Volkes.«

Am Ausgang möchte ich ihn vor der Quelle-Kraft-Wohlstand-Fluss-Kalligraphie fotografieren. Statt in die Mitte stellt er sich an die Seite des Kunstwerkes, lässt die Arme herunterhängen und hält wie ein braver Schüler mit einer Hand die andere fest.

Zum Essen fahren wir in ein Bauernrestaurant. Es befindet sich in einem aus Holz gezimmerten und mit Balken unterteilten Saal, in dem, wie der Unternehmer stolz sagt, Speisen nach alten Shandonger bäuerlichen Rezepten angeboten werden. Die jeweils mit einer Nummer gekennzeichneten Grundbestandteile für diese 90 Gerichte stehen aufgereiht auf einer sehr langen Tafel, an der die Gäste auf die einzelnen Schüsselchen zeigen. Die Bedienerin notiert zwar die Nummern eifrig, aber ich bezweifle, dass sie unsere Nummern in die entsprechenden Gerichte verwandeln lässt und uns in den vielen Räumen, in denen sich über 100 Leute lautstark amüsieren und mittendrin die Kinder auf einer Hüpfburg toben, findet. Sie findet uns und bringt alle bestellten Köstlichkeiten. Dazu serviert sie auf einer runden Holzplatte Jian bing, die typischen, im Durchmesser wohl einen halben Meter großen hauchdünnen Fladen, die eine Frau am Eingang unablässig bäckt und in die jeder Gast nach Geschmack Bambussprossen, Fleisch oder Tofu wickelt.

Nach dem dritten Ganbei entschuldigt sich der Unternehmer, dass er uns morgen früh nicht persönlich verabschieden wird. Er muss schon zeitig in ein Zweigwerk nach Peking fahren.

Ich frage Kuni: »Hast wenigstens du dich bei Herrn Xuan Jiaguo erkundigt, wie man Millionär wird?«

Sie schüttelt lachend den Kopf.

Aber der Heiler hat seine goldglänzenden und beim Aneinanderschlagen wie Glöckchen klingelnden Schröpfkegel nicht vergessen.

Fast zwei Stunden behandelt er Kuni in ihrem Hotelzimmer. Am nächsten Morgen zeigt sie mir an Hals, Schulter und am Rücken die blutunterlaufenen blauen Saugstellen, die wie große Knutschflecke aussehen. Doch die Schmerzen, versichert sie, sind verschwunden.

Trotzdem bin ich froh, dass ich den Heiler nicht gebeten habe, auch mich zu schröpfen. Denn was würden die vom »Gelbfieber« befallenen Deutschen sagen, wenn ich mit diesen verdächtigen Flecken nach Peking zurückkäme.

SPICKZETTEL (8)

Natalie H., Berufswunsch: Schauspielerin

Ich wünsche China, dass die Menschen so fröhlich bleiben. Auch wenn sie nicht sehr reich sind, sind sie fröhlich. Und dann soll sich das Land so gut weiterentwickeln wie in den letzten Jahren. Was ich hier vermisse, wenn ich an Deutschland denke?

Stracciatella-Joghurt, Pilze suchen in Wäldern, die unkompli-
zierte Kommunikation, Felder und Wiesen, meinen Hund und
meine Verwandtschaft.

Und in Deutschland würde mir China fehlen, also das billige
Einkaufen, das Lächeln der einfachen Leute auf der Straße, die
Möglichkeit, andere durch ein Lächeln zum Lächeln zu brin-
gen, die Freiheit, im Bus lautstark zu singen, ohne blöd ange-
starrt zu werden.

Ich würde einen Chinesen heiraten, ich stehe auf Asiaten.
Außerdem sehen Mischlingskinder zwischen Deutschen und
Chinesen immer sehr gut aus.

Sabrina H., Berufswunsch: weiß ich noch nicht

China wünsche ich, dass auch arme Menschen an der Ent-
wicklung und dem neuen Wohlstand Chinas teilhaben können
und dass die Armen medizinisch genauso gut versorgt werden
wie die Reichen und ihre Kinder sich bilden können wie die der
reichen Chinesen.

In Deutschland würde mir das Schulleben an der Deutschen
Botschaftsschule Peking fehlen. Die netten und sehr offenen
Menschen in China, die nicht so verschlossen sind wie die
Deutschen. Die spontan geplanten Tage, weil in Peking alles
möglich ist und nicht lange zuvor geplant werden muss.

Das Mao-Gedicht
ODER:
»Di qiu qing ting yi xia, wo yao xia che!« – »Erde halt an, ich
will aussteigen!«

Bevor wir wieder in die Hauptstadt fahren, besuchen wir in
Jinan den Freund von Herrn Wu Ming, den Poeten Sang
Hengchang. Während in der heiligen Stadt Tai'an 1,57 Millio-

nen Menschen leben, sind es in der Provinzhauptstadt Jinan über drei Millionen. Jinan ist eine Wasserstadt. Aus kaum zählbaren Quellen sprudelt Wasser, das danach unentwegt als Rinnsal oder kleiner Bach, in Röhren verlegt oder noch offen durch die Stadt fließt. Die Bewohner trinken das Wasser aus der Quelle oder tragen es in Gefäßen in ihre Häuser und behaupten: »Die Quellen und die Wasserläufe sind der Ursprung und der Kreislauf unserer Stadt. Versiegen sie, stirbt Jinan.«

Herr Wu Ming ergänzt: »Wenn man früher in und um Jinan einen Stein aus der Erde herausgehoben hat, entsprang dort sofort eine neue Quelle.«

»Heute nicht mehr?«

»Seitdem man in der Stadt für Zehntausende Neubauten mit Baggern tiefe Wunden in den Boden reißt, bilden sich keine neuen Quellen mehr.«

Eine der ältesten Quellen-Landschaften außerhalb der Stadt haben chinesische Gärtner schon vor über tausend Jahren in einen Park mit Tempeln und Teichen, Pavillons und Pagoden verwandelt. Der Eintritt in diesen Baotu Spring Park – inzwischen ein touristischer Wallfahrtsort für Chinesen und Ausländer – kostet 50 Yuan.

»So viel verdient ein chinesischer Bauer nicht an zwei Tagen«, sagt Kuni.

Auf fast 11 Hektar sind über 70 Quellen, kleine Seen, Fischteiche, Wandelgänge und Gärten mit Gedenkhallen für bedeutende chinesische Poeten wie die 1084 bis zirka 1151 lebende Dichterin Li Qingzhao zu besichtigen. Aber Kuni bleibt schon an einem der ersten Seen stehen. Seine zahlreichen, aber kleinen Zuflüsse sind an der Oberfläche an den Bläschen zu erkennen. Kuni bückt sich neben 5 Frauen, die auf einem Stein knien, und schaut mit ihnen reglos in die Wassertiefe. Minutenlang verharrt sie wie in einem Gebet.

Kuni hat Programmiererin gelernt, Germanistik studiert, beim chinesischen Fernsehen gearbeitet, deutsche Touristen und Mittelständler durch China begleitet und Deutschland schon zweimal besucht. Als sie sich vom See abwendet, ahnt sie, was ich fragen möchte, und sagt: »Ich habe zu den Fischen im See, den Kindern der Drachen und den Symbolen für Glück und Reichtum gebetet.« Sie senkt den Blick, schaut zu Boden und sieht so traurig aus, dass ich ihr den Arm um die Schulter lege.

Sie versucht ein Lächeln. »Gestern ist mein Vater 67 Jahre alt geworden. Ich bin sein einziges Kind. Und mit meinen 32 Jahren hätte ich, wie es in China für eine Frau üblich ist, schon lange verheiratet sein müssen. Denn Heiraten bedeutet, dass ich eine Familie habe und für meine Eltern, die weit entfernt und allein sind, sorgen könnte. Jetzt vermag ich mich nicht um sie zu kümmern. Wenn ich daran denke, geht es mir sehr, sehr schlecht.«

Deshalb hat sie mit den betenden Frauen am See verweilt.

Erst als wir zwischen hängenden Weidenzweigen und Wasserbecken aus Marmor- und Felsgestein wandeln, in denen sich Scharen von goldenen, roten und auch weißen Fischen tummeln, lacht sie wieder, weil sich ein Mädchen vor ihr auf die Zehenspitzen stellt und an ihrer Nase »die Schokolade«, den Leberfleck, wegwischen will.

Vor der stärksten Quelle, die die Wasseroberfläche zu einer Halbkugel formt, bittet Herr Wu Ming eine Bedienerin, Wasser zu schöpfen und Tee für uns zu bereiten. Sie geleitet uns in eines der kleinen Teehäuschen. Wir sitzen auf Kissen und trinken aus winzigen Porzellanschälchen. Der Inhalt der Teekanne ist scheinbar unerschöpflich. Fünfmal gießt die Frau kochendes Wasser auf die Blätter, und jedes Mal vergrößern sie sich, bis sie wieder, wie Kuni sagt, »sie selbst sind«. Herr Wu Ming philosophiert, dass man für den sehr teuren Eintritt allen Besuchern als Souvenir noch eine kunstvoll geformte Flasche mit dem Wasser der Quelle schenken sollte und dass nur die Touristen für den Besuch des Parks bezahlen sollten, doch alle Einwohner von Jinan, der Wasserstadt, täglich kostenlos im Park flanieren können müssten. »Wie die alten Menschen, die schon 70 Jahre sind, in den Bussen der Stadt umsonst fahren und Ausstellungen und Parks ohne Eintritt besuchen können.«

Ich sage, dass ich ein halbes Jahr zu früh hier bin.

Auch der Dichter Sang Hengchang, den wir am Nachmittag besuchen werden, ist schon sehr alt, ergänzt Herr Wu Ming. Und fragt, ob wir uns mit ihm in meinem Hotelzimmer treffen könnten und ob Fernsehleute aus Jinan das Gespräch für eine Sendung über Poeten der Provinz Shandong aufnehmen dürfen. Ich nicke.

Als ich im Hotel in meinem Zimmer sitze, erschrecke ich fast zu Tode. Ich höre das Knallen von Schüssen und Detonationen. Dann ziehen Rauchschwaden durch die Gänge.

Kuni beruhigt mich: »Es wird nur eine Hochzeit gefeiert. Und zu einer chinesischen Hochzeit gehört auch ein Feuerwerk mit Böllerschüssen.«

»Ein Feuerwerk, das man im Hotel zündet?«

»Wo sonst? Draußen würde es, weil es viel zu leise wäre, dem Paar kein Glück bringen.«

Noch bevor sich der Rauch verzogen hat, erscheint der Dichter Sang Hengchang in Begleitung von drei Fernsehleuten. Bei der Begrüßung schaut er mich prüfend an. Danach sagt er den Redakteuren: »Wir möchten zuerst ohne Fernsehen miteinander reden.«

Sie warten auf dem Gang.

Im Zimmer setzt er sich mir gegenüber und fragt, wie alt ich bin.

»Und in welchem Monat werden Sie 70?«, will er wissen.

»Im April.«

»Und haben Sie im Sozialismus gelebt?«

Als ich nicke, verkündet er: »Ich bin 8 Monate jünger als Sie.«

Er steht auf, umarmt mich heftig, und ich merke am starren Blick von Herrn Wu Ming und dem Staunen von Kuni, dass diese Art von Gefühlsausbrüchen in China ungewöhnlich ist.

»Dann bist du mein Ge Ge, älterer Bruder, und ich dein Di Di, jüngerer Bruder.« Und er versichert mir, dass er nicht wegen der Karriere, sondern aus Überzeugung Mitglied der Kommunistischen Partei Chinas geworden ist. »Und nun bin ich schon sehr alt, so alt, dass ich immer die Wahrheit sagen möchte. Doch zu oft glaubt man irrtümlich, dass die eigene Meinung gleichzeitig auch die Wahrheit aller sein muss.«

Als alter Mensch sollte man nichts mehr nehmen, sondern nur anderen Menschen weitergeben, was man im Leben an Wissen erworben hat.

»Man braucht nach der Geburt nur ein Jahr, um das Leben zu erlernen. Doch dann braucht man ein ganzes Leben, um das Sterben zu begreifen. Wenn man geboren wird, bekommt man den Schlüssel zur Hölle in die Hand gedrückt. Doch im Leben möchte man mit diesem Schlüssel nur das Paradies für sich aufschließen.«

Nach seinen ersten philosophischen Sätzen fühle ich mich nicht wie der ältere, sondern der jüngere Bruder. Herr Wu Ming erklärt, dass Sang Hengchang in China 12 Bände mit Gedichten veröffentlicht hat und sowohl Mitglied des Schriftstellerverbandes als auch stellvertretender Generalsekretär der chinesischen Lyrikervereinigung ist.

Nachdem »mein kleiner Bruder« die Fernsehleute ins Zimmer gebeten hat, rücken sie ihn vor der Kamera zurecht, er streicht sich die grauen, an der Seite gescheitelten Haare glatt, und ich kann mir sein Gesicht genauer betrachten. Und nun fällt mir auf, dass seine sehr freundlichen, fast liebevoll blickenden Augen müde aussehen und von tiefen Ringen gerahmt sind.

Einer der Fernsehleute brüht Tee und schlägt vor, dass ich Herrn Sang Hengchang zu seinen Lebensstationen befrage. Aber ich muss nichts fragen. Als die Kamera läuft und das Mikrofon geöffnet ist, erzählt der Poet, ohne dass er aufgefordert werden muss, sehr präzise und dokumentarisch genau.

»Ich bin 1941 in einem Dorf der Provinz Shandong geboren. Mein Vater war ein Bauer und ich der ältere von zwei Söhnen. Die Mutter starb, als ich 12 Jahre alt war, der Vater heiratete wieder und zeugte mit der neuen Frau noch zwei Söhne. Wir waren sehr arm. Mein Vater konnte mir weder Geld noch Gut für das Leben mitgeben. Er hatte nur einen Rat: ›Mein Sohn, sei immer fleißig und lerne so viel wie möglich!‹ 1949 begann für China und auch für mich ein neuer Lebensabschnitt. China wurde eine von den Kommunisten regierte Volksrepublik, und ich durfte – wenn auch mit Verspätung – nun mit anderen Bauernkindern eine Schule besuchen. Damals mussten die Eltern nicht wie heute Schulgeld für das Gymnasium bezahlen, und ich konnte 1961 das Abitur ablegen. Danach studierte ich 6 Jahre an der Militäruniversität Radartechnik und Flugabwehr.« Er stockt und sagt lächelnd: »Im Jahr 1961 habe ich auch mein erstes Gedicht geschrieben.«

»Ein Liebesgedicht?«, frage ich.

»Ja, ein Liebesgedicht. Ein Liebesgedicht für Mao. Ich hatte sein Flugzeug, in dem er unterwegs war, auf meinem Radar und musste es Sekunde um Sekunde verfolgen. Das Flugzeug des von mir über alles geliebten großen Führers!«

»Nach dem Studium konnte jeder Absolvent der Militärwissenschaft aufschreiben, in welcher Stadt oder Provinz er dienen möchte. Ich hatte nur den Wunsch, weit weg von zu Hause zu kommen. Damals war ich neugierig auf die Welt und hatte mir vorgenommen, immer das Allerschwerste zu schaffen. Die Befehlshaber der Luftabwehr schickten mich nach Tibet. Wir fuhren 13 Tage auf Lastkraftwagen bis nach Lasan. Dort befand sich die Basis für die Radarüberwachung. Ich musste bis auf eine Höhe von 5500 Meter steigen, um die einzelnen Stationen zu warten und zu reparieren. 30 Grad Minus und die Luft schon bei 4000 Metern so dünn, dass man fast ohnmächtig wurde. Jede Bewegung geschah im Zeitlupentempo. Um ein Ölfass 20 Meter weit zu schleppen, brauchte ich 20 Minuten. Auch mein Kopf arbeitete wegen des Sauerstoffmangels in der Kälte nur noch wie ein stotternder Motor. Ich musste mir aufschreiben, was ich am Vormittag machte, damit ich es am Nachmittag noch wusste. Ich hatte das Allerschwerste gewollt. Aber nicht das!«

Nach drei Jahren in Tibet wurde er schwerkrank. »Ich bekam am Körper braune Flecken, hatte hohes Fieber. Erst dachte man, es sei Lepra. Ich wurde nach Peking zurückgebracht. Dort stellten die Armeeärzte fest, dass es zwar keine Lepra war, aber eine seltene Krankheit, an der von 1,3 Milliarden Chinesen nur rund 20 Menschen leiden. Die Ärzte sagten mir, dass ich wahrscheinlich nicht einmal mehr zwei Jahre leben werde. Ich glaubte es nicht, ich wollte die Prognose dieser Ärzte nicht akzeptieren – ich war doch erst 30 Jahre alt! Ich ging nach Shandong zu einem alten Heiler, der die Traditionelle Chinesische Medizin beherrschte. Er konnte mir helfen. Als ich gesund war, schickten mich die Kommandeure der Luftwaffe zurück nach Tibet. Nach nicht einmal einem Jahr erkrankte ich erneut und bat um meine Entlassung aus der Armee. Doch die verantwortlichen Genossen lehnten ab. Sie brauchten junge studierte Kader wie mich sehr dringend für die Radarstationen.

Manche Soldaten, die oben in den felsigen Bergen Tibets dienten, hatten 4 Jahre lang keinen Baum gesehen. Nach ihrer Entlassung wollten sie so schnell wie möglich nach Hause. Um in das schützende Tal zu gelangen, mussten sie mit den Lastkraftwagen über den Tangolan-Berg fahren. Sie sollten, um einen Tag Zeit zu haben, den Pass am Morgen passieren. Doch in ihrer Ungeduld versuchten sie es schon am Nachmittag zuvor. Ich war dabei, als der Schneesturm sie überraschte. Die Fässer auf dem LKW wirbelten wie Federn durch die Luft. In weniger als zwei Stunden lag der Schnee über einen Meter hoch. Wer bei dem Sturm fiel, war nicht mehr zu retten. Ein Soldat schaffte es, mich in das Auto zu ziehen. Andere sind erfroren.

Manchmal wollte ich in Tibet schreien: ›Erde halt an, ich will aussteigen!‹ Aber sie hielt nicht an. Leben ist dort schlimmer als Sterben. Während der 6 Jahre in Tibet habe ich kein einziges Gedicht geschrieben.«

Der Kameramann macht eine Pause. Er gießt zum zweiten Mal kochendes Wasser auf die Teeblätter.

1973 wurde Sang Hengchang aus der chinesischen Volksbefreiungsarmee entlassen. Er arbeitete zunächst zwei Jahre in einer Porzellanfabrik. Dann zeigte er einem Chefredakteur seine Gedichte und wurde als Journalist eingestellt.

»Mit 60 bin ich 2001 in Rente gegangen. Zwei Mal konnte ich mit Hilfe meiner Freunde Deutschland besuchen.«

Der Redakteur des Shandonger Fernsehens bittet den Poeten, nicht nur über sein Leben, sondern auch über seine Poesie zu sprechen. Sang Hengchang entgegnet: »Meine Poesie, das ist mein Leben. Ein Schriftsteller muss immer leidenschaftlich schreiben, und ich habe immer leidenschaftlich gelebt.«

»Man sagt, wenn jemand zu einer Feier eine attraktive Frau mitbrachte, schrieb Herr Sang Hengchang sofort ein Gedicht auf diese Schönheit. Wie viel Frauen haben Sie mit Gedichten erobert?«, fragt der junge Kameramann.

»Viele. Aber keine hat zugegeben, dass es eines Gedichtes wegen war.«

»Herr Sang Hengchang, was ist für Sie ein guter Tag?«, frage ich.

»Wenn ich frühmorgens die Zeitung aufschlage und darin ein Gedicht von mir lese.«

»Und ein schlechter Tag?«

Er lächelt: »Wenn ich dich, Di Di, meinen älteren Bruder, nicht sehen kann.«

»Was wünschen Sie China für die Zukunft?«

»China ist ein sehr altes Land. Doch im Gegensatz zu einem alten Mann sollten aus China wie aus einem 100-jährigen Baumstamm immer wieder neue Triebe wachsen, denn man darf sich nicht nur am Vergangenen festhalten. Die Kulturrevolutionäre – es gab verschiedene Gruppen, ich unterstützte damals diejenigen, die die Korruption der Parteifunktionäre, den Amtsmissbrauch und die Bereicherung auf Kosten des Volkes bekämpften –, also die Kulturrevolutionäre verdammten die Lehren des Konfuzius. Alles, was an Konfuzius erinnerte, war schlecht und wurde vernichtet. Aber heute ist all das plötzlich wieder gut. Doch wenn nichts Neues aus dieser alten Lehre wächst? Konfuzius lehrte auch, dass die Kinder nicht in die Fremde gehen dürfen, wenn die Eltern noch leben, dass Frauen minderwertig sind …

Soll die Jugend heute nach diesen Gesetzen des Konfuzius handeln? Nur wenn aus dem Alten noch Junges wächst, wird unser China eine starke und sehr lebendige Nation bleiben. Außerdem wünsche ich, dass auch im Ausland begriffen wird: Das chinesische Wunder, den neuen Reichtum Chinas, haben nicht die Manager und Politiker, sondern vor allem die Arbeiter, die aus den Dörfern gekommen sind, geschaffen.«

»Und was wünscht sich mein jüngerer Bruder persönlich?«

Er stockt. »Mein Vater ist 92 Jahre alt geworden, meine Stiefmutter 90. Und ich bin nicht zuerst stolz auf meine Gedichte, sondern darauf, dass ich für meine Eltern gesorgt und mich bis zu ihrem Tod um sie gekümmert habe. Auch ich werde ruhig sterben, wenn auf meinem Schreibtisch noch ein neues Gedicht liegt. Ein Gedicht, das nach meinem Tod veröffentlich wird und von dem die Leute dann sagen: ›Er hat noch ein schönes Gedicht geschrieben.‹«

Der Kameramann macht einen Schwenk auf Kunis Gesicht. Dann bringt er ihr eine Tasse Tee, und sie wischt sich mit dem Handrücken verlegen über die Augen.

Ich frage Sang Hengchang, was er nach seinen zwei Besuchen über Deutschland und die Deutschen denkt. Statt zu antworten, greift er hinter sich, wo er, was bislang nicht zu sehen war, ein Buch versteckt gehalten hat. »Gedichte vom Gelben Fluss«.

Verfasser: Sang Hengchang.

»Darin kannst du lesen, was ich in Deutschland gesehen, gehört, gefühlt und geträumt habe.« (Später lese ich darin von »der Regensaison, die in Deutschland länger ist als die Autobahnen«, von »Weinrülpsern«, von »schönen Burgen und gewaltigen Kirchen«, von dem »betrunkenen Fußball und nüchternen Spielregeln«, von »hier kotzte Goethe« und dem Romantiker Justinus Kerner.)

Er schreibt in ungelenker lateinischer Schrift in das 160 Seiten dicke Buch, das in Deutschland, so steht es im Impressum, 12,80 Euro, aber in China nicht einmal 2 Euro kostet: »Für Herrn Landolf Scherezer«. Und daneben zeichnet er zweimal die Eins »verkehrt herum«. »Das ist für mich das wichtigste chinesische Schriftzeichen«, sagt der Poet. »Es bedeutet zwei Menschen. Der Mensch darf niemals allein sein.«

Er verabschiedet die Fernsehleute, danach gehen wir zum Abendessen.

Ich habe vergessen zu fragen, ob »mein jüngerer Bruder« verheiratet ist, und will es in der großen Runde im Restaurant – eine Opernsängerin, ein kommunaler Politiker und ein Designer sind dazugekommen – nicht nachholen.

Die chinesische Opernsängerin Li Rui Hua, die früher im Mao-Look und mit kurzen Haaren aufgetreten ist, trägt heute die Haare lang und lockig. Sie singt für uns zuerst Arien aus »Carmen«, danach »Bandiera rossa« und schließlich »Kalinka«. Nach dem Essen schenkt sie mir eine CD, auf der sie auch Schuberts »Forelle« aufgenommen hat.

Die Bedienerinnen servieren das traditionelle Shandonger »Drei Töpfe«-Gericht: drei gedämpfte ausgehöhlte Teigkugeln, die sich jeder nach Geschmack mit Fleisch, Fisch, Pilzen oder Scampis füllen kann. Herr Wu Ming kennt das Gericht aus seiner Kindheit.

»Früher waren die Töpfe allerdings nicht mit Fleisch oder Fisch, sondern zu besonders festlichen Anlässen vielleicht mit gedünstetem Spinat oder gebackenen Auberginen gefüllt.«

Als die Sopranistin eine Pause macht, versucht Herr Wu Ming plötzlich, »Auf den Straßen, auf den Plätzen seh ich Deutschlands Jugend ziehn …« zu singen. Er wiederholt die erste Zeile so lange, bis ich mich erinnere und ihm die richtige Melodie beibringen kann. Das Lied wurde 1973 bei den 10. Weltfestspielen der Jugend und Studenten in Berlin gesungen.

Der Designer neben mir setzt auch beim Essen die schwarze Schirmmütze nicht ab und knotet den schwarzen Schal über seiner schwarzen Jeansjacke nicht auf. Er redet sehr viel, sehr schnell und sehr laut und wird bald zum Mittelpunkt der Runde. Ihm gehört in China ein Massagesalon, und in Deutschland betreibt er weitere drei. »Deutschland und die Provinz Shandong haben zum gegenseitigen Vorteil einen staatlichen Freundschaftsvertrag abgeschlossen.«

»Shandong und Deutschland?«, hake ich nach.

»Ja, Shandong mit Deutschland, mit dem Land Bayern.«

In Jinan, sagt er, investieren schon 18 Deutsche. Und zur Vorbereitung auf die 11. Chinesischen Sportspiele, die sogenannte China-Olympiade, die alle 4 Jahre stattfindet, hat die Fußball-Mannschaft von Shandong in Bayern trainieren dürfen. »Und wurde danach Sieger hier in Jinan.«

Diese 11. Sportspiele fanden im Oktober 2009, im 60. Jubiläumsjahr der Gründung der Volksrepublik China, statt. Als Geburtstagsgeschenk der Provinz Shandong an das Mutterland baute man für diese Wettkämpfe in Jinan einen überdimensionalen Sportkomplex. Zwei große Stadien in architektonisch interessantem Design: das im Osten gelegene in Form einer Lotosblume, das im Westen einem Weidenblatt nachgestaltet. Dazu Sportplätze, Hallen, Schwimmbecken …

Wir sollten sie uns anschauen, meint der Designer. Nicht nur die Fußballer aus Shandong, sondern auch er hat inzwischen von dem Freundschaftsvertrag mit »Deutschland« profitiert. Dem »Bürgermeister von Bayern« schenkte er bei dessen Besuch in Jinan eine Fußreflexzonenmassage. Und die hat, nun sagt er, »dem Vater von München«, so gut getan, dass der ihm danach behilflich war, in Bayern drei Massagesalons zu eröffnen. Die Städte, in denen sie sich befinden, kann er nicht namentlich aufzählen. Er bleibt immer im Hintergrund, sagt er, und hat dort seine Geschäftsführer.

Während unserer Gespräche schweigt der Kommunalpolitiker. Er redet nur ab und an mit Herrn Wu Ming. Kuni übersetzt, dass er der Vertreter der »Demokratischen Partei« von Shandong ist.

»Gibt es außer der Kommunistischen Partei inzwischen eine zweite chinesische Partei?«, frage ich ungläubig.

»Ja, außer der Demokratischen Partei, die 1998 gegründet wurde, gibt es in China weitere 7 Parteien.«

Es sind Parteien, die nicht gegen die Kommunistische Partei, sondern in ihrem Sinne arbeiten.

»Viele der Unternehmer sind heute schon Mitglied der Kommunistischen (früher Arbeiter-und-Bauern-) Partei geworden. In der ›Demokratischen Partei‹ versammeln wir parteilose Manager, Intellektuelle und Geschäftsleute, die, ohne Mitglied der KP sein zu müssen, in wichtigen Fragen die Entwicklung Chinas mitbestimmen wollen.«

»Und die das Geld haben, damit der ›Demokratische Verein‹ seinen Einfluss in der Gesellschaft verstärken kann«, ergänzt Herr Wu Ming. »Auch einen meiner Söhne haben sie schon geworben.«

Zum Abschied stimmt die Opernsängerin »Herrlicher Baikal« an. Und zumindest Herr Wu Ming, Sang Hengchang und ich und können mitsingen oder die fehlenden Textstellen summen.

Mein »Di Di, jüngerer Bruder« macht uns den Abschied leicht. »Es ist doch kein Abschied. Du nimmst mich in meinen Gedichten mit.«

Viel länger dauert am nächsten Tag das Auschecken im Hotel. Ich stehe mit Sack und Pack vor dem Eingang und warte auf das Auto, das uns zum Bahnhof bringen soll. Als ein schwarzer Opel hält, der Fahrer den Schlag öffnet und ich mein Gepäck in den Kofferraum legen will, hält mich Herr Wu Ming zurück. »Alle Autos mit einer Null vor der eigentlichen Kennzeichennummer gehören hohen Beamten der Polizei und den Staats- und Parteibehörden.« Sie werden nicht kontrolliert. »Aber nach Protesten hat man in einigen chinesischen Provinzen diese Privilegien bereits abgeschafft. Dort gibt es keine Null-Nummern mehr.«

Als wir abfahren wollen, steht Kuni immer noch diskutierend am Hotel-Empfang und beteuert, dass sie weder eine Tasse zerbrochen noch eine gestohlen hat. Wahrscheinlich sei die in ihrem Zimmer vermisste Tasse während der Fernsehaufnahmen beim Teetrinken in meinem Zimmer stehengeblieben. Der Empfangschef telefoniert wieder und wieder.

Abreisen darf man erst, wenn die Etagenfrau kontrolliert und bestätigt hat, dass sich noch alle Gegenstände wie Kleiderbügel, Kissen, Handtücher, Tassen, Wasserkocher usw. im Zimmer befinden. Die Tasse steht auch nicht in meinem Zimmer. Damit wir nicht noch den Zug verpassen, schlage ich vor, sie zu bezahlen. Doch Herr Wu Ming lehnt das kategorisch ab und verlangt stattdessen, dass der Preis auf die Gesamtrechnung gesetzt wird.

»Unsere Rechnung begleicht der Herr Unternehmer Xuan Jiaguo.«

Noch bevor ich fragen kann, ob ich richtig gehört habe, sagt Herr Wu Ming in mein Staunen hinein: »Ja, Herr Xuan Jiaguo hat unsere Reise nach Tai'an und Jinan gesponsert.«

Ich entgegne, dass wir keine potentiellen Geschäftspartner für ihn sind. Und ich auch nicht über einflussreiche Beziehungen in Deutschland verfüge.

»Welchen Vorteil hat er sich durch die Bezahlung unserer Reise erhofft?«

»Keine. Außer dass wir zusammen gute Gespräche hatten und er einen ausländischen Gast mit chinesischen Menschen bekannt machen konnte.« Fast tröstend setzt er hinzu: »Mit der Zeit, Herr Scherzer, werden Sie alles begreifen.«

Auf der Fahrt zum Bahnhof zeigt uns der Chauffeur aus der Ferne die neuen Sportstätten, und er sagt stolz: »Die Anlagen erstrecken sich über 47 Hektar.«

47 Hektar in der Stadt der Quellen aufgerissen.

Das größere Stadion hat Platz für 60 000 Zuschauer. »Doch schon bei den Sportspielen, an denen auch viele chinesische Olympiasieger teilnahmen, verfolgten manchmal nur 1000 Besucher die Wettkämpfe im Stadion. Heute steht die Anlage oft leer. Selbst zum Fußball kommen kaum mehr als 5000.«

Aber Maradona ist hier gewesen. Man hat ihm das Fußballstadion gezeigt, und er war begeistert.

»Leider kam Maradona nicht als Sportmanager, sondern als Geschäftsmann nach Jinan.«

In welcher Branche weiß der Fahrer nicht. Auch nicht, wie viele Milliarden Yuan der Bau der imposanten Sportanlage gekostet hat.

Wir fahren durch Straßen der Schönheit. Hunderte Meter lange Plakatwände verdecken nicht nur den Häuserabriss dahinter, sondern werben mit halbnackten attraktiven Chinesinnen auch für die neuen Symbole des Lebens: Autos, Antifaltencremes, Villen, Edelsteine, Pools, Parfüms …

Unvermittelt erzählt Herr Wu Ming von seinen zwei Söhnen. Sie sind Unternehmer im Gaststätten- und Cateringgewerbe und in der Immobilienbranche. »Jeder besitzt ein Auto, eine schöne Frau, ein großes Haus in den Außenbezirken von Peking. Und sie rauchen und trinken. Sie haben all das, was das Leben angeblich schön macht. Nur kein Kind. Sie haben mir noch nicht einen Enkel geschenkt. Ich müsste sie zur Besinnung zum Abt schicken.«

Auch auf dem Bahnhof von Jinan werden zuerst die Tickets kontrolliert und danach die Passagiere durch das Sicherheitstor geschleust. Doch wahrscheinlich kontrollieren weder die Beamten noch die Technik sehr gründlich. Man findet mein Messer nicht, und im Warteraum, den nur Billettbesitzer betreten dürfen, läuft eine junge Frau, die mit leicht gebeugter Haltung ein kleines Kind an der Hand hinter sich herzieht, durch die Reihen der Fahrgäste. Sie spricht jeden an, bittet um Geld. Das Kind hält einen roten Beutel für die Münzen und die Frau ihre Hand für Yuan-Scheine auf. Ich sehe niemand, der keinen Schein dazulegt und frage Kuni, ob die Mutter um Geld für ihr Kind bittet.

»Nein, sie lebt wahrscheinlich vom Betteln.«

Als sie zu uns kommt, sagt unser Nachbar: »Frau, das machst du nicht recht. Wie soll sich dein Kind später im Leben zurechtfinden, wenn es sieht, wie du hier bettelst, obwohl du zwei gesunde Hände zum Arbeiten hast.« Er sagt es und gibt ihr 5 Yuan. Kuni schenkt dem Kind drei pflaumenähnliche Früchte. Das versucht die Früchte in das Münzsäckchen zu stecken. Aber sie sind zu groß. Da reicht sie sie der Mutter. Die aber hält in der einen Hand ihr Bündel Geldscheine und mit der anderen das Kind. Also legt das Kind die Früchte auf einen leeren Stuhl.

Neben Kuni ist der Platz frei. Ich verzichte auf 14.4., nicht nur weil die Vier wirklich eine schlechte chinesische Zahl zu sein scheint, und setze mich zu ihr.

Der Zug rast mit 230 km/h durch China. Die blau, grün oder rot gestrichenen Blechdächer der Wohnhütten und der ebenso niedrigen Fabrikhallen sind nicht zu unterscheiden. Sie vereinen sich, weil sie weder von einem Weg, geschweige denn von Grün getrennt werden, zu einem kilometerlangen Puzzle von kleinen und großen Quadraten. Manchmal endet dieses Puzzle abrupt, und danach beginnt übergangslos die Fläche des Abrisses: Schutt und Trümmer, Balken und Ziegel.

Ohne dass ein Bahnhof in Sicht ist, drosselt der Zug das Tempo plötzlich auf 30 km/h. Rechts und links der Gleise hat man die Erde zu tiefen Schluchten aufgerissen und daneben zu einem Gebirge aufgetürmt. Schlucht und Gipfel werden durch sich in Kurven schlängelnde Trassen verbunden. Hochbeladene Kipper und schwankende Bagger kriechen auf der einen Seite hinauf und donnern dann, den Staub zu dichten Wolken wirbelnd, auf der anderen Seite hinunter. Menschen sind in all dem Dreck nur sehr klein und undeutlich zu erkennen. Zwischen kilometerlangem Eisengeflecht schleppen einige Eimer mit Wasser die unwegsamsten Hänge hinauf und verwandeln sich in die Treidler, die auf Repins Gemälde die Schiffe über die unpassierbaren Stellen der Wolga stromaufwärts ziehen. Als der Zug fast nur noch im Schritt fährt, können einige der Arbeiter aus dem Dreck der gigantischen Baustelle fast auf Augenhöhe in den komfortablen Zug schauen. Ich starre auf meine Schuhe.

Als die Gleise zehnfach nebeneinander laufen und einzelne Fabrikhallen mit dem Namen »Silberner Drache« auftauchen, rast der Zug wieder mit über 200 km/h in Richtung Peking. Und lässt alles andere sehr schnell zurück. Auch das Dorf, das an den Rändern schon von den Baggern angefressen ist und in dessen Mitte an einem Haus noch eine rote Fahne hängt.

Ich sage Kuni, dass man als Betrachter den Schmerz der Bewohner fühlen kann, wenn man die Geschichte eines Hauses kennt. Die Zahl »5000 abgerissene Häuser« bleibt dagegen eine nicht nachempfindbare Abstraktion.

Kuni meint, dass es ökonomisch und psychologisch besser ist, die Wohngebiete auf einmal abzureißen. »Bei uns gibt es praktisch kein Recht des Einzelnen, um gegen die staatliche

Abrissentscheidung zu klagen. Auch weil Grund und Boden dem Staat gehören. In Europa dagegen kann jeder Hauseigentümer gegen einen Abriss klagen. Die Prozesse verzögern den Abriss und den Neubau vielleicht um Jahre. Weil das hier nicht möglich ist, prangern westliche Länder China wegen fehlender Menschenrechte an. Aber machen das die Politiker dort wirklich nur, weil sie Gut-Menschen sind? Politiker und Journalisten, die sich zwar nicht um das Schicksal der kleinen Leute in ihrem eigenen Land, aber um das Wohlergehen der chinesischen Bauern und Wanderarbeiter kümmern? Hätte man in China die Möglichkeit, individuell mit Erfolg gegen den Abriss zu klagen, würde sich das Tempo des Aufbaus zum Schaden des Volkswohlstandes verlangsamen. China würde Jahrzehnte brauchen, um kilometerweise Altes abzureißen und Neues zu errichten. Und vielleicht fordern westliche Politiker nicht aus unübertrefflicher Fürsorge für die Chinesen Individualrechte, sondern weil sie wissen, dass sie nur dadurch die wirtschaftliche Konkurrenz und den Aufstieg Chinas in der Weltwirtschaft verlangsamen können?«

Endlich fahren wir an Bäumen vorbei. Zwar stehen sie in Reih und Glied, und alle Stämme sind weiß gestrichen, aber hinter ihnen sehe ich unbebautes Gelände und abgeerntete Felder. Als auf einem der Felder die Grabstelle eines Bauern zu sehen ist, sagt Kuni: »Mein Papa hat mich gebeten, dass er nach dem Tod verbrannt wird. Und seine Asche soll ich im Park unter dem Baum vergraben, wo er mit meiner Mama jeden Tag zweimal tanzt. Zweimal tanzen sie jeden Tag im Park. Auch im Winter. Und immer unter demselben Baum.«

Ich muss nur ein wenig nachfragen, bis Kuni erzählt, dass ihr Vater Lehrer war und ihr deshalb, schon bevor sie zur Schule ging, das Lesen und Schreiben beigebracht hat. »Ich las sehr viel, denn meine Großeltern, die mir, wie es in China üblich ist, Märchen und Geschichten erzählt hatten, sind zeitig gestorben. Mit 5 Jahren las ich auch die Märchen der Ge-

171

brüder Grimm. Die Figuren waren mir fremd, aber ich liebte diese Märchen, in denen immer die Guten siegten. Vielleicht war das Lesen auch ein Ersatz, weil ich weder eine Schwester noch einen Bruder habe. Meine Eltern hätten das Gesetz zur Ein-Kind-Ehe damals noch nicht befolgen müssen. Ich bin 1978 geboren, und das Gesetz war erst in Vorbereitung. Doch meine Eltern waren beide Kommunisten und wollten schon im Voraus als Vorbild handeln. Mein Papa arbeitete als Lehrer auch in der staatlichen Verwaltung, und meine Mama war in einem staatlichen Zigarettenladen beschäftigt. Das Geschäft blieb noch sehr lange staatlich. Zigaretten und Alkohol wurden in China erst spät für den privaten Handel freigegeben. Heute sind von den drei Drogen Zigaretten, Schnaps und Medien nur die Medien noch nicht privatisiert.«

Im Kindergarten ist sie, »ein trauriges Einzelkind«, glücklich gewesen. »Die Erzieherinnen waren, vielleicht weil ich keine Geschwister hatte, besonders lieb zu mir. Ich erinnere mich noch an die vielen Lieder, die wir gesungen haben. Lieder vom Meer, von Blumen, der Sonne und den Vögeln. Wir haben auch Volkstänze gelernt. In den Trachten der anderen chinesischen Nationalitäten, der Mongolen oder der Uiguren, tanzten wir auf der Straße. Durch Puppenspiele lehrte man uns Tugenden wie Achtung vor den Eltern, Hilfsbereitschaft, Ehrlichkeit und Fleiß. Auch später in der Grundschule brachte man uns diese Regeln bei. Die besten Schüler wurden mit dem roten Pionierhalstuch ausgezeichnet. Ich erhielt es als eine der wenigen schon in der ersten Klasse. Wir haben damals auch alte, kranke Menschen besucht und bei ihnen sauber gemacht. Ich habe das sehr gern getan, denn sie waren oft sehr einsam.«

Schon als Kind wollte sie Reiseleiterin werden. »Im Fernsehen lief eine Serie, in der die Sehenswürdigkeiten anderer Länder – auch in Amerika und Europa – gezeigt wurden. Und die Moderatorin, die diese Länder vorstellen durfte, war eine chinesische Reiseleiterin. Doch dann kam alles anders.

Ich hatte auf dem Gymnasium einen sehr guten und gerechten Klassenlehrer. Aber wir waren fast 60 Schüler in einer Klasse, und er konnte nicht mit allen deren geheime Berufswünsche besprechen. Und als wir vor der zweiten Stufe des Gymnasiums wählen mussten, ob wir später ein schöngeistiges oder ein mathematisches Fach studieren wollen, riet er mir zu Physik. In dieser Fachrichtung gab es viele freie Studienplätze. Ich sagte ja, denn ich wollte unbedingt studieren, damit sich die Anstrengung im Gymnasium auch gelohnt hat. Ich bin früh um 6.30 Uhr von zu Hause weggefahren und kam abends um 22 Uhr zurück. Und außerdem, das war das Wichtigste: Ich wollte meine Eltern nicht enttäuschen. Sie hatten sich sogar von Bekannten Geld leihen müssen, damit ich diese Schule besuchen konnte …

Ich gehe jetzt oft zur Maniküre. Die junge Frau, die meine Nägel pflegt, ist sehr klug. Sie erzählte mir, dass sie – auch eine Wanderarbeiterin, ein Mädchen vom Dorf – in der Schule nur gute Noten hatte. Aber die Eltern besaßen kein Geld, um ihr den Besuch des Gymnasiums zu ermöglichen. Drei Tage lag sie auf dem Bett und aß nichts und trank nichts, sie weinte nur. Aber auch das half nicht.«

Kuni wohnte mit 7 Mädchen in einem Zimmer des Studentenwohnheimes. »Aber dort konnte ich zum ersten Mal im Leben machen, was ich wollte. Ich war frei, konnte frei atmen. Die Eltern haben mir immer gesagt: ›Sei nie ein Frosch! Ein Frosch sieht, wenn er unten im Brunnen sitzt, den Himmel nur als kleinen Lichtpunkt!‹ Also wollte ich nie ein Frosch, sondern ein Vogel sein.«

Und als ein hoch in der Luft fliegender Vogel träumte sie davon, nach ihrer Programmierer-Ausbildung in Deutschland noch die deutsche Sprache zu studieren. »Vielleicht, weil ich als Kind die Märchen der Gebrüder Grimm geliebt hatte. Consultingfirmen vermittelten damals für uns Chinesen Studienplätze im Ausland. Für 1000 Euro versprachen sie Studienmöglichkeiten in Europa. Mit dem von der Consultingfirma ausgefüllten Antrag ging ich zur Deutschen Botschaft. Dort schickte man mich wieder nach Hause, denn der Antrag war leider nicht von einer deutschen Universität genehmigt. Doch ich wollte die Wahrheit nicht begreifen und bezahlte vom letzten Geld meiner Eltern noch einmal 1000 Euro. Die Consultingfirma strich das Geld wieder ein, ohne mir einen Studienplatz in Deutschland zu vermitteln. Da wusste ich: Kuni, du bist nicht nur eine Pechmarie, sondern auch eine sehr dumme Gans.«

Die Glitzerwelt der Hochhäuser

Sie ging zu Bekannten nach Peking. »Die hatten schon zwei Mädchen, aber sie sorgten für mich wie für eine dritte Tochter. Ich konnte in Peking Deutsch lernen, und als ich 23 Jahre alt war, erfüllte sich mein Kindheitstraum: Ich bekam eine Arbeit als Reiseleiterin. Meine erste Reisegruppe waren 19 ältere Menschen aus Deutschland. Sie kümmerten sich mehr um mich, als dass ich mich um sie kümmern konnte. Weil ich noch wie ein Kind aussah, bemutterten sie mich unterwegs! So wurde ich doch noch eine Goldmarie.«

Als der Zug die Außenbezirke von Peking erreicht, meint sie, dass sie genug geredet hat.

Ich entgegne, dass die letzten 9 Jahre ihres Lebens fehlen. Sie schüttelt den Kopf. »Ich möchte mich vor der Rückkehr in meine Wohnung noch ein wenig besinnen. Ich weiß nicht, wie es meinem Kater Chow-Chow geht, der mich wahrscheinlich 5 Tage schrecklich vermisst hat.«

Ich frage nicht nach einem Freund, nach einem Mann. Aber ich erkundige mich, ob sie vielleicht den Dichter Sang Hengchang, meinen »Jüngeren Bruder«, gefragt hat, ob er verheiratet ist und Kinder hat.

Nein, auch sie hat ihm diese Frage nicht gestellt. Doch in einem seiner »Gedichte vom Gelben Fluss« wendet er sich wahrscheinlich an eine Frau.

Träume aufbauen

du bist in China
ich bin in Deutschland
dazwischen trennt uns, über Kontinenten
Europa und Asien, eine Milchstraße

wir haben vereinbart
zuvor, in der Nacht
baust du an jenem Ufer Träume auf,

175

bau ich an diesem Ufer Träume auf
ich weiß nicht warum
nie, niemals
unsere Träume zusammenpassen
da muss der Zeitwechsel Streiche machen

fließt die sinkende Sonne über meinen Kopf
verwandelt sie sich unter deinen Füßen in Morgensonne

Im Mai 1989 in Münster*

Uns bleibt noch eine halbe Stunde bis zur Ankunft in Peking, und ich bitte Kuni, dass auch sie mir meine Standardfragen nach ihrem guten und ihrem schlechten Tag und ihren Wünschen beantwortet.

Als sie auch das ablehnt, schließen wir einen Kompromiss. Ich verschone sie heute mit meinen Fragen. Aber sie dolmetscht dafür in der nächsten Woche noch einmal für mich, damit ich die Ayi bei Klaus und den salutierenden Wachjungen befragen und mir beim Fahrradfriseur die Haare schneiden lassen kann. Damit ist sie einverstanden.

Es sei gut, meint sie, wenn ich versuchen würde, mir auch in der »deutschen Kolonie von Peking« ein Bild über China zu machen. »Erinnern Sie sich an einen der kleinen Seen im Baotu Spring Park in Jinan? Seine Wasserfläche war vollständig von schwimmenden Blättern bedeckt. Wenn ein Blatt in einen See fällt, in dem es nur allein schwimmt, geht es bald unter. Aber in einem schon vollständig mit Blättern bedeckten See hält ein Blatt das andere.«

So ähnlich sei es mit ihren Freunden, den Deutschen in Peking.

»Doch manchmal schwimmen in dem See, in dem sie sich ausbreiten und einander festhalten, chinesische Goldfische,

* Sang Hengchang: »Gedichte vom Gelben Fluß«. Wayasbah-Verlag, Hamburg 2005.

die Kinder der Drachen und des Reichtums, die den Blätter-
teppich zerstören.« Und scheinbar zusammenhangslos fragt
Kuni, ob ein Arbeiter, der in Deutschland 1200 Euro verdient, reich ist.

Ich schüttele mit dem Kopf.

»Und könnte er sich von dem Geld eine Haushälterin, einen Gärtner, vielleicht sogar einen Fahrer und jeden Abend
mit der Frau ein Essen im Restaurant leisten?«

Ich schüttele wieder den Kopf.

Da schlussfolgert sie: »Ein armer Deutscher in Deutschland ist ein reicher Deutscher in China.«

Ich krame die Apfelsine, die uns der Abt geschenkt hat,
aus meiner Reisetasche und will sie mit Kuni teilen. Doch die
Apfelsine ist inzwischen verschimmelt.

Herr Wu Ming bringt uns einen Nescafé und nimmt nun
auch von meinen Schokoplätzchen.

Beim Abschied wiederholt er seinen Rat, dass ich, um die
Chinesen zu begreifen, nicht nur mit Chinesen, sondern
auch mit Deutschen sprechen muss. Er bedankt sich für unsere guten Gespräche in den letzten Tagen. Doch wenn er
den Abt das nächste Mal besucht, will er allein zu ihm fahren.
»Schließlich bin ich fast 70. Und es wird Zeit, bei dem Abt im
taoistischen Kloster in aller Ruhe über das Leben nachzudenken.«

Ich sage Herrn Wu Ming nicht, dass ich, wenn ich an den
Abt denke, bezweifle, dass er dort Stille finden wird. Und
bitte ihn, dass ich ihn in den nächsten Wochen noch einmal in
Peking treffen kann.

Wir umarmen uns zum Abschied nicht, sondern reichen
uns nur die Hände.

Kuni gebe ich einen flüchtigen Kuss auf die Wange. Sie
errötet und lächelt.

Luisa V. R., Berufswunsch: Ärztin oder Diplomatin

Ich habe sehr viele Wünsche für meine Zukunft, unter anderem, dass Menschen meine Arbeit und mein Wesen nicht verurteilen. Außerdem, dass Menschen sich mehr um ihre Umwelt sorgen. Mein größter Wunsch jedoch ist, dass meine Eltern es erleben können, dass ich selbst Kinder habe und diese zu gescheiten Kindern aufwachsen.

Für China wünsche ich sozial bewusste und die Natur schützende Menschen, die nicht von Gier und Wettbewerb zerfressen werden.

Wenn ich hier an Deutschland denke, vermisse ich nur dessen Kopfsteinpflaster, Freibäder, Eisdielen, Pommes in Tüten und deutsches Radio. Wenn ich in Deutschland an China denke, so vermisse ich die chinesischen Menschen, deren Mentalität und meine Geborgenheit in diesem Land.

Markus K., Berufswunsch: Astrophysiker oder Psychologe

Ich möchte auf jeden Fall später wieder in China leben, denn es ist ein tolles Land, es gibt hier interessante, offene Menschen und jeden Tag etwas Neues zu entdecken.

China wünsche ich, dass es die Verschmutzung in den Griff bekommt, dass es sich gegen den Westen hin noch mehr öffnet, dass die Menschen immer ein Leben frei von Angst führen können und dass die Chinesen niemals ihre wundervolle Lebenslust verlieren.

Wenn ich an Deutschland denke, fehlt mir hier überhaupt nichts. Ich wüsste auch keinen Grund, weshalb ich eine Chinesin nicht heiraten sollte. Chinesinnen können süß sein und auch hilfsbereit. Das habe ich am Beispiel des Vaters meiner Freundin gesehen. Er hat eine neue Frau, eine Chinesin, und sie hat ihm sehr oft bei der Verständigung geholfen. Aber ich möchte nicht weiter über das Thema reden, ich habe schon eine Freundin, und deshalb kann ich wohl nicht frei darüber reden.

Das Alpaca-Pferd
ODER:
He xie ru he zheng fu zhong guo hu lian wang – Wie die Fluss-krebse das chinesische Internet erobern

Das Wiedereingewöhnen in Peking fällt mir nicht schwer. Im »Schillers« sitzen nach Feierabend wieder dieselben Leute. Die Schalen mit Erdnüssen werden ohne Aufforderung nach-gefüllt, und nach dem ersten Bier gibt es für den Preis von einem auch heute zwei. Nur die »Lufthansa«-Crew fehlt. Aber am Tresen sitzt wieder einer der wenigen chinesischen Stammgäste: mein unangenehmer »Bekannter« im orangefar-benen Sakko. Beim ersten Besuch war er mir in die Toilette gefolgt und hatte dort, neben mir stehend, eindeutig zwei-deutige Angebote gemacht und sich nach meiner Zurecht-weisung mit »excuse me, please« entschuldigt. Klaus wollte es nicht glauben. Doch als der Mann sich auch heute von sei-nem Barhocker herunterschraubt und mir zur Toilette hin-terherläuft, aber an der Tür sofort umdreht, weil er bemerkt hat, dass Klaus mitkommt, grinst der unverschämt. Und der Motorradfan Robert kommentiert: »Bei dem könnte man fast mutmaßen, er sei vom chinesischen Geheimdienst ge-schickt, um zu berichten, was die Ausländer hier so treiben.«

Seine Freundin Friederike fügt lächelnd hinzu: »Schwul ist immerhin sympathischer als Agent.« Die Sprachkundige weiß auch, dass schwul auf Chinesisch »tongzhi« heißt, was man ebenso auch als »Genosse« übersetzen kann. Die unterschied-liche Bedeutung desselben Wortklanges – im Deutschen zum Beispiel von »die Leere« und »die Lehre« (!) –, gehört zu den Tricks, mit denen chinesische User von staatswegen verbotene oder unerwünschte Themen ins Internet setzen.

Friederike stellt bei der täglichen Lektüre der chinesischen Presse fest, dass sie sich in letzter Zeit – mehr als gemeinhin angenommen – für Kritik an den eigenen Behörden öffnet und durchaus Meldungen über verschiedenste Katastrophen veröffentlicht, die früher vielleicht verschwiegen worden wären. Was die staatlichen Medien nicht veröffentlichen, wird über die neuen, modernen, immer weiter boomenden Kommunikationsmöglichkeiten verbreitet: Fast ein Drittel der Chinesen, rund 350 Millionen, also mehr als die USA Einwohner hat, benutzen das Internet, und es gibt inzwischen wohl über 150000 chinesische Internet-Cafés, in denen die User sich allerdings mit einem Personaldokument ausweisen müssen.

Um Offenheit gegenüber der wachsenden Internetgemeinde zu demonstrieren, würden Regierung und Partei nicht müde zu versichern, dass sie das Internet als eine neue Plattform des harmonischen Austauschs zwischen Volk und Staat schätzen und dass sie die Einbindung und Reflexion von Kritik, Vorschlägen und Beschwerden der Internetgemeinde als Schlüssel zu einem tieferen Verständnis der »Basis« anerkennen würden.

In Blogs berichten Chinesen zum Beispiel von Bürgermeistern oder Parteichefs, die Bauern vertreiben und kommunalen Grund und Boden an Wohnungsbauunternehmen vermieten, um Provisionen zu kassieren. Andere User bezichtigen die Medien der Lüge, wenn die über sozialen Fortschritt in Dörfern berichten, in denen es noch nicht einmal fließendes Wasser gibt. Und junge Intellektuelle fordern im Internet mehr Demokratie für China.

Die Regierung, sagt Friederike, versuche zu integrieren oder zu verbieten. So hat man einerseits in einigen Provinzen die Verantwortlichen der Kommunalbehörden geschult und angewiesen, auf alle Blogs, die ihren Fachbereich betreffen, innerhalb von 24 Stunden mit E-Mails zu reagieren, andererseits sperrt man Internet-Seiten oder Suchbegriffe, welche die »öffentliche Ordnung« stören. Zur Zeit ist der Name des künftigen Friedensnobelpreisträgers Liu Xiaobo gesperrt.

Gibt man seinen Namen ein, erhält man einen »blank«. Aber Millionen von Chinesen heißen Liu. Es ist unmöglich, alle diese Liu-Seiten zu sperren.

Deshalb schreiben die User in ihren Blogs nicht über den Friedensnobelpreisträger Liu Xiaobo, sondern über irgendeinen Liu. »Ich bin so stolz auf Liu … Er ist der Held Chinas …« Oder: »Mein Idol ist Liu …«

Jeder, der es liest, weiß, wer gemeint ist, doch die User schreiben in ihren Blogs am Schluss vom Weltklassehürdenläufer Liu Xiang oder von Liu Dehua, dem berühmten Sänger aus Hongkong. (Anlässlich der Preisverleihung in Oslo wurde von der chinesischen Internetzensur auch der Begriff »Kong Yize« – »leerer Stuhl« –, mit dem sich die User verständigt hatten, gesperrt, da er ein Symbol für die unfreiwillige Abwesenheit Liu Xiaobos bei der Preisverleihung war. Daraufhin wurden Fotos von einem leeren Stuhl in Blogs verbreitet.)

Friederike erzählt auch von einem berühmten Symbol gegen die Internetzensur: dem »Alpaca«, dem sogenannten »Gras-Schlamm-Pferd« (Cao ni ma). In dessen Lebensraum dringen laut der »Legende« plötzlich Flusskrebse (hexie) ein und fressen den »Alpacas« das Gras weg, berauben sie somit der Existenzgrundlage. Diese Geschichte (sie existiert auch als Lied) wurde von vielen Millionen Chinesen abgerufen und weiterverbreitet. Das auch als Plüschtier oder auf T-Shirts verkaufte »Alpaca« wurde in China in kurzer Zeit so populär, dass sich sogar Universitätsprofessoren, Künstler, Wissenschaftler und Oppositionelle in der Öffentlichkeit zum »Alpaca« bekannten.

Die »Alpaca«-Bewegung entstand, als die chinesische Führung Ende 2009 eine »Anti-Schmutz-Kampagne« startete und über 1000 Web-Seiten mit angeblich pornografischen oder anderen »unmoralischen« Inhalten sperren ließ. »Cao ni ma« diente als Aufhänger, weil es zwar als Schimpfwort (»Fick deine Mutter«) benutzt wird, aber, mit anderen gleichklingenden Schriftzeichen geschrieben, vollkommen harmlos ist: Die gesprochene Silbe »ma« kann gleichzeitig das »Pferd«, aber auch die »Mutter« sein. Ebenso spielt das Wort »hexie« in seiner Doppelbedeutung als »Flusskrebs« und »harmonisch/Harmonisierung« auf eine Verschleierung der Internetzensur an.

Es gibt im Internet auch User, die sich als »Moralwächter« verstehen und eine »Menschenfleisch-Suche« (»human flesh search«) – das Wort ist abgeleitet von der chinesischen Bezeichnung »renrou sousuo« – inszenieren. Sie spüren Menschen auf, die Kunden betrügen, korrupt sind, stehlen, Freunde belügen, ihre Frauen zur Prostitution zwingen … Und stellen die Gefundenen nicht nur im Internet an den Pranger, sondern verfolgen sie sogar im realen Leben. Das hat eine heftige Diskussion zum Schutz der Privatsphäre im Internet ausgelöst, und es wurde gefordert, dass User und Blogger sich mit ihrem wahren Namen und ihrer Adresse nachprüfbar im Internet anmelden müssen.

Die chinesischen Parteiideologen rechtfertigen ihre Internetzensur oft mit dem Argument, dass es beispielsweise auch in Deutschland verboten ist, »Mein Kampf« ins Internet zu stellen, dass Seiten mit Kinder- oder Tierpornografie und Aufrufe zu ungenehmigten Demonstrationen oder zum gewaltsamen Sturz des Staates gesperrt werden.

Ich frage Friederike, wie sie zum Studium der Sinologie gekommen ist. Lachend sagt sie, das Chinesisch-Studium sei zunächst nur eine Art Versuch gewesen. »Tja, und dann hat sich alles immer wunderbar gefügt – immer weiter, immer weiter, bis hin zu meiner jetzigen Arbeit in der Botschaft. Insgesamt kann ich rückblickend sagen, dass ich in meinem Leben eigentlich nie richtig Pech hatte. Ich war immer optimistisch. Auch als ich als 21-Jährige nach China kam und mit meinen dunkelblonden Haaren und blauen Augen so sehr auffiel, dass ich mir manchmal nur eines wünschte: schwarze Haare und braune Augen!«

Es ist wahrscheinlich ein Wunder, meint sie, dass es sie aus ihrem lippischen Dorf, das nicht einmal 100 Seelen, aber einen

Pfarrer mit 6 Töchtern hatte, ausgerechnet nach China verschlagen hat. »Ich war die fünfte der 6 Pfarrerstöchter. Alle vermuten immer, dass viele Töchter nur eins bedeuten, nämlich den Wunsch nach einem Sohn. Doch so ist es in unserem Fall nicht. Mama sagt, sie habe sich schon als Kind gewünscht, später mal 6 Töchter zu haben. Und genauso ist es gekommen. Es existiert zwar angeblich eine Schallplatte aus dem Jahr meiner Geburt, auf deren Cover mein Papa mit kleiner Schrift geschrieben hat ›Für Florian‹, aber letztendlich ist es doch kein Florian, sondern eine Friederike geworden. Vor lauter Freude darüber schrieben meine Eltern in meiner Geburtsanzeige dann humorvoll: ›Endlich ein Mädchen!‹ Darunter aufgelistet die Namen meiner älteren Schwestern.«

Monika unterbricht unser Gespräch mit der Feststellung, dass wir außer Erdnüssen heute Abend noch nichts gegessen haben und es Zeit wird, ein Restaurant aufzusuchen.

Ich hätte Friederike noch gern gefragt, weshalb sie, die fünfte von 6 Pfarrerstöchtern, ausgerechnet die Sprache Chinas, der letzten Machtbastion einer großen kommunistischen Partei, erlernt hat. Und weshalb sie in China zu studieren und später in Peking zu arbeiten begann. Aber Friederike vertröstet mich auf ein andermal.

Ich hätte das Gespräch nicht so abrupt beenden müssen, denn Monika hat einen guten Bekannten entdeckt und begrüßt ihn sehr herzlich. Er ist, erklärt sie mir, einer der Marketingchefs von VW in Peking. Um ein Gespräch zu beginnen, könnte ich ihm zu den immer noch steigenden Rekordumsätzen von VW in China gratulieren. Jährlich verkaufen VW, Opel, Renault und andere internationale Konzerne Millionen Autos in China. Aber stattdessen frage ich ihn als Experten, was aus der Erde werden soll, wenn von den 1,3 Milliarden Chinesen 80 Prozent ein Auto fahren wie in Deutschland. »Dann haben wir hier so viel verdient, dass wir Millionen in die Entwicklung konkurrenzfähiger, billiger Elektroautos investieren und, um die Umwelt zu schonen, jedem Deutschen seinen Benziner gegen ein kleines Elektromobil umtauschen könnten«, sagt er schmunzelnd. Und entgegnet dann ernsthaft: »Man sollte der Umwelt zuliebe als Konzern den unersättlichen chinesischen Automarkt meiden. Doch das wäre gegen alle Regeln und Gesetzmäßigkeiten der Marktwirtschaft. Und wenn nicht wir liefern, befriedigen andere die Autowünsche von Millionen Chinesen. Oder wollen Sie den Chinesen beibringen, dass sie, um das Klima der Erde zu retten, alle wieder auf ihr Fahrrad steigen sollen?«

Er will gehen, denn er muss zu Hause die Ayi noch bezahlen.

»Heißt seine Reinemachfrau auch Ayi?«, frage ich Klaus.

»Alle Putzfrauen in China heißen Ayi – man kann es auch mit Tante übersetzen.«

Der VW-Manager trinkt noch ein schnelles Bier, schaut dabei durch das Fenster nach draußen und sagt: »Der Fahrer hatte den ganzen Tag nichts zu tun. Da kann er wenigstens abends ein bisschen länger auf mich warten.«

Schon als er bezahlt, steigt der Chinese aus und öffnet ihm die Wagentür, allerdings ohne vor dem Chef zu salutieren.

Wir fahren zum Essen zu einem chinesischen »Italiener«. Obwohl nicht die Italiener, sondern die Chinesen die Nudeln erfunden und Marco Polo sie 1291 aus China nach Italien gebracht haben soll, verzichte ich auf die Beschreibung der von Chinesen gekochten italienischen Pasta mit Pesto Genovese.

Neben dem Restaurant befindet sich ein Geschäft, in dem man Lebensmittel aus vielen Ländern kaufen kann: italienische Soßen, Emmentaler Käse (in China gibt es anstelle von Käse nur Tofu), spanischen Schinken, deutsche Kekse, Schweizer Schokolade, schottischen Whisky und viele andere Delikatessen. Wir laufen sehr eilig durch diesen kleinen internationalen Supermarkt, denn die Chinesen wollen schließen. Doch auch hier trifft Monika eine Frau aus ihrem zwangsläufig (sie lebt mit Klaus seit über 10 Jahren in Peking) großen Bekanntenkreis. Anscheinend haben sie sich eine lange Zeit nicht gesehen, denn Monika stellt mir ihre Freundin Julia nur sehr kurz als »Chefsekretärin bei ›Siemens‹« vor, dann beginnt ein nicht enden wollendes »Der ist jetzt dort …« und »Weißt du, wo sie inzwischen arbeitet? …« und »Ach, das hätte ich nicht von den beiden gedacht …«-Gespräch.

Ich kenne keinen der Genannten, aber als die Chefsekretärin von ihrer Ayi und einem Unglück vor einem Jahr und dem Atelier ihres chinesischen Mannes, das abgerissen werden soll, erzählt, höre ich doch zu. Julias Mann, der auch in Deutschland bekannte chinesische Künstler Wang Shugang, arbeitete viele Jahre in einem Atelier in einem dorfähnlichen Wohngebiet von Peking. Mitten im kalten Winter des vergangenen Jahres hatten die Behörden ihm und den anderen Bewohnern mitgeteilt, dass sowohl die neueren Häuschen als auch die alten Hutong-Hütten abgerissen werden.

»Dass diese Nachricht ernst gemeint war, bestätigte sich bald, denn die Einwohner stapelten viele neue Ziegel vor ihren alten Häuschen. Sobald der Abriss droht, vergrößern die Chinesen schnell noch ihre Hütten, um eine höhere Abfindung zu erhalten.«

Wang Shugang tat das nicht, er schaute sich stattdessen nach einem neuen Atelier um.

»In eisigster Kälte räumten wir das alte Atelier aus und brachten Material, Keramiken und Werkzeuge, in das neue Atelier. Dort zersprangen einige der sehr kunstvollen Figuren wegen der schrecklichen Kälte.«

Doch das sei nicht das Schlimmste gewesen.

»Mein Mann und ich waren schon vorausgefahren. Nur die Ayi und ihr Mann blieben im alten Atelier zurück, um sauberzumachen. Und als der Mann die Lampen an der Decke abschrauben wollte, stürzte er so unglücklich von der drei Meter hohen Leiter, dass er sich die Schulter und ein Bein brach.

Splitterbrüche! Seine Frau informierte uns über das Unglück. Damit der Mann in eine Klinik aufgenommen wurde, hätte sie 4000 Yuan bezahlen müssen. Natürlich konnte die Ayi in dieser eiskalten Winternacht kein Geld auftreiben. Wir gaben ihr die 4000. Später bezahlten wir – schließlich waren es unsere Lampen, die er abschrauben und für uns mitnehmen wollte – noch einmal 8000 Yuan für die Operation.«

Ich frage, weshalb nicht die chinesische Familie des Mannes das Geld besorgt hat.

»Die Ayi und ihr Mann kommen vom Dorf. Somit waren wir hier für sie die Einzigen, die helfen konnten. Sozusagen ihre Familie. Der chinesische Staat kümmert sich nicht um individuelle soziale Härtefälle. In der Not hilft nur die Familie. Und die hilft immer. Selbst wenn sie das Geld erbetteln muss. Der Staat ist in China nur für das Allgemeine, für die Masse, aber nicht für das einzelne konkrete Individuum verantwortlich.«

Weil die Patienten in der Klinik von ihren Angehörigen versorgt werden müssen, blieb die Ayi eine Woche dort und kochte für ihren Mann.

»Das waren 7 schlimme Tage für Shugang. Er, ein chinesischer Mann und Künstler, musste sich um unser Kind kümmern und ihm Essen zubereiten.«

Sie lacht. Und lädt mich ein, sie irgendwann zu besuchen.

Im Moment mag ich an keinen Besuch denken. Ich bin müde von Tai'an und Jinan und möchte endlich nach Hause.

Zu Hause (wie schnell benutzt man auch in der Fremde dieses Wort) haben Monika und Klaus die Erzgebirgsräuchermannle, die Förster, Jäger, Holzfäller, Reisigweiber, Bergarbeiter und Holzschnitzerfiguren am Wochenende vom Boden geholt. Sie stehen nun in friedlicher Koexistenz neben Buddhas und chinesischen Masken. Die Terrakottafigur vor der Terrassentür trägt eine rot-weiße Weihnachtsmannmütze, und an Regalen hängen Nikolausstiefel aus Stoff. Auf dem Laptop zeigt mir Klaus an die 200 Fotos vom deutschen

Weihnachtsmarkt, den ich wegen meiner Reise verpasst habe. Tausende Chinesen und Deutsche waren gekommen. Die meisten trugen Weihnachtsmannmützen. Unter der lichtergeschmückten Weihnachtstanne verkauften die deutschen Frauen selbstgebastelte Sterne, gehäkelte Decken und Kerzen. Glühwein gab es und Sekt und Bier und Bratwürste.

Auf den letzten Fotos umarmen sich fröhliche Menschen mit vom Glühwein und Bier geröteten Gesichtern.

Zum Abschluss des Tages sehen wir das Lieblingsvideo von Klaus »von daheem«: die erzgebirgischen »Randfichten« geben zwischen Felsen und Fichten ein Konzert. Und 10 000 Fans tanzen zu den Liedern in Trachten und »Mannle«-Hüten. Klaus übersetzt für mich ab und zu die Texte (außer den auch mir bekannten, vom immer noch lebenden Holzmichl) aus dem Arzgebirgischen ins Deutsche.

»Es wird Weihnachten«, sagt er und freut sich wie ein Kind. Nur der Tannenbaum – der Gärtner hat ihn immer noch nicht besorgt – fehlt draußen. Und in der Nacht die Lichter.

Im Büro von Klaus beginnt der nächste Tag mit einer guten Nachricht. Zwar gibt es noch keinen Vertrag mit einer chinesischen Firma, doch aus Rostow am Don signalisiert ein großes Unternehmen, dass es an Produkten aus Mittweida interessiert ist.

»Dann wirst du wieder nach Russland fliegen müssen«, prophezeie ich und schaue ihn fragend an.

»Trotz alledem: Russland, das heißt die SU, war einmal meine zweite Heimat«, sagt er.

Von seinem guten Start in diesen Tag ermutigt, versuche auch ich mir wichtige Gespräche in Peking zu organisieren. Zuerst telefoniere ich mit Steffen Schindler, dem letzten Militärattaché der DDR in der Volksrepublik China, der inzwischen Chef der deutschen Wurstherstellung in Peking geworden ist. Er staunt, dass sich L. S. schon seit fast zwei

Wochen zu Recherchen in China aufhält, er aber noch nichts davon weiß, geschweige denn, dass er eine Thüringer Bratwurst bei ihm gegessen hat. Natürlich will er mit mir reden, aber nicht heute. Er laboriert an einer Darmgrippe.

Der Leipziger »MAD DOG« Frank meldet sich schon nach dem ersten Rufzeichen auf seinem Handy. Doch er ist geschäftlich unterwegs. Ich glaube, er sagt Thailand. In zwei Wochen könnten wir uns über den Verein der Motorbiker in Peking unterhalten. Dann fragt er lachend nach dem Zustand meines Immunsystems gegen das Gelbfieber. Ich kann ihn beruhigen.

Der Künstler Wang Shugang geht nicht ans Telefon. Friederike hätte ich eine E-Mail schicken können, aber sie hatte ja bereits versprochen: »Das nächste Mal bei ›Schillers‹.«

Aber Klaus hat einen Termin für uns. Uwe Kräuter, einer der interessantesten Deutschen in China, wird morgen im »German-Center« von seinen Erlebnissen, die er während des 35-jährigen Aufenthaltes im Land der Mitte gesammelt hat, berichten. Er war 1968, als 23-Jähriger, Gegner des Vietnam-Krieges, später Mitglied des SDS, Mao-Anhänger und Marxist. 1974 ging er, nachdem er wegen »Landfriedensbruch« in erster Instanz zu einer Gefängnisstrafe mit Bewährung verurteilt worden war, nach China. Heute fährt der »Altkommunist« nicht nur einen Mercedes, sondern ist auch Gründer und Besitzer eines Medienunternehmens, das Filme in China produziert und internationale Serien vermittelt. Verheiratet ist er mit der bekannten chinesischen Schauspielerin Shen Danping. Der Vortrag von Uwe Kräuter kostet 50 Yuan. Es ist ein Freigetränk dabei, sagt Klaus.

Aber heute, was mache ich heute? Vielleicht sollte ich Kuni anrufen und hoffen, dass sie sich nach dem Wiedersehen für kurze Zeit von ihrem Chow-Chow trennen kann und mit mir zum Fahrradfriseur geht oder mir hilft, mit der Ayi von Klaus zu sprechen.

Ich frage Klaus, ob »seine« Ayi verheiratet ist und Kinder hat. Das weiß er nicht. Auch nach ihrer Wohnung hat er sie noch nie gefragt.

»Doch wahrscheinlich wohnt sie irgendwo in der Nähe. Sie kommt immer mit dem Fahrrad ...«

Als auch Kuni sich nicht meldet, mache ich das, was ich nicht gerne tue: durch die Straßenschluchten von Peking laufen. Klaus hat mir erzählt, dass sich nur eine Viertelstunde von seinem Büro entfernt das alte Botschaftsgelände von Peking über viele Quadratkilometer erstreckt.

»In der Nähe findest du auch ›Die Anlegestelle‹ eines der Restaurants von Steffen Schindler. Auf dem Rückweg kommst du an dem Café vorbei, in dem, wenn er dich nicht verscheißert hat, der Russe Igor Kusnezow sitzt.«

»Die Anlegestelle« suche ich vergebens, aber das Botschaftsviertel ist nicht zu übersehen. Zuerst entdecke ich an der letzten der streng quadratisch angeordneten schmalen Straßen die Botschaften von Nepal und Saudi-Arabien. Hier sind die Länder weder nach Größe und Bedeutung noch nach Gesellschaftssystemen und auch nicht nach Erdteilen geordnet. Die Botschaft der Schweiz steht neben der Mexikos, dann folgt die Dänemarks ...

Grundverschieden sind auch die Umzäunungen der kleinen Villen, der Paläste und der modernen neuen Botschaftsgebäude. Vor manchen befindet sich nur der üblicherweise drei Meter hohe Zaun oder eine Mauer. Vor manchen sehe ich Zaun und dahinter Stacheldraht, oder Zaun und Mauer und Stacheldraht darüber.

Neben jeder Botschaft steht ein Wachhäuschen, in dem sich ein Soldat versteckt, der, sobald ein Ausländer näher kommt, blitzartig nach draußen läuft, Haltung annimmt und sehr zackig grüßt – viel militärischer als »mein Wachjunge«, den ich nach der Rückkehr aus Jinan noch nicht wieder gesehen habe.

Bevor ich wegfuhr, hatte ich ihm ein Fläschchen Kräuterlikör und eine kleine Thüringer Wurst geschenkt. Er versuchte, sich mit ein paar englischen Worten zu bedanken und mir begreiflich zu machen, dass er Englisch in der Schule gelernt hat, doch plötzlich sei alles zu Ende gewesen: »Finish.«

Das Café von Igor Kusnezow – seine Birken stehen wirklich in der Liangmaqiao Lu – finde ich auf dem Rückweg vom Botschaftsviertel zum Tower, in dem Klaus arbeitet. Es befindet sich in einer Ladenstraße zwischen Freiflächen, an denen Bettler stehen. Igor Kusnezow sitzt allein an einem Tisch und trinkt Bier. Als er mich erkennt, steht er auf, küsst mich nach russischer Art auf beide Wangen und bestellt bei der Bedienerin, »weil Wodka in China gepanscht und dadurch gesundheitsschädlich ist«, chinesischen Reisschnaps. Während wir auf den Schnaps warten und uns außer der Freude über das Wiedersehen nicht viel zu sagen haben, schaue ich ihn genauer an. Igor Kusnezow hat einen kantig geformten Schädel, der noch gröber aussieht, weil ihn keine Haare umrahmen. Sie sind millimeterkurz geschoren.

Während ich ihm von meiner Reise nach Tai'an und Jinan berichte, kommt eine sehr zierliche, schwarzhaarige, zwar ein wenig schlitzäugige, aber trotz der vorstehenden Wangenknochen nicht wie eine Chinesin aussehende Frau in einem engen roten Kleid an unseren Tisch.

»Moja dotschka Irina – Meine Tochter Irina.« Sie begrüßt mich in akzentfreiem Deutsch mit: »Ich freue mich, Sie zu sehen, mein Vater hat mir von Ihrer Begegnung berichtet.«

Sie hat in Peking 5 Jahre mit einem deutschen Mann gelebt. »Er verließ mich leider und hat unseren zwei Jahre alten Sohn mitgenommen. Aber wenigstens die deutsche Sprache musste er mir hierlassen.«

Als ich sie später nach dem Brand im Bahnhof frage, bei dem ihre Mutter umgekommen ist, sagt Irina, dass ich es falsch verstanden habe.

»Es war nicht der Bahnhof, sondern das Stellwerk. Und meine Mutter war, als der Blitz dort eingeschlagen hatte, nicht sofort tot. Doch als der Vater 4 Tage später kam, hat er sie nicht mehr lebend angetroffen. Da ließ er mich bei der Großmutter und fuhr wieder weg.«

Erst ein Jahr später holte er die Tochter. »Die Leute im Dorf verziehen ihm nicht, dass er seine Frau nicht begraben hatte. Damals, ich war 5 Jahre alt, sagte er: ›Töchterchen, wir fahren nach Peking und werden in China leben.‹«

»Weshalb ausgerechnet nach China?«, frage ich.

Nun versucht der Vater mir – mit der Bemerkung, »Irina versteht wenig davon« – auf Russisch klarzumachen, dass er damals wochenlang als Zugbegleiter auf den langen Strecken zwischen Moskau und Peking fahren musste.

»Die chinesischen Genossen Eisenbahner brachten Radios und elektrische Rasierapparate, kleine Fernseher und Plattenspieler und sogar Ersatzteile für unseren sowjetischen Lada aus China mit und tauschten all das unterwegs gegen Pelze, Kaviar, russischen Wodka, Ikonen und alten goldenen Kirchenschmuck.«

Der beste chinesische Schmuggler sei der Lokführer Zhang gewesen. Aber den hätte er später in Peking nicht wiedergetroffen.

»Ich brachte die Waren der Chinesen unter die Leute. Später ließ Zhang sogar bei jeder Fahrt zusätzlich einen Waggon mit begehrter chinesischer Elektronik an seinen Zug koppeln. Deshalb hatte ich keine Zeit, mich um die Frau, das Kind und das Stellwerk zu kümmern. Ich war immer unterwegs.«

Als er das mit dem Schmuggel verdiente Geld der Mutter seiner Frau schenkte, sie ihm aber trotzdem nicht verzieh, sondern sogar verfluchte, ist er mit der Tochter nach Peking gefahren.

»Dort konnte ich jedoch nicht mehr als Eisenbahner arbeiten. Das durften nur Chinesen. Also wurde ich zum russischen Wanderarbeiter in China.«

Zuerst schuftete er in einem Pekinger Elektrobetrieb, der die Staubsauger herstellte, die er in Russland für die Chinesen getauscht hatte. Das Geld, das er in der Elektrofirma verdiente, reichte nur, um in einer bunkerähnlichen Betonhütte mit Irina und drei anderen Familien ein Dach über dem Kopf zu haben. »Und für täglich eine Schale Reis.«

Jeden Tag ging er nach seiner Arbeit zum Bahnhof, und nach Monaten fand er endlich chinesische Genossen Eisenbahner, die er aus dem Zug Peking–Moskau kannte. Sie halfen ihm.

»Ich konnte einen Stand auf einem der Pekinger Märkte eröffnen und dort Videos und CDs mit den neuesten, manchmal noch keine zwei Monate alten Filmen aus den USA und Europa verkaufen. Für 10 Yuan. 4 Yuan blieben mir als Gewinn.«

Viele Jahre hat er von diesem Handel mit kopierten Filmen gelebt. Bis die Behörden den Markt von einem auf den anderen Tag schlossen. »Dadurch wollte man den Verkauf von vor allem auf diesen Märkten angebotenen gefälschten ausländischen Produkten einschränken.«

Da setzte er sich mit 60 Jahren zur Ruhe. Seine Tochter Irina versorgt ihn. Früher hat sie – weil sie wie eine Mongolin aussieht – in einem Restaurant im »Roten Viertel« ihr Geld verdienen müssen. Inzwischen arbeitet sie im Monat eine Woche als Model bei einer Werbefirma. In den übrigen drei Wochen ist sie die »rechte Hand« von Madame Zhou. Madame Zhou arbeitet im Büro eines Rechtsanwaltes, der in Peking gegen den Willen der Behörden ein Büro eröffnet hat, in dem er versucht, in Not geratenen Wanderarbeitern zu helfen. »Auch solchen, denen die Unternehmer seit Monaten den Lohn schulden und die deshalb von ihnen weggejagt werden sollen.«

Madame Zhou ist eine Frau vom Dorf und hat bei einem Unfall die rechte Hand verloren. Nun schreibt sie mit der linken. Sie muss viel schreiben. »Sie besucht juristische Seminare, um Wanderarbeiter, die zu ihr kommen, formal richtig

Straßenhändlerin

zu beraten.« Als ich Irina frage, ob ich Madame Zhou sprechen kann, will sie mir sofort die Telefonnummer aufschreiben. Dabei stutzt sie, fragt, ob ich Chinesisch spreche.

»Nein«, sage ich lachend.

»Aber Madame Zhou spricht nur Chinesisch.«

Wir vereinbaren, dass ihr Vater das Treffen organisiert.

»Und wo Sie ihn finden, wissen Sie ja.«

Zum Abendessen gehe ich mit Monika, Klaus und ihren
deutschen Freunden in ein japanisches Restaurant. Ich kenne
niemand aus der Runde. Aber das ist auch nicht wichtig.
Wichtig ist allein, was der Chinese auf die große, extrem
heiße Platte legt und nach kürzester Zeit auf unseren Tellern
verteilt: Hummerscheren, Lammfleisch, mir unbekannte
Fischsorten, Pilze … Und zum Schluss Bananen. Fast zwei
Stunden lang kredenzt er eine Köstlichkeit nach der anderen.
Und als zwischendurch das Licht verlischt, holt er eine Ta-
schenlampe aus seinem Kochkittel und legt Streifen von ma-
rinierter Hühnerbrust auf die Platte. Bier kann jeder so viel
trinken, wie er möchte. Nur Mineralwasser muss man extra
bezahlen.

Auf der Fahrt nach Hause eröffnet mir Monika, dass der Stellvertretende Schulleiter der Deutschen Schule mich zu einer Lesung vor Schülern und Interessenten in das Auditorium der Schule eingeladen hat. Ich bin nicht begeistert und versuche mich mit dem Argument, dass ich keine eigenen Bücher nach China mitgenommen habe, herauszureden.

Doch Klaus dreht »Alles Rot« leise und sagt: »Sie stehen doch fast alle in meinem Regal.«

SPICKZETTEL (10)

N.N., Berufswunsch: lass ich auf mich zukommen

Ein guter Tag ist für mich, wenn ich schulfrei habe und viel zu essen im Kühlschrank liegt. Ein schlechter Tag, an dem man lange Schule hat, draußen über 35 Grad sind und die Klimaanlage nicht funktioniert.

Hier vermisse ich die Möglichkeit, beim Kaufen zu lesen, was wirklich in der Packung drin ist. In Deutschland vermisse ich dagegen den Verkehr in Peking. Ich habe mich total an das Chaos in China gewöhnt und liebe es.

M.W., Berufswunsch: Arzt

Meine Wünsche: einen Studienplatz, feste Arbeit und ein volles Bankkonto. China wünsche ich mehr Freiheit, mehr Wissen und einen höheren Lebensstandard.

Wenn ich an Deutschland denke, fehlt mir hier ein freies und schnelleres Internet, außerdem Döner und saubere Luft. Wenn ich in Deutschland bin und an China denke, dann ist China besser, weil es in China keine Türken gibt und keine Jugoslawen, auch im Dunkeln einigermaßen sichere Straßen, billiges, aber gutes Essen, viele Taxis und man unnötige Ampeln ignorieren kann.

Das Sprengkommando
ODER:

Dong de jun guan zhuan hang dao bei jing zhi zao xiang chang – Die Umschulung des DDR-Militärattachés zum Pekinger Wurstmacher

Am nächsten Morgen ruft Steffen Schindler an. Es geht ihm besser. Wir können uns in der »Anlegestelle« treffen. Er will gegen 10 Uhr dort sein.

Damit ich nicht wieder umherirre, fährt mich Klaus zu der deutschen Gaststätte. Ich hätte sie auch gestern gefunden, wenn ich das schluchtenförmige Lehmbett mitten in der Stadt als Fluss erkannt und daran bis zur »Anlegestelle« entlanggelaufen wäre. In dem 50 Meter breiten Flussbett windet sich nur noch ein dünnes Rinnsal. Ein Schiff steckt mit dem Kiel in der Erde, und Arbeiter versuchen mit Presslufthämmern und Pickeln den gefrorenen Boden aufzuhacken und überdimensionale, zu Bündeln zusammengefasste dekorativ aus dem »Fluss« ragende Räucherstäbchen neu zu befestigen. Die Tür der »Anlegestelle« schmückt außen ein schwarz-rotgoldenes Band. Innen riecht es schon vor 10 Uhr nach gekochtem Eisbein. Schwarz-rot gekleidete Bedienerinnen decken die Tische. Mit Messern. Mit Gabeln. Und mit Löffeln! Und eine singt dabei.

Der Chef und die Gäste fehlen noch. Ich setze mich nicht gleich, sondern studiere die an den Wänden angebrachten Hinweise, Verordnungen, Reklameschilder, Biersprüche und die alten Ölgemälde von Seeschlachten und Schiffsuntergängen. Die »Anlegestelle« in Peking ähnelt einer Hafenkneipe in Rostock. Fischreusen und Netze mit Kugelfischen und Hechten hängen an der Decke. Auf Raumteilern und Balken stehen Schiffsmodelle. Ein aus Plaste oder Pappmaché geformter Steuermann hängt so weit oben an der Wand, dass man ihm zur Begrüßung nicht wie »Miss Durty« im irischen Pub auf die ausgestreckte Hand klopfen kann. Das maritime Interieur wird durch Positionslampen, Rettungsringe, Seemannsknoten, Schwimmwesten und ein Steuerrad vervollständigt. Dazwischen hängen künstliche Tannenzweiggirlanden, an denen Weihnachtskugeln befestigt sind, und daneben die deutsche Fahne mit dem Pleitegeier als Wappentier. Am Tresen verkündet ein Schild: »Tiefer als unser Kontostand liegt nur die Titanic.« Und ein anderes: »Wir lassen uns nicht hetzen! Wir sind bei der Arbeit und nicht auf der Flucht.« Im hinteren Teil des Gastzimmers werden die vier Krisen des Mannes genannt: »Bier warm. Zigaretten alle. Alte keine Lust. Kratzer im Lack.« Aus den Jahren vor 1933 werben Reklameschilder für die »Schweineschlachterei und Wurstwarenfabrik Frankfurt/Main, Sachsenhausen« und die »Hamburger Amerika-Linie, Deutschlands größte Reederei«.

Unter Glas befindet sich eine Urkunde über die Taufe des Seemanns Reinhard Nickel am 15.07.1964 auf dem DDR-Motorschiff »Werner Seelenbinder« auf 48 Grad östlicher Länge. An der Preistafel ist neu angeschrieben: »German Bockbier für 0,5 Liter 30 Yuan«. Außerdem gibt es Wernersgrüner, Krombacher und Kulmbacher. Am Mittelpfeiler der Gaststätte hängt ein Zertifikat, in dem bestätigt wird, dass Herr Steffen Schindler im Bayerischen Brauereimuseum Kulmbach den Bierkennertest bestanden hat. Nun ist er »berechtigt, bei Biertischgesprächen das Wort zu führen und lauthals sein Fachwissen zu behaupten«.

Als der stattliche Mann, dem man ansieht, dass er Bier und Fleisch liebt, gegen 10.45 Uhr zur Tür hereinpoltert, weist er zuerst seinem sofort herbeieilenden, dem Personal im Restaurant vorstehenden Chinesen in die Tagesaufgaben ein. Dann schaut er sich in der Gaststätte um, als müsste er mich im immer noch leeren Gastraum suchen.

»Möchtest du ein Bier?«

»Nein, bitte lieber einen Tee.«

»Sollte ich auch … – bringt einen Tee und … ein Bier!«, sagt er und setzt sich zu mir.

Er ist grauhaarig und schaut mit kleinen Augen freundlich aus seinem fülligen Gesicht. Als müsste er sich beruhigen und konzentrieren, verschränkt er die Hände und fragt mich nach dem Woher und Wohin und Wie lange und Warum. Dann sagt er kurz und bündig, aber nicht ungehalten: »Also was willst du wissen?«

Auf die Schiffe, das Steuerrad und die alten Ölbilder zeigend, frage ich, ob er zur See gefahren ist.

»Nein. Aber ich wollte bei der Fahne zur Marine. War so ein Jugendtraum. Konnte zwar schwimmen, hatte aber Schwierigkeiten mit den Augen. Für den ärztlichen Eignungstest im Wehrbezirkskommando hatte ich deshalb die immer kleiner werdenden Buchstabenreihen bei der Augenprüfung auswendig gelernt. Das funktionierte. Ich durfte zur Marine nach Rostock rauf. Dort oben aber sagten die Armeeärzte: ›Nicht tauglich für die Seefahrt!‹ Zu dritt sind wir Abgelehnten mit Sack und Pack, also mit unserem Seesack, runter nach Zittau zur Offiziersschule für die Landstreitkräfte. Ich hatte mich in Rostock auf Maschinenbau, auf Schiffsdiesel, spezialisieren wollen. Eben was mit Meer, dachte ich. Aber im Zug sagte mir einer von den beiden anderen: ›Was willste mit Schiffsdieseln? Schiffsdiesel brummen nur, Artillerie aber knallt! Da siehste, ob du was getroffen hast.‹ Also bin ich in Zittau zur Artillerie: Kanonen und Raketen. Aber nach der Ausbildung zum Leutnant wieder rauf nach dem Norden. Doch nicht auf ein Schiff, sondern zu den Panzerjägern.«

Ich unterbreche seinen lakonischen Bericht und sage: »Danach in 20 Jahren vom 22-jährigen Leutnant zum Oberst und Militärattaché der DDR – das ist doch keine normale Karriere?«

In seinem Leben, meint er grienend, sei sehr viel ungewöhnlich gelaufen. »Ein normaler DDR-Bürger konnte ich schon wegen meiner Mutter nicht werden. Die hat als Schneiderin gearbeitet. Aber nicht in einem VEB oder einer PGH. Sie war privat. Private Schneidermeisterin mit 6 (!) Angestellten. Schneiderin, das kam in der DDR gleich nach Kfz-Schlosser oder Arbeiter in einem Fliesen-Betrieb. Mutter nähte für die Leute das, was sie im Geschäft nicht kaufen konnten. Sie hatte, was man heutzutage in China am allerwichtigsten braucht: Guanxi – Beziehungen. Da gab es einen Tierarzt auf dem Land, der früher Arzt bei der bespannten Artillerie war. Für dessen Frau nähte sie auch. Dem durfte ich während der Schulferien helfen. Er behandelte alles: vom Papagei bis zum Bullen. Mit Mutters Beziehung erhielt ich dann eine Lehrstelle: Pferde-züchter mit Abi. Aber die Ausbildung wechselte dort regel-mäßig: ein Jahr Pferd, ein Jahr Rind. In dem Jahr waren die Rinderzüchter mit Abi dran. Das hat zum Beispiel der Gysi gemacht. Aber Rinderzüchter wollte ich nicht! Dann gab es im Kreis noch drei (!) Lehrstellen für Kfz-Mechaniker. Mutter besorgte eine davon. Doch als mir ein Besoffener vom Auto-hof verklickerte: ›Bei uns waschen die Kfz-Stifte nur die Busse‹, schmiss ich die Sache. Und ging in den Druckereima-schinen-Betrieb Planeta in Radebeul. Damals hatte ich schon ein Mädel. Außerdem musste ich, damit die Mutter weiterhin ihren schützenden Beziehungs-Arm über mich hielt, das Abi in der Volkshochschule nachholen. Und spielte in einer Band Gitarre. Jeden Morgen früh um 4 Uhr raus! Und 30 Kilometer bis nach Radebeul. Mutter hatte mir abends schon Bemmen geschmiert und Zahnpasta auf die Bürste gedrückt.«

Alles andere hat er schon erzählt: Ausbildung als Schmied. Marine – nitschewo! Leutnant der Artillerie. Panzerjäger …

»Aber irgendwann sagte die Mutter: ›Steffen, das wird ein be-schissenes Leben als Offizier. Kriegst 'ne Frau, und die be-kommt vier Kinder. Und nach Feierabend sitzt du mit 'ner Bierflasche in der Hand irgendwo da oben bei den Sandlat-schern auf der Bank vor der Tür. Tag für Tag.‹ Und danach – ich glaube zwar nicht, dass Mutter sogar Beziehungen zur

Personalabteilung der NVA hatte, aber es klingt wie ein Märchen – kamen Offiziere aus Berlin, die mit mir über meine Per-
spektiven redeten. Ich dachte erst an das Grenzregiment. Aber
dann erhielt ich einen neuen Namen und war anschließend
nicht mehr der Genosse Schindler, sondern der Genosse Sche-
ring. Die Nummer 18! In einer ehemaligen Lungenheilanstalt
bei Stendal machte ich dann alles, was man so in Spionagefil-
men sah. Fallschirmspringen. Mit Handfeuerwaffen aus aller
Welt schießen. Nachts, im unbekannten Gelände vom Auto
abgesetzt, ein 25 Kilometer entferntes Ziel finden. Als Soldat
ohne Schulterstücke militärisch wichtige Objekte auskund-
schaften. – Anschließend diente ich bei der Militäraufklärung,
12. Verwaltung in Berlin. Zuerst musste ich die Gegend von
Alaska bis Feuerland bearbeiten. Dann Skandinavien. Nein,
nicht vor Ort. Vor Ort waren nur unsere Militärattachés. Die
mussten Noten austauschen und zu Empfängen gehen. Für
die konkreten Arbeiten gab es in den Botschaften auch Diplomaten, die zuvor militärisch ausgebildet worden waren.«

Vier Jahre war Schindler erster Gehilfe des Militärattachés
in Ägypten. »Die SU hatte dort wegen diplomatischer Ver-
wicklungen keinen Militärattaché. Also mussten wir für die
Freunde aufklären. Beispielsweise das Verhältnis der PLO-
Führung zu Arafat.«

Als er von seiner Frau geschieden war, wurde der Genosse
Schindler aus dem Verkehr gezogen. »Keine Auslandseinsätze.
Aber weil ich immer saubere Fingernägel und einen ordentlichen Haarschnitt hatte, wurde ich nach knapp zwei Jahren
zum Stellvertretenden Verteidigungsminister Generaloberst
Fritz Streletz beordert. Ihm sollte ich aufzählen, was ich außer
deutschem Essen noch liebe. Ich sagte: ›Italienisch, indisch,
chinesisch …‹ Er darauf: ›Chinesisch können Sie jetzt jeden
Tag essen. Ich schicke sie als Militärattaché nach China.‹ Das
war Ende 1988. Ich versuchte einzuwenden, dass ich von
China nur Mao, Reis und Radfahrer kannte. Es war zwecklos.

Ich ging also zu meiner neuen Frau in die Klinik – damals war gerade unser Sohn geboren – und sagte ihr: ›Sieglinde, wir müssen lernen, mit Stäbchen zu essen!‹

Das erste Halbjahr 1989 bereitete man mich politisch auf China vor. Ich erfuhr viel, aber zu wenig, um das Land zu begreifen. Und mit Stäbchen zu essen brachte man uns auch nicht bei.«

Er macht eine Pause. Überlegt und sagt dann, als spräche er mit sich selbst: »Im November 1989, nachdem die Mauer offen war, flog ich in einer Sondermaschine zusammen mit den Sängern, Musikern und Tänzerinnen des NVA-Kulturensembles ›Erich Weinert‹ nach China. Sie sollten die Chinesen unterhalten und ich als Militärattaché die Fahne des Sozialismus hochhalten.«

Ich unterbreche ihn. »Drei Monate zuvor erschossen chinesische Soldaten oppositionelle Demonstranten auf dem Platz des Himmlischen Friedens in Peking.«

Er erzählt, dass die Berichterstattung darüber im Außenministerium und der Armeezentrale natürlich im Sinne der regierenden Kommunistischen Partei Chinas geschönt worden war. »Die westlichen Medien sprachen von den Demokratie fordernden chinesischen Oppositionellen, bei uns waren es die konterrevolutionären Elemente. Schwarz-weiß. Die einen berichteten von den um sich schießenden Soldaten und den Panzern, die anderen von Demonstranten, die die Busse, in denen die Soldaten saßen, mit Molotow-Cocktails zu sprengen versuchten. Und wir analysierten alles mit dem Ziel zu verhindern, dass so etwas auch in der DDR geschehen könnte. Wer das Massaker in China persönlich zu verantworten hatte, ist bis heute ungeklärt und ungesühnt.«

Doch auf keinen Fall hat er damals geahnt, dass nicht einmal drei Jahre nach dem Massaker die Amerikaner von der kommunistischen Führung die Genehmigung erhalten würden, in der Nähe vom »Platz des Himmlischen Friedens« ihre erste McDonald's-Filiale in Peking zu eröffnen. »Und dass ich mit McDonald's, als Vertreter des Hua'an-Fleischbetriebes einen Vertrag über die Lieferung von Fleisch für die Burger abschließen würde.«

Doch das gehört schon zu seiner Arbeit nach der Zeitenwende.

»Zuvor wollte Armeegeneral Heinz Keßler China noch einmal offiziell besuchen. Es wurden jede Menge Geschenke eingeflogen: eine Suhler Doppelbockflinte, 10 Meter Plauener Spitze, Pakete mit Dorschleber, Schnaps, Säbel, 8 Pistolen und viele geschnitzte Nussknacker aus dem Erzgebirge. Keßler sagte seinen Besuch ab, doch die Geschenke blieben hier. Und als der neue DDR-Verteidigungsminister Eppelmann ...« Steffen Schindler bestellt ein neues Bier. Trinkt und erzählt dann lachend, dass er im Mai 1990 zusammen mit den anderen Militärattachés zu einem Treffen beim neuen Verteidigungsminister Eppelmann nach Berlin gerufen worden war.

»So viel salutiert hatte ich in meinem Leben noch nie. Der ehemalige Wehrdienstverweigerer der DDR konnte gar nicht genug davon bekommen. Immer wieder ›Achtung!‹, und wir salutierten.«

Schindler entschuldigt sich für die Zwischenbemerkung und erzählt weiter, was geschah, nachdem Eppelmann einen Monat vor der Wiedervereinigung per Fernschreiber befahl, dass der Militärattaché Schindler die Botschaft zu verlassen habe.

»Aber die Geschenke waren noch da. Also haben wir die Dorschleber aufgegessen, die Nussknacker verschenkte ich an Botschaftsmitarbeiter. Den Schnaps ließ ich beim arabischen Militärattaché Mustafa Karatja. Er ist Moslem, und ich dachte, bei ihm wird sich der Alkohol am längsten halten. Das Problem waren die Säbel und Pistolen, die wollte man in Berlin zurückhaben. Der Interflug-Chef half und brachte sie durch den Piloteneingang zur Interflug-Maschine, die ein Armeepilot flog. Die Plauener Spitze habe ich an chinesische Offiziere in Peking

verteilt. Und meinem Freund, dem Stellvertretenden Generalstabschef der Chinesischen Volksbefreiungsarmee, überreichte
ich zum Abschied die prunkvolle Doppelbockflinte aus Suhl.«

Damals dachte der 42-Jährige, dass es ein Abschied für immer ist. Doch als er erfuhr, dass die Hua'an Fleisch GmbH,
ein deutsch-chinesisches Joint Venture, für die Geschäftsleitung in Peking einen Assistenten suchte, bereitete er seine
Rückkehr vor.

Noch bevor Deutschland vereinigt war, fuhr der Oberst
a. D., der Genosse Steffen Schindler, in den Stammbetrieb
von Hua'an nach Nordfriesland. »Hätte ich als 16-Jähriger
nicht Pferdezüchter werden wollen, sondern mich wie der
Gysi schon damals mit Rindviechern beschäftigt, wäre mir
die Lehrzeit im schleswig-holsteinischen Niebüll leichter
gefallen. Ich musste die Jungbullen von der Weide holen,
Schweine schlachten und zerlegen und das Schlachthaus aus-
spritzen. Damals bin ich kaum aus den mistigen Gummistie-
feln rausgekommen.«

Im Februar 1991 kehrte er nach China zurück, begrüßte
zuerst die staunenden alten Freunde der Chinesischen Volksarmee und begann dann, für Hua'an zu arbeiten.

Die Geschichten, die er aus der Zeit des Anfangs erzählt,
sind schon oft veröffentlicht worden.

»Soll ich's kurz machen?«, fragt er. Ich nicke.

»Als ich bei Hua'an in Dachang anfing, lagen 200 Tonnen
Rindfleisch auf Lager. Das Fleisch hatte einer für die Asien-
Spiele bestellt, aber, weil das Zeug furztrocken war, nicht abgenommen. Ein Verlust von knapp 200 000 Euro für die
Firma. Da habe ich meine Leute von der Volksarmee angeru-
fen und ihnen gesagt, dass ich, um von dem chinesischen
Chef als deutscher Manager anerkannt zu werden, das furz-
trockene Fleisch irgendwie loswerden muss. Sie sagten: ›Wir
kommen.‹ Ich lud sie zum Essen ein. Sie tranken sehr viel,
und irgendwann befahl ihr Chef aus dem Verteidigungsmi-

nisterium: ›Die erste militärische Konservenfabrik Qing-huangdou kauft die 200 Tonnen.‹ Da war ich fein raus und in der Firma danach der Größte.«

In der zweiten Geschichte spielt die Armee keine Rolle, sondern nur die Erfindungsgabe eines an die Mauer gewöhnten Ostdeutschen.

»Der Fleischbetrieb befand sich südlich von Peking in einem autonomen muslimischen Gebiet in Dachang. Dort hätten wir keine Schweine verarbeiten dürfen, mussten die Rinder schächten und sie beim Töten mit dem Kopf nach Mekka ausrichten. Schächten und Mekka waren möglich, aber ohne Schweinefleisch Wurst zu machen, das ging nicht. Also wurde der Verarbeitungsbetrieb für die Schweine durch eine chinesische Mauer, also besser eine muslimische Mauer, vom übrigen Betrieb getrennt. Und die muslimischen Chinesen standen auf der gläsernen Galerie in der Schlachthalle. Wir hatten sie aus Glas bauen lassen, damit die chinesischen Bauern zuschauen konnten, wenn wir ihre Kühe schlachteten. Sie hatten Angst, dass wir sie betrügen, denn zuvor, als wir nach Lebendgewicht bezahlten, hatten sie uns betrogen: mit Schläuchen Wasser in die Pansen der Rinder gefüllt. Nach dem Schlachten wurde alles verwertet und verkauft: Köpfe und Hufe, sogar die Penisse und Sehnen und die Haut. Wir mussten also nichts teuer entsorgen.

Aber wenn ich von dem Betriebsteil, in dem die ›unsauberen Schweine‹ zerlegt wurden, in den ›sauberen‹ muslimischen Betrieb wollte, musste ich fast einen Kilometer um den Betrieb herumlaufen. Doch auf dem Gelände der beiden Betriebsteile gab es zwei aneinanderstehende, aber streng voneinander getrennte Fahrradschuppen. Dort ließ ich mir heimlich eine kleine Tür einbauen.«

Die dritte Geschichte – wieder eine von der Hilfe durch die Armee – erzählt er noch kürzer.

»Für einen Erweiterungsbau im Betrieb mussten wir eine

200 Quadratmeter große Betonplatte beseitigen. Die Chinesen hämmerten zwar heftig, aber erfolglos. Da rief ich im Verteidigungsministerium an und bat, dass sie ein Sprengkommando schicken. Es rückte schon am nächsten Tag an. Doch die Soldaten sprengten nicht mit Dynamit, sondern schütteten nur ein graues Pulver in die Löcher und setzten die Platte unter Wasser. Noch vor Feierabend war die fast 40 Zentimeter dicke Betonplatte zerkrümelt. Das Pulver, mit dem man auch Flugzeuglandebahnen ohne Bomben zerstören konnte, war in der DDR-Bauakademie entwickelt worden. Weil das Geld für die Entwicklung ausging, gab man es, ohne es zu Ende getestet zu haben, an die Chinesen. Die machten es ›produktionswirksam‹. War schon in Ordnung, die Freundschaft zwischen der DDR und China, das heißt, wenn der große Bruder sie uns erlaubt hätte.«

Heute sind diese Geschichten für Steffen Schindler die Abenteuer einer längst vergangenen Zeit. Inzwischen wohnt er mit seiner Frau in einer Villa. Sie besitzen drei Restaurants und eine Catering-Firma, die Delikatessen für die wichtigsten Firmenempfänge in Peking liefert. Sie versorgte auch die deutschen VIP-Gäste bei den Olympischen Spielen. »Außerdem haben wir einen Fleischbetrieb und eine Verkaufsstelle. Wobei das mit dem Laden nicht einfach war. Als Ausländer darf man in Peking nur einen Laden eröffnen, wenn man dort das verkauft, was man selbst produziert. Mir blieb, nachdem ich bei Hua'an aufgehört hatte, gar nichts anderes übrig, als für die Verkaufsstelle, die wir nun privat übernahmen, auch einen eigenen Fleisch- und Wurstbetrieb zu gründen. Die besten Leute habe ich damals natürlich mitgenommen.«

»Sind Chinesen gute Arbeiter?«

»Das kommt darauf an, aus welcher Perspektive ich es betrachte. Und darauf, als was ich mich hier in China fühle. Als kurzzeitiger Gast. Oder als eine Art Kolonialherr. Oder als ein Mitstreiter der Chinesen. Meine Frau, die das Catering leitet, erklärte gestern: ›Zur Weihnachtsfeier 800 Gänsekeulen und 1500 Semmelknödel genau zwischen 11 und 13 Uhr bei VW pünktlich und heiß auf den Tisch gebracht. Alles klappte wunderbar. Habe ich toll hingekriegt!‹ Ich sagte ihr: ›Sieglinde, das haben deine Chinesen toll hinbekommen!‹ Sie entgegnete: ›Schließlich kriegen die ihr Geld dafür.‹ – ›Na ja‹, sagte ich, ›sie bekommen 1800 Yuan. Davon bezahlen sie 600 Yuan Miete für irgendeine Behausung, die sie Gemeinschaftswohnung nennen. Plus Taxi im Winter, wenn sie nicht mit dem Fahrrad kommen können. Da bleiben nicht mal 1000 Yuan, das sind nicht einmal 100 Euro zum Leben. Oder nimm eine Ayi, die kriegt noch weniger. Und dann kommt sie in die Wohnung eines reichen Ausländers. Und muss dort Luxusgegenstände saubermachen, die sie nur vom Fernsehen kennt.‹

Fleißig sind die meisten Chinesen. Sie brauchen das Geld für sich und ihre Familien auf den Dörfern. Arbeiten? Ja! Aber bloß keine Verantwortung übernehmen. Da gibt es beispielsweise in unserem Laden seit Wochen keine Walnuss-Salami. Frage ich, fehlen euch die Walnüsse? ›Nein, Chef.‹ – ›Was dann?‹ – ›Der Trockner läuft nicht, Chef.‹ – ›Weshalb habt ihr ihn nicht reparieren lassen?‹ Sie schauen mich verdutzt an und sagen: ›Das hat doch niemand angeordnet, Chef.‹

Es gibt jetzt ein neues Gesetz in China. In jedem privaten Unternehmen, das mehr als 15 Mitarbeiter beschäftigt, sollte man, damit die Arbeiter ihre Rechte einfordern können, eine Gewerkschaft gründen. Wir haben 170 Leute, und ich sagte ihnen: ›Vereinigt euch in der Gewerkschaft!‹ Aber sie wollen nicht. Sie opfern, ohne zu zögern, 100 Yuan für ihre Gottheit im Tempel, aber 5 Yuan Mitgliedsbeitrag für die Gewerkschaft sind ihnen zu viel. ›Wir gehen in die Gewerkschaft, Chef, wenn Sie unseren Mitgliedsbeitrag bezahlen!‹ So sind sie, meine chinesischen Mitstreiter. Und viele leben immer noch nach den Regeln des Konfuzius. Sie ehren die Alten. Selbst Polizisten, die wahllos prügeln, trauen sich nicht, alte Menschen zu schlagen. In der Nähe unserer Gaststätte befindet sich die UN-Vertretung. Manchmal halten davor Autos aus der Provinz. Die aus den Dörfern entsandten Überbringer von Protesten oder Petitionen an die UN sind in der Regel alte Menschen. Sie werden von der Polizei respektvoller behandelt als junge Abgesandte. Einer Oma halfen die Polizisten fürsorglich in das Polizeiauto und gaben ihr, weil es draußen sehr heiß war, Tee aus der Thermoskanne. So kann China auch sein.«

Ich frage ihn, ob er trotz seiner erfolgreichen Unternehmungen in China Sehnsucht nach Deutschland hat. Er antwortet nicht sofort, denn er hat bemerkt, dass wir uns an einen kleinen Tisch setzen müssen, damit Platz für andere Gäste wird. Die deutsche »Anlegestelle« füllt sich zur Mittagszeit bis auf den letzten Stuhl. Vor allem mit Chinesen. »Inzwischen ist es ein Statussymbol für junge neureiche Chinesen, nicht nur bei IKEA einzukaufen, sondern auch in internationale Restaurants, vor allem in deutsche und italienische, essen zu gehen.«

Ob er nach Deutschland zurück möchte, frage ich noch einmal.

»Nein! Hier kenne ich mich aus. Ich weiß sofort, was in China politische Agitation ist. Damit komme ich zurecht. Ich kann Agitation und Realität unterscheiden und mich danach richten. Aber in Deutschland begreife ich das immer weniger. Die Selbstdarstellung, die Scheinheiligkeit und die Lügen der Politiker kotzen mich an. Talkshow-Leute quatschen inbrünstig und mit geheuchelter Überzeugung das blödeste Zeug und fühlen sich trotzdem wie der Nabel der Welt. Dazwischen Kochshows, Unterhaltung und Krimis …

Mal ehrlich: Ich wäre zwar nicht – weil ich mir nie etwas zuschulden kommen ließ – nach der Wende wie der Streletz oder der Keßler vor Gericht gestellt und ins Gefängnis gesteckt worden. Aber wahrscheinlich wäre ich als ehemaliger DDR-Militärattaché heute in Deutschland ohne Job. Vielleicht auf Hartz IV und könnte in der Platte in Berlin-Marzahn mit einem Kissen unterm Arm den ganzen Tag aus dem Fenster glotzen.«

In Peking sei er zwar ein Ausländer, aber kein sozial abgestempelter.

»Und ich bin froh, dass die Chinesen die Ausländer inzwischen nicht nur tolerieren. Jahrhundertelang haben sie sich vom Ausland abgeschottet. Um 1425 besaßen sie die größte Expeditionsflotte der Welt, aber danach untersagte Kaiser Honxi bei Androhung strenger Strafen den Bau seetüchtiger Schiffe und die Fahrt über die Meere. 1449 verbot Kaiser Zhengtong bei Todesstrafe jeglichen Handel mit dem Ausland. Dem Land der Mitte genügte es, selbst der Mittelpunkt der Erde zu sein. Bis die europäischen Missionare und mit ihnen die Opium-Händler kamen ...«

Nein, ich möchte keinen Geschichtsunterricht in der »Anlegestelle«.

Später recherchierte ich und begriff, dass das kaiserliche Verbot der Seefahrt und des Handels mit anderen Ländern wirklich einer der vielen Schlüssel ist, um Chinas Vergangenheit und Gegenwart besser zu verstehen.

Der kaiserliche Obereunuche und Admiral Zheng He war 1405 mit einer Armada von etwa 100 Schiffen und fast 30 000 Seeleuten, Astronomen, Soldaten, Ärzten und Geologen von Nanking zu seiner ersten Expedition aufgebrochen. Seine Flagg- und Schatzschiffe waren Neun(!)-Master mit 12 Segeln und in der Regel über 100 Meter lang und 50 Meter breit. Jeweils 200 Seeleute mussten im Bauch der riesigen Schiffe die 6 Meter langen Ruderbretter bewegen. Bis 1433 kreuzte der chinesische Admiral Zehng He bei seinen 7 Expeditionen mit der mächtigsten Flotte der Welt, die erst 500 Jahre später in der Tonnage von der englischen übertroffen worden ist, vor den Küsten von Afrika und Asien. Er ankerte vor Indonesien, Ceylon, Indien, erreichte Mekka ...

Und Zheng He soll, so behauptete es 2004 ein englischer Forscher auch vor Kolumbus Amerika entdeckt haben. (Der war 87 Jahre nach dem Chinesen nicht mit 200 Schiffen und 30 000 Mann Besatzung, sondern mit drei insgesamt 70 Meter langen Karavellen und 88 Mann Besatzung in See gestochen.)

Intrigen am Kaiserhof und der Kampf zwischen den nach »innen gerichteten Abschottern« und den sich nach außen öffnen wollenden »Vertretern der Meerespartei« endeten mit der Zerstörung der chinesischen Werften, der Seekarten und der angedrohten Todesstrafe für diejenigen, die Schiffe mit mehr als zwei Masten bauten.

China, das »Land der Mitte« der gesamten Welt, und der Kaiser als universeller Herrscher zwischen Himmel und Erde verzichteten auf den Austausch mit anderen, wie sie sagten, »barbarischen Kulturen«.

Und noch im 18. Jahrhundert, als die Engländer einen Gesandten nach China schickten, damit der am Kaiserhof für die künftige Lieferung englischer Produkte die Türen öffnen sollte, antwortete der Kaiser Qianlong in einem Brief an den englischen König, dass er, der Himmelssohn, den englischen König gern als tributpflichtigen Untertanen begrüßen würde, ansonsten aber die mitgeschickten Geschenke nicht benötigte.

»Wie Ihr Gesandter sehen mag, besitzen wir bereits alles. … Und haben keine Verwendung für die Waren Ihres Landes.« Weder für schottischen Whisky und englische Wolle noch für Webstühle. Also mussten die Europäer (allen voran die Tee trinkenden Engländer) für chinesische Seide, chinesisches Porzellan und chinesischen Tee bares Silber bezahlen. Die Handelsbilanz war nur für China positiv. Als die englischen Silbervorräte zur Neige gingen und auch die übrigen Europäer interessiert am »freien« Handel mit China waren, forderten sie vom »Land der Mitte« eine Öffnung, um Handelsniederlassungen zu gründen und dadurch wirtschaftlichen Einfluss zu erhalten.

Wie in den anderen überseeischen Kolonien der Europäer begann die wirtschaftliche Eroberung mit der christlichen Missionierung. Getreu dem Motto »Vor dem Markt hat Gott die Missionierung gesetzt« hatten um 1800 auf der chinesischen Insel Macao, die unter portugiesischer Verwaltung stand, Jesuiten und andere Glaubensbrüder einen Stützpunkt zur christlichen Bekehrung Chinas errichtet. Einer der eifrigsten, um nicht zu sagen besessensten Missionare in Macao war Karl Gützlaff, der als pommerscher Schneidersohn in Berlin eine Missionsschule besucht und sich unter anderem 6 Fremdsprachen angeeignet hatte. 1828 ging er als Missionar nach Macao. Dort erlernte er Dialekte der chinesischen Sprache so perfekt, dass er, in Verkleidung und chinesisch sprechend, unerkannt in das für Ausländer verbotene geheime China reisen konnte. Er verteilte die von ihm ins Chinesische übersetzte Heilige Schrift und gründete erste christliche Gruppen. Doch weil die Missionierung, wie schon gesagt, meist nur Vorbote für die anschließende handfeste ökonomische Invasion ist, verdingte sich Karl Gützlaff, der den Chinesen christliche Werte und Moral beibringen wollte, 1831 bei der britischen Firma Jardin & Matheson. Sie schmuggelte Opium nach China. Karl Gützlaff begleitete die schwerbewaffneten Schiffe der Firma als vertrauenerweckender chinesisch sprechender Missionar in das Innere von China. Die Firma verdiente am Handel mit dem Opium das Silber, das die Engländer nicht mehr besaßen, um chinesischen Tee kaufen zu können.

Der Opium-Silber-Tee-Deal lief über Indien. Um an Silber und damit an chinesischen Tee, Seide und Porzellan zu kommen, tauschten die Engländer ihre Wolle, Whisky, Webstühle und andere Waren, die die Chinesen nicht haben wollten, in Indien gegen Opium. Das schmuggelten sie vom Hafen Kanton in das Innere von China. In den Jahren der besonders eifrigen Missionierung Chinas von 1821 bis 1837 verfünffachte sich auch die Menge des in China umgeschlagenen Opiums. Mit Gottes Hilfe brachte man den Chinesen Religion und Opium. Als das Opium nicht nur die Silbervorräte Chinas kostete, sondern auch die wirtschaftlichen Strukturen und die Volksgesundheit zerrüttete, verbot Kaiser Daoguang im Jahre 1839 den Ausländern jeglichen Opium-Handel in China. Sein Beamter Lin Zexu soll 1600 Chinesen verhaftet, 70000 Opium-Pfeifen vernichtet und in Kanton beim britischen Superintendenten für den Handel, Charles Elliot, 22000 Kisten (über 1000 Tonnen) Opium beschlagnahmt haben lassen, das dann verbrannt wurde. Darauf entsandte die britische Regierung einen Flottenverband mit 16 Kriegsschiffen (540 Kanonen und 4000 Soldaten), um China zu zwingen, seine Märkte für den »freien Handel« zu öffnen.

Es war ein ungleicher Kampf. Die britischen Schiffe zerstörten dank ihrer großen Feuerkraft in kürzester Zeit die chinesischen Dschunken. Die Chinesen hatten seinerzeit zwar Kompass und Schießpulver erfunden, aber im Gegensatz zu den Europäern nicht weiterentwickelt. Die Briten eroberten die Küstenstädte und drangen auf den Flüssen in das Landesinnere ein. 1842 wurde der Erste Opiumkrieg beendet. In den Verträgen von Nanking musste China den Engländern und anderen Ausländern den uneingeschränkten freien Handel garantieren (auch den mit Opium), musste Hongkong an die Briten abtreten, mehrere Millionen Silbermünzen als Reparation bezahlen …

Trittbrettfahrer der Briten wurden zuerst die Franzosen und Amerikaner, später auch Russen, Portugiesen, Schweden, Norweger und Deutsche. Sie alle erzwangen von China die Öffnung des Landes für ihre eigenen Handelsfirmen. Und zusätzlich das Recht auf christliche Missionierung.

Weil die soziale und politische Ordnung in China durch die nicht mehr einzudämmende Opium-Sucht (vor allem unter dem Militär) gefährdet war, versuchte die kaiserliche Regierung mehrmals, den freien Opium-Handel zu beschränken. Briten und Franzosen bestraften daraufhin die »wortbrüchigen« Chinesen 1856 mit dem Zweiten Opium-Feldzug. 1860 besetzten sie, nachdem sie Truppen aus Indien zur Verstärkung herangezogen hatten, mit rund 20000 Mann Peking. Sie zerstörten und plünderten den kaiserlichen Sommerpalast und China musste weitere Häfen für die Ausländer öffnen, den uneingeschränkten Opium-Handel garantieren und zusätzlich Reparationen in barem Silber bezahlen. Außer diesen Handelsrechten erzwangen die Briten auch »für alle Chinesen« das »Menschenrecht« auf freie Reisemöglichkeit, das zuvor nach kaiserlichem Edikt eingeschränkt gewesen war.

Doch der Grund für diese »humane Forderung« der ansonsten mit Chinesen nicht zimperlich umgehenden Europäer war keineswegs deren plötzliche Sorge um vorenthaltene bürgerliche Menschenrechte. Im Gegenteil. Seit dem Wiener Kongress 1814 war der Sklavenhandel verboten worden (in den USA erst 1864). Dadurch fehlten in den überseeischen Kolonien die schwarzen Sklaven als Arbeiter. Und englische, holländische, portugiesische und deutsche Schiffsreeder, die mit dem Sklaventransport viel Geld verdient hatten, suchten nach neuen Möglichkeiten des Menschenhandels. Die fanden sie in China. Um die chinesischen Kulis jedoch von Macao aus nach Kuba, Amerika und »Kaiser Wilhelms Land« (Neuguinea) verschiffen zu können, mussten sie das »Menschenrecht auf Reisefreiheit« für die Chinesen durchsetzen. In den ersten 10 Jahren nach diesem Verdikt sollen vom Hafen in Macao aus fast eine halbe Million chinesischer Kulis in die Kolonien der Europäer verschifft worden sein. Und die Reedereien verdienten wieder. Auf den Plantagen, bei der Zuckerrohrernte, dem Bau von Eisenbahnen starben die, wie man sie anpries, »besonders hitzeresistenten chinesischen Kulis« an Hunger, Durst und Auspeitschung zu Zehntausenden. (Auf den Plantagen der deutschen Besitzungen in Neuguinea überlebten in manchen Jahren nur die Hälfte der »eingeführten« Kulis die Strapazen.)

Fehlte es an Freiwilligen, zogen die Menschenfänger (die Europäer hatten ja das Recht auf »freien Handel« erzwungen) im Land umher und holten sich durch falsche Versprechungen, Drohungen oder indem sie die Chinesen mit Alkohol und Opium betäubten, neue Fracht für ihre Schiffe.

Ein österreichischer Forscher, der mit der Fregatte »Novara« in Macao anlandete, schrieb 1861 einen Bericht über die Verschiffung chinesischer Kulis. Bevor ich aus seiner Aufzeichnung zitiere, möchte ich ein sehr subjektives Detail, das auf den ersten Blick mit der chinesischen Geschichte nichts zu tun hat, erwähnen:

Kurz nach der Wende schenkte mir ein Bekannter, der zugleich als Dachdecker und Antiquitätenhändler (er fand auf Böden gar manches) arbeitete, ein Blumenbild mit einer mir unbekannten, sehr exotisch aussehenden Pflanze. Ich hatte das Bild stolz aufgehängt, denn unter der Blume stand: »Anthurium Scherzerianum«, aber ich hatte mich nie gefragt, weshalb die Blume diesen Namen trägt. Erst durch die Recherchen über den Handel mit chinesischen Kulis erfuhr ich, dass diese Flamingoblume aus der Familie der Ahorngewächse um 1857 nach dem österreichischen Forschungsreisenden Karl Ritter von Scherzer benannt worden ist. Und Karl Ritter von Scherzer war auch der österreichische Forscher auf der »Novara«, der 1861 die Verschiffung der chinesischen Kulis beschrieben hat!

»Wir haben […] die abgezehrten, hageren Jammergestalten gesehen, welche trotz des unsicheren Schicksals, das ihrer harrt, sich an portugiesische und spanische Seelenmäkler verdingen. Sie machen sich kontraktlich anheischig, gegen kostenfreie Verpflegung und Überfahrt nach ihrer Ankunft in Havanna acht Jahre hindurch bei irgendeinem ihnen angewiesenen Dienstherrn für vier Dollar monatlich zu arbeiten. Ein Lohn, welcher bedeutend geringer als derjenige ist [...], den man im Land für angemietete Sklaven bezahlt. Die erhebliche Differenz kommt [...] jenen Spekulanten zugute, welche die Importation von Chinesen besorgen und für jeden einzelnen eine sehr hohe Prämie ausbezahlt erhalten. Die Überfahrt, welche in der Regel vier bis fünf Monate dauert [...], geschieht gewöhnlich auf französischen, portugiesischen, englischen und leider auch auf deutschen Schiffen. Welchen Qualen die armen Immigranten schon während der Reise ausgesetzt sind, geht aus der Tatsache hervor, dass nicht selten eine Anzahl dieser Unglücklichen über Bord springt, um durch den Tod in den Wellen ihren Leiden ein Ende zu machen. Es sind Fälle vorgekommen, dass durch schlechte Kost und Misshandlung 38 Prozent der eingeschifften Immigranten während der Überfahrt starben!« (Aus: Karl Ritter von Scherzer, »Reisen der österreichischen Fregatte ›Novara‹ um die Erde«, 1861.)

Die Demütigung der Chinesen fand nach dem »ungleichen Vertrag« von Peking noch kein Ende. Andere Länder versuchten sich ebenfalls ein Stück vom chinesischen Kuchen abzuschneiden. Auch die Deutschen hatten China gezwungen, ihnen das Recht auf Reisefreiheit im ganzen Land zu gewähren, und nutzten diese Chance. Der deutsche Kaiser Wilhelm II. erklärte, nachdem deutsche Forscher sich umgeschaut und das Gebiet der Bucht von Jiaozhou als ein gutes Einfalltor für die Kolonialisierung auserkoren hatten, 1898 das Gebiet Jiaozhou mit der Stadt Qingdao zur deutschen Kolonie. (Es war und blieb die einzige deutsche Kolonie im fernen Osten.)

Weil die europäischen Kolonialherren sich den Chinesen gegenüber wie Kolonialherren benahmen – auch die Deutschen ließen in Qingdao sofort getrennte Wohnviertel für Europäer und Chinesen errichten und bestraften jeden Chinesen, der unberechtigt das Viertel der Weißen betrat, mit 100 Stockschlägen –, wuchs der Hass der Chinesen auf die Ausländer.

1898 begann in Shandong ein Aufstand von verarmten chinesischen Bauern, die sich mit den sogenannten Geisterboxern zu einer Bewegung der »Verbände für Gerechtigkeit und Harmonie« zusammenschlossen. Die europäischen Missionare hatten inzwischen nicht nur den Opium-Handel befördert, sondern nach dem erzwungenen Recht auf Missionierung in China auch chinesische Diebe, korrupte Diener, Drogen- und Kulihändler und sogar bestrafte Verbrecher aufgenommen, das heißt, sie unter den Schutz der christlichen Kirche (und damit auch des dazu verpflichteten chinesischen Kaisers) gestellt. Von den »Boxern« angeführt, vertrieben und töteten die aufständischen Bauern chinesische Christen, kämpften gegen die europäischen Kolonialsoldaten und belagerten später in Peking das Gesandtschaftsviertel, in dem sich ausländische Diplomaten und Soldaten und chinesische Christen verschanzt hatten. Am 19. Juni 1900 forderte die chinesische kaiserliche Regierung die europäischen Gesandten auf, das Land binnen 24 Stunden zu verlassen. Und als einen Tag später der deutsche Gesandte Baron Clemens von Ketteler (der am Tag zuvor in einem Wutanfall einen kleinen chinesischen Jungen getötet haben soll) auf offener Straße in seiner Sänfte erschossen wurde, stellten 6 europäische Staaten, die USA und Japan sofort ein Expeditionskorps auf, das, vom deutschen Generalstabschef Feldmarschall Graf von Waldersee befehligt, die Chinesen bestrafen sollte. Als ein Teil dieser deutschen Truppen am 27. Juli 1900 von Kaiser Wilhelm II. verabschiedet wurde, rief er den Soldaten zu: »Kommt ihr vor den Feind, so wird er geschlagen. Pardon wird nicht gegeben. Gefangene nicht gemacht. Wer euch in die Hände fällt, sei in eurer Hand. [...] So möge der Name Deutschland in China in einer solchen Weise bekannt werden, dass niemals wieder ein Chinese es wagt, etwa einen Deutschen auch nur scheel anzusehen.«

Das Expeditionskorps traf erst im Oktober in Peking ein.

Schon am 13. August hatten die alliierten Truppen die Stadt erobert und drei Tage lang geplündert. Waldersee und seine Soldaten blieb danach nur noch der Rachefeldzug. Bis Ende März 1901 ließ er seine Soldaten töten, plündern, vergewaltigen und Dörfer niederbrennen.

China hatte danach Reparationen in Höhe von 1,4 Milliarden Goldmark zu zahlen, es durfte keine Waffen kaufen und einführen, das Gesandtschaftsviertel in Peking musste befestigt werden und die Mitgliedschaft in ausländerfeindlichen Organisationen wurde mit Tod bestraft. Ein Höhepunkt der Demütigung der Chinesen war der Sühneakt für den erschossenen Grafen von Ketteler. Dazu musste Prinz Chun, der Vater des letzten chinesischen Kaisers Puyi, sich in Potsdam bei Kaiser Wilhelm II. kniefällig entschuldigen …

Im Ersten Weltkrieg wurden hunderttausend Chinesen nach England und Frankreich verschifft und hoben dort hinter der Front Panzergräben aus, arbeiteten in Waffenfabriken, räumten Minen und heilten Verwundete in Lazaretten.

1937 begann das mit Hitlerdeutschland verbündete Japan in Nordchina einzufallen und eroberte noch im selben Jahr Peking.

Die ausländische Besetzung Chinas endet 1945.

Steffen Schindler fragt, ob ich eine Bratwurst essen möchte. Nein, ich möchte in China keine Bratwurst essen.

»Auch keine Thüringer?«

»Nein, auch keine Thüringer.«

Steffen Schindler ist, was seine Gefühle betrifft, wahrscheinlich noch kein Chinese. Sonst wäre er, das weiß ich inzwischen von Herrn Wu Ming, zu Tode beleidigt, denn er hat durch meine Ablehnung »sein Gesicht verloren«. Er aber antwortet einfach sehr schnell und knapp auf meine Frage nach seinem guten Tag.

»Ein guter Tag ist, wenn ich mal keine scheiß E-Mail erhalte, die verlangt, dass ich mich um dieses oder jenes Problem kümmern oder es sofort entscheiden soll. Und ich stattdessen über Land fahren und mit den alten Freunden von der Armee reden, trinken und essen kann, also einen Tag lang kein deutscher Unternehmer in China sein muss.«

»Ein beschissener Tag?«

»Wenn mir den lieben langen Tag nur unnütze, blöde Fragen gestellt werden, die jeder andere auch beantworten kann. Zum Beispiel, wie man die Sonnenschirme für das Restaurant transportieren soll. Ob zum Empfang außer Rotwein auch Weißwein ausgeschenkt werden darf. Das wissen Chinesen alles selbst, aber sie wollen es von mir hören. Was ich mir wünsche? Ich möchte nur noch der Alterspräsident des Unternehmens sein.«

Ich sage ihm nicht, dass ich bezweifle, ob er sich das wirklich wünscht. Stattdessen frage ich nach Chinas Zukunft.

»Die kommunistische Regierung darf nicht die Herrschaft über das explodierende Wachstum verlieren, und sie muss sich mehr um das Leben der Bauern kümmern. Die Bedürfnisse der Menschen wachsen, doch die landwirtschaftlich nutzbare Fläche wird durch die Industrialisierung immer kleiner. Außerdem sollte man die teilweise strengen staatlichen Kontrollregeln endlich lockern. Beispielsweise die für militärische Sperrgebiete. Heute kann man doch aus dem Weltraum in die kleinste Ecke jedes Landes schauen. Und dann wünsche ich, dass China weiterhin dafür eintritt, alle internationalen Konflikte in der Welt nur politisch und nicht durch Kriege zu lösen. Dazu gehört allerdings auch, dass sie darauf verzichten, ihre militärische Stärke überdeutlich zu zeigen. Nicht wie damals, als sie mit einer Rakete ihren eigenen Satelliten im Weltraum weggeschossen haben. Das ist so, als ob man einer Mücke auf 100 Kilometer Entfernung treffsicher ein Auge ausschießt. Warum sie das getan haben? Um Taiwan und der USA zu zeigen: Wenn wir wollen, könnten wir einem General, der im Weißen Haus auf dem Klo sitzt, die Eier abschießen. Starke Länder haben es nicht nötig, ihre Stärke so zu demonstrieren.«

Ich frage ihn nicht mehr nach Deutschland und auch nicht nach dem Alterspräsidenten, denn ich weiß, dass der Sohn, der im Gegensatz zu Steffen Schindler perfekt Chinesisch spricht, eines Tages das Unternehmen weiterführen wird. Aber ich möchte noch wissen, was übriggeblieben ist von den sozialistischen Idealen, den »Irrungen und Wirrungen« des Genossen Militärattachés.

»Ich bin 1992 noch einmal zur Kreisleitung der PDS in Berlin-Marzahn gegangen. Wollte mich, wie es sich gehört, ordentlich abmelden. Also austreten. Aber im Hinterkopf hatte ich auch den Gedanken: Vielleicht bleibst du doch dabei? Aber im Parteibüro war alles wie früher. Ein junger Kerl sagt: ›Warte mal, Genosse.‹ Nachdem ich fast eine halbe Stunde draußen gesessen habe, geh ich ohne anzuklopfen rein. Da hocken zwei auf der Schreibtischkante, trinken Kaffee, und einer sagt, ohne dass er gefragt hat, was ich will: ›Füll erst mal deinen Aufnahmeantrag aus!‹ – ›Nein, ich will eigentlich austreten!‹ Da holen sie den zweiten Sekretär der Kreisleitung. So ein Jüngelchen in Jeans. Ich frage ihn: ›Hast du in der NVA gedient?‹ Aber er behält die Hände weiter in den Taschen. Ich wäre vielleicht geblieben, wenn er gesagt hätte: Wir haben das alles leider verbaddelt. Die gute Idee des Sozialismus einfach verbaddelt. Stattdessen redet er nur vom ›Kapitalismus, der an allem schuld ist und der den Osten kaputtmacht‹. Da war nichts mehr von einer umsetzbaren gesellschaftlichen Idee. Nur so ein Revolutions-Kommunismus-Geschwätz. Da habe ich endgültig Schluss gemacht.«

Weil ich keine Bratwurst gegessen habe, sagt Steffen Schindler: »Du kannst dir den Betrieb anschauen, in dem wir die Thüringer Würste produzieren! Und danach probiere sie.«

SPICKZETTEL (11)

Jennifer Z., Berufswunsch: etwas mit Umweltschutz

Ich möchte in Europa arbeiten und leben, weil ich schon sehr lange, 13 Jahre, in China gelebt habe, eine Chinesin bin und wissen will, wie das Leben in Europa ist.

Meine drei Wünsche sind, dass ich durch die Zeit reisen kann, dass ich einmal um die ganze Welt reisen kann und mindestens 85 Jahre alt werde. Für China hoffe ich auf mehr Umweltbewusstsein der Menschen.

David, Berufswunsch: Wirtschaftsingenieurwesen

Meiner Meinung nach kann man niemals an zu vielen Orten gelebt haben … denn überall gibt es unterschiedliche Sprachen und Kulturen. Es ist interessant, zu erleben, wie ein Land denkt. Chinesen haben ganz andere Ansätze beim Denken, die aber trotzdem logisch und nachvollziehbar sind. Sprachen finde ich interessant, und ich würde sehr gern viele erlernen. Leider bin ich in der Schule in jeder Sprache sehr schlecht.

Ich wünsche mir die drei Klassiker: Geld, Erfolg und Unsterblichkeit, und für die Zukunft: früh in Rente gehen, ein Haus am Meer mit Frau und paar Kindern in Italien oder so. China wünsche ich Menschenrechte, Bildung, Freiheit, aber keine Demokratie in fremder aufgezwungener Art.

Hier fehlt mir, wenn ich an Deutschland denke: das Essen, die gute Luft und das Bier. Außerdem fehlt mir mein Bodensee. In Deutschland würde mir dagegen fehlen: das billigere Leben in China, Taxi fahren und das Großstadtfeeling.

Im Prinzip würde ich keine Chinesin heiraten, es sei denn, sie verhält sich nicht wie eine Chinesin.

Das Teehaus
ODER:

Yan lun de wei xian xing – Von der Gefährlichkeit der Worte

Schon am Eingang zum Café im 12. Stock des German–Center duftet es nach Glühwein. Und wie es sich für deutsche Ordnung gehört, erhält jeder, der Eintritt bezahlt hat, einen Bon, den er gegen ein Glas Glühwein eintauschen kann. Das zweite muss man bezahlen. Die würzig und nach guter Butter schmeckenden Weihnachtsplätzchen auf dem Tisch sind kostenlos. Ich, der ich inzwischen um diese Zeit an »Erdnüsse satt« in einem der Pubs gewöhnt bin, muss mich sehr beherrschen.

Eine Hälfte der vielleicht 50 Besucher sind Chinesen, die andere Deutsche. Der ehemalige Botschafter der Volksrepublik China in der BRD Mei Zhaorong ist auch gekommen. Er sitzt hinten in der letzten Reihe und steht bei der Begrüßung nur kurz auf, um sich zu verbeugen. Die meisten Zuhörer verdrehen den Kopf nach der sehr laut sprechenden und heftig gestikulierenden schönen Schauspielerin Shen Danping.

»Man sieht ihr die 25 Jahre Ehe mit Kräuter nicht an«, sagt Klaus. Uwe Kräuter sitzt sehr still vorn an einem kleinen Tisch. Er bewegt sich kaum und hält die Hände wie zum Gebet geformt. Er ist hager, und seine grauen Haare sind gewellt. Mit seiner Schüchternheit erinnert er mich an die zwei Bedienerinnen und den jungen Koch im »Enten-Restaurant«.

Aber er ist ein Deutscher. Ein Deutscher, der seit 35 Jahren in China lebt. Hannah Böhme, die Chefin des German-Center, versucht, diese beiden Seiten in ein Bild zu fassen. »Herr Kräuter ist ein Ei. Außen weiß wie ein Deutscher, innen aber gelb wie ein Chinese.«

Kräuters unsicheres Lächeln, bei dem er die Zähne entblößt, kann ich weder als Zustimmung noch als Ablehnung dieser

Behauptung werten. Doch eines begreife ich im Laufe des Abends. Genau wie Steffen Schindler, der durch die Beziehungen seiner schneidernden Mutter gefördert wurde, kein »normaler« DDR-Bürger war, genauso wenig war Uwe Kräuter in seiner Heidelberger Studentenzeit ein »normaler« BRD-Bürger. Denn Uwe Kräuter, der noch vor dem Studium die Armut und den Hunger der Menschen in Marokko kennengelernt hatte und der den Krieg der USA und ihre Massaker in Vietnam bekämpfte, studierte und verehrte damals Mao und Marx. Er demonstrierte gegen den »amerikanischen Imperialismus«, gegen die Ausbeutung Afrikas. Und gegen den früheren US-Verteidigungsminister McNamara, der 1970 als Chef der Weltbank nach Heidelberg kam. Die jungen Leute, mit denen er damals gegen McNamara protestierte, waren nicht zimperlich. Sie fühlten sich als Kämpfer für eine sozialere Welt immer im Recht. Polizeiketten wurden durchbrochen, Pflastersteine flogen. Und der Heißsporn Uwe Kräuter marschierte in der ersten Reihe … Er wurde mit Gesinnungsgenossen vom SDS (Sozialistischer Deutscher Studentenbund) vor Gericht angeklagt. Otto Schily verteidigte die jungen »Revolutionäre« und verlor den Prozess. Uwe Kräuter und die anderen wurden zu 8 Monaten Gefängnis mit Bewährung verurteilt. In erster Instanz. Das Urteil in zweiter Instanz – eventuell eine Gefängnisstrafe ohne Bewährung – wollte Uwe Kräuter nicht abwarten. Sein Professor, der zuvor schon Studenten an den kommunistischen Fachbuchverlag nach Peking delegiert hatte, bot ihm an, nach China zu gehen.

»Mein Bangen und meine Begeisterung hielten sich die Waage. Der Gedanke, dass ich in China, in dem Land, das auch Vietnam im Kampf gegen die USA unterstützt hatte, mithelfen konnte, den Kommunismus aufzubauen, begeisterte mich. Bange war mir nur vor der großen Entfernung von zu Hause.« Aber schon sein Großvater, ein Seemann, hatte von China, von Shanghai geschwärmt. Und weil Uwe Kräuter, der gutes

Essen und alten Wein liebte, damals als Alternative zum Gefängnis auch nicht mit RAF-Kämpfern in den Untergrund gehen wollte, flog er im Juni 1974 nach China.

Das alles berichtet Uwe Kräuter erst am Ende des Abends auf konkrete Fragen der Zuhörer. Auch, dass er Maos Tod – dessen ins Deutsche übersetzte Reden er damals redigierte – viele Wochen betrauerte und dass der »Große Führer« im Bewusstsein der Chinesen auch heute noch unzertrennlich mit der Partei verbunden ist und kein Regierungschef das Bild Mao Zedongs zerstören könnte, ohne die Partei zu zerstören.

Am Anfang berichtet er sehr leise und die Worte sorgsam und langsam wählend über die Entstehung seines vorerst nur in Chinesisch erschienenen Buches »Grenzüberschreitung – 35 Jahre in China«.

Er hat seine Jahre in China in Kartons aufbewahrt: Fotos, Reden, Tagebücher, Briefe, Notizen und Artikel. Und als die SARS-Epidemie Peking für Monate lahmlegte, sichtete und sortierte er das Material. Das daraus entstandene Buch wurde sowohl ein Dokument der Entwicklung Chinas, als auch ein Zeugnis seines Lebens.

»Meiner kommunistischen Träume. Meiner Irrungen und Wirrungen.« (Dasselbe sagte Steffen Schindler).

Bei seiner Ankunft 1974 waren die Laowai, die westlichen Ausländer, noch eine bestaunenswerte Attraktion für die Chinesen. »Weil zum Beispiel die BRD die Volksrepublik China 20 Jahre lang nicht anerkannt hatte, kam man damals sozusagen wie ein Botschafter des fremden Landes nach China.«

In einem großen Kaufhaus, in dem sich Uwe Kräuter einen Wecker zeigen ließ, versammelten sich die Chinesen scharenweise um ihn. Sie wollten sehen, wie ein Laowai einen chinesischen Wecker ausprobiert. Der Wecker klingelte, und hundert Chinesen jubelten und klatschten Beifall.

Die Neugier, die Freundlichkeit und die Herzlichkeit hätten sich die Chinesen bis heute erhalten. »Aber das Tempo im Land hat sich verändert. Niemand war damals in Hektik. Ich kaufte mir ein Fahrrad und reihte mich ein in den oft die gesamte Straßenbreite füllenden Fahrradstrom, der sich wie eine friedliche Demonstration langsam vorwärtsbewegte.«

Zuerst konnte sich der deutsche, hitzköpfige 68er nicht mit der Langsamkeit abfinden, die alle Fahrer vereinte. Er versuchte, schneller zu fahren und zu überholen.

»Doch schon bald bewegte auch ich mich mit der gleichen Geschwindigkeit wie die Masse. Diese Langsamkeit gehörte zum Charme des früheren Peking.«

Auch politisch-ideologisch schwamm Uwe Kräuter nicht gegen den Strom. Er schrieb Artikel zum Lobe Maos und der Kommunistischen Partei. Er bekämpfte mit agitatorischen Schriften den USA-Imperialismus und wurde Mitglied im Kommunistischen Bund von Westdeutschland, einer Nachfolgeorganisation der in der BRD verbotenen KPD. Aber den sich in Peking treffenden deutschen Genossen des Kommunistischen Bundes war der immer noch »kleinbürgerlichen Genüssen frönende« Uwe Kräuter nicht revolutionär genug. Es half ihm auch nicht, dass er reumütig »Selbstkritik« übte. Man schloss ihn aus.

Wann genau er, ohne allerdings seine Träume von einer gerechten Welt zu begraben, den Glauben an die Ideen von Marx und Mao aufgegeben hat, kann er nicht mehr genau bestimmen.

»Es ist ein langer Prozess gewesen. Dazu haben auch Gespräche mit Intellektuellen und Künstlern gehört, die während der Kulturrevolution in Arbeitslagern schikaniert und gequält worden waren.«

Als Deng Xiaoping den chinesischen Reformkurs einleitete und sagte, dass nach Reichtum zu streben keine Schande, sondern eine gute Tat im Sinne der Parteipolitik ist, begann Uwe Kräuter 1984 Filme zu drehen, brachte deutsche Fernsehserien wie »Derrick« nach China und vermittelte wirtschaftliche Beziehungen zwischen chinesischen Künstlern und Ausländern.

Bis zur Verjährung seiner Gefängnisstrafe im Jahr 1980 hatte Uwe Kräuter nicht nach Deutschland zurückgehen können. In dieser Zeit erkrankte seine Mutter unheilbar an Krebs. Hätte er die todsterbenskranke Mutter sehen wollen, wäre er schon bei der Ankunft auf dem Fughafen verhaftet worden. »Damals verzweifelte ich am Leben.« Mit Hilfe der chinesischen Behörden holte er die Mutter schließlich nach Peking. Im »Union Medical College Hospital« konnten die chinesischen Ärzte entgegen der Prognose der deutschen Kollegen ihr Leben verlängern. Uwe Kräuter pflegte die Mutter, wie es in China üblich ist, gemeinsam mit den Ärzten und Schwestern. Auch in den Nächten blieb er bei ihr. Ärzte, Patienten und Angehörige hätten sich im Krankheitsfall damals als eine Familie gefühlt und danach gehandelt, erinnert er sich.

Er sagt nichts über die Hunderte von Yuan, die man heute bezahlen muss, damit man in einer Klinik aufgenommen wird. Und er kommentiert auch das Massaker auf dem Platz des Himmlischen Friedens nicht. Damals war der ehemalige 68er Demonstrant mit seiner Frau im Mercedes zu dem besetzten Platz gefahren. Er wollte nur schauen und konnte den empörten Demonstranten, die in ihm einen korrupten Ausländer vermuteten, lediglich mit Hilfe seiner in China bekannten Frau entkommen.

Darüber spricht er noch langsamer und wählt die Worte noch sorgfältiger. Klaus sagt: »Er redet diplomatisch wie die meisten Chinesen. Er weiß um die Gefährlichkeit der Worte.« 1980 flog Uwe Kräuter zum ersten Mal wieder nach Deutschland. Er hatte das chinesische Theaterstück »Das Teehaus« für deutsche Bühnen eingerichtet. Mit den Schauspielern des Pekinger Volkstheaters stellte er das Stück zuerst in Darmstadt in Originalsprache vor. Danach spielten sie es in weiteren elf deutschen Städten.

»Ich übersetzte dabei 60 Rollen simultan. Das deutsche Publikum versetzte sich in die chinesische Geschichte. Es feierte die chinesischen Künstler mit Standing Ovations, und ich fühlte mich als Botschafter Chinas in Deutschland.«

Vier Jahre danach probte er den privaten Ernstfall für die Beziehung zwischen China und Deutschland. Nach dem chinesischen Ehegesetz war zwar die Heirat zwischen Chinesen und Ausländern gestattet, aber in der Praxis nicht geduldet. Trotzdem beantragte er im chinesischen Fremdsprachenverlag und Shen Danping am Filminstitut die Zustimmung ihrer staatlichen Arbeitsstellen zur geplanten Hochzeit.

»Als Shen den Canossagang zum Chef antrat, hatten sich alle Kollegen im Vorraum versammelt und warteten …«

Nun kommt die Schauspielerin nach vorn, stellt sich neben ihren Mann und ergänzt: »In der Nacht vor der Entscheidung rief mich ein Bekannter an und orakelte: ›Vielleicht ist dein Mann ein deutscher Spion!‹ Da dachte ich mir, weshalb soll ein Spion keine Frau haben, die ihn liebt. Und wenn er wirklich ein Spion ist, werde ich ihn zu einem ordentlichen Bürger umerziehen.«

Am 7. Juli 1984 heirateten sie. Er war damals 39 und seine Frau, wie er heute sagt, »ein geheimnisvolles, schönes, stilles Wesen«, 23 Jahre alt. Nach der Hochzeit konnte er zwar endlich sein Hotelzimmer verlassen und mit ihr in eine kleine Wohnung ziehen, aber Fans, die zuvor Shen Danping verehrt hatten, beschimpften sie nun als »Ausländerflittchen, das nach Deutschland will«. Sie erhielt vorerst keine neuen Filmrollen. Und der staatliche Fremdsprachenverlag hatte für Uwe Kräuter nach über zehn Jahren plötzlich keine Arbeit mehr. Eine chinesische Filmzeitschrift veröffentlichte die traurige Story von Shen und Uwe. Danach bekamen die beiden sehr viele Briefe. Unbekannte Chinesen boten ihnen kostenlos Wohnung und Essen an. Ein Student schickte Uwe Kräuter einen Brief mit 10 Yuan und versprach, ihm diese Hilfe jeden Monat zukommen zu lassen …

Ich habe inzwischen alle Weihnachtsplätzchen aufgegessen. Weil nur der Teller auf unserem Tisch leer ist, decke ich verlegen ein Blatt Schreibpapier darüber. Und Uwe Kräuter erzählt doch noch von der Liebe.

»Bei der ersten Begegnung redete ich ununterbrochen auf sie ein. Aber Shen saß und schwieg und schaute mich nur an. Jetzt ist das umgedreht ... Als Shen einmal für längere Zeit mit einem Filmteam unterwegs war, schickte sie mir einen roten Eimer, gefüllt mit 1000-jährigen in Lehm und Stroh eingewickelten chinesischen Eiern. ›Die werde ich nicht essen‹, sagte ich ihr am Telefon. ›Aber sie sind ein Zeichen meiner Liebe!‹, erwiderte Shen. Da habe ich sie alle aufgegessen.«

Sie ergänzt lachend, dass ein amerikanischer Mann seine chinesische Frau noch heftiger liebte. »Der hat sogar den Lehm und das Stroh mit aufgegessen.«

Zum Abschluss singt die schöne Shen Danping ein Lied vom Fisch und vom Vogel, die eigentlich nicht zusammenkommen können. Aber der blaue Himmel und das blaue Wasser vereinen sie.

Beide erhalten viel Beifall. Weil Bekannte und Freunde nach der Veranstaltung mit Uwe Kräuter sprechen wollen und auch der Ex-Botschafter sich lange mit ihm unterhält, warte ich geduldig, bis ich ein paar Worte mit ihm wechseln kann. Ich möchte wissen, welche der Ideale, für die er 1968 demonstrierte und in China als »kommunistischer Propagandist und Agitator« gearbeitet hat, ihm geblieben sind.

»Ich wünsche mir immer noch eine gerechte soziale Ordnung für alle Länder der Welt. Misstrauisch bin ich gegen Ideologien und Heilslehren, die ihre Regeln für die einzig gültige Weisheit der Welt halten und alle anderen Ideen ablehnen und verdammen. Doch diese Reinheit der Lehre hat die chinesische Kommunistische Partei seit dem Reformkurs wohl aufgegeben.«

Weil er auch darüber gesprochen hatte, welches Land er nach den 35 Jahren als seine Heimat empfindet, China oder

Deutschland, ich aber das Gesagte nicht genau genug notieren konnte, bitte ich ihn, mir diese Passage seiner Rede zu schenken.

Er lacht, glättet die schon gefaltete Seite und überreicht sie mir zusammen mit seiner Visitenkarte. Aber nicht mit beiden Händen.

Zum Abendessen führen mich Monika und Klaus in ein internationales Restaurant. Von draußen hört man sehr laute Techno-Musik und einen noch lauteren Quizmaster. Drinnen zieht es, weil die Tür, obwohl es draußen hundekalt ist, einen Spalt offen bleibt. Die Fragen, die der Quizmaster ins Mikrofon schreit, erscheinen vorn auf einer großen Leinwand in englischer Sprache.

> War Roosevelt, ein Präsident von
> Frankreich
> Schweden
> den USA?

> Ist Luanda die Hauptstadt von
> Australien
> Angola
> Chile?

> Ist Cat Stevens ein Sänger aus
> Großbritannien
> USA
> Brasilien?

Alle blicken bei jeder Frage gespannt nach vorn. Und so merkt man kaum, dass »Fish and Chips« nicht gewürzt und die zum großen Teil aus Panade bestehenden Schnitzel zäh wie Schuhsohlen sind. Weil man sich wegen des Lärms nicht unterhalten kann, lese ich in Uwe Kräuters Bemerkungen zu seiner Heimat.

»Eine Wahlheimat kann kaum die wirkliche Heimat völlig ersetzen. Selbst wenn es keine unmittelbaren Reisegründe gibt, stellt sich bei mir nach einigen Monaten, spätestens nach einem halben Jahr, doch immer das Bedürfnis nach dem eigenen Land ein, nach Städten und Horizonten, den Menschen, ihren Augen, den Gesprächen, den Speisen, nach meinem Heidelberg und allem Vertrauten, das einen einst täglich umgeben hat [...], die Balance zwischen zwei Welten fordert ihren Tribut, keine Frage, denn: Einsamkeiten hier wie dort. Schuld ist wohl die Automatik des Vergleichs. Man stellt fest, dass man etwas gewonnen hat. Verfügt man doch über mehr Verständnis für die Berechtigung der Unterschiedlichkeiten. Gleichzeitig fühlt man unweigerlich auch Verlust. Das eigene Selbstverständnis wie Selbstbewusstsein hat man aus seinem Ursprung mitgebracht. Also stellt sich Distanz ein, ganz natürlich, gegenüber der neuen Welt, anschließend auch gegenüber der Welt, aus der man stammt. Dem lässt sich nicht ausweichen. Der wunderbare Vorteil ist die Unabhängigkeit. Man kann für sich auswählen und sich, in einem Gefühl von befreiendem innerem Reichtum, an den Stärken beider Welten orientieren.«

Uwe Kräuters Sätze klingen völlig anders als Steffen Schindlers Bemerkungen über dessen Nichtheimat Deutschland. Wahrscheinlich liegt es auch daran, dass der 68er Uwe Kräuter trotzdem immer wieder in »sein« Deutschland zurückkehrt. Und der ehemalige Militärattaché Oberst a.D. Steffen Schindler »sein« Deutschland, als er 1990 nach China gegangen ist, für immer verloren hat.

SPICKZETTEL (12)

N.N., Berufswunsch: Sozialpädagogik
Mein Vater hat uns die Möglichkeit gegeben, hier in Peking

eine ganz andere Kultur kennenzulernen und viele neue Erfahrungen zu sammeln. Ich konnte hier so viel erleben, und deshalb möchte ich später auch im Ausland arbeiten. Ich will noch viele weitere Kulturen kennenlernen. Am liebsten in Thailand. Da war ich schon oft, weil mein Patenonkel dort lebt und mir die Kultur und die Menschen in Thailand sehr gefallen.

Ein guter Tag ist für mich, wenn man glücklich und zufrieden ist und das Leben genießt. Manchmal sind es Kleinigkeiten, wie eine Umarmung, die den Tag schon gut machen.

Ich wünsche dem Volk von China, dass sie mehr Meinungsfreiheit haben können. Außerdem sollen sie sich in allen Richtungen weiterhin so gut wie jetzt entwickeln können.

Manchmal vermisse ich hier die Freiheit, alles, was ich denke, auch öffentlich sagen zu können, und manchmal fehlt mir das deutsche Umfeld, in dem man einfach verstanden wird, ohne dass man sich sprachlich anstrengen muss. In Deutschland werde ich auf jeden Fall das ständige Gehupe, die nicht immer guten Manieren der Chinesen und das billige Jobben vermissen. Die ganze Zeit, die ich hier lebte, und die Erfahrungen, die ich in China sammeln konnte, werden mir immer in Erinnerung bleiben, und China wird mir auf jeden Fall fehlen.

Einen Chinesen würde ich nicht heiraten. Ich liebe Peking zwar über alles, doch ich kann mir nicht vorstellen, dass ich ein Leben lang hier mit einem Chinesen verbringen könnte. Die Menschen und deren Kulturen unterscheiden sich einfach zu sehr von denen der Deutschen. Ich merke das auch bei meinen chinesischen Klassenkameraden in der Pekinger Schule oder bei Freunden. Sie haben total andere Ansichten von manchen Dingen als wir Deutsche, und es kam manchmal zu Streitereien. Mit gewissen Ansichten und Sitten komme ich leider nicht zurecht. Ich akzeptiere diese aber und finde es o. k., wenn man nach diesen lebt.

Die Souvenirverkäufer

ODER:

»Bu dao chang cheng deng yu mei qu guo zhong guo« – »Wer nicht auf der Großen Mauer gestanden hat, war nicht in China«

Wenn der Tourismus-Slogan »Wer nicht auf der Großen Mauer gestanden hat, war nicht in China« stimmen würde, wären Millionen Chinesen, die seit Generationen im Land der Mitte leben, noch nie in China. Doch für einheimische und chinesische Touristen, die Peking besuchen, stimmt er. (Allerdings gilt er, wie mir Madame Zhou später erzählen wird, nicht für chinesische Wanderarbeiter, die in Peking wohnen. »Sie können weder den Eintritt für den Kaiserpalast noch für die Große Mauer aufbringen.«)

Monika, Klaus und ich fahren schon am Vormittag vom Compound zur Großen Mauer. Wir wollen außerdem die etwa 50 Kilometer nordwestlich von Peking gelegenen Ming-Gräber besichtigen. Heute zum zweiten Advent schiebt Klaus unterwegs nicht »Alles Rot«, sondern erzgebirgische Heimatlieder in den CD-Player. In Kurzform erzählt er dann die Geschichte des 80 Quadratkilometer großen, unter UNESCO-Schutz stehenden Begräbnisareals, in dem während der Ming-Dynastie (1368–1644) 13 der 16 Ming-Kaiser in unterirdischen, dem Kaiserpalast nachgestalteten Mausoleen beerdigt worden sind.

Der dritte Ming-Kaiser Yongle (Ewige Freude), der die chinesische Hauptstadt von Nanking nach Peking verlegt hatte und auch die »Verbotene Stadt« bauen ließ (in der die chinesischen Himmelskaiser bis 1911 herrschten), hatte das Gelände für den »Kaiserlichen Friedhof« am Fuße des Berges Tianshou ausgesucht und sich dort seine Grabstätte Changling bauen lassen. Zehntausende Arbeiter errichteten den Grabpalast in 18 Jahren. Für die »Opferhalle der Gnade« mussten sie 32 jeweils 10 Meter hohe und über einen Meter dicke Säulen aus Nanmu-Holz, einer Zeder, die nur im südlichen China wächst, aus Tausenden Kilometer Entfernung nach Peking holen. Länger als drei Jahre dauerte dieser Holztransport. Noch schwieriger war das Heranschaffen der über 10 Meter langen und drei mal zwei Meter dicken Steinquader aus der Nähe von Wan Jin. Sie konnten nur im Winter auf einer Eisfläche – man ließ das Wasser zu einer Eispiste gefrieren – herangezogen werden. 20 000 Arbeiter sollen für den Transport eines Steines einen Monat gebraucht haben.

1424 wurde der Yongle-Kaiser mit 16 seiner Konkubinen, die allerdings noch lebten, in den unterirdischen, aus mehreren Sälen bestehenden, mit reichlich Gold- und Silberschmuck gefüllten und seitdem nicht geöffneten Hallen beigesetzt. Der Eingang zum Mausoleum des 13. Kaisers Wan Lin wurde dagegen 1956 gefunden. Die Grabstätte, die aus 5 prunkvollen Sälen besteht, befindet sich 27 Meter unter der Erde und hat eine Grundfläche von rund 1200 Quadratmetern.

Die Größe der Grabanlagen unterscheidet sich je nachdem, ob sie schon zu Lebzeiten des kaiserlichen Himmelssohnes oder erst nach seinem Tode errichtet wurden: Die noch zu Lebzeiten des Kaiser geschaffenen sind größer als die, welche erst nach ihrem Tod gebaut wurden!

Vor dem ersten Tor zum Gelände der bis zu 4 Kilometer voneinander entfernten kaiserlichen Grabstätten steigen Klaus und ich aus. Monika fährt weiter und wird am nächsten Tor auf uns warten. Sie lässt uns die schnurgerade Straße, die »Allee der Seelen«, für die einem wie für die Besichtigung jeder Grabstätte 30 bis 40 Yuan abverlangt werden, allein gehen. Es ist unser erster gemeinsamer Spaziergang, und wir begegnen auf der langen Allee an diesem eiskalten Vormittag kaum einem Dutzend Menschen. Ich fotografiere mit klammen Fingern die 12 Beamten, Diener und Ratgeber und die 24 Löwen, Elefanten, Kamele, Pferde und Fabelwesen, die, aus weißen

Steinen gehauen, die Allee säumen. Sie bezeugen, dass der Himmelskaiser von Menschen und symbolischen Tieren (den starken, mutigen Löwen, den lastenschleppenden Kamelen und Elefanten, dem Pferd, das den Kaiser trägt) im Leben wie im Tod beschützt wird. Zu seinen Lebzeiten waren es unvergleichlich mehr. In der Kaiserstadt erwarteten und erfüllten ungefähr 20 000 Minister, Beamte, Eunuchen, Ratgeber und Konkubinen die Befehle des einzigen, des göttlichen Himmelssohnes, des Kaisers.

Vor einem der steinernen Pferde kehrt ein Chinese das Laub zusammen und füllt es in zwei große Weidenkörbe, die auf dem Aufbau eines dreirädrigen Lastenfahrrades stehen. Das Laub ist noch feucht und riecht schon modrig. Als hätten wir uns verabredet, bleiben Klaus und ich stehen und atmen den Geruch ein.

»Wie im Herbst zu Hause«, sage ich.

Er nickt und schweigt.

Ich frage ihn: »Liebst du China?«

Er weicht aus: »Ich habe hier einen Job.«

Ich hake nach: »Liebst du die Chinesen?«

Er: »Liebst du die Deutschen?«

An der »Allee der Seelen«

Als ich nicht antworte, fragt er: »Muss man das Land und dessen Bewohner lieben, weil man dort eine Arbeit gefunden hat? Mich hätte es auch nach Ägypten oder Angola verschlagen können, ohne dass ich die Angolaner oder Ägypter lieben müsste.«

»Dorthin wärst du wohl nicht gegangen. Du sprichst weder Arabisch noch Portugiesisch, sondern Chinesisch!«

»Aber auch Russisch und Englisch! Doch nach Tschetschenien war es mir nicht mehr möglich, in Russland zu arbeiten. China dagegen kannte ich, und Englisch, dachte ich, würde mir helfen, mich mit den ausländischen Geschäftsleuten und Managern, die in China leben, aber kein Chinesisch sprechen, zu verständigen.«

Durch seine Chinesisch-Kenntnisse hat er Vorteile im Umgang mit der chinesischen Bürokratie. »Zwar herrscht kein chinesischer Kaiser mehr über die Beamten, doch sie gehorchen auch der Partei-Obrigkeit. Sie haben die Demut von Generation zu Generation weitergegeben. Es existieren Gesetze, aber ob und wie die Gesetze und Verordnungen in der Praxis angewandt werden, bestimmen die Beamten. Sie verdienen damit ein Zubrot wie zu alten Zeiten. Es gibt in der chinesischen Philosophie kein Entweder-Oder, sondern nur ein Sowohl-als-Auch. Über bestimmte Entscheidungen kann man durchaus mit einem Beamten bei einem guten Essen verhandeln.«

Doch diese Methode ist nicht seine Methode. Er liebt klare Entscheidungen. Wenn ein chinesischer Mitarbeiter bei ihm kündigt, kann der sofort sein Zeug packen und gehen. »Ich bin für kompromissloses Entweder-Oder!«

Beim Rundgang durch die roten Tore in die Opferhallen und die Höfe des Changling sollte ich von dem Prunk, der Größe, den Edelhölzern, dem Gold und dem Marmor beeindruckt sein und staunen. Ich sollte versuchen, die Unterschiede zwischen den farbigen buddhistischen Tempeln und den nicht so bunten der konfuzianischen Ming-Zeit zu entdecken. Doch wahrscheinlich bin ich in dieser Beziehung ein Kulturbanause. Ich fotografiere zwar die kunstvoll wie Schuppen ineinandergesteckten Ziegel der Dachfirste und die vor dem Eingang stehenden goldenen Löwen, den Müllsammler, der sich, auf seinen langen Besen stützend, ausruht, und den Soldaten, der wachen sollte, aber schon zu Beginn unseres Besuches singend über den Hof schlendert, und als wir gehen, immer noch singt. Ich fotografiere die Tempelsäulen und die Souvenirverkäuferin, die ihre Waren alleingelassen hat, in einer Ecke sitzt und gebackene Teigtaschen isst. Doch mir fehlt der Kunstverstand, um architektonische Details zu deuten oder sie in die chinesische von Religion und Philosophie geprägte Geschichte einzuordnen. Stattdessen spukt in meinem Kopf die Vorstellung, wie 20 000 Arbeiter im klirrenden Frost auf Eisbahnen die 10 Meter langen und drei Meter dicken Steinquader in 30 Tagen Zentimeter für Zentimeter hierhergeschleppt haben und vielleicht Tausende Menschen dabei umgekommen sind.

Wahrscheinlich bin ich immer noch von Brechts »Fragen eines lesenden Arbeiters« infiziert.

Die unterirdischen Paläste des Yongle-Kaisers (in denen auch die Gebeine der dort verhungerten 16 Konkubinen zu sehen wären) sind immer noch unter einem großen Grabhügel, der dem Berliner Mont Klamott ähnelt, verschlossen. Irreführende Blindeingänge und tonnenschwere Marmortüren haben verhindert, dass die Ming-Gräber von den Kulturrevolutionären wie die Quing-Gräber in der Stadt ausgeraubt und zerstört werden konnten.

Auf dem Grabhügel erhebt sich ein Turm mit Parabolspiegeln für die Kommunikation – wahrscheinlich aber nicht für die zwischen oben und unten.

Am Hang des Tianshou-Berges stehend, genieße ich die sanfte Tallandschaft in der kilometerweit keine Gebäude zu sehen sind. In Deutschland, sage ich zu Klaus, wären in solch einer schönen Gegend, nur 50 Kilometer von der Hauptstadt entfernt, längst Neubau-Siedlungen, Wochenendhäuser und Kleingärten errichtet worden.

»In China ist das auch nicht durch Verhandlungen und Bestechung der Baubeamten möglich«, meint Klaus. »Beamte können staatlichen Boden zwar an Bauern abgeben, aber die Bauern dürfen nur auf 15 Prozent dieses für die Landwirtschaft bestimmten Bodens ihr Wohnhaus, eine Scheune und Stallungen bauen. Also beginnen sie mit einem sehr kleinen Haus und haben dann vielleicht noch 5 Prozent Fläche für ein zweites Haus, das sie vermieten.«

Auch die Luft ist hier sehr klar, und es atmet sich leicht. Ich kann den Smog der Autostadt Peking nicht mehr wahrnehmen. Die Pekinger Luft ist vor der Olympiade »gefiltert« worden. »Die Regierung hat große Fabriken, u. a. ein Stahlwerk, in der Stadt abreißen und außerhalb im Süden wieder aufbauen lassen. Das funktioniert bei meinen Chinesen«, sagt Klaus.

Den 20 Kilometer langen Weg von den Ming-Gräbern zur Großen Mauer säumen inzwischen die Wächter des Tourismus und des Kommerzes. Die Touristenbusse halten vor Verkaufskomplexen, die als »Kliniken der Traditionellen Chinesischen Medizin« getarnt sind. Die Touristen werden dort von »Barfußärzten« untersucht und können sogleich die helfenden »Medikamente« kaufen. Die Busse halten auch vor Seidenfabriken, in denen man nach einer Videovorführung über die Geschichte der Seidenproduktion überteuerte Seidenstoffe kaufen soll.

Wir gehen in eine »Wie-bei-Muttern-futtern«-Kantine, in der »bäuerliches Essen« serviert werden soll. Der zweistöckige Raum mit Kühlschränken, Wasserspeichern, Holztischen, Holzstühlen und Betonfußboden sieht wie der Speisesaal einer DDR-LPG aus. Aber die Bedienerin fegt den Tisch, bevor wir uns setzen, noch ordentlich mit dem Besen ab, bringt dann Besteck und Gläser (die Monika und Klaus noch einmal sorgsam auswischen) und fragt, was wir essen möchten. Klaus wählt, aber bei jedem zweiten Gericht sagt die Bedienerin: »Meijou … Meijou.« Meijou war, wie Klaus erklärt, früher in jedem staatlichen chinesischen Geschäft die wichtigste Vokabel. Sie bedeutet: »Haben wir nicht.« Doch warmes Bier gibt es. Die Chinesen trinken wegen der Balance von Yin und Yang kein kaltes Wasser. Und die Preise sind auch nicht bäuerlich, sondern touristisch. Aber zum guten Schluss bringt uns die Bedienerin bis zur Tür und freut sich, dass wir sie fotografieren. Gästemangel im Dezember.

Auch auf dem Parkplatz von Badaling stehen nicht, wie Klaus sich erinnert, an die hundert Busse, sondern nur zwei. Und die Parkplatzwächter möchten wohl nicht warten, bis alle Besucher nach dem »Schließen der Mauer« gegen 18 Uhr den Parkplatz verlassen haben. Deshalb kassieren sie schon bei der Ankunft und haben dadurch eher Feierabend. Und einige Verkaufsbuden sind geschlossen. Und die Seilbahn hinauf zur Mauer fährt wegen zu starkem Wind nicht …

Aber all das war später. Schon 5 Kilometer vor Badaling sehe ich, nachdem wir durch die ersten Bergtunnel gefahren sind, die Konturen der Mauer hoch oben auf den schroffen Berggipfeln, von denen sie dann nicht in Windungen, sondern steil hinunter und wieder hinauf führt. Wachhäuser unterbrechen die Gleichmäßigkeit der Mauer. Sie fügen sich trotzdem zu einer kunstvollen architektonischen Harmonie. Die am oberen Rand mit Zinnen versehene Mauer schmiegt sich so eng an die Berge, dass es aussieht, als ob sie nicht von Menschen daraufgesetzt, sondern natürlicher Bestandteil der Berge ist.

Ich sage euphorisch: »Gehen wir hinauf!«

Monika wartet im größten Souvenirshop, in dem es gleichzeitig eine Bar gibt. Bevor wir entscheiden, ob wir den steilen Anstieg links oder rechts beginnen, zieht uns eine Chinesin mit Pelzmütze zu ihrem mobilen Laden und erklärt Klaus, dass es auf den Bergen sehr kalt ist und wir deshalb eine Armee-Pelzmütze kaufen müssten. Eine mit dem roten Stern der Chinesischen Volksbefreiungsarmee! Doch wir steigen ohne Mütze und ohne roten Stern hinauf.

Die zwischen den Mauerwänden verlaufende Straße ist breit und mit fliesenähnlichen Steinen gepflastert. An besonders steilen Stellen wollten die Restauratoren durch Stufen – die für die kleinen Chinesen jedoch sehr hoch sind – den Aufstieg erleichtern. Die ersten Schritte fallen mir trotz der Steigung nicht schwer. Zwar sollte ich auf den Boden schauen, um nicht zu stolpern, aber ich schaue hinauf zum ersten Wachhaus und dem Gipfel des Berges. Und unwillkürlich – vielleicht weil ich aus einem »Mauer-Land« komme – vergleiche ich. Hier 8000 Kilometer. In der DDR 1950 Kilometer. Hier sollte die Mauer China vor den Angriffen und Eroberungszügen der Mongolen schützen. Der »antifaschistische Schutzwall« aber sollte trotz seines Namens, nicht nur den Krieg zwischen zwei sich an dieser Stelle feindlich gegenüberstehenden Systemen, sondern vor allem die Flucht der Menschen nach außen verhindern. Und manchmal fragen Chinesen, für die Mauer gleich Mauer ist: »Weshalb nutzt ihr eure nicht auch als Attraktion für Touristen aus aller Welt?« Einer sagte mir: »Wir heben stolz den Kopf, wenn wir zu unserer Mauer schauen. Ihr senkt den Kopf, wenn ihr vor den Resten eurer Mauer steht.«

Der Wind bläst eisig kalt.

Nur wenige Touristen – meistens Chinesen – steigen mit uns hinauf. Eine Familie, Sohn, Tochter, Frau und Kinder, schiebt den Großvater – er trägt eine allerdings schon speckige Armee-Mütze mit dem roten Stern – im Rollstuhl ein Stück des steilen Weges zum ersten Wachhaus. Im Tal hängt an der Station der Seilbahn eine auch von oben deutlich zu erkennende Losung. Klaus übersetzt sie: »Eine Welt – ein Traum« – ein Überbleibsel der Olympischen Spiele. Schon am ersten Wachhaus schnaufen sowohl ich, der Thüringer Berge gewohnt ist, als auch der Erzgebirgler. Doch zur Belohnung bietet uns eine Souvenirverkäuferin eine Goldmedaille und eine Urkunde an. Sie bestätigen unseren Aufstieg zur Großen Mauer.

Wir verzichten auf die olympische Medaille, und ich versuche mir vorzustellen, wie über hundert Jahre lang viele Generationen von Chinesen fast 70 Millionen Kubikmeter Ziegelsteine und Steinplatten Meter für Meter auf die Gipfel getragen und die Mauer aneinandergefügt haben. Eine Mauer, die von den Kulturrevolutionären wieder abgerissen und deren Steine dann zum Bau von Straßen und Häusern verwandt wurden. Die inzwischen restaurierten Mauerabschnitte besuchen jährlich 10 Millionen Touristen. »Im Sommer sieht man die Menschen auf dem Mauerpfad nur noch wie Insekten auf einer Ameisenstraße«, sagt Klaus.

Auch Richard Nixon, der erste Präsident der USA, der Mao Zedong mit seinem Staatsbesuch beehrte und damit international aufwertete, besichtigte 1972 die Große Mauer. Er soll danach gesagt haben: »Die Große Mauer ist eine großartige Mauer, und nur ein großartiges Volk mit einer großartigen Vergangenheit kann solch eine großartige Mauer haben.

Blick von der Chinesischen Mauer

Und solch ein großartiges Volk mit einer solch großartigen Mauer hat bestimmt eine großartige Zukunft.«

Nachdem die ersten Menschen ins All geflogen waren, verkündeten die Chinesen in ihren Schulbüchern stolz: »Die Große Mauer ist das einzige Bauwerk der Welt, das man aus dem Orbit mit bloßen Augen erkennen kann!« Erst nachdem 2003 der chinesische Astronaut Yang Liwaei die Große Mauer trotz der Anweisung der chinesischen Agitatoren vom Weltraum aus nicht sehen konnte, musste diese den Nationalstolz befördernde Formulierung schweren Herzens wieder aus den Schulbüchern gestrichen werden.

Vor uns steigt eine junge langhaarige Chinesin in Wildlederstiefeln, schwarzen Strumpfhosen, einem Minirock und einem genauso kurzen Mantel die Stufen der Mauer hinauf. Und dahinter quält sich eine Frau mit Hilfe ihres Mannes in Stöckelschuhen und sehr engem Kostüm bis zum ersten Wachturm. Der Mann muss sie nach jeweils 10 geschafften Metern fotografieren.

Klaus meint, dass sie aus der Provinz kommen. »Sie werden nur einmal in ihrem Leben die Große Mauer besuchen und wollen sich auf ihr in der besten Kleidung fotografieren lassen. Schließlich steht das Bild danach bis zum Lebensende an der sichtbarsten Stelle ihrer Wohnung.«

Wenige Meter später bittet mich der Mann, dass ich mich zwischen sie stelle, und drückt Klaus den Fotoapparat in die Hand. Der Mann und die Frau lächeln stolz. »Das Bild wird die Krönung sein«, sagt Klaus. »Nicht nur auf der Mauer, sondern mit einem Laowai auf der Mauer!«

Nach dem zweiten Wachhaus verschnaufen Klaus und ich. Keiner hat das Bedürfnis zu beweisen, dass er noch höher klettern könnte als der andere. Zumal die untergehende Sonne die gegenüberliegenden Gipfel und die mit gelb-braunen Ziegeln verkleidete Mauer, wie von Bühnenscheinwerfern angestrahlt, aufleuchten lässt. Wir stehen andächtig vor dem Weltwunder. Der Abstieg ist nicht nur wegen der von Millionen Schuhen glatt gelaufenen Stufen und Fliesen weniger angenehm, sondern auch wegen der nachträglich für die Touristen angebrachten Haltestangen. Sie sind für die kleinen Chinesen so tief befestigt, dass wir uns bücken müssen, um uns daran festzuhalten. In regelmäßigen Abständen mahnen Lautsprecher, die sich an den Wachtürmen befinden, vorsichtig zu laufen, zu beachten, dass die Große Mauer ab 18 Uhr geschlossen wird, nicht auf den Boden zu spucken, nicht zu rennen, nicht auf die Mauerstraße zu urinieren …

Wieder unten angekommen, empfängt uns ein Souvenirverkäufer wahrhaftig mit »Gucke, gucke! Billig, billig!« und versucht uns ein Postkartenset der Großen Mauer, das ansonsten 10 Yuan kostet, für 40 Yuan zu verkaufen. Je weiter wir laufen, und dabei auch seine Pelzmützen ablehnen, umso weniger kosten die Postkarten. Erst als er bei 10 Yuan angekommen ist, wir aber immer noch ablehnen, verstummt sein »Gucke, gucke, billig, billig!«.

Monika sitzt im hinteren Teil der Andenken-Bar. In dem langgestreckten Raum ist kein Zentimeter Wand frei geblieben. Alle Flächen sind mit Kimonos, Ölgemälden von der Mauer, Kalligrafien, Fahnen, Lampions und Tüchern verhangen oder mit Regalen zugestellt, in denen Tassen, Teekannen, Trommeln, Schachfiguren, Mao-Büsten und Tempelnachbildungen von Spotleuchten angestrahlt werden.

Der chinesische Chef der Bar hat Monika in den zwei Stunden Wartezeit zwei Whiskys spendiert. Trotzdem rät sie den Touristen einer deutschen Reisegruppe, hier keinen Kimono zu kaufen. In der Stadt bekäme man ihn zu einem Viertel des Preises.

Den dritten Whisky trinken wir zusammen, und die Barfrauen raten, woher wir kommen. Zuerst tippen sie auf die USA, danach Kanada, Australien. Das alles scheint ihnen näher zu sein als Deutschland.

Kein Zentimeter ist im Andenken-Shop frei

Auf dem Rückweg kaufen wir im internationalen Laden Sekt, Obst, Wein und Wurst. Denn um 24 Uhr hat Klaus Geburtstag.

An einer Tankstelle in der Nähe vom Compound werden Weihnachtsbäume angeboten. Klaus sucht einen, den er nach Weihnachten im Vorgarten einpflanzen kann. Der Tankwart verlangt nur 35 Euro. Zuvor hatten Händler in einem Gartenmarkt 60 Euro für einen zwei Meter hohen Baum haben wollen. Eine Stunde später bringt der Tankwart die Weihnachtstanne in einem aufklappbaren Kasten mit dem Dreirad vor das Haus. Er hat auch Schaufel und Spaten dabei und pflanzt den Baum so ein, dass man ihn aus der Stube sehen kann. Transport und Eingraben sind inklusive. Die kleine Tanne des Gärtners steht verschmäht am Zaun. Sie tut mir leid, denn Klaus beginnt sofort, den auserwählten Baum mit einer von der Wohnung aus einzuschaltenden Lichterkette zu schmücken.

Stolz öffne ich die Flasche chinesischen Rotweins, die ich gekauft habe und die »Great Wall« heißt. Sie soll unseren Mauertag abschließen, aber der Wein schmeckt so sauer, dass wir ihn mit

IKEA-Glühwein mischen. Dann zündet Klaus, damit die Manneln endlich rauchen können, die echten grünen Crottendorfer Räucherkerzen an. Er macht es auf eine mir unbekannte »arzgebirgische« Weise. Er hält eine Kerze zwischen Daumen und Zeigefinger, brennt sie an der Spitze an, und sobald sie glimmt, lässt er sie am ausgestreckten Arm in großer Geschwindigkeit so lange kreisen, bis die Glut sich tief genug in den Kegel hineingefressen hat. Dieses Anzündritual steht nur ihm zu. Und ich muss unwillkürlich an die Chinesen denken, die im Park und auf der Straße ihre Vögel, die in verdeckten Käfigen sitzen, spazieren tragen und sie dabei so heftig schaukeln und kreisen lassen, dass die Vögel vom Fliegen träumen. Die Käfige werden dann in die Bäume gehängt, das Tuch wird abgenommen, und es wird diskutiert, welcher Vogel am schönsten singt.

Für Monika, die Berlinerin, schiebt Klaus ein Video vom Barenboim-Konzert in der Berliner Waldbühne in den Recorder. Danach einen schwedischen »Adler«-Krimi, bei dem wir, dem Mauerausflug Tribut zollend, einschlafen. Zum Anstoßen um 24 Uhr sind wir wieder munter.

Der zweite Advent in Peking ist vorbei. Aber nun kommt der Nikolaus, und Klaus hat Geburtstag.

SPICKZETTEL (13)

Tina H., Berufswunsch: vielleicht Fotografie
Mir wünsche ich, dass ich später viel reisen kann und somit viel von der Welt sehe.

China wünsche ich, dass es all seine Probleme in den Griff bekommt. Dass noch mehr Chinesen die Chance auf eine gute Bildung haben und dass sie trotz der Masse, in der sie leben, immer individueller werden.

Von Deutschland vermisse ich in China eigentlich nichts, denn es geht mir hier sehr gut. Das Leben hier ist einfacher. In Deutschland würde ich von China vermissen: die freundlichen

Menschen, die Gelassenheit der Menschen, die Menschenmassen und die Fake-Märkte.

Ich würde keinen Chinesen heiraten, weil ich nicht möchte, dass die Chinesen durch uns Europäer so sehr verändert werden, dass sie keine Chinesen mehr sind. Sie sollen in China alles selbst bestimmen und alles selbst regeln. Das können sie aber nicht, wenn andere in ihrem Land oder in ihrem Leben bestimmend eingreifen.

Tillmann J., Berufswunsch: Kaufmann bei Siemens

Ich möchte später in verschiedenen Ländern leben, aber jeweils nur für drei bis fünf Jahre, damit ich viele Länder kennenlernen kann. In Deutschland gefällt mir besser, dass es dort schmackhaftere Schokolade gibt. Und keine Mücken. In China dagegen haben wir eine sehr gute Wohnung und ich eine sehr gute Schule.

Das Vogelnest
ODER:
Bai wen bu ru yi jian – Hundert Mal gelesen ist nicht so viel wie ein Mal gesehen

Am nächsten Morgen sind die Nikolausstiefel immer noch leer. Seinen beiden chinesischen Mitarbeitern im Büro sagt Klaus nichts und verbietet mir, dass ich seinen Geburtstag erwähne.

»Ein normaler Arbeitstag.«

Weil ich heute, »in enem Uffwasch«, wie Klaus sagt, den Platz des Himmlischen Friedens (Tian'anmen), den Kaiserpalast (Verbotene Stadt/Gugong) und schließlich auch noch das Olympia-Stadion besichtigen will, drückt er mir vorsorglich einen Peking-Baedeker mit Stadtplan in die Hand.

Bevor ich die Treppe zur nur 10 Minuten entfernten Metrostation Liangmaqiao hinuntersteige, überlege ich, dass es vielleicht besser ist, meine mit Wasser gefüllte Plasteflasche auszuschütten, denn auf sehr großen Piktogrammen wird am Eingang zur Metro angezeigt, was man nicht mitnehmen darf: giftige Chemikalien, feuergefährliche Flüssigkeiten, Bomben, Pistolen, Messer ... Ich leere die Flaschen nicht. Am Ende der Treppe muss ich meinen Rucksack unter eine unkontrollierte Überwachungskamera legen. Billetts löst man am Automaten. Ich habe kein passendes Geld. Ein neben dem Automaten stehender Chinese zeigt mir, dass ich an die Kasse gehen soll. Dort sitzen zwei beschäftigungslose Billett-Verkäufer. Am Bahnsteig verstehe ich die chinesische Welt überhaupt nicht mehr. Denn obwohl der Zug schon eingefahren ist, stehen die Chinesen noch sehr brav in einer Reihe hintereinander. Ich denke, dass die Türen im nächsten Moment aufgehen und staune, dass niemand drängelt. Doch die Türen öffnen sich nicht. Der Zug steht Minute um Minute, und die Chinesen warten Minute um Minute. Als ich näher komme, merke ich, dass der vermeintliche Zug nur eine detailgetreue Attrappe eines Zuges ist. Und als hinter dem Kulissenzug ein richtiger

Am Metro-Eingang

Zug einfährt, öffnen sich sowohl die Türen der Attrappe als auch millimetergenau dahinter die Türen des angekommenen Zuges. Und sofort beginnt ein unbarmherziges Drängeln.

Ich komme nicht mehr mit. Aber danach stehe ich in der ersten Reihe vor der nun wieder geschlossenen Zugattrappe. Als der nächste Zug hält und sich die Türen wieder millimetergenau synchron öffnen, schaffe ich es, mich in den überfüllten Waggon zu drängeln. Eine junge Frau steht sofort auf und bietet mir ihren Platz an! Im Stillen verfluche ich Konfuzius. Hier kann sich kein Alter vor seinem Alter verstecken.

An der Umsteigestation Quomao fahre ich mit einer alten attrappenlosen U-Bahn weiter. Und am Tian'anmen laufe ich, um den richtigen Ausgang zu finden, einer Gruppe Chinesen hinterher. Das hätte ich nicht gemusst, denn oben ist überall »Himmlischer Frieden«. Der in seiner Größe kaum überschaubare viereckige Platz wird von repräsentativen, im Stil der Sowjetzeit errichteten Bauten und den historischen Toren der Kaiserzeit gerahmt. Von weitem schon ist das Mao-Porträt zu sehen, das am Tor des »Himmlischen Friedens« über dem Mitteleingang hängt, der im Kaiserpalast nur dem Himmelssohn vorbehalten war.

Einen Augenblick lang denke ich daran, dass Mao mit seinen gütig wirkenden väterlichen Augen vor 21 Jahren auch auf die Panzer hinabgeschaut hat, die in die protestierenden Studenten hineingefahren sind. Ich blicke zum Boden, auf dem Kinder goldene Drachen und bunte Comic-Figuren malen, und möchte der parteioffiziellen Agitation glauben, dass nicht hier das Blut geflossen ist, sondern die Soldaten erst geschossen haben, als die Demonstrierenden in die Seitenstraßen getrieben worden waren. Dort, wo Chinesen jetzt ohne Stäbchen bei McDonald's Hamburger essen …

Auf dem Platz lassen Väter mit ihren Kindern Drachen steigen. Eine Gruppe tibetanischer Mönche schart sich um einen Abt, der aus einem Buch vorliest. Kinder schwenken rote Papierfahnen mit dem chinesischen Staatswappen (Ährenkranz, Zahnrad, Fahnentuch und Tor des Himmlischen Friedens). Sie rennen um die Wette oder hüpfen über farbige Kreidekästchen. Wie Wespen umschwärmen Fotografen die Besucher und präsentieren ihnen auf großen Tafeln schon gemachte Porträts. Für 35 Yuan kann man sich ablichten lassen und den Beweis, dass man auf dem Tian'anmen-Platz gestanden hat, sofort mitnehmen. Die meisten Besucher jedoch knipsen sich gegenseitig, ohne dass sie einander kennen. Ich suche ein Hinweisschild für die Toilette. Finde keines und will deshalb weiter über den Platz des Himmlischen Friedens gehen, muss aber durch eine von Polizisten kontrollierte Sperre. Weil vor mir schon 15 Chinesen stehen, holt mich ein Uniformierter nach vorn und bedeutet mir, dass ich weitergehen soll. Man kontrolliert nur Chinesen. Liu Xiaobo wird in vier Tagen als Friedensnobelpreisträger in Oslo ausgezeichnet!

Die Toiletten, die sich rechts und links neben dem über 50 Meter langen Tian'anmen-Tor befinden, sind auf Chinesisch und Englisch angezeigt. Vor der rechten verkauft ein Chinese gebratene Würstchen. Als ich endlich in dem vermeintlichen großen Toilettenraum stehe, habe ich mich wahrscheinlich geirrt. Auf Ramschtischen, in Vitrinen und Regalen liegen Ketten, goldene Buddhas, chinesische Duftkissen, Tassen und vergoldete stumpfe Säbel. An den Wänden hängen Amulette mit dem Porträt von Mao Zedong und Bilder vom Platz des Himmlischen Friedens. Seitlich davon steht ein Fernsehapparat, vor dem mindestens 50 schwarz beschopfte Chinesen auf den Bildschirm starren. Wenn ich mich auf die Zehenspitzen stelle und an den auf den Schultern der Väter sitzenden Kindern vorbeiblicke, kann auch ich über den vielen Köpfen den Bildschirm erkennen. Und sehe darauf dasselbe wie davor: eine hin und her wogende Masse. Aber keine Gesichter und keine Haarschöpfe, sondern je nach Kamerastellung auf Zentimeter genau ausgerichtete, schräge Diagonalen oder gerade Reihen von Mützen oder Helmen oder Beine oder vor der Brust präsentierten MPis von marschierenden Paradesoldaten. Das Video kostet 35 Yuan und zeigt den Aufmarsch der verschiedenen Streitkräfte der Chinesischen Volksbefreiungsarmee zum 60. Jahrestag der Gründung der Volksrepublik China.

Ich will schon gehen, aber da wechseln vorn die Truppenteile, und uniformierte, junge, schlanke, gleich große Frauen in extrem kurzen Röcken strecken ihre wohlgeformten Beine waagerecht in die Höhe, so dass ihre Schenkel fast bis zum Po zu sehen sind. Mindestens so akkurat und fast so erotisch wie beim Friedrichstadtpalast-Ballett in Berlin. Ich muss unwillkürlich und wohl völlig unangebracht und unpatriotisch an das von den »MAD DOG« vorausgesagte Gelb-Fieber denken.

Für meine revolutionären Freunde zu Hause kaufe ich zwei Ketten mit Mao-Porträts und will von der Verkäuferin wissen, was diese Frauen mit den »Parade-Schenkeln« in der Chinesischen Volksbefreiungsarmee machen. Ich deute Schießen, Putzen, Tanzen und Verbinden an. Sie schüttelt immer den Kopf. Aber den Eingang zum marmorgefliesten Toilettenraum kann sie mir zeigen. Er befindet sich türlos hinter dem Souvenirgeschäft.

Mit den zwei Amuletts in der Hosentasche gehe ich dann über den Platz des Himmlischen Friedens bis zum Mausoleum, der Grabstätte von Mao Zedong. Es ist ein quaderförmiger, schmuckloser, von Säulen umrundeter Komplex. Überragt wird er von dem Denkmal der Helden des chinesischen Volkes. Dieser 38 Meter hohe Obelisk ist mit dicken Seilen im Quadrat abgesperrt, so dass ich die chinesischen Helden, die im Sockel verewigt sind, nur im Reiseführer nachlesen kann: der Beamte, der das Opium der Engländer verbrennen ließ, die aufständischen Bauern, der Sturz des Kaiserreiches 1911, der Aufstand 1927 in Nanchang, bei dem die Volksbefreiungsarmee gegründet wurde, der Partisanenkrieg gegen die Japaner, der lange Marsch von Mao …

Rechts vom Denkmal, aber zugänglich, steht die Halle des Volkes. Sie ähnelt den säulenverzierten Bauten der Berliner Karl-Marx-Allee, ist nur größer und wahrscheinlich schneller errichtet worden. Das über 300 Meter lange Ensemble, in dessen Haupthalle 10 000 Menschen Platz haben, soll in nur einem Jahr aufgebaut worden sein.

Die lange Schlange vor dem Mausoleum, die strengen Sicherheitskontrollen und die auf einer großen Leinwand angezeigten verbotenen Dinge, die man nicht mit in die Gruft nehmen darf – Fotoapparat, Handy, Getränke, Waffen –, sind nur ein Vorwand, dass ich mich, obwohl der Eintritt frei ist, nicht anstelle. Als Mitglied einer »Delegazija« wurde ich im Mausoleum auf dem Roten Platz in Moskau so schnell an dem toten Lenin vorbeigeschleust, dass mir nur noch seine roten Bartstoppeln in Erinnerung blieben.

Statt ins Mausoleum drängle ich mich unter die Chinesen, die in einem Pulk darauf warten, sich vor dem Mao-Porträt zu fotografieren. Das heißt, nicht direkt unter dem Bild, sondern aus der Entfernung von etwa 30 Metern. Sobald sie sich aufgestellt haben, treten die anderen höflich zur Seite, denn nur das Tor des Himmlischen Friedens, das Bild von Mao, der Wachsoldat und die zu Porträtierenden sollen auf dem Bild für immer festgehalten werden. Eheleute verewigen sich gegenseitig. Erst fotografiert der Mann die Frau und dann die Frau den Mann. Und dann drücken sie einem der Umstehenden ihre Kamera in die Hand und stellen sich nebeneinander. Ich nehme eine Stunde lang die sich Fotografierenden simultan mit auf. Über 100 mal fotografiere ich Mütter mit Kind auf dem Arm, Punker mit der roten Staatsfahne in der Hand, Eisenbahner mit Dienstmütze, Kriegsveteranen mit Orden, uigurische Würdenträger mit Gebetsketten, Großeltern mit Enkeln, junge Chinesinnen mit zum Victoryzeichen gespreizten Fingern, einen Krüppel mit Rollstuhl, Männer mit Schlips, Frauen im Hochzeitskleid …

Manchmal holt mich ein Ehepaar oder eine junge Frau, um

sich mit mir fotografieren zu lassen. Und drängelt dann solange, bis auch ich bereit bin, mich mit meinem Apparat zur Erinnerung an Mao fotografieren zu lassen. Ich versuche auf Englisch zu erfahren, weshalb sich alle vor Mao, durch dessen Politik Millionen Chinesen umgekommen sind, verewigen wollen.

»This is the father of China.«

Oder: »No Mao – no China.«

Ein junger Mann in Nike-T-Shirt, Levi's-Jeans, Adidas-Turnschuhen und mit für Chinesen ungewöhnlich dunkelblonden Haaren fragt mich, in zwar stockendem und undeutlichem, aber grammatikalisch richtig gesprochenem Deutsch: »Darf ich Ihnen mit Informationen behilflich sein, mein Herr?«

Ich erinnere mich an den im Reiseführer gegebenen Ratschlag: »Wer nicht gerade einen Stadtplan braucht, sollte um Kartenverkäufer und Konsorten (z. B. die allgegenwärtigen Englisch-Studenten) einen weiten Bogen machen«, lehne sein Angebot schroff ab und drehe mich um. Er versucht es noch einmal, zeigt mir das am Mantel angebrachte Namensschild »Du Qi« und kramt aus der Hosentasche eine zusammengeklappte Pappe, auf deren Innenseite bestätigt wird, dass Du Qi im letzten Jahr am Germanistischen Institut studiert hat. Ich sage, dass ich keine Informationen von ihm brauche. Alles Wichtige könnte ich im Reiseführer nachlesen. Und um es zu beweisen, erkläre ich, seinerzeit hätte hier ein Teil der Verbotenen Stadt gestanden: der Platz der Tausend Füße mit dem Ministerium für religiöse Zeremonien und das Ministerium für Steuern. Mao Zedong hätte es abreißen lassen, um die größte öffentliche Parade- und Kundgebungsfläche der Welt für eine Ansammlung von einer Million Menschen zu schaffen. Größer als der Rote Platz in Moskau.

Er nickt und fragt, ob in meinem Reiseführer auch steht, dass Mao Zedong vor seinem Tod angeordnet hat, ihn einzuäschern.

Auf dem Platz des Himmlischen Friedens

»Er wollte nicht einbalsamiert und aufbewahrt werden.«
Doch Ministerpräsident Zhou Enlai hat ihn nicht verbrennen
lassen, sondern befohlen: »Er muss dem chinesischen Volk
für ewig erhalten bleiben.«

Ein Jahr lang sei oben das Mausoleum errichtet und genau
darunter in einem Bunker Mao Zedong präpariert worden.

Ich sage, dass ich darüber im Reiseführer nichts gelesen habe.

»Aber das Datum seines Todes ist dort genannt?«

»Ja«, sage ich, »am 9. Dezember 1976, nur wenige Minuten nach Mitternacht.«

»Nur wenige Minuten nachdem der neunte Tag begonnen hatte«, sagt Du Qi.

Die Neun symbolisiert die Stärke des Mannes und ist das Zeichen für die Macht des Kaisers. In der Verbotenen Stadt wurden alle Türen der Kaiserlichen Hallen mit 9 x 9 goldenen Nägeln beschlagen, es gibt 9 Stufen und 9 Figuren auf den Dächern …

»Vielleicht, ist Mao Zedong schon am 8. gestorben. Und nicht in den ersten 10 Minuten des angebrochenen neunten Tages.«

Genau weiß er es nicht. »Aber es ist in China von großer Möglichkeit.«

Auf die lange Schlange vor dem Mausoleum zeigend, sagt er, dass es gewöhnlich im Dezember für einige Tage geschlossen bleibt.

»Dann wird Mao Zedong mit dem Lift in die Räume unter dem Mausoleum gefahren und dort wieder frisch gemacht.«

Als ich ihn verständnislos anschaue, erläutert er, dass der Tote in einer Flüssigkeit liegt, die regelmäßig ausgetauscht werden muss. »Ohne dass das Volk es bemerkt.«

Das hat er in guten Reiseführern gelesen. In meinem steht nichts davon. Er vermutet, dass darin wahrscheinlich auch nicht das in China 31 Jahre lang gehütete Geheimnis, der Aufbau des Tian'anmen-Tores, erwähnt wird.

»Doch«, triumphiere ich. »Im 15. Jahrhundert errichtet, im 17. Jahrhundert nach einem Brand restauriert.«

»Das Tor zum Himmlischen Frieden?«, vergewissert er sich.

»Ja, das Tor, durch das die Soldaten der Volksbefreiungsarmee täglich zur Zeremonie des Fahnenhissens und -einholens auf dem Tian'anmen-Platz paradieren.«

Du Qi weiß: »Pro Minute exakt 180 Schritte, jeder 75 Zentimeter lang.«

Und informiert dann, dass dieses knapp 70 Meter lange, etwa 40 Meter breite, 30 Meter hohe und über 400 Jahre alte Tor, das Wahrzeichen der Volksrepublik China, von Dezember 1969 bis zum April 1970 »still und heimlich« abgetragen und neu aufgebaut worden ist. »Heimlich und ohne dass die nicht in dieses höchste Staatsgeheimnis eingeweihten Pekinger oder die Medien etwas davon bemerkt haben.«

Ich frage ungläubig: »Kein Mensch hat gesehen, dass an Stelle des historischen Tores ein neues Bauwerk errichtet worden ist?«

»Nein, sie glichen sich danach wie ein Ei dem anderen.«

Du Qi strahlt. »Nur in China ist so etwas Großes möglich.«

Das Tor, mit dem für ewig dort aufgehängten Bild von Mao Zedong und den daneben angebrachten ewig gültigen Losungen »Lang lebe die Volksrepublik China« und »Lang lebe die Einheit der Völker der Welt«, ist 1969 so morsch gewesen, dass Experten voraussagten, dass es bei einem Sturm oder einem Beben einstürzen könnte.

Was sich niemand vorzustellen vermochte. »Denn das wäre für das chinesische Volk, als ob der Himmel in Schutt auf der Erde liegt.«

Die Partei beschloss, das historische Tor heimlich zu erneuern. Und das zu einer Zeit, als die Kulturrevolutionäre alle wertvollen Zeugnisse der kaiserlichen Vergangenheit zerstörten! (Nur die »Verbotene Stadt« musste damals verschont werden. Sie wurde auf Befehl der Parteiführung von den Soldaten der Volksbefreiungsarmee beschützt.)

Ich bezweifle, dass die Geschichte mit dem Abriss und dem Neuaufbau stimmt. Doch Du Qi kennt Einzelheiten, die sein Freund, ein Architekturstudent, von einem beteiligten Statik-Professor erfahren hat, und zeigt mir außerdem in einem englischen Reiseführer die Information: »1970 Renovierung des Tian'anmen-Tores«.

Zuerst hat man eine 100 Meter lange Bambusmatte geflochten. Dahinter wurde das Tor so gut versteckt, dass darunter sogar Kräne ungesehen arbeiten konnten. Der Bevölkerung und den Touristen sagte man: »Das Tor wird neu gestrichen.« In Wirklichkeit zerlegten Tausende Arbeiter das gewaltige Bauwerk in alle Einzelteile. Die Balken mussten, damit später niemand den Unterschied zwischen alt und neu bemerken konnte, wieder ohne Nägel kunstvoll zusammengefügt werden. Wegen der klirrenden Kälte installierten Techniker unter der Bambusmatte Heizungsrohre. Mao Zedong und der Ministerpräsident Zhou Enlai ordneten an, dass kein neues Holz, kein Farbanstrich, kein frisch gebrannter Ziegel von den Originalen abweichen darf. Einige der 60 über 10 Meter hohen Edelholzbalken mussten aus Afrika geholt und 100 000 Ziegel gebrannt und farbig glasiert werden.

»Nach nicht einmal 121 Tagen fiel die Bambusmatte. Die Pekinger erfreuten sich an ihrem frisch gestrichenen, farbenfrohen Tor des Himmlischen Friedens. Niemand merkte, dass es ein neues Tor war. Erst im Jahr 2000 informierten beteiligte Architekten die Öffentlichkeit.«

Ich sage immer noch zweifelnd und auf das mit Mao, Staatswappen und Losungen geschmückte ewige Tor schauend: »Also ein chinesisches Fake, ein Plagiat! Aber ein gutes.«

Und zeige dann lachend auf Du Qis Nike-T-Shirt, die Levi's-Jeans und die Adidas-Turnschuhe. Nun lacht auch er. »Aber das T-Shirt ist ein Original. Das hat mir meine Freundin vor zwei Monaten zum Feiertag des 1. Oktober geschenkt.«

Am 1. Oktober 1949 war Mao Zedong die 63 Stufen zum Balkon des Tian'anmen-Tores, der sich genau über dem nur für den Kaiser vorbehaltenen Mittelgang befand, hinaufgestiegen und hatte vor 300 000 Menschen verkündet: »China ist aufgestanden!«

Friederike hatte mir im »Schillers« gesagt, dass der Stolz über diesen Satz bis heute nicht von Partei und Regierung befohlen werden muss. Sie war einmal in der Nacht zum 1. Oktober gegen 1 Uhr auf dem Platz. »Tausende Chinesen kampierten dort, um das Hissen der Fahne zu erleben.«

Du Qi fragt, was ich anschließend noch besichtigen werde. »Die ›Verbotene Stadt‹ und das Olympia-Stadion.«

Ich bin nicht unglücklich, als er sagt, dass er mich leider nicht in die Kaiserstadt begleiten kann. Er muss noch zur Universität. Doch am späten Nachmittag würde ich ihn auf dem Olympia-Gelände treffen. Sein Onkel, ein Elektriker, der wie er aus der Provinz Shandong kommt, bringt dort die Weihnachts- und Neujahrsillumination an. Und er wird ihm dabei helfen.

Ich glaube es nicht. Beim Abschied bittet er mich nicht um ein Honorar für seine Informationen. Aber vielleicht könnte ich ihm helfen, Bücher für das Studium zu kaufen. Deutsche Bücher. Für 20 Yuan bekommt er Schillers Dramen. Ich gebe ihm 30 Yuan und sage, er soll sich außerdem noch Brechts Gedichte holen.

Weil der kaiserliche Mittelgang durch den Wachsoldaten der Volksbefreiungsarmee, eine Kette und ein Band abgesperrt ist, gehe ich durch das seitliche Tor, durch das früher die Bediensteten laufen mussten, in den Kaiserpalast. Ich nähere mich von hinten den Stufen, die zum Balkon der Weltgeschichte hinaufführen. Durch das Tor des Himmlischen Friedens zu spazieren kostet nichts. Aber wer auf den Balkon will, von dem aus der Kaiser seine Verdikte vor 300 000 Untertanen verkündete und Mao Zedong zu einer Million Chinesen sprach, wer dort hinauf will, zahlt 15 Yuan. Ich verzichte darauf, die Weltgeschichte von oben nachzuempfinden, und gehe die kaiserliche Nord-Süd-Achse (nur vom Süden strömt die Energie herein) bis zum Mittagstor, durch das ich die Verbotene Stadt betreten kann. Doch zuvor muss ich an den Kassen, an denen in dieser Jahreszeit wenige Touristen stehen, ein Billett lösen. Auf dem

Pause an der Mauer der Verbotenen Stadt

Weg umringen mich, weil ich einer der wenigen Ausländer auf dem Platz bin, sofort ein Dutzend Souvenir- und Tourenverkäufer. (An dieser Stelle verspreche ich, nur noch einmal – nämlich, wenn ich berichte, wie mich ein Rikscha-Fahrer außerhalb der Verbotenen Stadt durch die Hutongs kutschieren wollte – und danach nie wieder über Chinesen zu schreiben, die Ausländer mit ihren Angeboten belästigen.)

Bis ich an der Kasse bin, bietet man mir für 600 bis 800 Yuan Fahrten zur Großen Mauer mit vorheriger Besichtigung typischer chinesischer Produkte an oder verspricht, mich in den Lama-Tempel oder den Konfuzius-Tempel zu begleiten. Ein Kunststudent will mich für 150 Yuan durch das Künstlerviertel »798« führen, zuvor allerdings könnte ich in einem Ausstellungsraum der Verbotenen Stadt seine Bilder erwerben. Als Letztes kommt eine Frau mit Pelzmützen, roten Sternen und Mao-Bildern. Ich flüchte zur Billett-Kasse. Im Winter kostet der Eintritt in die etwa 700000 Quadratmeter große Kaiserstadt mit ihren 150000 Quadratmetern bebauter Fläche und den über 800 Palästen, Pavillons und Toren nur 40 Yuan. Als ich die Karte gekauft habe, zeigt mir eine schon sehr alt aussehende – also nach Konfuzius und den chinesischen Lebensregeln zu achtende – Frau verschiedene Postkarten der Verbote-

Im Garten der Verbotenen Stadt

nen Stadt. Ich versuche sie abzuwimmeln, indem ich ihr klarmachen will, dass ich mir erst die Wirklichkeit anschauen werde und dann zur Erinnerung vielleicht Postkarten kaufe. Ich drehe mich schnell um, will gehen, da schubst sie mich, lässt dabei all ihre Karten fallen und bückt sich schreiend. Ich knie mich neben sie und sammle die heruntergefallenen Karten auf. Wieder stehend, fasst sie sich laut jammernd an ihr Knie und den Kopf. Die umstehenden Chinesen schauen mich empört an. Ich nehme 20 Postkarten und gebe noch 5 Yuan Schmerzensgeld. Danach rennt sie sofort zu einem anderen laowai …

Wütend und beschämt, wie ich bin, sollte ich mir die Tempel, Paläste und Tore der Verbotenen Stadt ersparen. Schließlich müsste ich nur die Postkarten betrachten und den Reiseführer lesen. Doch da erinnere ich mich, dass meine Mutter mir beigebracht hat: »Was bezahlt ist, muss auch aufgegessen werden!« Also gehe ich durch den für Ausländer reservierten rechten Gang (früher für Beamte und Generale vom dritten Rang aufwärts) in die Stadt des Kaisers.

»Hundert Mal gelesen ist nicht so viel wie einmal gesehen«, sagen die Chinesen. Womit sie recht haben. Schon nach wenigen Metern führen fünf märchenhaft schöne Marmorbrücken über den Goldwasserfluss. Die Augen können sich am Weiß des Marmors und dem Blau des Flusses erholen, bevor sie geblendet werden von der Buntheit der Halle der Höchsten Harmonie und den bronzeglänzenden Schildkröten und Kranichen, die dem Kaiser Langlebigkeit und Glück bringen sollten. Ich stehe staunend vor roten und goldenen Säulen und dem Purpur der lasierten Ziegel in den Hallen der Höchsten, der Mittleren und der Halle zur Erhaltung der Harmonie. Auch Purpur war ein Symbol für die Herrschaft des Himmelssohnes. Der Polarstern, umgeben vom Purpur des Himmels, war der Mittelpunkt des Universums und der Kaiser, umgeben vom Purpur der Tempelsteine, war der Mittelpunkt der irdischen Welt. Er verstand sich als die ewig währende Verbindung zwischen Kosmos und Erde. Überliefert sind 9999 und ein halber Raum in der Verbotenen Stadt. Auf ein halbes Zimmer musste der irdische »Sohn des Himmels« verzichten. 10000 waren nur dem Herrscher im Himmel vorbehalten.

Außer Harmonie, Liebe und Frieden herrschten aber auch Chaos und Hass und Krieg in der Kaiserstadt. 1644 eroberte der Bauernführer Li Zicheng Peking, erklärte sich zum Kaiser, und der letzte Ming-Himmelssohn Chongzhen erhängte sich. Nur ein halbes Jahr residierte der »Bauernkaiser« in der Verbotenen Stadt. Danach eroberten die Krieger aus der Mandschurei das nördliche China, zerstörten große Teile der Kaiserstadt und krönten den erst 6-jährigen Mandschu Shunhzi zum ersten Kaiser der danach bis 1921 in China herrschenden Qing-Dynastie.

Rund 20000 Beamte und Würdenträger verneigten sich, den Boden mit dem Kopf berührend, auf dem Platz vor der Halle der Höchsten Harmonie vor dem Kaiser. In der Halle der Mittleren Harmonie ruhte sich der Himmelssohn aus, bevor er zur Thronhalle getragen wurde oder Audienzen gewährte. In der Halle zur Erhaltung der Harmonie wurde er umgezogen und hielt kaiserliche Prüfungen ab.

Über das sonstige Leben in der Verbotenen Stadt berichten indirekt die Namen der Hallen und Tore und Pavillons. Es gab Hallen, Pavillons und Tore der Kaiserlichen Absolutheit, der Pflege der Persönlichkeit, der Berührung von Himmel und Erde, des Göttlichen Kriegers, der Himmlischen Reinheit, der Tausend Herbste, der Irdischen Ruhe, des Freudvollen Alters, des Kaiserlichen Friedens, der Strahlenden Menschlichkeit, der Literarischen Blüte, des Kulturellen Reichtums, der Ahnenverehrung, der Ruhe und Langlebigkeit, der Herzensbildung, der Göttlichen Stärke, der Militärischen Tapferkeit, des Gesunden Fastens, der Bildung der Gefühle, der Göttlichen Militärischen Begabung ...

Allerdings fehlten die Hallen und die Tore des Neides, der Intrige, der Bestechlichkeit, des Verrates und des Hasses. Denn nicht nur nach Lampionfesten und Feuerwerken konnten die aus Edelholz errichteten »goldgeschmückten« Hallen, Tore und Pavillons in Brand geraten, sondern oft legten Beamte und Würdenträger selbst Feuer, um sich bei dem aufwändigen Wiederaufbau ihr Säckel aus der Staatskasse füllen zu können. Wie ähnlich der heutigen Zeit in China! Nur die Strafen fielen drakonischer aus. Die Chinesen zelebrierten sie wie ein lukullisches Fest. Am normalsten, aber auch am wenigsten rituell, war das Grillen in den bronzenen, ansonsten mit Löschwasser gefüllten Kesseln. Oder das Kopfabschlagen. Sehr viel kunstvoller dagegen das »Tranchieren«, bei dem die zu Bestrafenden in drei Tagen mit 1000 millimeterdünnen Schnitten wie eine Pekingente in viele Chargen zerteilt wurden.

Ich gehe am Nordtor über den 60 Meter breiten und 5 Meter tiefen Wassergraben aus dem Kaiserpalast hinaus. An der Uferstraße, von der die Verbotene Stadt wie ein verwunschenes Schloss aussieht, esse ich bei einem Wurstbrater ein gegrilltes, nach Honig schmeckendes Würstchen. Noch während ich kaue, trabt ein graubärtiger Mann, der sich zwischen die Deichseln einer zweirädrigen Rikscha gespannt hat, auf mich zu. Auf der Bank des Einsitzers liegt ein imitiertes Löwenfell. Die Rückenlehne ist mit einem alten Militärmantel gepolstert.

Als wäre ich ein leibhaftiger Nachkomme vom letzten chinesischen Kaiser lädt er mich mit einer großen Handbewegung und einer tiefen Verbeugung ein, auf dem Löwenfell Platz zu nehmen. Er zeigt hinüber zu den Hutongs, den rasterförmig angelegten alten Siedlungen. Eine Stunde lang will er mich durch die engen Gassen fahren. Für nur 100 Yuan! Schon der Gedanke daran schaudert mich: Sich, um nicht laufen zu müssen, von einem Menschen wie von einem Kuli, Sklaven oder Diener ziehen zu lassen!

Nein! Ich schüttele heftig den Kopf. Der Mann bittet erst, dann schiebt er mich zur Rikscha. Ich verliere jeden Respekt vor seinem Alter – wahrscheinlich ist er jünger als ich – und schreie ihn an. Er zerrt an meiner Jacke. Ich zeige auf seine abgelatschten Stoffschuhe und deute an, dass ich sie gegen meine stabilen Lederschuhe tauschen würde. Doch er begreift es nicht. Da laufe ich sehr schnell in die entgegengesetzte Richtung der Uferstraße. Der alte Mann dreht die Rikscha um und rennt mir hinterher. Nach einem etwa 200

Blick über den Wassergraben der Verbotenen Stadt

258

Meter langen Wettlauf bleibe ich stehen, krame 5 Yuan aus der Tasche und gebe sie dem Alten. Er nimmt sie, spuckt darauf, schmeißt sie wütend auf die Erde, brüllt mich, die chinesischen Worte wie eine Melodie hoch und tief ziehend an, und ich atme auf, als er sich umdreht und weitertrabt.

Mit der Metro erreiche ich nach einer halben Stunde das Olympiagelände. 2008 fanden dort, so urteilten damals Mitglieder vom IOC, die bislang größten Spiele statt, die zudem perfekt organisiert waren. »Ein gelungenes Fest des friedlichen Wettkampfes und der Völkerverständigung.«

Schon im Aufgang von der Metro zum Olympiagelände sitzen Souvenirverkäufer. Ich erschrecke, als zu meinen Füßen Soldatenfiguren der Volksbefreiungsarmee, die rote Fahnen tragen und aus ihren MPis schießen, in Gruppenformation auf dem Boden bis vor meine Füße robben. Als ich sie fotografieren will, schaltet die Verkäuferin die Soldaten ab und wirft ein Tuch über sie.

Auf dem Platz gehe ich zuerst durch das einer Jurte ähnelnde Kontroll-Zelt. Ich kenne es schon vom Tian'anmen-Platz. Die Sicherheitsschleuse piepst. Der Uniformierte reagiert nicht.

Der Platz vor dem Stadion ist so groß, dass sich auch hier eine Million Menschen versammeln könnten. Eine breite Allee mit hohen kegelförmig geschnittenen Nadelbäumen (ich vergaß, sie anzufassen und zu prüfen, ob es echte sind) führt geradewegs bis zum neuen Wahrzeichen von Peking, dem »Olympischen Vogelnest«. Die stählernen »Zweige« des Stadions sind auf den ersten Blick wirr miteinander verflochten. Doch wenn man genau hinschaut, sieht man, dass sie wie beim Eifelturm kunstvoll und statisch sicher angeordnet sind. Ich stehe, staune und muss, um das Stadion in seiner Gesamtheit fotografieren zu können, 100 Meter zurückgehen. Auf einer Tafel steht, dass der Eintritt in das »Vogelnest« 50 Yuan kostet, und an Stellwänden kann man Daten und Fakten der

Olympischen Spiele 2008 lesen. Über 300 Milliarden Yuan (knapp 30 Milliarden Euro) wurden für den Bau der Sportanlagen des Olympischen Dorfes und des Olympischen Parks ausgegeben. Dazu noch einmal 32 Milliarden Euro für den Neubau von U-Bahn und Flughafenterminal. Die Übertragung der Eröffnungsfeier am 08.08.2008 sahen über 800 Millionen Chinesen im Fernsehen. Chinesische Sportler errangen 51 Goldmedaillen, 15 mehr als die in der Länderwertung nur den zweiten Platz belegenden US-Amerikaner. Mit 680 Hektar ist der im Norden an die Olympischen Sportstätten grenzende Park der größte Stadtpark der Welt. Die Schwimmhalle, der sogenannte »Wasserwürfel«, mit 6000 Sitzplätzen, wurde nach dem Umbau das größte Spaßbad Asiens ...

Der Platz des Himmlischen Friedens und die Verbotene Stadt sind, was die Dimensionen betrifft, von der Olympiade 2008 überboten worden. »Nebensächlichkeiten« – wie die Proteste von Politikern und Sportlern aus aller Welt gegen die Missachtung der Menschenrechte in China und die Unterdrückung der Opposition in Tibet – werden auf den Erinnerungstafeln nicht erwähnt.

Zwischen »Vogelnest« und »Wasserwürfel« schweben 5 überlebensgroße, aus Draht geflochtene und in den olympischen Farben gekleidete Tänzerinnen leicht wie Vögel über den Boden. Und daneben werfen Arbeiter armdicke Girlanden aus künslichem Tannengrün von einem LKW herunter. Als sie die Haufen mühsam zu einer langen Schlange entwirren, suche ich, obwohl ich den Gedanken schon beiseitegelegt hatte, unter ihnen nach Du Qi. Ich entdecke ihn nirgendwo, frage aber die Arbeiter trotzdem nach ihm. Sie schütteln den Kopf und bitten, dass ich sie beim Girlandenabladen fotografiere.

An einigen Bäumen und über den geschlossenen Verkaufsbuden hängen schon grüne Girlanden. Und dort klettern Handwerker auf Leitern und Gerüsten herum und befestigen, wie Du Qi gesagt hatte, elektrische Lichterketten!

Vor dem »Olympischen Vogelnest«

Er hat mich zuerst bemerkt, steigt von der Leiter und sagt: »Deutsche sind zuverlässig!«

Die Männer schmücken das olympische Gelände für das Neujahrsfest.

Du Qi vermutet, dass während der Festtage viele Familien und Touristen das Olympiagelände besuchen. »Wahrscheinlich werden die dann auch 50 Yuan bezahlen, um das Olympiastadion von innen zu sehen.«

Der Unterhalt dieses Stadions kostet jährlich 20 Millionen Euro. Und selbst wenn täglich 5000 Billets verkauft würden, was illusorisch ist, wären das im Jahr nur 10 Millionen Euro.

»Und Sportveranstaltungen?«, frage ich.

»Zu einem Fußballspiel kommen in Peking maximal 10 000 Zuschauer.«

Es sei vielleicht alles zu groß gebaut worden, man könnte die neuen Stadien und Hallen nicht mit Automobilmessen und Popkonzerten erhalten.

»Rund 30 Milliarden Euro hat der Bau des Olympiageländes gekostet!«

Ich sage, dass ich diese Zahl schon auf den provisorischen

Papptafeln gelesen habe. Und frage, ob er weiß, dass es außer diesem Gigantismus auch Proteste gegen die Olympischen Spiele von Peking gegeben hat. »Zum Beispiel gegen die Umsiedlung von Tausenden Menschen, deren Häuser für den Bau des olympischen Geländes abgerissen werden mussten.«

Du Qi möchte das nicht kommentieren. Nach einer Weile bestätigt er, dass die Proteste der Hausbesitzer berechtigt gewesen sind. Doch während der Olympischen Spiele sei es auch zu anderen Aktionen gekommen. Ob ich wisse, dass der chinesische Künstler Ai Weiwei zusammen mit den Schweizer Architekten Herzog und de Meuron die wundervolle Struktur des »Vogelnests« entwickelt hat und auch beim Bau als Berater tätig gewesen ist. »Ein chinesischer Künstler als Mitgestalter unseres Olympia-Stadions, das war großartig«, sagt Du Qi stolz.

Ich bestätige, dass ich von Ai Weiwei gehört habe, als er bei der »documenta« 2007 in Kassel für 3 Millionen Euro 1001 Chinesen in 5 Gruppen jeweils für eine Woche in einer stillgelegten Halle, in der VW-Autobezüge produziert worden waren, schlafen ließ. Dieses Kunstwerk nannte er »Fairytale«. Doch dass er zur gleichen Zeit am »Vogelnest« mitgearbeitet hat, wusste ich nicht. »Aber Ai Weiwei protestierte danach in einer englischen Zeitung auch gegen die Olympischen Spiele in Peking. Er beklagte, dass China die Spiele zur Propaganda ausnutzt«, sagt Du Qi.

Darüber hatte ich in deutschen Medien gelesen.

In der Annahme, dass ich es nicht verstehe, erläutert Du Qi: »Das ist so, als ob ein Architekt eine Hühnerfabrik entwirft, in der Millionen Hennen Milliarden Eier legen sollen. Damit verdient er viel Geld. Doch kaum ist die Anlage fertig, und er hat das Geld eingesteckt, stellt er sich im Ausland vor die Presse und protestiert, um internationale Aufmerksamkeit zu erhalten, gegen seine Anlage, in der Millionen Hennen gezwungen werden, Milliarden Eier zu legen.«

Und dann sagt der Germanistik-Student weise wie Laotse: »Es ist heutzutage wahrscheinlich sehr schwer, als Künstler Moral und Geld im Gleichgewicht zu halten.«

Als ich merke, dass ihm das Thema nicht angenehm ist, erzähle ich ihm von meinem Erlebnis mit dem alten Rikscha-Fahrer. Nicht ohne Stolz erwähne ich, dass ich es abgelehnt habe, mich wie ein Kolonialherr durch die Hutongs ziehen zu lassen. Du Qi wiegt seinen Kopf und widerspricht leise und stockend: »Nicht wie ein Kolonialherr …, sondern wie ein Tourist, für den der Rikscha-Fahrer genauso wie ein Friseur, der dem Kunden die Haare schneidet, arbeiten darf … Und vielleicht waren Sie für den alten Mann wegen der fehlenden Touristen zu dieser Jahreszeit heute der einzige Kunde! Doch er hat durch Ihre Weigerung nicht einen Yuan für das Abendessen der Familie nach Hause bringen können …«

Ich will entgegnen, dass man sich trotzdem als Mensch nicht von einem anderen Menschen wie von einem Pferd ziehen lassen kann. Aber ich sage nichts, denn ich könnte mir vorstellen, dass auch Du Qi sagt: »Mit der Zeit werden Sie alles verstehen.«

Morgen wird Kuni meine Gespräche mit dem Fahrradfriseur, der Ayi und »meinem« salutierenden Wachjungen dolmetschen. Aber danach hat sie für mich keine Zeit mehr. Ich denke, dass Du Qi, der die Wirklichkeit nicht aus der deutschen Entweder-Oder, sondern aus der chinesischen Sowohl-als-auch-Sicht interpretiert, ein guter Dolmetscher sein könnte, und frage ihn, ob er mir in den nächsten Tagen hilft, das Leben in China zu begreifen, also Gespräche mit Chinesen zu dolmetschen. Er scheint »Ja« sagen zu wollen, schüttelt dann aber den Kopf. Das sei ihm nicht erlaubt. Du Qi hat von der Universität nur die Genehmigung erhalten, mit Touristen auf dem Tian'anmen-Platz Deutsch zu sprechen.

Zum Abschied zeigt er mir stolz den gekauften »Kabale und Liebe«-Band. Brecht gab es nicht. Den habe er bestellt.

Die Wanderarbeiter entwirren die Girlanden. Du Qi steckt

die Lichterketten zusammen. Und ich gehe zur Metro und kann, ohne dass es die Souvenirverkäuferin bemerkt, von oben die auf dem Boden robbenden, rote Fahnen schwenkenden und aus allen Maschinenpistolen schießenden Soldaten am Aufgang zum Gelände der Olympischen Spiele fotografieren.

Wie jeden Montagabend treffen sich Monika und Klaus mit Volleyballspielern in der Deutschen Schule. Ich bespreche inzwischen in der Schulbibliothek mit dem Politiklehrer und der Bibliothekarin Dr. Katja Wissmann die bevorstehende Lesung. Der Politiklehrer meint, es sei wichtig, dass ich den Schülern vor allem über meine Erfahrungen mit der Diktatur in der DDR, über die Mauer, die Verfolgung von Andersdenkenden durch die Staatssicherheit und die Aussiedlung der oppositionellen Künstler aus der DDR erzähle. »Also über deutsche Geschichte.« Die Bibliothekarin, die, wie sie sagt, in der BRD gegen die Stationierung der Pershing-Raketen demonstriert hatte, interessiert, ob wir damals auch in der DDR gegen die sowjetischen SS-20-Mittelstreckenraketen protestiert haben.

Ich sage, dass ich kein Historiker bin. Der Politiklehrer meint, dass es trotzdem gut wäre, den Schülern mitzuteilen, dass die DDR, also ein Teil Deutschlands, früher ein kommunistisches Land gewesen ist. »So wie China.«

»Nein«, sage ich. »Es war ein anderes Land. In der DDR gab es nur besondere Förderschulen für Russisch, Mathe und Musik und eine spezielle Schule für die Kinder sorbischer Nationalität. Aber keine USA-Schule und auch keine englische Schule …«

Klaus hat den Volleyballfreunden nichts von seinem Geburtstag gesagt. Wahrscheinlich hätten sie ihm aber selbst dann keinen Sieg geschenkt, denn einige der Freizeitsportler kämpfen wie Profis verbissen um jeden Punkt. Auch der Politiklehrer. Erst anschließend beim chinesischen Essen im

Hinterzimmer vom »Roten Ballon« verkündet Klaus, dass er heute alles bezahlt. Und fotografiert seine Gäste beim Essen der 1000-jährigen Eier, beim Biertrinken, beim Fischzerteilen und beim Ganbei. Und ich fotografiere Klaus beim Fotografieren. Wie die Chinesen heute auf dem Tian'anmen-Platz und vor dem »Vogelnest«.

SPICKZETTEL (14)

Maximilian H., Berufswunsch: Management

In jungen Jahren würden mich viele Städte reizen. Es ist sicherlich sehr interessant, in wachsenden Metropolen wie Peking zu leben und sehr viele Leute kennenzulernen. Im Alter jedoch ist es mir wichtig, einen festen Rückzugsort zu haben. Auch meine Kinder sollen ihre Kindheit in Deutschland oder Westeuropa verbringen.

China wünsche ich erfolgreiche Reformen, eine langsam kommende Demokratie, die die Kultur des Volkes berücksichtigt. Ich wünsche den Chinesen keinen schnellen Umsturz, sondern dass das Land vor allem wirtschaftlich stabil bleibt. In China fehlen mir deutsche Sauberkeit, deutsche Supermärkte, deutsche Ordnung (Straßenverkehr), deutsche Magazine und Bücher. Dagegen gefällt mir hier vor allem die Offenheit der Leute und die Einfachheit, bestimmte Dinge zu tun und sie nicht zu komplizieren.

Rebecca Madeleine S., Berufswunsch: Medizin oder Politikwissenschaften

Wenn ich an Deutschland denke und hier in China bin, vermisse ich meine guten Freunde in Deutschland und manche Kleinigkeiten wie zum Beispiel Cremes ohne Bleichmittel. Hier dagegen liebe ich preiswertes Einkaufen und Essen. Und Dienstleistungen wie Friseur, Maniküre und Pediküre, die sich sogar ein ausländischer Schüler in China sehr oft und gut leisten kann.

Der Wachjunge
ODER:
Neng dang li fa shi de, bi ran hui dui lai jian fa ren de gu shi gan
xing qu – Friseur wird nur, wer neugierig ist auf die Geschichten
der Köpfe

Ohne die Geistesgegenwart der Ayi wäre mein Treffen mit
Kuni im Compound wahrscheinlich fehlgeschlagen. Ich hatte
ihr gesagt, dass ich um 9 Uhr auf der Hauptstraße vor dem
Eingangstor warte. Sie wollte mit dem Taxi kommen. Als sie
eine halbe Stunde nach dem vereinbarten Termin immer noch
nicht eingetroffen ist, nehme ich an, dass ich sie verpasst
habe und sie sich eventuell schon zu der Wohnung von Klaus
durchgefragt hat. Ich renne zurück. Aber nur die Ayi steht in
der Küche und wäscht ab.

Wieder auf der Straße, schaue ich hoffnungsvoll jedem Taxi
entgegen.

Doch keines hält vor den steinernen Löwen, die auf hohen
Podesten am Eingang des Compounds thronen. Nur Lastkraftwagen stoppen. Auf ihnen stehen die kleineren Chinesen mit dicken Jacken und bunten Helmen im Windschutz
des Fahrerhauses. Die Übrigen sitzen, hocken oder liegen auf
der Ladefläche. Nachdem sie abgestiegen sind, setzen sich die
Männer in einer langen, ordentlichen Reihe an den Rand des
Bürgersteiges. Und warten. Wanderarbeiter beim Transport
von einer Baustelle zur anderen.

Weil ich nicht mehr daran glaube, dass Kuni noch kommt,
versuche ich auch aus dieser Situation, wie meine Mutter mich
gelehrt hat, »das Beste zu machen«. Und weil ich mich mit den
Wanderarbeitern nicht verständigen kann, will ich wenigstens
erfahren, wo sie zu Hause sind. Ich zeichne die Umrisse von
China auf ein Blatt Papier, mache bei Peking ein Kreuz und
bitte die Wanderarbeiter, mit einem Punkt aufzuzeichnen, woher sie kommen. Die meisten zeichnen sich in südlichen Regio-

Wanderarbeiter

nen ein. Als der zwölfte einen Kringel weit im Westen malt, schnauft es hinter mir. Aber es ist nicht Kuni, sondern die Ayi. Aufgeregt versucht sie mir etwas zu erklären, zeigt, weil ich nichts verstehe, in Richtung »unseres Hauses«, zerrt mich schließlich am Ärmel, rennt voraus und ich ihr hinterher.

Im Haus sitzt Kuni. Sie hat nicht die Hauptstraße, sondern eine Seitenstraße genommen und vor dem Nebeneingang gewartet. Nachdem sie das Haus von Klaus gefunden hatte, ist die Ayi im Compound umhergelaufen und hat mich verzweifelt gesucht.

Ich brühe grünen Tee, bitte die Ayi, sich auf das Sofa zu setzen, und stelle die Tasse sehr vorsichtig auf den Glastisch, um die Halloween-Hexe nicht aufzuschrecken.

Die Ayi heißt Du Qiongfang.

Sie lacht und sagt, dass es ihr gutgeht. Schlägt die Beine, die in engen Jeans stecken, lässig übereinander und verwandelt sich plötzlich in eine sehr selbstbewusste lachende Putzfrau.

Weshalb sollte es ihr schlechtgehen? Sie hat eine Tochter und einen Mann, der als Maler arbeitet. Insgesamt verdient sie hier und bei einer zweiten ausländischen Familie 150 Euro im Monat. Zwar wohnt sie in einem kleinen Hutong-Haus

Die Ayi

und muss sich mit anderen Familien eine Wasserleitung und eine Toilette teilen. »Aber wir leben in Peking.«

Sie ist mit ihrem Mann und der damals 2-jährigen Tochter aus einem Dorf bei Wuhan nach Peking gekommen. Seitdem hat sie nur bei Ausländern geputzt. Bei Chinesen möchte sie das nicht tun. »Entweder, sie behandeln einen, als ob man zur Familie gehört, sozusagen die Großmutter ist, die für alles und alle und immer da sein muss. Oder sie denken, dass sie die neuen chinesischen Kaiser sind und man dankbar sein muss, dass man als Untertan für sie arbeiten darf.«

Bei Ausländern dagegen ist sie einfach nur angestellt. »Arbeit gegen Lohn, mehr nicht.«

Manche Ausländer fragen, wie sie heißt. »Dann sage ich:

Du Qiongfang, aber meiner Tochter habe ich, damit es ihr einmal bessergeht, den amerikanischen Namen Merry, wie merry christmas, gegeben!«

Alles, was sie und ihr Mann verdienen und nicht unbedingt zum Leben brauchen, legen sie für die Zukunft von Merry zurück.

Sie haben zu Hause in Wuhan eine Wohnung gekauft, die sie vermieten. »In vier Jahren wird Merry aufs Gymnasium gehen. Dann kehren wir nach Wuhan zurück.« Denn in Peking kann die Tochter von Wanderarbeitern, die keine Einwohnerkarte von Peking besitzen, nicht das Abitur ablegen. Wenn sie viel Geld hätten, könnten sie den Gymnasiumsbesuch in Peking bezahlen, doch die Abiturprüfung müsste Merry trotzdem zu Hause machen. »Aber das wäre sehr schwer für sie, denn in den Pekinger Gymnasien lernen Schüler weniger als die in den Provinzen. In Peking müssen vor allem die Kinder der Reichen zum Studium gebracht werden.«

Ich frage, was ihre jetzt 10-jährige Tochter werden möchte.

»Am liebsten Ärztin. Sie hat Angst, Spritzen zu bekommen und könnte dann anderen Leuten Spritzen geben. Oder Lehrerin.«

»Ist sie gut in der Schule?«

Qiongfang lacht. »Nein, nur Mittelmaß. Aber sie liebt es nicht, dass man sie in der Schule zu etwas zwingt, was sie nicht möchte. Als Lehrerin, sagt sie, könnte sie andere zwingen, etwas zu tun, was sie nicht wollen.«

»Und Sie, sind Sie gern zur Schule gegangen?«

»Die Schule war angenehmer als die Arbeit auf dem Feld. In unserem Dorf, in dem sehr arme Bauern lebten, wurden wir Kinder oft nur wie nützliche Arbeitstiere behandelt.«

»Was haben Sie nach der Schule gelernt?«

»Ich wurde in der Stadt als Bedienerin eingestellt.«

»Weshalb sind Sie mit Ihrem Mann und der zweijährigen Tochter nach Peking gegangen?«

»Mein Mann hoffte, als Maler in der Hauptstadt eine gute Arbeit zu finden. Auch ich verdiene in Peking als Ayi das Vierfache von dem, was ich in der Provinz als Bedienerin erhalten habe. Wir können hier Geld für Merry sparen.«

»In vier Jahren kehren Sie nach Wuhan zurück. Die Eltern werden sich freuen, dass Tochter Qiongfang und Enkelkind Merry wieder zu Hause sind.«

Qiongfang schweigt. Trinkt Tee. Und wechselt das Thema. »Bis es so weit ist, werde ich hier als Ayi arbeiten. Mein Mann sagt zwar, dass ich aufhören soll. Er würde für uns sorgen und den Kredit für die Wohnung allein abbezahlen. Doch ich werde das nicht tun. Ich will als Frau meinen Teil beitragen.«

»Auch später zu Hause in Wuhan?«

»So lange, bis Merry einen Mann und ein Kind hat, werde ich, wenn ich dort einen Job finde, auch in Wuhan arbeiten.«

Danach will sie zu Hause bleiben. »Ich möchte dem Enkelkind all das geben, was ich in meiner Kindheit nicht erhalten habe: sehr viel Liebe und Fürsorge. Es soll nur aus meinen Erzählungen erfahren, dass man als Kind geschlagen wird und auf dem Feld der Großeltern arbeiten muss.«

Als wir den Tee ausgetrunken haben, will sie aufstehen und neuen brühen. Sie fragt, ob wir während des Gespräches den Fernseher anmachen können. »In unserer Hutong-Wohnung haben wir keinen Fernsehapparat.«

Ich weiß nicht, wie das Gerät eingeschaltet wird, brühe Tee und frage Qiongfang, was für sie ein guter Tag ist.

»Wenn mir beim Putzen nichts herunterfällt und ich die Wäsche nicht in ein falsches Fach räume.« Lachend ergänzt sie: »Ich habe in der Woche zwei freie Tage, mein Mann arbeitet immer. An den freien Tage gehe ich, wenn die Sonne scheint, im Park spazieren.«

»Und ein schlechter Tag?«

»Wenn Merry aus der Schule kommt und weint.«

»Was wünschen Sie China für die Zukunft?«

»Oh, China ist so groß! So groß kann ich nicht wünschen. Ich kann nur im Kleinen denken. Beispielsweise, dass es in China zwischen Arm und Reich gerechter zugehen sollte.«

»Und was wünschen Sie sich persönlich?«

»Viel zu viel. Zuallererst, dass mein Traum sich erfüllt: die beste Universität in China für unsere Tochter! Jeden Tag werden in China 30 000 Kinder geboren. Die Konkurrenz, der Kampf um die Bildung, ist sehr groß. Inzwischen bezahlen manche Eltern Geld, damit die noch Ungeborenen in speziellen Kliniken schon im Bauch der Mutter einen Bildungsvorsprung erhalten. Sie werden dort mit klassischer Musik beschallt, hören Fremdsprachen … Mein Mann wünscht sich ein zweites Kind, ich nicht. Selbst wenn ein zweites Kind vom Staat erlaubt würde, unser Geld reicht nur für das Glück eines Kindes.«

Kuni sagt, dass sie unglücklich war, weil sie als Einzelkind ohne Geschwister aufwachsen musste.

»Merry hat hier sehr viele Freundinnen.«

»Aber auf dem Gymnasium in Wuhan wird sie vielleicht fremd und allein sein.«

»Sie hat doch mich«, sagt die Ayi und lacht. Und wäscht die Teetassen ab und setzt sich für ein Foto noch einmal auf das Sofa. Und fragt, wie ich heiße, und erklärt, dass ich nicht mehr Ayi, sondern »Qiongfang« zu ihr sagen soll.

»›Qiongfang‹ heißt auf Chinesisch ›duftende Jade‹«, sagt Kuni.

So unkompliziert wie das Gespräch mit der Ayi war, wird das mit »meinem« salutierenden Wachjungen nicht. Er nickt zwar, als Kuni ihm meine Bitte übersetzt, und lacht, weil ich an meinem ersten Abend in Peking über sein Salutieren erschrocken war und an eine Verwechslung geglaubt hatte. Doch dann erscheint plötzlich ein zweiter Wachhabender, den ich noch nie salutieren sah. Er ist ein wenig älter, größer und stämmiger und besteht darauf, dass ich nicht nur den

Jungen, sondern auch ihn fotografiere. Danach betont er, dass der Junge während unseres Gespräches seinen Posten nicht verlassen darf. Er hat keine Ablösung für ihn. Also muss der Junge hören, reden, schauen und salutieren.

Ich frage ihn, ob der Ältere sein Vorgesetzter ist.

»Nein, meine Chefs sitzen gegenüber im Management vom Compound. Sie tragen schwarze Anzüge und weiße Hemden.«

Im Compound stehen rund 300 private Häuser auf staatlichem Grund und Boden. Die 60 Angestellten des Managements erledigen für die Hausbesitzer alle nötigen Arbeiten: Straßen kehren, Gras mähen, Müll abfahren, alle Reparaturen in und an den Häusern, Wachdienste. Jeder Hausbesitzer zahlt dafür einen nach der Wohnfläche berechneten Betrag an das private Management-Unternehmen.

»Ich gehöre wie die Handwerker, die Straßenkehrer und die Müllfahrer dem Management«, erklärt der Junge. Er heißt Renliang Liang und kommt aus der Provinz Shanxi.

Für täglich 12 Stunden Wachdienst erhält er im Monat rund 1200 Yuan (120 Euro). Liang, der am Tag weder seinen dicken schwarzen Mantel noch die Pelzmütze, sondern nur eine dünne dunkle Uniform und eine Schirmmütze trägt, arbeitet erst seit zwei Monaten als Wachposten. Er wohnt mit anderen Beschäftigten des Managements in einem Haus im Compound. »Wir schlafen zu acht in einem Zimmer.«

Ich frage, weshalb er von Shanxi nach Peking gegangen ist.

»Weil ich dort nur ein Jahr auf dem Gymnasium bleiben konnte. Dann hatten die Eltern, die mich sehr lieben, kein Geld mehr. Sie konnten sich auch kein Geld borgen, und ich musste die Schule verlassen, um selbst Geld zu verdienen.«

»Willst du irgendwann nach Shanxi zurückgehen?«

»Ja. Wenn ich so viel Geld gespart habe, dass ich …«

»… das Gymnasium beenden kann?«

»Nein. Das ist vorbei. Ich werde mir einen kleinen Laden mieten und dort Bücher oder Schuhe verkaufen.«

Der Wachjunge

Während wir uns unterhalten, hat er ab und an die Hand zur Grußerweisung an die Mütze gelegt. Doch ich bilde mir ein, nicht so akkurat wie bei mir und nicht so lächelnd.

»Musst du alle grüßen, die im Auto vorbeifahren?«

»Nein, nur die Menschen, die hier wohnen.«

»Und woran erkennst du die?«

»An den Autonummern. Ich war beim Kopfrechnen der Beste in unserer Klasse.«

Lachend frage ich ihn nach den Kennzeichen der Autos von Monika und Klaus. Und genauso lachend zuckt er mit den Schultern und sagt: »Manchmal merke ich mir auch nur die Gesichter.«

»Und spät nachts?«

»Grüße ich alle!«

»Was ist für dich ein guter Tag?«

»Immer der Tag, an dem der Lohn ausgezahlt wird. Oder wenn ein Vorbeifahrender meine Grußerweisung erwidert und ich an seinem Gesicht erkenne, dass er mich damit nicht verspotten will. Und eine gute Nacht ist die, in der ich nicht um zwei Uhr aus dem Wachhäuschen hinauslaufen muss.«

»Und ein schlechter Tag?«

»Wenn ich darüber nachdenke, dass ich, der ich lesen, schreiben, rechnen und schon einige englische Wörter kann – hier stehe und …«

Er beendet den Satz, indem er vor einem der vorbeifahrenden Compound-Manager salutiert.

Was er China wünscht, hätte ich ihn nicht fragen müssen. Ich kannte seine Antwort. »In China sollten alle Kinder, ohne dass sie dafür Geld bezahlen müssen, aufs Gymnasium und zur Universität gehen können.«

Und was wünscht er sich?

Er macht eine lange Pause.

Ich versuche zu helfen: »Eine Freundin?«

»Die auch, aber …«

Der bisher leise und ein wenig schüchtern redende Liang spricht mit Kuni plötzlich sehr laut und dabei heftig gestikulierend. »Ich wünsche mir, dass gut funktionierende automatische Ein- und Auslassschranken, die man mit Chipkarten öffnen kann, solange ich hier bin, sehr teuer bleiben. So teuer, dass sich das Compound-Management keine anschaffen und uns Wächter abschaffen kann. Automatische Schranken sind nicht nur für Menschen, die ihre Chipkarten vergessen haben, schlecht. Grüßen ist besser und billiger …«

Ich schenke Liang wie schon vor Tagen noch einen kleinen Thüringer Kräuterschnaps. Er nimmt ihn dieses Mal nicht mit zwei Händen und einer angedeuteten höflichen Verbeugung, sondern wie von einem guten Kumpel nur mit einer Hand und ohne sich zu zieren. Der ältere Wachmann berichtigt ihn, indem er den Schnaps mit zwei Händen umfasst und ihn sich in seine Jackentasche steckt. Notgedrungen muss ich auch mein letztes Fläschchen, das ich für den Friseur reserviert hatte, herausrücken.

Zum Park, in dem ich den Fahrradfriseur entdeckt habe, weise ich Kuni den Weg. Er ist viel zu klein und zu überschaubar, als dass eine an Größe gewöhnte Pekingerin ihn kennen könnte. Ich dagegen, mich hier heimisch fühlend, grüße wortlos die Chinesen, die sich an Turngeräten quälen, rückwärtslaufen, Bäume umarmen, sich mit den Füßen einen Federball zuspielen, bunte Schwerter schwingen und mit ihren in Käfigen an den Bäumen hängenden Vögeln reden.

Alles ist wie bei meinem ersten Besuch. Nur auf den einsamen Seitenwegen bietet mir in Begleitung von Kuni keine Frau »Love« an. Und die zwei Fahrradfriseure haben heute Kundschaft. Den älteren der beiden schmückt eine sehr üppige dunkelgraue Haarmähne. Über seinem blauen Anorak trägt er einen weißen Kittel. Er schaut mich fragend an, als ich bei ihm stehenbleibe. Doch als Kuni ihm sagt, dass ich nicht aus Neugierde hier bin, sondern um meine Haare schneiden zu lassen, überredet er den wartenden Chinesen, dass der mir den Vortritt lässt. Sorgfältig steckt er ein graues, bis auf den Boden reichendes Tuch unter meinen Hemdkragen, gibt einen Tropfen Öl auf die Haarschneidemaschine und rückt den Spiegel am Baumstamm gerade. Dann prüft er, ob Kämme, Scheren und Rasiermesser ordentlich nebeneinander auf dem Fahrradtisch liegen und kehrt mit einem Besen aus Reisig die schwarzen Haare des Vorgängers auf der trockenen rissigen Erde des Parks zusammen. Er freut sich, wenn Bekannte einen Ausländer auf seinem Stuhl sehen und grüßen. Kuni erklärt, wie kurz er die Haare schneiden soll.

Als er weiß, dass ich aus Deutschland komme, sagt er, dass ich in den über 50 Jahren, in denen er Haare schneidet, sein erster deutscher Kunde bin. Dann zeigt er mir stolz ein Rasiermesser. Es ist älter als er und stammt aus Solingen. Er hat es von seinem Vater geerbt. Und außer dem Solinger Messer besitzt er noch Bleistifte aus Deutschland und eine deutsche Fahrradkette. »Alles gute Qualität.«

Er schaltet die alte chinesische Haarschneidemaschine an. Sie läuft so langsam, dass ich befürchte, dass sie die Haare herausreißt, statt sie abzuschneiden. Doch die Zähne zwicken nicht. »Ich schärfe sie einzeln mit einer kleinen Feile aus England«, sagt Herr Yin.

Der 66-Jährige hat schon als Kind Friseur gelernt. »Wir waren zu Hause 16 Kinder. 16 ist eine gute chinesische Zahl! Genau wie die kaiserliche 9.« Deshalb arbeite er hier täglich von 9 bis 16 Uhr.

»Und im strengen kalten Winter?«

»Wenn die Sonne scheint, können es minus 15 Grad werden. Dann schneide ich immer noch ohne Handschuhe.«

Früher hätte er das nicht tun müssen. »Damals arbeitete ich in einem staatlichen Friseurgeschäft, wurde Meister und habe Lehrlinge ausgebildet.« Erst vor 10 Jahren entschied er sich, als Fahrradfriseur in den Park zu gehen.

»Hier spare ich die Miete und transportiere den gesamten Friseurladen auf meinem Fahrrad.«

»Schieben Sie Ihren fahrbaren Salon?«

Er schaut mich sehr verwundert an und fragt, ob er mir nicht zutraue, dass er noch Fahrrad fahren kann. »Sogar freihändig mit dem Friseurladen hintendran.«

Auf dem Anhänger stehen die Batterien und ein Transformator und Gumminäpfe mit Pinsel und Seife. Die Batterie wird, während Herr Yin meine Haare schneidet, so schwach, dass er vorzeitig Schere und Kamm nehmen muss. Den Kamm pustet er zuvor sorgfältig aus. Dann nimmt er einen

Gummiball, an dem sich ein Klistier befindet, aus dem er das Wasser fein zerstäubt herausdrückt.

Als Kuni meint, dass mein Haar kurz genug ist, rückt Herr Yin mich vor den Baumspiegel. Ich nicke lobend und frage ihn nach seiner Familie. Er hat drei Kinder. »Einen Sohn und zwei Töchter. Der Sohn ist Chauffeur von einem großen Auto. Die eine Tochter arbeitet im Restaurant, die andere ist zu Hause.«

Ich will wissen, ob sie die Friseurtradition seiner Familie fortsetzen werden. »Nein, sie sind wie die meisten jungen Leute heutzutage nicht mehr interessiert an Lebensgeschichten von anderen Menschen. Denn Friseur wird nur, wer neugierig ist auf die Geschichten der Köpfe.«

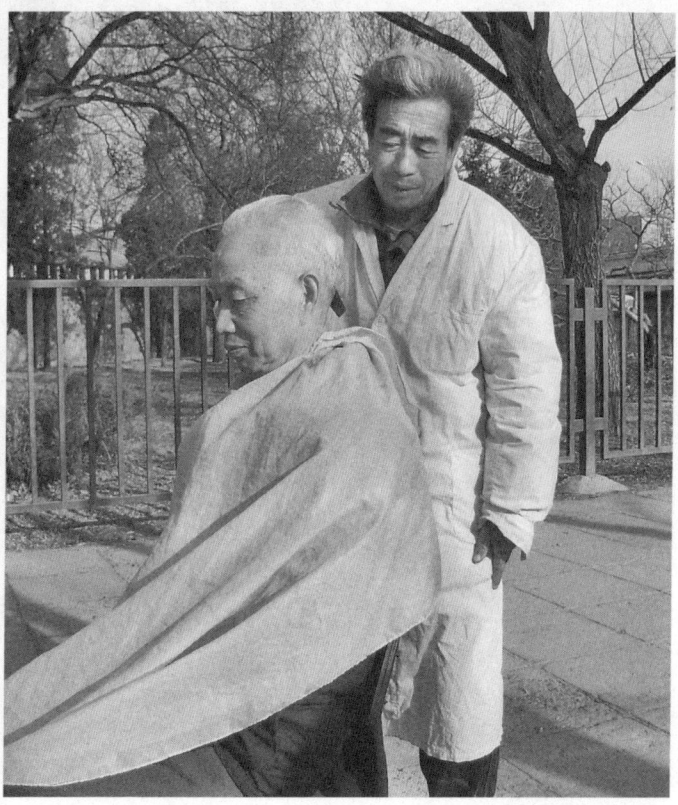

Beim Fahrradfriseur

Ein guter Tag für ihn? »Jeder Tag ist für mich gut. Gestern hat mir der Fischverkäufer zwei Goldfische geschenkt und mir erzählt, dass er sie aus einem verwahrlosten Teich herausgeholt hat, der früher dem Kaiser gehörte. Und heute, heute habe ich einem Deutschen die Haare geschnitten!«

Wie um mir zu beweisen, dass der alte Solinger Stahl immer noch sehr scharf ist, wetzt er die Klinge an dem Lederriemen, der am Fahrradlenker hängt und rasiert mir die Haar-

Der »Laden« des Fahrradfriseurs

kanten über den Ohren, ohne sie zuvor mit Seifenschaum einzupinseln. Ich beiße die Zähne zusammen.

Danach möchte ich noch wissen, was für ihn ein schlechter Tag ist. »Wenn junge Männer, die noch gar keine Männer sind, sich bei mir die Haare schneiden lassen und mich, einen alten Mann, nachdem sie, ohne zu bezahlen, davongelaufen sind, aus der Ferne noch verhöhnen. Doch das geschieht nur ein oder zwei Mal im Jahr.«

Um Chinas Zukunft müsste er sich nicht sorgen, sagt er. »Lediglich, wenn seine Führer vergessen sollten, dass ihre Eltern Bauern waren, und sich dessen schämen, wird es dem Land schlecht ergehen.«

Sich selbst wünscht er nichts Besonderes. »Ich möchte so viel Geld sparen, dass mir, wenn ich einmal sehr krank bin, gute Ärzte helfen werden.«

Ich frage Herrn Yin, wie viel ein Haarschnitt kostet.

»10 Yuan.« (1 Euro)

»Für Chinesen und für Ausländer?«

»10 Yuan für alle Menschen, die mir Geschichten erzählen oder meine Geschichten hören wollen«, sagt der Fahrradfriseur und lacht.

Ich gebe ihm 20 Yuan.

Und er lehnt das hohe Trinkgeld nicht ab.

Wahrscheinlich ist ein Trinkgeld das Privileg aller Friseure in allen Ländern.

Als ich wenig später mit Kuni im Café sitze, schaut keiner verwundert auf meinen Haarschnitt.

Kuni sagt: »Du siehst mit kurzen Haaren jünger aus.«

Wir verabschieden uns, was in China ungewöhnlich ist, nicht mit Tee und Teigtaschen, sondern mit Kaffee und Kuchen.

»Vielleicht komme ich als Reiseleiterin wieder einmal nach Deutschland. Dann rufe ich dich an«, versichert Kuni.

Die Mitglieder einer deutschen Mittelstandsvereinigung,

die sie in China betreute, hatten sie vor einigen Jahren zum Praktikum nach Deutschland eingeladen.

»Nach Neuss. In der ersten Woche verstand ich – obwohl ich Deutsch spreche – kein Wort! Sie redeten dort in einem mir unverständlichen Dialekt. Ich war sehr traurig. Aber mit der Zeit begriff ich ihre Sprache und traf dort viele gute Menschen. Man lernt eine fremde Stadt nicht durch seine Bauten und Museen, sondern nur durch seine Menschen kennen. In der Familie, bei der ich wohnte, liebte ich vor allen Dingen das Frühstück: Weißbrot und Butter und jeden Morgen ein weich gekochtes Ei.«

Beim zweiten Stück Abschiedskuchen sage ich Kuni, dass sie mir noch die im Zug versprochenen Antworten auf »unsere« vier Standardfragen schuldet.

»Ein guter Tag?«

»Ein guter Tag war, als mir wohl der Buddha selbst meinen Chow-Chow-Kater geschenkt hat. Zwei Jahre zuvor hatte mich meine große Liebe – ein Student aus Erfurt – verlassen, und ich lebte sehr einsam. Ich sah den Kater, er strich um meine Füße, rieb sich an meinem Bein und jammerte kläglich. Da habe ich ihn von der Straße aufgehoben und mitgenommen. Er ist sehr lieb und immer bei mir.«

»Ein schlechter Tag?«

»Das habe ich dir schon gesagt. Wenn ich daran denke, dass meine Eltern so weit entfernt von mir allein leben und sie darauf warten, dass ich heirate, eine Familie gründe und mich endlich um sie kümmern kann.«

»Und was wünschst du China?«

»Dass die chinesische Regierung besser für die Alten und die Armen sorgt. Früher sind wir Pioniere zu den alten Menschen gegangen und haben ihnen geholfen. Aber heute? Die Reichen müssten mehr Steuern bezahlen, damit der Staat mit diesem Geld die Armen unterstützt und die Gesellschaft in China harmonisch miteinander leben kann. Außerdem wünsche ich, dass die Chinesen sich immer weiterbilden. Sie sollen sich aber nicht zu Fachidioten entwickeln, sondern auch Tugenden erwerben.«

»Und was wünschst du dir?«

»Mindestens zwei Kinder, ein Haus, einen Garten, Harmonie im Leben und einen klugen, unternehmungslustigen Mann, mit dem ich oft in viele Länder reise. Vielleicht würde ich auch einen reichen Mann, einen Millionär nehmen. Aber ein Millionär hat viel zu tun und keine Zeit für mich. Also würde ich nur einen Millionär haben wollen, der nicht viel zu tun hat.«

Zum Schluss reden wir doch noch über die Liebe. Kuni sagt, dass sie bisher immer nur in deutsche Männer verliebt war. Und fragt unsicher, ob die Verbindung zwischen einer Chinesin und einem Deutschen auf Dauer halten und daraus eine glückliche Familie werden kann. Genauso unsicher, wie sie gefragt hat, antwortet sie selbst: »Obwohl … ich spreche gut Deutsch, ich kenne Deutschland. Ich bin eine halbe Deutsche. Und mein deutscher Freund spricht Chinesisch, lebt in Deutschland und ist ein halber Chinese. Also verbindet uns vielleicht mehr, als wenn ich, die ich nur noch eine halbe Chinesin bin, einen ganzen Chinesen heiraten würde. Und mein halber deutscher Freund eine ganze Deutsche.«

Sie lacht, wird aber sofort wieder ernst.

»Als mein Erfurter Freund nach Deutschland zurückflog, hat er beim Abschied lange geweint. Aber danach meldete er sich nie wieder aus seiner Heimat. Wie soll ich wissen, ob mein neuer Freund mich wirklich liebt? Und ob ich ihn so sehr liebe, dass wir eine gemeinsame Zukunft haben können?«

Sie treffen sich, sagt sie, wenn sie Sehnsucht haben, ein oder zwei Mal in der Woche im Restaurant. »Sonst lebt jeder für sich.«

Ich rate altklug: »Dann solltest du deine Wohnung nicht nur mit dem Chow-Chow, sondern zur Probe auch einmal mit deinem deutschen Freund teilen. Wenn ihr dann täglich zusammen seid und noch in dieser Nähe Sehnsucht nacheinander habt, dann wird es wahrscheinlich Liebe sein. Da unterscheiden sich Chinesen bestimmt nicht von Deutschen.«

Trotz der empörten Blicke einiger Passanten umarmen wir uns zum Abschied auf der belebten Straße vor dem Café.

Und das bleibt meine intimste Berührung mit einer Chinesin.

SPICKZETTEL (15)

Nadira G., Berufswunsch: Tierärztin oder Architektin

Für China wünsche ich, dass das Gesundheitswesen verbessert wird. Auch sollte der Respekt vor Tieren und vor anderen Menschen immer weiter steigen. Dann wünsche ich, dass die chinesischen Menschen nicht ständig dem Druck ausgesetzt sind, der Beste sein zu müssen. Dass sie mehr darüber erfahren, was in ihrem Land und der Welt vor sich geht. Theoretisch könnte ich mir vorstellen, einen Chinesen zu heiraten, doch ich hab schon einen Freund. Chinesische Männer können sehr freundlich und lustig sein. Außerdem sind sie meist sehr gebildet und verfolgen ihre Ziele sehr konsequent.

Ferdinand D., Berufswunsch: Designer

Ich wünsche China einen langsamen Wandel hin zu demokratischen Verhältnissen, eine wirtschaftliche Stabilität und ein offeneres Internet.

Wenn ich an Deutschland denke, vermisse ich in China die deutsche Sauberkeit, Döner, Bratwurst, Europäerinnen, Fachzeitschriften. Und in Deutschland würden mir die Leichtigkeit, das zu tun, was man möchte, die Gelassenheit der Chinesen und der verrückte Verkehr fehlen.

Die Geisel

ODER:

»Wo zai wai guo ju zhu de shi jian bi zai de guo chang« – »Ich war in der Fremde länger zu Hause als in Deutschland«

Auch der Weg zur Deutschen Schule führt am fast vollständig ausgetrockneten, von Baggern und Picken aufgewühlten Flussbett des Liangma He vorbei. Einige Arbeiter hocken um ein Feuer neben der Eisrinne, die sich in Kurven wie eine Bobbahn schlängelt. Vier Jungen ziehen einen Schlittenkasten, der mit Betonplatten beladen ist. Am Ufer steht ein handgemaltes Schild. Auf ihm wird unter einer Telefonnummer für 50 Yuan auf Chinesisch, Englisch, Russisch und Deutsch »Hilfe bei der Suche nach dem Namen, der das künftige Glück des neugeborenen Kindes garantiert« angeboten.

Ich kann mir die Nummer nicht aufschreiben. Die Tinte ist bei minus 15 Grad eingefroren.

Am Morgen hatten Klaus und ich Bücher für die Lesung in der Deutschen Schule aus dem Regal gesucht. Und ich bewunderte die fast vollständige Sammlung der Werke seiner Lieblingsautorin Christa Wolf.

»Sie drückt aus, was ich empfinde, aber selber nicht in Worte fassen kann. Zum Beispiel führte sie mich mit ›Kassandra‹ zu einer manchmal gefährlich werden könnenden selbstkritischen Ehrlichkeit …

Irgendwann fand ich ein Tagebuch, das meine Mutter als Junglehrerin noch in der Nazizeit geschrieben hat. Und darin steht, dass sie stolz ist, die deutsche Jugend im Geiste des Deutschtums erziehen zu können. Sie war jung, und wer jung ist, unterliegt der Gläubigkeit sehr schnell. Wie Millionen halbwüchsiger Chinesen, die, von Mao aufgerufen, in der Kulturrevolution die Überbleibsel des ›bürgerlichen parasitären Lebens‹ vernichten wollten. Und die, das hatten nicht einmal Hitler und Stalin geschafft, in Kampagnen zur ›Umerziehung der Eltern‹ Vater und Mutter in Lager sperren ließen.«

Ich weiß nicht, wer von uns die Frage unserer Gläubigkeit zuerst gestellt hatte. Einig waren wir uns nur, dass weder er noch ich in der DDR der Karriere wegen in die Partei eingetreten waren, sondern weil wir an die sozialistische Idee glaubten. Gläubig waren …

»Ich hatte mich freiwillig für drei Jahre zur Armee gemeldet«, sagt Klaus. »Das war eine logische Fortsetzung: Du warst in der Schule gut, und du weißt, wie dein Leben weitergehen wird. Da gehörte das einfach dazu. Ich war immer einer von denen, die davon geträumt haben, dass sie in dieser Welt etwas bewegen werden. Also wie Einstein und andere berühmte Leute. Oder ein bisschen kleiner … Ich bin schon bei der Armee in die Partei gegangen. Das war für mich ein normaler Schritt und nicht, wie man das heute oft von Wessis hört, ein unvermeidlicher Tribut an die eigene Karriere. Ich hätte, auch ohne in der Partei zu sein, im Außenministerium oder irgendwo anders arbeiten‹ können. Aber das wäre für mich dann weder Fisch noch Fleisch gewesen. Wenn man dazugehört, dann gehört man eben auch richtig dazu. Und wir haben als Genossen ja nicht nur Blödsinn gemacht. Wie gesagt, man hat geglaubt. Es gab da eine Episode, die würdest du heute nicht mehr verstehen. 1980 haben wir Studenten in Berlin Kabelgräben für Straßenbahnen geschachtet. Ich war der Brigadier. Am Tag mussten wir soundso viel Meter schaffen. Es war ein heißer Sommer und eine ganz schöne Knochenarbeit, so ohne Schatten in der Sonne zu schinden. Wir machten das freiwillig, bekamen es nicht einmal bezahlt. Aber weil es für alles einen Plan gab, musste es auch ordentlich abgerechnet werden. Und eines Tages kam da einer vom verantwortlichen VEB Tiefbau und sagte: ›Na ja, wir machen das Pi mal Daumen!‹ Und wollte uns 15 Meter mehr anschreiben, als wir wirklich gegraben hatten. Da haben wir uns aufgeregt. ›Wir erzählen überall, dass wir ehrlich sind und dass wir im Sozialismus nicht bescheißen und so, da können wir nicht 15 Meter mehr abrechnen.‹ Wenige Jahre später hätten wir gesagt: ›Mensch, wir müssen damals eine Meise gehabt haben.‹ Wir wollten uns einfach nicht mit etwas schmücken, was wir nicht geleistet hatten.«

Dann die Jahre in der Sowjetunion, das Praktikum in China und die Diplomarbeit. In ihr hatte Klaus sich mit der Entwicklung der Landwirtschaft in China beschäftigt. »Damals begann man in China die großen Volkskommunen auseinanderzunehmen und den Bauern auf kleinen Parzellen zu erlauben, alle Produkte, die sie über das Soll hinaus erwirtschafteten, zu einem von ihnen selbst bestimmten Preis zu verkaufen. Dadurch wurde das Ernährungsproblem in China innerhalb weniger Monate gelöst. Denn die Chinesen sind von Grund auf alle kleine Geschäftsleute. Auch wenn man sich nur einen geringen Gewinn erhofft, gibt es immer einen, der die Sache beginnt. Drücke ihnen etwas in die Hand, und sie machen was draus. Und das war einer der ersten wichtigen Schritte zur chinesischen Marktwirtschaft. In einem solch großen Land wie China konnte man pragmatisch mit marktwirtschaftlichen Strukturen experimentierten, während man in der kleinen DDR selbst mit kleinen privaten Handwerksbetrieben den Unmut der ›sowjetischen Freunde‹ über ›bürgerliche Abweichungen‹ riskierte. Was in der DDR sofort furchtbare politische Auswirkungen gehabt hätte, das verlief in China sehr ruhig.«

Aber dann das Jahr 1989.

»Ich weiß noch, als der DDR-Gewerkschaftsboss Harry Tisch sagte: ›Wir weinen den DDR-Bürgern, die nach Ungarn gehen, keine Träne nach!‹ Wir, die wir auf jeden Einzelnen angewiesen waren. Wir sagten so etwas und hatten damals eine Mauer gebaut, damit wir nicht ausbluteten. Zum 40. Jahrestag der DDR hatte ich ein Schlüsselerlebnis. Ich musste eine chinesische Delegation betreuen. Sie war im Schloss Niederschönhausen im Norden Berlins untergebracht, und da kam einer der Mitarbeiter der Internationalen Abteilung vom ZK der SED aus der Stadt zu ihnen. Ich weiß noch, es war ziemlich warm, und er hatte trotzdem einen Mantel übergezogen: Es sollte niemand sein Parteiabzeichen sehen!

Und einige Monate zuvor das Massaker auf dem Platz des Himmlischen Friedens. Damals hatte ich eine Freundin beim Berliner Rundfunk. Und die knallte mir an den Kopf: ›Klaus, jetzt musst du eigentlich beim Ministerium aussteigen. Wie kannst du mit solchen Leuten zusammenarbeiten, die so etwas wie in China zu verantworten haben.‹ Sie sagte es, als ob ich mit den Chinesen befreundet wäre, die dieses Massaker angerichtet hatten. Ich habe ihr geantwortet: ›Wie das? Warum soll ich deshalb hier aufhören?‹ Egal wie die Entwicklung in der Welt läuft, die Arbeit im Ministerium ist mein Beruf: beobachten, analysieren, auswerten, weitergeben.

Wir haben nach dem Oktober 1989 immer noch gearbeitet, als wäre alles wie früher. Wir waren für die Außenpolitik verantwortlich, und Krenz und andere fuhren noch nach China. Es gab Handels- und andere Beziehungen zu China. Also habe ich weiter Informationen gesammelt und Berichte geschrieben. Nach der Volkskammerwahl wurde Meckel neuer Außenminister. Mit ihm kamen neue Abteilungsleiter aus der Bürgerbewegung oder aus dem Umfeld von Meckel. Wir kleinen Leute arbeiteten weiter. Noch existierte die DDR, und wenn es einen Staat gibt, muss es auch ein Außenministerium geben. Allerdings wollten die Leute der Bürgerbewegung in der Ministeretage nichts mit uns zu tun haben. Sie hielten uns offenbar durchweg für Betonköpfe wie Axen und Co. Ich war dann plötzlich der letzte der Mohikaner in meiner Abteilung. Noch kurz vor der Auflösung des Ministeriums waren viele Kollegen wegen Stasi-Verstrickungen entlassen worden. Ich habe das Licht ausgemacht. Ich weiß noch, am 23. August 1990 habe ich den Schlüssel abgegeben. Und am Tag der Einheit, am 3. Oktober 1990 – es war zufällig, aber vielleicht auch symbolisch –, verkaufte ich meine über alles geliebte rote 250er MZ.

Mit dem politischem System verschwanden auch mein Wertesystem und meine Lebenseinstellung, und dafür habe ich noch keinen wirklichen Ersatz gefunden. Denn wenn du nicht an Gott und ein Leben danach, sondern an die Würmer glaubst, die dich fressen, wo willst du dann die neuen Werte hernehmen? Es gibt nur noch eines: die Existenz sichern.

Jugendträume, wie wir die Welt verändern, die waren mit der Wende zerstoben. Die Chinesen machen jetzt dieselben Erfahrungen, aber sie lassen nicht auf einmal, sondern nach und nach die Luft heraus.«

Er schlägt vor, dass ich in der Deutschen Schule auch aus dem »Grenz-Gänger« lese. »Denn wir Deutsche sind in China alle eine Art Grenzgänger.«

Als ich mein rotes Paperback-Buch »Mitleid ist umsonst …« aus dem Regal nehme, sagt Klaus: »Bitte sei vorsichtig damit! Und lass es nicht liegen!«

Auf den inneren Umschlagseiten sind Strichmännchen gemalt. Und daneben die Erklärungen: »Arme seitlich anheben, den Rumpf beugen …« 27 Übungen.

»Mein Mitgefangener Ero hat sie mir in der Geiselhaft in Tschetschenien beigebracht. Und weil die Geiselnehmer mir alles Papier weggenommen hatten und ich nur dieses Buch, das ich dort wohl ein Dutzend Mal gelesen habe, besaß, malte ich die Übungen in das Buch. Bis sie uns auch die verboten, habe ich sie täglich gemacht. ›Ihr seid hier nicht zur Kur‹, schrie ›Hakennase‹, der Anführer, und stieß Ero zur Strafe hinunter in das enge Kellerloch. Ero war schon 70 und litt an einer akuten Prostataerkrankung. Im Kellerloch – draußen waren es minus 30 Grad – pinkelte er sich in die Hose. Immer wieder dieses furchtbare Spiel.«

Nach 195 Tagen, an einem Freitag, dem 13.: Am 13. Februar 1998 kam Klaus Schmuck gegen ein Lösegeld von 1 000 000

Dollar und 63 000 DM frei. Sein Portemonnaie, das nach dem Schimmel des Verstecks riecht, besitzt er noch. Außerdem einen Ledergürtel, ein Hemd und das Buch. Klaus erzählt über seine Geiselhaft, als müsste ich alle Einzelheiten schon kennen. Nach vielen Gesprächen, oft waren es nur bruchstückhafte, versuche ich das Puzzle der 195 Tage zusammenzusetzen.

Wegen seiner perfekten Russisch-Kenntnisse erhielt er 1990 eine Anstellung bei einer Westberliner Arzneihandelsfirma. Bald vermittelte er Geschäfte mit Russland. Das Unternehmen gründete in Moskau zwei Joint-Venture-Firmen. In einer wurde Klaus Schmuck 1991 Geschäftsführer.

Als Gegenleistung für den Transit von russischem Erdgas durch die abtrünnige russische Republik Tschetschenien erlaubte es Russland, Medikamente und Lebensmittel nach Tschetschenien einzuführen. In Berlin bedrängten Tschetschenen den Chef der Arzeneimittelfirma persönlich in die tschetschenische Hauptstadt Grosny zu kommen, um dort Verträge über die Lieferung von Arzneimitteln abzuschließen. Wieder und wieder vertröstete der Firmenchef die Tschetschenen, die darauf bestanden, dass er, der »bolschoi natschalnik« – der »Big Boss« –, selbst verhandelte. Weil er sich weigerte, stimmten sie schließlich zu, dass statt seiner der 7 Jahre in der Firma arbeitende Klaus Schmuck und der Serbe Ero Petrovic die Verhandlungen in Tschetschenien führen sollten. Beide starteten am 3. August 1997 in Moskau und landeten auf dem Flughafen Inguschetia, benannt nach der Republik Inguschetien, von wo aus sie mit dem Auto nach Grosny gebracht werden sollten.

Klaus zeigt mir eine der vielen Veröffentlichungen in deutschen Medien.

Berliner Zeitung, 12. August 1997:

»Berliner in Rußland entführt

Ein 34-jähriger Geschäftsmann aus Berlin« (Klaus Schmuck war zu dieser Zeit 41) »ist vermutlich von Mitgliedern einer tschetschenischen Bande im Nordkaukasus entführt worden.

Klaus Schmuck an seinem langen Konferenztisch

Die Täter fordern für seine Freilassung 3,5 Millionen Dollar Lösegeld. [...] Auf dem Flughafen der inguschetischen Hauptstadt Nasran, von wo aus die Männer weiterreisen wollten, wurden die Geschäftsleute entführt. Nach bisherigen Erkenntnissen waren Schmuck und sein Begleiter bereits am Flughafen von den Tätern mit hochgehaltenen Namensschildern erwartet worden. Seitdem fehlt von den Männern jede Spur. [...] In dem Berliner Unternehmen wollte man sich gestern nicht zum Verschwinden von Klaus Schmuck äußern. ›Dazu geben wir keine Auskunft‹, sagte eine Mitarbeiterin der Firma. Die Deutsche Botschaft in Moskau, die am Freitag nachmittag von der Verschleppung erfahren hat, steht in Kontakt mit den zuständigen russischen Stellen. ›Nicht aber mit den Entführern‹, sagte ein Sprecher des Auswärtigen Amtes in Bonn. Auch in Berlin laufen die Ermittlungen auf Hochtouren. Inzwischen sind Beamte der 5. Mordkommission mit dem Entführungsfall betraut worden. Justizsprecherin Michaela Blume: ›Die Ermittlungen dauern an. Um das Opfer zu schützen, können wir jedoch keine Einzelheiten über die Entführung bekanntgeben.‹«

Klaus: »Die Tschetschenen hatten uns freundlich empfangen. Aber irgendwann nach langer Fahrt zog der auf dem Beifahrersitz plötzlich eine Pistole und schoss aus dem Fenster des Jeeps. Ich dachte noch: Was soll das? Wir fuhren zwar angeblich in Richtung Grosny, aber die Straßen wurden nicht breiter, sondern immer schmaler. Dann hielten wir außerhalb eines Dorfes vor einem sehr alten Bauernhaus. Ein Teil des Daches war wohl durch Raketenbeschuss zerstört worden. Und vor dem Gehöft saß einer mit einer Maschinenpistole. Das war's dann. Du realisierst nicht sofort, was passiert ist, dass du jetzt Geisel sein sollst. Da denkst du als Geschäftsmann erst einmal an die Geschäfte, und mein erster Gedanke war: Was soll der Blödsinn? Nächste Woche habe ich einen wichtigen Termin.

In den ersten Tagen und Wochen haben die Geiselnehmer uns noch nicht drangsaliert. Wir waren wertvolles Gut für sie. In dem Raum, in dem wir uns ständig aufhielten, standen ein Sofa, ein Sessel, ein Klappbett. Dann gab es zwei Fenster, aber die waren bis zur Hälfte verhängt. Im Vorraum waren da noch ein Ausguss, eine Badewanne und ein Herd. Nachts rollte man eine dünne Matratze auf dem Fußboden aus, dort schliefen ›Hakennase‹ und ich nebeneinander. Außerdem gab es einen Nebenraum, in dem nur ein Schrank stand. In diesen Raum sperrte man Ero und mich, wenn Leute von außerhalb kamen und sie sich zu beraten hatten. Und schließlich gab es noch diese Falltür zum Kellerloch, in dem man nicht stehen konnte. Da wurden wir hinuntergesteckt, wenn irgendwelche Verwandten der Bewacher kamen. Und dann feierten sie oben, und wir hockten unten. In dem verwilderten Garten hinter dem Haus war eine Latrine. Da brachten sie uns nur nachts hin.

Einen Tag nach der Entführung fuhren sie mich nach Eintritt der Dunkelheit im Auto mit einer Decke über dem Kopf zu einem öffentlichen Telefonamt. Von dort aus musste ich in Berlin anrufen und die erste Forderung der Geiselnehmer, 3,5 Millionen Dollar, übermitteln. Der Chef unserer Firma sagte: ›Ja, wir holen Sie da raus, und tralalalala.‹ Natürlich hat sich damals die deutsche Polizei eingeschaltet, und andererseits war natürlich der Chef nicht wirklich geneigt, irgendetwas zu zahlen. Auch wenn er zehnmal gesagt hat: ›Wir holen Sie da raus.‹ Gedacht hat er sicherlich, dieser Schmuck, so ein Heini, so ein Ossi, der sitzt da irgendwo in Tschetschenien. Das ging dem Chef doch 100 Meter am Selbigen vorbei. (Im alltäglichen Sprachgebrauch des Unternehmens gehörte ich zu den UDOs: Unsere dummen Ossis.) Dann zog sich das hin, und je länger es dauerte, umso gemeiner wurden die Geiselnehmer gegen uns.«

Zwei aus der Gruppe der Entführer bewachten die Geiseln Tag und Nacht: »Hakennase«, ein etwa 40-jähriger ehemaliger Knastologe, und der »Kleine«, der noch keine 20 Jahre alt war.

»Für den ›Kleinen‹ waren im Leben angeblich nur zwei Dinge wichtig: Mercedes fahren und Menschen umbringen. Schon mit 16 hatte er den ersten Menschen, eine osetische Scharfschützin, getötet. Auf meinem Laptop, den sie mir in der Befürchtung, ich könnte mich damit in irgendeiner Form mit der Außenwelt in Verbindung setzen, weggenommen hatten, probierte er verschiedene Spiele aus. Er beschäftigte sich

mit ›SimCity‹, baute eine Stadt auf, legte Wasser- und Stromleitungen, errichtete Wohnhäuser, konstruierte Bürogebäude,
Krankenhäuser und Feuerwehrdepots. Immer größer und immer schneller wuchs seine Stadt, sie war in ihrer Infrastruktur
vollkommener, als ich es je zustande gebracht hätte. Außerdem benutzte er das Computer-Zeichenprogramm und malte
sehr oft die Flagge der tschetschenischen Separatisten: zwei
dicke grüne – grün ist die Farbe des Islam – Streifen, die von
zwei dünnen weißen und einem roten getrennt werden. In der
oberen grünen Hälfte befindet sich das schwer zu zeichnende
Wappen: ein goldener Schild, auf dessen blauem Rund ein silberner Wolf auf einem goldenen Podest liegt. Bestrahlt von
einem silbernen Mond und begrenzt von silbernen Sternen.

Als die Verhandlungen über das Lösegeld nicht voranka-
men, wurden Schläge die alltägliche Normalität. ›Hakennase‹,
der am Tag immer links von mir auf dem Sessel hockte, traf
bei jeder Antwort, die ihm nicht gefiel, mein linkes Ohr. Nach
Wochen begann es zu eitern, ich hatte Angst, taub zu werden,
und noch heute spüre ich den Schmerz. Auch die Drohungen,
dass wir am Morgen nicht mehr leben würden, versuchte ich
wegzustecken. Ich hatte eine Abmachung mit mir selbst getroffen: Erst wenn ich einen Pistolenlauf am Kopf spüre,
glaube ich, dass ich jetzt und hier sterben muss. Und selbst die
Demütigungen, bei denen ich hilflos zusehen musste, wie Ero
von ›Hakennase‹ gequält wurde, waren noch nicht das
Schrecklichste: Ein alter Mann mit einem Tischtuch um die
Schultern gewickelt, der möglichst lautlos seinen Urin in einer
Ecke des grob ausgehobenen Kellerloches lassen muss, weil
seine Blase die Kälte nicht aushält. Als er herauskriecht, ist er
total erstarrt, schlottert am ganzen Leib, kniet am Ölradiator
nieder, hebt sich den noch warmen Teekessel auf den Kopf …

Die größte Angst hatte ich vor ihrer Drohung, dass sie von
den Kämpfern in den Bergen eine dort schon seit Monaten gefangen gehaltene russische Geisel holen. ›Hakennase‹ schrie:

›Nicht wir, sondern ihr werdet diese Geisel erschießen! Entweder ihr tötet den Russen, oder wir töten euch!‹ Und höhnisch setzte er hinzu: ›Das könnt ihr euch doch nicht entgehen lassen. Einen Menschen töten zu dürfen, das ist eine große Sache.‹«

In solchen Situationen hatte Klaus daran gedacht zu fliehen.

»Unsere Bewacher, eine Mischung aus Knastologen und streng gläubigen Islamisten, wussten nicht, dass ich ihre Kalaschnikow-MPis und ihre Makarow-Pistolen, die sie im Schlaf und manchmal tagsüber herumliegen ließen, in meiner Armeezeit täglich auseinandergenommen und zusammengesetzt und damit auch häufig geschossen hatte. Doch um uns zu befreien, hätte ich zwei Menschen erschießen müssen. Zwar schwand nach all den Quälereien die moralische Hemmschwelle, einen Menschen zu töten. Doch was dann? Die Chancen, sich in der eisigen Kälte in einer fremden Gegend durchzuschlagen, standen fast bei Null. Man hätte uns als Ausländer sofort erkannt und dem nächsten Kommando übergeben. Wir wussten auch nicht exakt, wo wir uns befanden.«

Klaus sucht lange in einem Papierstapel und gibt mir dann ein Blatt.

»Ich habe später versucht, meine Gedanken von damals aufzuschreiben. Aber es ist wahrscheinlich unmöglich, das Geschehene unverfälscht und für Außenstehende verständlich wiederzugeben.

›In den ersten Wochen kann ich abends durch die geöffnete oberste Fensterklappe einen Baumwipfel sehen. Tag für Tag beobachte ich von der Sofaecke aus, wie die Farben verblassen, die Zweige dann die Form des Gesichtsprofils eines Bärtigen mit Barett anzunehmen scheinen und schließlich ganz in der Dunkelheit verschwinden. Als der Baum seine Blätter abwirft, sind die Fenster längst schon bis in die letzte Ecke zugehängt. Auch der Blick auf ein paar Zweige der

Weinranken vor dem Fenster wurde versperrt. Durch die kleine Fensterklappe in der Küchennische sehe ich noch immer die Weintrauben, die bei unserer Ankunft grün waren, reif und schließlich verdorrten – und wir waren noch immer gefangen, ohne Aussicht auf Freiheit. Ich hatte am Anfang öfter versucht, wenigstens ab und zu die Augen in die Ferne zu richten. Die wenigen Meter Sicht im düsteren Raum und das an die weiße Wand Starren ließen mich befürchten, dass die Augen Schaden nehmen könnten ... Als der erste Schnee gefallen ist, sagt ›Hakennase‹: ›Jetzt hat es euch erwischt, jetzt überwintert ihr mit Sicherheit hier‹, und ich erspähe während des Füllens der Wasservorratsbehälter eine braunweiße Kuh, die vor der Hütte vorbeigetrieben wird. Draußen riecht es ab und an nach Pferden ...‹«

Klaus wehrt sich, als ich sage, dass er, um sich von dem Erlebten freizuschreiben, auch heute, 12 Jahre später, alles in den Computer tippen könnte.

»Nein, wie sollte ich schildern, was im Kopf vorgegangen ist, wenn ›Hakennase‹ plötzlich fragte: ›Urod – Missgeburt –, glaubst du an Allah?‹ Und ich weiß, dass jede Antwort, sowohl ein leises Nein als auch ein lautes Ja falsch und nur ein Grund für noch mehr Schläge sein wird.

Immer öfter glaubte ich, bald sterben zu müssen. Die Angst davor ließ mich über Menschen nachdenken, von denen ich mich nun verabschieden sollte, ohne mich wirklich verabschieden zu können. Und bei manchen habe ich mich damals im Kellerloch hockend für meine Nachlässigkeit, Grobheit, Unaufmerksamkeit oder Undankbarkeit entschuldigt. Auch bei meinem Klassenlehrer. Wir verbrachten mit ihm in der 10. Klasse einige Tage in einer Jugendherberge auf dem ehemaligen Gelände des Konzentrationslagers Buchenwald. Am ersten Tag bedrängten wir ihn mit dem Vorschlag, abends eine Fete zu machen. Aber er sagte: ›Nein, hier ist nicht der rechte Ort für eine Party!‹ Wir ließen nicht locker und hatten unseren Spaß daran, ihn mit dieser Forderung und unseren Protesten immer mehr in die Enge zu treiben. Bis er, entgegen seinen moralischen Ansichten, aufgab und sagte: ›Gut, dann macht eure Party, ich erlaube es.‹ Aber wir entgegneten darauf triumphierend: ›Jetzt wollen wir nicht mehr! Wir brauchen keine Party.‹ Da war der Mann völlig kaputt …

An so etwas dachte ich damals nachts, wenn sie uns Videos gezeigt hatten, wie tschetschenische Kämpfer russischen Soldaten und Geiseln die Kehle durchschnitten. Nie werde ich das dabei entstehende röchelnde Geräusch vergessen … Und ›Hakennase‹ drohte: ›Wenn das Geld nächste Woche nicht kommt, werden wir euch genauso schlachten!‹«

Wie das Lösegeld für ihn (der Serbe Ero Petrovic kam auf den Tag genau erst ein Jahr später frei) aufgebracht werden konnte, erfuhr Klaus Schmuck erst nach der Geldübergabe am 13. Februar 1998 in Grosny.

1 000 000 Dollar und 63 000 DM in einer Tasche mitten auf der Straße. Seine Eltern und der »Freundeskreis Klaus Schmuck« hatten 63 000 DM gesammelt. Die Firma gab 300 000 Dollar, und 700 000 Dollar spendete ein unbekannter Mann, der in Kolumbien in Geiselhaft gesessen hatte und in Deutschland später eine Stiftung gründete, um Geiselopfern zu helfen.

»Danach war ich, an was ich 195 Tage fast nicht mehr geglaubt hatte, wieder in Freiheit. Aber trotzdem nicht frei!«

Mit diesem Satz im Ohr und meinem wertvollen erinnerungsträchtigen »Mitleid ist umsonst, Neid musst du dir erarbeiten«-Buch im Rucksack gehe ich hinaus in die Kälte. Noch als mich ein Lehrer im Eingang zur Deutschen Schule bittet, meine Adresse aufzuschreiben, ist die Tinte gefroren.

Die Schüler im Auditorium, in dem auch Anja Obst ihr Buch vorgestellt hat, sind sehr viel ruhiger und aufmerksamer als ich es von Schulen in Deutschland kenne. Ich lese über die

Erben der Firma Topf in Erfurt, die während der Nazizeit Verbrennungsöfen für die Konzentrationslager, unter anderem für das in Buchenwald, hergestellt hat. Ich lese über das Zusammenwachsen und Auseinanderdriften der Menschen, die in Ost und West entlang der ehemaligen deutsch-deutschen Grenze wohnen. Ich erzähle von meiner Arbeit als Hochseefischer vor Kanada und als Maurer in Afrika und sage, dass ich die Schüler hier darum beneide, dass sie viel mehr über China wissen als ich. Nach den Standardfragen, weshalb man Schriftsteller geworden ist, wie lange man an einem Buch schreibt und was man damit verdient, wollen die Mädchen und Jungen wissen, wie mir Peking gefällt. Und was ich über die Chinesen denke, die, um sich »innerlich zu säubern«, wo sie gehen und stehen auf den Boden spucken. Sie fragen, ob ich glaube, dass es gut für Chinas Zukunft ist, dass nur eine Partei regiert, und ob ich mir vorstellen könnte, für immer in China zu arbeiten, vielleicht eine Chinesin zu heiraten …

Wir reden, obwohl schon Schulschluss ist, noch eine gute halbe Stunde über China und schließen am Ende einen Pakt: Wenn das Buch erscheint, werde ich mindestens acht (»Das ist eine gute chinesische Zahl«, erklärt einer der schon 5 Jahre in Peking lebt) Exemplare an die Deutsche Schule schicken. Und die Schüler der 9., 10. und 11. Klassen beantworten mir dafür (»Wenn wir Zeit haben«, sagt eine, die erst ein Jahr in Peking lebt) meine Fragen über China schriftlich. Und der Stellvertretende Schuldirektor bedankt sich (das hat er, ganz im Stil eines Direktors in Deutschland, schon zu Beginn der Lesung getan und sich wegen dringender Termine wieder verabschiedet) für die Lesung mit einer Flasche chinesischem Wein … Als ich gehe, ist auch die Tinte wieder aufgetaut.

Am frühen Abend fahren Klaus und ich ins »Schillers«. Friederike hat mir versprochen, dort beim Bier über den zweiten Teil ihres Lebens, den Aufenthalt in China, zu berichten. Im

Auto frage ich Klaus, wie er sich gefühlt hat, nachdem er am 14. Februar 1998 in Berlin gelandet war. Er brabbelt unwirsch, dass er mir darauf schon am Vormittag mit dem Satz »Ich war wieder in Freiheit, aber nicht frei« geantwortet hat.

Der Firmenchef entließ ihn sofort »wegen Geschäftsschädigung« mit der Bemerkung: »An Ihrer Stelle wäre ich in Tschetschenien geblieben.«

Danach lebte Klaus auf sich gestellt monatelang mit der Angst, denn »Hakennase« hatte ihm gesagt, dass die »tschetschenischen Kämpfer« überall Stützpunkte besitzen. Auch in Berlin, wo sie vor der Entführung mit der Geschäftsleitung über Medikamentenlieferungen und den Besuch des Chefs in Tschetschenien verhandelt hatten. Und wenn er, der Urod Klaus Schmuck, ein Wort bei der Polizei sagen würde, das sie verraten oder ihnen schaden könnte, sollte er sich schon sein Grab schaufeln lassen. »Wir finden dich Missgeburt überall.«

Er schlief keine Nacht mehr ruhig, schaute beim Autofahren ständig in den Rückspiegel, verkaufte sein Haus und zog einstweilen unter seinem früheren Namen Müller (er hatte bei der Heirat den Namen der Frau angenommen) in eine andere Wohnung. Die Behörden schützten seine Wohnadresse, indem sie die Absender finanzieller Forderungen überprüften, bevor sie ihm die Post weiterleiteten.

Ein Jahr nach seiner Freilassung »floh« er 1999 nach China.

»Ich war in der Fremde länger zu Hause als in Deutschland.« Von seinem 18. Lebensjahr bis zu seinem 50. hatte er nicht einmal 15 Jahre in Deutschland gelebt.

In Peking arbeitete er zuerst bei der Firma »German Perfect Windows«. Er kannte Chinas Realität von seinem letzten Aufenthalt im Jahr 1985 und aus der Theorie seiner Diplomarbeit, in der er die Zeit um 1970 beschrieben hatte. Damals sollte China auf Befehl von Mao Zedong Großbritannien in der Stahlproduktion überholen. In jedem Dorf wurden kleine Öfen errichtet, in denen die Bauern alle verfügbaren eisernen Gegenstände einschmelzen mussten. Millionen Bauern verhungerten danach, weil es kaum noch Pflüge und Eggen gab, mit denen sie die Felder bestellen konnten.

Als er 1999 wiederkam, erlebte er den Wirtschaftsaufschwung in kaum vorstellbarer chinesischer Dimension. Klaus Schmuck glaubte, sich als chinesisch sprechender Ausländer mit seiner Fensterbaufirma gewinnbringend in das boomende reformierte Wirtschaftssystem einzupassen. Er glaubte es bis zum Februar 2001, als sein Mitarbeiter Weng, der ihm zuvor schon die Polizei auf den Hals gehetzt hatte, mit 45 000 DM verschwand.

Das Leben in China war für ihn, der kein ausgesprochener Individualist ist, sondern eher einer, der den vorgezeichneten, notwendigen Weg geht, in den letzten 12 Jahren nicht einfach. »In China hat ein Chinese seine Funktion als Rädchen im großen Getriebe. Mehr nicht. Es geht um die Befriedigung der Masse, des Großen und Ganzen, und nicht um die Befriedigung des einzelnen Individuums, des Persönlichen.«

Dem gegenüber steht die chinesische Verordnung zur Ein-Kind-Ehe. »Die chinesischen Einzelkinder werden heute von den Eltern und Großeltern von klein auf verhätschelt und verwöhnt. Alle springen um die verzogenen Persönchen herum. Die Kinder fühlen sich deshalb schon wie kleine Kaiser. Aber später fällt es den kleinen Kaisern schwer, sich als Erwachsene in die Masse einzuordnen.«

Solch ein Problem hatte Klaus, das Einzelkind zweier Lehrer, niemals. »Ich vermisste lediglich den Austausch mit anderen Kindern. Und die Bodenständigkeit fehlte mir.

Die Eltern meines Freundes Bernd waren Bauern. Und der sagte immer: ›Klaus, du mit deinen ungeschickten Intelligenzfingern.‹«

Die Intelligenz hat ihm bis zur Auflösung des DDR-Außenministeriums 1990 nicht geschadet. »Doch Intelligenz ist in der Welt nicht gleich Intelligenz. Sonst hätte auch ich mit meinen

China-Erfahrungen hier in der Deutschen Botschaft anfangen können. So komplikationslos und geradewegs wie Friederike.« Friederike sitzt ohne ihren Freund Robert mit anderen Deutschen dicht gedrängt am Tresen und trinkt ein Feierabendbier. Die dicke wattierte Hose und die Motorradjacke – die zierliche Person fährt auch in der Pekinger Dezemberkälte noch mit dem Motorrad – stehen, gekrönt vom Helm und über den Rucksack gelehnt, in der Ecke. Klaus umarmt sie von hinten, sie rückt für uns zur Seite. Es bleibt trotzdem so eng, dass wir nur seitlich mit einem Bein auf den hohen Barstühlen hocken können. Weil auch alle Tische besetzt sind, müssen wir wohl oder übel Kopf an Kopf miteinander reden.

Neben Friederike steht eine schwarzhaarige junge Frau in einem langen, weiten, bunten indischen Kleid. Sie unterhält sich mit einem kleingewachsenen Europäer sehr laut auf Englisch. Doch anscheinend versteht sie Deutsch oder ist eine Deutsche, denn während sie schnell und laut spricht, lauscht sie, den Kopf drehend, später auch unserem Gespräch. Dabei erkenne ich an dem Scheitel ihres Haares, dass sie von Natur aus Rotblond ist.

Ich bitte Friederike, zu erzählen, wie sie, eine von 6 Pfarrerstöchtern aus einem lippischen Dorf, nach Peking gekommen ist.

»Im Gymnasium hatte ich Musik und Französisch als Leistungsfächer gewählt, ich war von Frankreich begeistert und wollte nach dem Abi zunächst Französisch studieren. Für den Diplomübersetzer-Studiengang musste ich mich für eine zweite Sprache entscheiden und nahm mir damals den Ratschlag eines Lehrers zu Herzen, der in Taiwan gewesen und überzeugt war, dass Chinesisch zu lernen zweifellos eine gute Zukunftsinvestition ist. Heute kann ich dem nur voller Überzeugung zustimmen! Nach zwei Jahren Studium erhielt ich ein Stipendium vom Deutschen Akademischen Austauschdienst und konnte somit ein Jahr in China studieren.

Im August 1999 kam ich – mit fast 21 Jahren – das erste Mal nach China. Alles war aufregend und fremd. Zum Eingewöhnen blieb die Gruppe zwei Tage in Peking. Wenn wir im Bus zu irgendwelchen touristischen Zielen fuhren, schliefen die meisten. Bei mir war die Aufregung hingegen so groß, dass ich – trotz Jetlag – meine Augen und Sinne weit öffnete, um – vollkommen fasziniert – alles bewusst zu erleben.

Im Wohnheim meiner Studienstadt angekommen, wagte ich die ersten Schritte allein in ungewohnter Umgebung und versuchte mich, so gut wie es ging, häuslich einzurichten. Zuerst kaufte ich bunte Bettwäsche, Grünpflanzen, einen Wasserkocher und Putzzeug. Ich hatte eine Koreanerin als Zimmergenossin. Und das war gut, weil ich gezwungen war, mit ihr Chinesisch zu sprechen, und dadurch ganz automatisch vieles dazulernte und außerdem nach Hause telefonieren konnte, ohne dass sie etwas verstand. So blieb mir immerhin ein wenig Privates und ein kleiner Rückzugsort in der doch immer noch fremden neuen Welt.

Gestört hat mich in China damals vor allem, dass es immer laut ist und dass man nie allein ist. Ständig hat man unendlich viele Menschen um einen herum. Obwohl vieles durchaus gewöhnungsbedürftig war, habe ich ein sehr spannendes Jahr mit wertvollen Erfahrungen in China verbracht, was mich in dem Wunsch bestärkte, noch mehr über dieses Land erfahren zu wollen.«

Heute liest sie die wichtigsten chinesischen Zeitungen und sammelt Themen, die das Auswärtige Amt der Bundesrepublik interessieren: Chinas Position bei globalen Fragen und im internationalen Staatengefüge, Chinas politische und wirtschaftliche Entwicklung, gesellschaftspolitische und juristische Fragen, Artikel über verfassungsgemäße und individuelle Rechte und Freiheiten der Chinesen, Themen zu sozialen Problemen wie beispielsweise der mangelhaften Sozialversicherung, der unvollkommenen Gesundheitsfürsorge, der Privilegien der Kader, der Korruption und der Zwangs-umsiedlung.

Robert kommt, schält sich aus den Lederklamotten und streichelt Friederike über das Haar.

Ich lasse die beiden ihre Tagesneuigkeiten austauschen und frage die schwarz gefärbte Rotblonde, deren Gesprächspartner inzwischen gegangen ist, ob sie oft im »Schillers« sitzt.

»Nur ein, zwei Mal im Jahr.«

Sie betreut in einer großen deutschen Firma in Peking »Neueinstellungen« – Ausländer, die noch nie zuvor in China waren.

»Mit ihnen übe ich die wichtigsten chinesischen Wörter, zeige ihnen die nahegelegenen U-Bahn-Stationen, die Deutsche Botschaft, die deutschen Läden und chinesische Behörden. Und abends gehe ich mit ihnen chinesisch essen.«

»Informieren Sie die ›Neueinstellungen‹ auch über Probleme und die politische Situation in China?«

Sie versteht nicht, was ich damit meine.

»Den Abriss der Hutongs, die Billiglöhne für Wanderarbeiter, die Einschränkung der Meinungsfreiheit ...«

Das mit der Meinungsfreiheit müsste man relativ betrachten, sagt die Rotblondschwarze.«Inzwischen schreiben chinesische Zeitungen auch über Themen wie Korruption und Zwangsumsiedlung. Es gibt in China ein Computerspiel zu kaufen, in dem ein Hausbesitzer in einem Hutong um 6 Uhr geweckt wird und mit seiner einzigen Waffe, den Hauslatschen, gegen das angerückte, mit schwerem Gerät ausgerüstete professionelle Abrisskommando kämpft. Auch Minenunglücke werden in den staatlichen Medien nicht mehr verschwiegen. Für Menschenrechtsfragen gilt aber immer noch die Parteipropaganda: Das wichtigste Menschenrecht ist das Recht, dass ein Land sich zum Wohle seines Volkes weiterentwickelt. Punkt und Schluss. Und was dem Wohl des Volkes nutzt, bestimmt allein die immer noch Marx im Mund führende Kommunistische Partei.«

»Haben Sie Marx gelesen?«

Die Frau bestellt ein Bier und sagt, dass sie zwar in Trier, der Geburtsstadt von Marx studiert hat, doch weder das »Kommunistische Manifest« noch das »Kapital« kennt. Aber sie weiß, dass Marx die Arbeiterklasse als führende Kraft der Gesellschaft bezeichnet hat. »Weil China jedoch zu Maos Zeiten ein Land der Bauern war, in dem die Arbeiter noch Seltenheitswert hatten, schrieben die kommunistischen Führer in China den Marxismus einfach um: die führende Rolle erhielt die Bauernschaft.«

Ich entgegne mehr fragend als behauptend: »Doch dass inzwischen die führende Rolle in der Partei die neuen chinesischen Kapitalisten erhalten haben, um, wie die Partei sagt, den Sozialismus zum Wohle des Volkes in China durchzusetzen, das kann der alte Marx doch so nicht gemeint haben? Ist die KP Chinas inzwischen auch nur ein Fake, eine gute chinesische Fälschung?«

Sie zuckt mit den Schultern, und ich frage, was sie China für die Zukunft wünscht?

»Dass sich die Gesellschaft ohne gewalttätige Auseinandersetzung harmonisch weiterentwickelt. Die Partei wird ihre Führung nur durch soziale Fortschritte behaupten können. Auch deshalb hat sie für den beginnenden 12. Fünfjahrplan die Losung von der ›Gesellschaft des bescheidenen Wohlstandes‹ entwickelt. Alle sollen das Wirtschaftswachstum spüren. Doch das wird schwerer zu schaffen sein, als 10 000 neue Fabriken zu bauen.«

Ich frage, ob sie auch »Neueinstellungen« der Deutschen Botschaft oder anderer deutscher Institutionen betreut?

Sie schüttelt den Kopf. Und meint, dass die Mitarbeiter der Deutschen Botschaft ein besonderes Völkchen sind. »Sie arbeiten mit Deutschen. Sie wohnen mit Deutschen im gelben Würfel gegenüber vom Hotel ›Kempinski‹. Sie können deutsche Lebensmittel vom Brandt-Zwieback bis Gurken aus dem Spreewald kaufen. Sie bleiben immer unter sich. Man kann auch in Peking sehr deutsch leben, ohne tiefer in die chinesische Welt eintauchen zu müssen. Nach zwei oder drei Arbeitsjahren ziehen sie weiter in die nächste Botschaft. Vielleicht nach Helsinki oder Tokio. Intellektuell sind sie gut drauf, diese Diplomaten. Aber ob sie auch wissen, wie die Chinesen in China wirklich leben und was sie wirklich denken?«

Außerdem meint sie, dass die Deutschen, die aus dem Westen nach Peking gekommen sind, sich von den Deutschen aus der DDR unterscheiden.

»Wir aus dem Westen funktionieren auch in China wie in jedem anderen Land. Wir machen unseren Job. Egal, ob in Peking oder Helsinki oder Tokio, und gleich, ob als Diplomat, Fensterbauer, Manager, Betreuer oder als Autohändler. Und deshalb haben wir es hier in China mit unseren gradlinigen Karrieren leichter als die Leute aus der DDR. Die kommen oft als im oder am Sozialismus Gestrauchelte nach China und beginnen hier ihre frühere Gesellschaft mit der heutigen chinesischen zu vergleichen und versuchen sich dann wie gewohnt dem System anzupassen. Für sie ist China selten die gradlinige Fortsetzung ihres Berufslebens, sondern das Abenteuer eines unfreiwilligen Neuanfangs.«

Robert hat sein erstes Bier ausgetrunken. Ich frage ihn, ob er wirklich die 13 000 Kilometer von Deutschland bis nach Peking mit seinem Motorrad in 75 Tagen geschafft hat.

»Ja. Aber hätte ich gewusst, dass ich Friederike hier treffe, wäre ich schon in 45 Tagen in Peking gewesen. Ich konnte mich damals unterwegs nicht verständlich machen, sprach kein einziges Wort Chinesisch. Wenn ich die Chinesen nach einer Tankstelle fragte, sagten sie mir, wo das nächste Restaurant ist, und wenn ich etwas zu essen haben wollte, wiesen sie mir den Weg zur nächsten Tankstelle. Sie konnten einfach nicht glauben, dass sie mich, ohne dass ich ein Wort Chinesisch sprach, trotzdem richtig verstanden hatten.«

Inzwischen kann er sich mit ein paar chinesischen Worten erstaunlich gut verständigen. Und bei seinen Fahrten durch China hat er neue Rekorde aufgestellt. Ein Amerikaner aus Shanghai war auf einer Schotterstrecke durch China an einem Tag 1020 Kilometer gefahren. Da sagte ein Freund zu Robert: »Das können wir auch.« Doch in den Bergen lag Schnee. Das Essen, das sie mitgenommen hatten, gefror unterwegs. Schon nach zwei Stunden klagten die Nackenmuskeln: »Es reicht.« Doch sie hielten durch und fuhren an einem Tag 1080 Kilometer. »Meiner Bestimmung nach hätte ich vor 200 Jahren im Wilden Westen als Cowboy geboren werden sollen. Aber nun hat mein Pferd eben einen Motor im Leib.«

Er entschuldigt sich, dass er mein Gespräch mit Friederike gestört hat. Ich bestelle ihm noch ein Bier und frage Friederike, was sie sich für ihre Zukunft wünscht?

»Nichts. Nichts, was mir sofort einfällt. Nein, wirklich: Ich wünsche mir nichts.« (Vielleicht hatte sie doch einen Wunsch, denn inzwischen wechselte sie von der Presseabteilung in der Botschaft zu einer großen deutschen Autofirma in Peking.)

Bevor ich in der Wohnung das »Mitleid ist umsonst ...«-Buch wieder in das Regal stelle, fotografiere ich die Zeichnungen und Übungsanweisungen auf den Innenseiten des Umschlages. Das immer noch nach Schimmel riechende Portemonnaie von Klaus liegt auf dem Schreibtisch. Darin sammelt er die restlichen Geldscheine aus den Ländern, in die er nun als Manager fährt: Indische Rupien, Patacas aus Macao, Baht aus Thailand und ... auch Rubel.

SPICKZETTEL (16)

Christian B., Berufswunsch: Technik/Wirtschaft oder Management

Ich möchte weit in der Welt herumkommen und in einer großen Stadt mit vielen Möglichkeiten arbeiten, wie z.B.

Hongkong, New York etc. Und in späteren Jahren wahrschein-
lich wieder zurück nach Deutschland gehen, um die Natur zu
genießen.

Für China wünsche ich, dass die Regierung endlich einsieht,
dass ihre Politik und Meinung nicht die einzige ist.

Das deutsche Essen, die gute Luft und die Natur sind Dinge,
die ich hier vermisse. In Deutschland dagegen die Freiheit für
uns Jugendliche (Freiheit in dem Sinne, dass wir hier in China
viele Möglichkeiten haben, unsere Tage zu verbringen, die wir
in Deutschland nicht haben). Auch würde ich die Freundlich-
keit der Chinesen allgemein und ihre natürliche Umgangsform
mit den Dingen vermissen.

Wahrscheinlich würde ich keine Chinesin heiraten, denn ich bin
selber ein Halb-Chinese und möchte die Bräuche und die Kultur,
die ich »in mir« trage, an eine andere Nationalität weitergeben.

Die Skulptur
ODER:
»Wei shen me yao ba gong? hai you hen duo qi ta zhong guo ren« – »Weshalb streiken? Es gibt so viele andere Chinesen«

Heute will ich probieren wie Thüringer Bratwürste aus Peking schmecken. Bevor ich mich mit dem Betriebsleiter der
Wurstfabrik in Schindlers »Anlegestelle« treffe, stromere ich
zwischen dem Lama-Tempel und dem Konfuzius-Tempel hin
und her und überlege, ob ich das Heiligtum des großen Phi-
losophen im Schnelldurchlauf erkunden soll. Doch als davor
deutsche Touristen aus drei Reisebussen klettern, verzichte
ich auf die Visite und gehe stattdessen in eine der engen Hu-
tong-Gassen. Sie verläuft parallel zur Mauer des Lama-Tem-
pels. An einigen Ecken stehen die prachtvollen Tore so nah
an den Hutong-Hütten, dass ich den historischen Prunk und

die verfallenen Häuschen, die Schutthaufen und Gemüsekisten auf einem Foto vereinen kann. Doch diese Gegensätzlichkeiten erscheinen mir nicht unnatürlich wie die der 20-stöckigen Glaspaläste mit den Bettlern davor. Tempel und Hutong gehören zusammen. Goldene Drachenmasken stehen auf den Mauern der alten Wohnviertel. Rote Lampions hängen an Drähten über den Gassen. Die Haustüren sind bemalt und mit chinesischen Glückssymbolen geschmückt. Weder in dem Xilou-Hutong noch in dem Beixin-Hutong starrt mich, obwohl ich keinem weiteren Ausländer begegnet bin, ein Chinese neugierig an. Und nirgends sehe ich Bettler.

Zuerst gehe ich unsicher an den niedrigen, wegen ihrer Mauern und verschlossenen Türen nicht einsehbaren Häusern vorbei. Zwischen halb eingefallenen, aber noch bewohnten Häuschen steht ein neues, frisch verputztes Gebäude. Darin befinden sich 6 blitzsaubere öffentliche Toiletten. Auf nicht einmal 500 Metern begegne ich in den Gassen mindestens acht Frauen und Männern, die auch vor eingefallenen Häusern den Weg kehren. Es gibt ein Kosmetikgeschäft, in dem sich eine schöne junge Friseuse von mir fotografieren lässt. Daneben steht das Haus der Hutong-Verwaltung mit vielen Anschlägen. Gegenüber präsentiert ein alter Mann auf einem langen Tisch mindestens ein Dutzend chinesischer Zeitungen. An einer Fleischerbude versucht der Händler, die Fliegen von den an der Decke hängenden Fleischhälften zu vertreiben. Vor dem Gemüseladen hält ein dreirädriges Gefährt, in dem maximal 4 Leute Platz haben, aber aus dem 8 herausklettern. Zwischen Schneiderwerkstatt und einem Nudelladen präsentiert sich sogar ein kleines zweistöckiges, mit Fahnen geschmücktes Hotel.

Auf einer roten Ziegelsteinmauer prangen anstelle der 9 Dachreiterfiguren 9 Stromzähler. Dahinter befindet sich der Eingang zum Hutong-Hof Nr. 43. Die Tür ist offen. Ich stecke den Fotoapparat in den Rucksack und gehe vorsichtig

Hutong-Straße

in den quadratischen Hof. 5 Kochherde stehen nebeneinander vor der hinteren Wand. Aus einigen Fenstern ragen dicke Blechrohre, von denen ich nicht weiß, ob sie als Rauchabzug oder zur Lüftung dienen. In der Mitte des Hofes sind Schränke und Regale gestapelt. Drumherum ist im Viereck eine Leine gespannt. Auf ihr baumeln Decken, Betten, Hosen und Schuhe. Hinter einem Plastevorhang befindet sich wahrscheinlich eine gemeinsame Pinkelrinne, ein Mann ist zwar nur als undeutlicher Umriss, doch in der typischen Männerhaltung zu erkennen. Als er den Vorhang zur Seite schiebt, will ich schnell verschwinden, aber er winkt mich heran und redet sehr laut und so schrill wie ein Marktweib mit den sofort aus ihren Türen kommenden Mitbewohnern. Sie palavern wahrscheinlich über mich, der ich wie ein begossener Pudel, nichts begreifend, verschämt in ihrer Mitte stehe. Dann deutet mir der Mann mit einer Hand- und Mundbewegung Essen und Schmatzen an. Ich nicke erleichtert, hole aus meinem Rucksack Weißbrot und Apfelsinen, zeige auf eine der offenen Wohnungstüren und hoffe, dass wir zum Essen hineingehen. Aber eine der Frauen macht mir mit wenigen englischen Brocken verständlich, dass mich Herr Wong zum Essen in ein Restaurant einladen möchte.

Mir bleiben nur noch 40 Minuten bis zum Treffen mit dem Betriebsleiter der Wurstfabrik, und ich lehne die Einladung so höflich, wie es mit der Zeichensprache möglich ist, mit der Hand auf dem Herzen und kleinen Verbeugungen ab. Da geht Herr Wong mit mir durch die Gasse zu einem Händler, der wie ein Schmied mit dem Blasebalg in einem von Ruß geschwärzten Kabuff Kohlen zum Glühen bringt und darin Kastanien röstet. Herr Wong kauft eine Tüte der nach Rauch riechenden braunen Kugeln, gibt sie mir und verabschiedet sich so schnell, dass ich mich kaum bedanken kann.

In der »Anlegestelle« diskutiert ein Mann mit schon schütterem Haar, schmalen, sehr tiefliegenden Augen und einer hervorstehenden Pinocchio-Nase mit der Frau von Steffen Schindler. Er drückt ihr ein Bündel Essstäbchen in die Hand und sagt: »Wenn schon deine chinesischen Gäste nach deutscher Art im Restaurant Messer, Gabel und Löffel benutzen, dann kauf wenigstens deinen Leuten mal ein paar Stäbchen. Die essen ihren Reis sonst mit kleinen Löffeln.«

Als er mich bemerkt, bricht er die Diskussion ab, stellt sich als Betriebsleiter Peter Rössner vor und sagt, dass wir sofort losfahren. Für die 25 Kilometer bis zur Wurstfabrik hat er manchmal schon über zwei Stunden gebraucht. Unterwegs informiert er mich über den Betrieb. 10 Chinesen verarbeiten dort im Monat 20 Tonnen Fleisch zu Wurst.

»Und alles handwerklich nach guter deutscher Metzgerart.«

Die Arbeiter verdienen mindestens 1300 Yuan. Sein erfahrener Wurstmeister, der 6 Monate in Deutschland gelernt hat, fünfmal so viel. Den monatlichen Mindestlohn dürfen die Behörden der großen chinesischen Städte eigenmächtig und unterschiedlich hoch festlegen. In Peking ist er in diesem Monat (auch für alle Wanderarbeiter) von 800 auf 940 Yuan ange-

Im Hutong: seltener Blick in einen Hof

hoben worden. »Das muss im Arbeitsvertrag für die Berechnung der Sozialleistungen festgeschrieben werden. Und nach dem chinesischen Arbeitsgesetzbuch sollen alle Beschäftigten 5 Tage Urlaub und für Feiertagsarbeit 300 Prozent Lohn erhalten. Wir geben unseren Leuten 10 Tage Urlaub, und für jedes Jahr, dass sie in der Firma gearbeitet haben, erhalten sie bei einer Kündigung einen Monatslohn zusätzlich.«

Bereits nach einer reichlichen Stunde halten wir fast auf freiem Feld vor einem zweistöckigen Gebäude. Schon draußen riecht es nach Geräuchertem. Es ist 12.15 Uhr. Mittagspause! Die Männer liegen weißbekittelt in einem kleinen Raum auf Sofas oder in Sesseln und sehen fern. Die Frauen sitzen in der Küche und waschen die Teller ab.

»Alle bekommen täglich ein kostenloses Mittagessen«, sagt Peter Rössner. »Das hat Steffen Schindler angeordnet. Soziale Fürsorge für die Arbeiter, auch so ein DDR-Überbleibsel.«

Allerdings würden das inzwischen nicht alle Chinesen dankbar anerkennen.

»Die Kellnerinnen in der ›Anlegestelle‹ beschwerten sich neulich bei Frau Schindler, weil es manchmal kostenloses Essen ohne Fleisch gab. Deshalb wollen sie künftig auf das Essen verzichten und stattdessen 100 Yuan in bar erhalten. Für dieses Geld würden sie dann täglich in einer Garküche zu Mittag essen. Sagten die Kellnerinnen!«

In seinem Büro schlägt Peter Rössner vor, eine Arbeiterin und den Wurstmeister für ein Gespräch mit mir rufen zu lassen.

Ich bedanke mich, sage aber, dass wir zuvor über unser Woher und Wohin sprechen sollten.

Da grinst er unverschämt und sagt: »Wir kennen uns doch schon sehr lange und sogar sehr gut.«

In mein Staunen hinein fragt er: »Du hast lange Zeit in Meiningen gewohnt?«

»Ja«, sage ich. »Woher wissen Sie das?«

»Weil ich in Meiningen aufgewachsen bin und mit deiner ehemaligen Freundin dort 1978 das Abi gemacht habe.«

Während ich ihn ungläubig anschaue, kommentiert er lachend: »17 Millionen Menschen wohnen in Peking. Davon bestimmt über 10 000 Deutsche. Und dann trifft ein ehemaliger Meininger hier zufällig einen anderen Meininger, der Thüringer Bratwürste herstellt. Wie klein ist doch die Welt …«

Und nun erinnere ich mich auch, dass meine Freundin irgendwann von einem Klassenkameraden erzählt hat, der, wie sie meinte, schon in der 12. überheblich war, weil er Außenpolitik studieren wollte und später als Diplomat nach China gegangen ist.

»Ja, das war ich! Aber überheblich?«

Der Wurstmeister kommt. Er ist vielleicht 40 Jahre alt. Weil im Büro nur zwei Stühle an einem kleinen quadratischen Tisch stehen, hockt sich der Betriebsleiter daneben, stützt beide Arme auf die Tischplatte und sagt, dass der Wurstmeister und ich uns zum Gespräch hinsetzen sollten.

Dann rauchen die beiden.

Kastanienrösterei

Der Wurstmeister erzählt mir, was sein Chef schon weiß. Aber der übersetzt es mir trotzdem geduldig.

Auch der Wurstmeister Wang ist, wie könnte es anders sein, in einem Dorf, in Xi Guan, aufgewachsen. »Meine Eltern sind Bauern. Sie besitzen dort 8 Mu.«

»Kühe?«

»Nein, Land. 8 Mu sind ein halber Hektar«, sagt Peter Rössner.

»Die Eltern gaben mir, als ich die Schweine hütete und auf dem Feld arbeitete, schon als Kind den guten Rat: ›Wang Heyin, du musst viel lernen. Nur lernen wird dir später Glück und Reichtum bringen.‹ Doch ich war kein guter Schüler. Ich habe die Schule bis zur 9. Klasse besucht und mich dann mit verschiedenen Arbeiten durchgeschlagen.«

Als er erfuhr, dass eine deutsche Firma in China Fleischer sucht, ist er mit 8 Chinesen für ein halbes Jahr nach Deutschland gegangen.

»Dort lernte ich, wie die Deutschen Würste machen. Obwohl chinesische Würste völlig anders schmecken – sie sind ein wenig süß und ein wenig sauer –, habe ich die deutschen

Rezepturen schnell begriffen. Schwerer war es, die Kühe auf der Weide einzufangen und zu töten.«

Aus Deutschland zurück, arbeitete er als Schlachter.

»Und 1999 begann ich bei Schindlers deutsche Wurst für Chinesen und Deutsche herzustellen.«

Vor einigen Jahren ist er aus einem »Beton-Hutong« weggezogen. Er konnte sich eine 110 Quadratmeter große Wohnung und sogar ein kleines japanisches Auto kaufen.

»Meine Frau arbeitet bei Vissmann-Solarenergie. Auch eine deutsche Firma. Wir sind den Deutschen dankbar. Sie geben den Chinesen Arbeit, also Glück und Reichtum. Nicht die Kommunistische Partei Chinas schenkt uns Chinesen Glück und Reichtum, sondern deutsche Unternehmer bringen es.«

Peter Rössner will ihm widersprechen, lässt es aber. Er bietet eine weitere Zigarette an und sagt nur: »Wang, du und deine Frau, ihr seid zwei. In China leben 1,3 Milliarden Menschen.«

Ich frage den Wurstmeister, welchen Wunsch er hat.

»Eine eigene kleine Fleischerei zu gründen. Doch für einen niedrigen Menschen wie mich ist das in China unmöglich. Also wünsche ich, dass es dem deutschen Betrieb hier immer gutgeht, denn dann wird es auch mir gutgehen.«

Und was wünscht er dem Land China in der Zukunft?

»Es ist unnütz, dass ein einzelner unbedeutender Mensch China etwas wünscht und hofft, dass der Wunsch sich erfüllt. Nur die Partei entscheidet, was aus China und was aus uns wird.«

»Weshalb sind Sie kein Mitglied der Partei geworden?«, frage ich.

»Ich bin nur ein kleiner Bauer. Und ein kleiner Bauer hat inzwischen keinen Gewinn, wenn er in die Kommunistische Partei eintritt. Nur für chinesische Unternehmer bringt das einen Vorteil.«

Beim Fleischer im Hutong

Manchmal hat Wang Heyin daran gedacht, nach Deutschland zu gehen.

»Einer, der ein halbes Jahr mit mir in Deutschland lernte, wollte später in Deutschland arbeiten. Nach drei Monaten kam er wieder zurück. Auch in Deutschland kann man ohne Geld nicht gut leben … China ist meine Heimat. Meine Eltern wohnen hier. Und deshalb stellt sich für mich nicht die Frage, in ein anderes Land zu gehen. Ihr Deutschen könnt in China gut leben. Ich in Deutschland wahrscheinlich nicht.«

Er schlaucht noch eine Zigarette und verabschiedet sich, nachdem Peter Rössner gesagt hat, dass er die Arbeiterin Shi Jia in das Büro schicken soll.

An der Wand im Büro hängt eine nicht zu übersehende Fotografie. Darauf begrüßt Bundeskanzler Kohl bei einem Empfang in Peking Steffen Schindler. Oder besser: Herr Schindler begrüßt Herrn Kohl bei einem Empfang, »auf dem unsere Wurst serviert wurde«.

Wichtiger als dieses Foto, erklärt Peter Rössner, ist die daneben angebrachte Urkunde, eine sogenannte chinesische Busi-

313

ness-Lizenz. Darauf sind behördlich eingetragen: der Eigentümer des Betriebes, seine Geldmittel, die Gesellschafter, der Umsatz, die Steuern, das Stammkapital und die staatlich erteilte Produktionslizenz vom 12.05.1999 bis zum 12.05.2029. »Diese Business-Urkunde muss öffentlich sichtbar an der Wand hängen. Wenn sie in der Schublade liegt und die Finanzbeamten kommen, bezahlt man eine hohe Strafe.«

Ich frage Peter Rössner, ob er mit seinem Wurstmeister zufrieden ist.

»Er macht ordentliche Wurst und hat auch ordentliche Ansichten. Ich habe ihn einmal gefragt, weshalb er in unserem Betrieb keine Gewerkschaft gründet, damit die Kollegen eventuell für höhere Löhne streiken können. Da antwortete Herr Wang: ›Weshalb streiken? Es gibt so viele andere Chinesen. Die brauchen alle eine Arbeit.«

Außerdem ist er, der Deutsche Peter Rössner, zur selben Zeit wie der Chinese Wang Heyin im westdeutschen Fleischbetrieb »umgeschult« worden. »Und so etwas verbindet!«

Peter Rössner war von 1988 bis 1990 Mitarbeiter in der DDR-Botschaft in Peking. »Im Sommer 1990 kam das Telegramm vom neuen Außenminister Meckel: ›Sehr geehrter Herr Rössner, Ihre Dienste werden nicht mehr benötigt.‹ Ich bot meine Dienste zuerst der Berliner U-Bahn an. Dort ließen sie mich auf den Bahnhöfen Streife laufen. Danach lernte ich Schlachten und Wurstmachen, um zu Schindler nach Peking zu gehen. Doch daraus wurde zunächst nichts. Ich versuchte es als Investment-Berater und Bauunternehmer. Clevere Manager zogen mich dabei ein paar Mal über den Tisch. Und plötzlich hatte ich sehr hohe Schulden und wollte Privatinsolvenz anmelden. Aber das war nicht möglich, weil ich auch Forderungen, die durch Insolvenz nicht verjähren, begleichen musste. Ich hatte zum Beispiel als Bauunternehmer unwissentlich Bäume ohne Genehmigung fällen lassen. Pro Baum 30000 DM Strafe. Es waren einige

Bäume … Ich wusste, dass ich das nie in meinem Leben begleichen konnte. Und bin nach China.« Hier zahlt er in eine private Krankenversicherung und spart auf die Rente.

»Ich werde für immer in China bleiben.«

Nachdem die Arbeiterin Shi Jia sich schüchtern vorgestellt hat und ihre weiße Mütze abnimmt, hockt Peter Rössner sich wieder neben den Tisch. Als ich Shi Jia bitte, aus ihrem Leben zu erzählen, lacht sie. Als ich sie nach ihren Wünschen frage, lacht sie. Redet und lacht. Und redet weiter und lacht wieder. Schüttelt dabei ihre bis auf die Schultern reichenden schwarzen Haare zur Seite.

Ihr Dorf liegt 200 Kilometer von Peking entfernt. Als die Eltern 1999 als Wanderarbeiter nach Peking gingen, blieb die 11-Jährige noch 7 Jahre bei den Großeltern.

»Mein Vater arbeitet in Peking bei einer Wachfirma.«

Ob er dort salutieren muss, weiß sie nicht.

»Meine Mutter verkauft Kleidungsstücke. Ich bin erst 1997, mit 9 Jahren in die Schule gekommen.«

»Weshalb?«

»Weil ich auf dem Feld gebraucht wurde.«

In Peking arbeitete sie zuerst in der Kantine der meteorologischen Station. »Ich wusste zwar immer, was für Wetter kommen wird, hatte aber wenig Geld. Am 23. April 2007 durfte ich mich mit einer Freundin, die auch einen Job suchte, hier vorstellen. Herr Rössner sagte: ›Arbeitet einen Tag zur Probe!‹ Ich musste Würste einpacken. Und es roch sehr ungewohnt. Meine Freundin kam am nächsten Tag nicht mehr.«

Shi Jia wohnt bei den Eltern.

»In einem Hutong?«

»Ja, aber einem sehr schmutzigen.«

Ich frage nicht, ob sie es mir zeigt.

Für zwei winzige Zimmer im Hutong zahlen sie 300 Yuan Miete. »Bevor die Eltern abends von der Arbeit nach Hause kommen, koche ich für uns. Meistens Nudeln oder Teigtaschen.« Sie hat in ihrem Leben noch nie in einem Restaurant gegessen.

Der Freund von Shi Jia arbeitet als Elektriker bei der Eisenbahn.

»Wollen Sie heiraten?«

»Darüber habe ich noch nicht mit den Eltern gesprochen.«

»Was ist für Sie ein guter Tag?«

»Wenn ich glücklich bin.«

»Und wann sind Sie glücklich?«

»Wenn ich lache.«

»Und Kummer?«

»Kummer hätte ich nur, wenn mein Freund mich verlässt. Aber das wird er niemals tun. Er bekommt nichts Schöneres als mich.«

Was sie sich wünscht?

»Irgendwann mit ihm aus Peking weggehen zu können. Und dass die alten Hütten des Hutongs, in dem ich mit den Eltern wohne, abgerissen werden. Sie sehen aus, als ob man in unserem Dorf die Buchten für die Schweine neben- und übereinandergestellt hätte. Vielleicht würden wir dann sogar in Peking bleiben und in einem der neuen Hochhäuser eine Wohnung mit Wasser und Heizung und einer Toilette erhalten.«

Sie lacht wie über einen guten Witz.

»Und für China, was wünschen Sie China?«

»Ein besseres Leben für die Menschen in den Dörfern.«

Der Meininger Peter Rössner bittet sie, mir 5 frische Thüringer Bratwürste einzuschweißen.

Ich frage, ob er sich in Peking am Sonntag Meininger »Hütes« (Klöße) kocht.

»Nein! Aber vielleicht ist das eine Idee, um in Peking ein Thüringer Restaurant zu eröffnen. Du könntest in Meiningen oder Suhl ein paar Arbeitslose fragen, ob sie hierherkommen.«

Das Rezept für »Hütes« stände schon auf Chinesisch im Internet. »Und Rouladen liefern wir.«

Wobei das Liefern oft schwieriger als das Wurstmachen ist, erklärt er. »Unser Betrieb befindet sich auf dem 5. Pekinger Außenring. Vom 5. Ring dürfen am Tag keine LKW in die Stadt fahren. Nur nachts zwischen 23 und 5 Uhr können wir die Wurst in die Stadt bringen. Doch in dieser Zeit nehmen die Hotels keine Lieferungen an. Erst ab 8 Uhr! Aber nach 5 Uhr dürfen wir, wie schon gesagt, nicht in die Stadt fahren. Nur für Unternehmen mit Personentransport gibt es Sonderregelungen. Also laden wir zur Tarnung zwei, drei Leute in unseren VW-Kleinbus, und den restlichen Platz füllen wir mit unseren Wurstkisten. Wenn man uns erwischt, zahlen wir 20 Yuan Strafe. Der Wursttransport nach Shanghai ist einfacher. Da bringen wir die Wurst zum Flugplatz.«

Mit den eingeschweißten Thüringer Würsten im Rucksack mache ich mich auf den Weg zur Chefsekretärin Julia und zu ihrem Mann, dem Künstler Wang Shugang. Das von Maschendrahtzaun und Steinmauer umgebene Viertel, in dem sie wohnen, ist strenger bewacht als das von Klaus. Am Eingang wird nicht salutiert, sondern kontrolliert. Julia muss mich abholen. Die schlanke, groß gewachsene Frau, die ihre Haare so kurz trägt, dass die kleinen Ohren nicht verdeckt werden, geht durch das Wohngebiet, in dem auch schon in die Jahre gekommene Hochhäuser stehen, voraus. Im Treppenaufgang riecht es wie in einem Gemüselager. Neben vielen Wohnungstüren liegen Haufen von Kohl, Möhren und Rote Bete.

»In ihren inzwischen abgerissenen Hutongs besaßen die Bewohner kleine Verschläge und Schuppen, in denen sie ihr Gemüse während des Winters aufbewahren konnten«, erklärt Julia.

Schon als sie die Wohnung aufschließt, höre ich Musik von Bach.

Wang Shugang liebt klassische Musik. Er besitzt rund 2000 CDs und fast 1000 Schallplatten.

Er dreht die Musik leise und begrüßt mich auf die Art, wie ich sie inzwischen von Chinesen kenne: höflich, doch ohne überschwängliche Gefühle. Wang Shugang spricht sehr gut Deutsch.

»Ich habe von 1989 bis zum Jahr 2000 im Deutschland gelebt und dort auch Julia kennengelernt.«

Offenbar habe ich zu auffällig und fasziniert auf seinen großen kahlen Kopf geschaut, denn er erklärt mir zuerst, dass ihm bei der Rückkehr nach Peking die Haare »im Kreisrund« ausgefallen sind. »Da ließ ich die Reste abschneiden und rasiere nun aller zwei Tage meinen Schädel blitzblank.«

Und Julia ergänzt, dass Freunde, die seine künstlerischen Arbeiten bewundern, behaupten, dass er die Köpfe vieler Skulpturen seinem Ebenbild gleich modelliert hat.

Zumindest für die 18 Bronzefiguren seiner Ausstellung »Das Ich im Wir«, die mir Julia auf dem Computer zeigt, stimmt es. Alle sind glatzköpfig. Aber in den fast lebensgroßen, barfüßigen Skulpturen erkenne ich auch die alten, freundlichen Männer aus dem Park, die mit Vögeln sprechen oder mit Qigong-Kugeln spielen.

Mir gefallen die Figuren. Ich empfinde sie als eine realistische, fast folkloristische Abbildung der Realität.

Julia widerspricht. »Das stimmt nur auf den ersten Blick. Für den Betrachter, der China kennt, verkörpern diese Skulpturen auch die Historie und die Konflikte der chinesischen Gegenwart.«

Noch um die Jahrhundertwende war es den vermögenden Söhnen der kaiserlichen Mandarine und Beamten, den Snobs und Nichtstuern vorbehalten, sich im Freien zu vergnügen. Sie trafen sich, um die Zeit totzuschlagen, auf Plätzen und in Parks zum Spielen. Heute kommen die alten Menschen, Arme und Alleinlebende, die viele Jahre lang gearbeitet ha-

Eckladen im Hutong

ben, in den Park. An ihrem Lebensabend erholen sie sich bei Spielen mit Vögeln, Kugeln, Bällen und traditionellen gymnastischen Übungen. Und leisten sich damit das für sie einzig mögliche kostenlose Freizeitvergnügen.

»Aber die Skulpturen-Gruppe verkörpert auch die Kritik, dass im urbanen Peking immer mehr Menschen aus ihren Lebenszusammenhängen herausgerissen und umgesiedelt werden. Diese Menschen retten sich dann aus der Uniformität der neuen Wohnsiedlungen zu diesen Freizeitinseln, auf denen sich jeder zumindest mit seinem Spiel als Individuum aus der Masse herausheben kann.«

Im Sommer hat Wang Shugang die 18 Figuren anlässlich des China-Besuches von Bundespräsident Horst Köhler im Garten der Deutschen Botschaft gezeigt. Das Protokoll für den Bundespräsidenten sah »zwei Minuten Anschauen der Skulpturen-Gruppe des Chinesen Wang Shugang« vor. Aber der Bundespräsident hat sie über zehn Minuten betrachtet und mit Wang Shugang gesprochen.

Julia wechselt das Thema, denn ich wäre bestimmt nicht gekommen, um über Skulpturen zu sprechen, sondern um die Geschichte mit dem Unfall des Mannes ihrer Ayi zu hören.

»Ja, darüber wollte ich mit Ihnen reden. Doch wahrscheinlich haben Sie mir schon alles gesagt.«

Sie nickt und bestätigt, dass der Mann zwar in der kommunalen medizinischen Praxis geröntgt worden ist, aber ohne ihr Geld, die 800 Euro, nicht operiert worden wäre. »Wer zu arm ist und sich kein Geld borgen kann, bleibt dann ein Krüppel.«

Das ist ein soziales Problem. Doch im Fall der Ayi sei es erst durch das zweite soziale Problem ausgelöst worden: den Abriss der zum Teil dörflichen Wohnsiedlung. Das Atelier von Wang Shugang befand sich in einer Siedlung, in der 3000 Menschen lebten. »Fast alle bauten noch Kartoffeln und Mais und Gemüse in ihren Gärten an. Manche hielten auch Schweine und Hühner.«

Inzwischen hat man dort mit dem Abriss begonnen, um Platz für Hochhäuser und Gewerbegebiete zu schaffen.

»Aber nicht die Hauseigentümer, sondern die rechtlosen Mieter sind diejenigen, die bei diesem Abriss am meisten leiden müssen. Die Hauseigentümer werden entschädigt. Je größer ihr Haus ist, je mehr Fenster drin sind, umso höher ist die Abfindung, die der Staat zahlt. Wenn neue Ziegelsteine für einen Anbau vor dem Haus liegen, weiß man, dass es bald abgerissen wird und der Eigentümer es zuvor noch schnell vergrößern will. Nur die Mieter, oft Wanderarbeiter aus den Dörfern, haben dann über Nacht keine Bleibe mehr. Und in Peking auch kein Recht auf eine andere Behausung.«

Ich frage Wang Shugang, ob er auch diese sozialen chinesischen Probleme künstlerisch gestaltet.

Er schüttelt den Kopf.

»1979 besuchte ich als 19-Jähriger in Peking eine Ausstellung, in der ich zum ersten Mal Werke von Käthe Kollwitz gesehen habe. Diese Künstlerin hat das Leid der Armen, der Unterdrückten, der Trauernden und Gedemütigten sehr rea-

Geheimnisvoller Laden im Hutong

listisch und den Betrachter emotional berührend, dargestellt. Zu ihrer Zeit rüttelten solche Themen die Menschen noch auf. Doch heute ist die realistische künstlerische Darstellung von sozialen Nöten nicht mehr interessant. Wen könnte sie in unserem Medienzeitalter noch aufschrecken?«

Er meint, dass nur die vielschichtige Rezeption von Kunst, also das, was nicht eindeutig dargestellt ist und deshalb widersprüchlich erscheint, durch die verschiedenen Empfindungen, die sie beim Betrachter auslöst, noch eine Wirkung hinterlassen kann.

Aus Glasfiber hat Wang Shugang acht auf dem Boden

hockende Figuren geformt. Sie unterscheiden sich weder in der Größe, der Farbe, der Haltung noch im Aussehen. Diese für China typische Gruppen-Skulptur der in einem Kreis hockenden Figuren – sie werden inzwischen in Vancouver auf einer Parkwiese von Kanadiern umarmt und fotografiert – nennt er »Meeting«. Bei der Bad Doberaner Ausstellung zum G8-Gipfel in Heiligendamm interpretierten die Kunstwissenschaftler die 8 (!) Chinesen als ein Symbol für den »Friedenswillen«. In China dagegen betrachtete man sie als Darstellung der gleichgeschalteten chinesischen Masse und der Frage nach dem Individuellen. »Man erkannte in der hockenden Gruppe den Wunsch der Menschen – und nicht nur der Menschen in China – immer als Individuen wahrgenommen und respektiert zu werden.«

Die »Meeting-Gruppe« sei also wie seine anderen Skulpturen und Installationen keine eindeutige realistische Abbildung, sondern Symbolik.

»Kunst ist Kunst. Und Leben ist Leben.«

Ich frage Wang Shugang nach seinem Leben. Er sagt, das könnte ich in jedem Ausstellungskatalog nachlesen. Geboren 1960 in Peking. 1980 bis 1985 Studium an der Pekinger Kunsthochschule. 1985 bis 1986 Arbeit im Büro für Städteplanung in Peking. 1989 bis 2000 Aufenthalt in der BRD, anschließend Leben und künstlerische Arbeit in Peking. Ausstellungen im Kunstmuseum Gelsenkirchen, in Schaffhausen (Schweiz), in Chicago, im Park von Sanssouci, in Vancouver, in Hongkong, Dortmund, Peking ...

Mich interessiert, was in keinem Katalog steht.

Er legt ein beschwingtes Violin-Konzert von Mozart auf.

»Mein Großvater besaß im alten China ein großes Mehrfamilienhaus und wurde 1949 nach der Gründung der Volksrepublik enteignet. Danach arbeitete er in einer Schnapsfabrik. Damals hatte der chinesische Reisschnaps noch 65 Prozent. Heute nur noch schwache 56. Meine Eltern waren Schauspieler an der Peking-Oper. Man schickte sie während der Kulturrevolution in die Provinz, damit sie den Bauern sozialistische Kultur bringen. Ich blieb bei den Großeltern.«

1967 kam Wang Shugang in die Schule. Er malte gern und liebte Sport, unter anderem Basketball. Für den Leistungssport (»In meiner Klasse am Sportgymnasium lernte damals auch die heutige Nationaltrainerin der Volleyballmannschaft.«) war er mit 1,72 Metern allerdings zu klein.

»Und die Farben zum Malen kosteten zu viel Geld. Einmal gebraucht, waren sie schon verbraucht. Da begann ich zu modellieren. Der Großvater bezahlte mir den Ton, aus dem ich nach jedem Versuch wieder neue Figuren formen konnte.«

1980 bewarb er sich an der Pekinger Kunsthochschule.

Er war einer von Tausenden. Sehr viele, die damals in Peking studieren wollten, hatten sich jahrelang nicht bewerben können. »Unser Studienjahr war das erste nach der Kulturrevolution.«

Von den über tausend Bewerbern für die Studienrichtung Malerei und Bildhauerei wählte die Aufnahmekommission 60 aus, die an den Prüfungen teilnehmen durften.

»Wir wurden unter anderem in Kulturwissenschaft, Marxismus-Leninismus, Literatur, Englisch, im Zeichnen einer Gruppe und in Porträtmalerei geprüft. Ich malte sozialistische Bäuerinnen. 7 Kandidaten bestanden schließlich die Prüfung. Ich war einer von ihnen und durfte 5 Jahre bei sehr erfahrenen, älteren Kunstprofessoren studieren. Sie hatten ihr Wissen, bevor sie von Mao Zedong, wie meine Eltern, in die Provinz geschickt worden waren, in Paris oder an der Repin-Akademie in Moskau erworben.«

Nach dem Studium restaurierte Wang Shugang als Mitarbeiter des Pekinger Büros für Stadtplanung auch von Kulturrevolutionären zerstörte Skulpturen. »Den Schwan im Ritan-Park und den Kung-Fu-Kämpfer im Arbeiter-Stadion. Aber ich wollte in Peking nicht als Angestellter, sondern als freischaffender Künstler arbeiten.« Er stockt und sagt leise: »Das heißt, bis zum Tag des Massakers auf dem Platz des Himmlischen Friedens, das ich miterleben musste.«

Er schaltet Mozart aus und legt verschiedene Interpretationen der Goldberg-Variationen in den CD-Player und erklärt mir dazu, dass er die Solisten an ihrer unterschiedlichen Spielweise erkennt. »Manche gehen sehr schnell und leicht zu Werke, andere langsamer und gefühlvoller, hören Sie einmal genau hin …«

Der Klang füllt das große, sehr einfach und funktional gestaltete Wohnzimmer aus. Wir schweigen und hören zu.

Erst nach einer langen Pause erzählt Wang Shugang fast stenogrammartig seine weitere Lebensgeschichte.

»Fünf Tage nach dem Massaker verließ ich China mit meiner Frau und bin nach Deutschland gegangen. Zuerst habe ich dort, um leben zu können, Kartoffeln sortiert … Später stand ich vor dem Museum Ludwig der Modernen Kunst in Köln. Ich verharrte am Eingang wie vor einem Heiligtum und wagte lange nicht, es zu betreten. Als ich nach Stunden wieder herauskam, fühlte ich mich absolut leer. In mir war nur noch ein Gedanke: Wang Shugang, du bist unnütz mit deiner Kunst!«

Er versucht es mir zu erklären. »Wahrscheinlich entsteht bei einem Schriftsteller solch ein Gefühl der Leere erst nach und nach. Er liest ein Buch nach dem anderen, und irgendwann stellt er fest: Es ist alles schon gesagt und alles schon aufgeschrieben. Wozu soll ich dann noch dichten? Mich dagegen traf die Erkenntnis, dass in der Kunst alles schon ausprobiert ist, nach dem Gang durch das Museum mit einen Schlag.«

Danach malte er nur noch kleine Bilder und formte kleine Plastiken. Er begriff damals, dass er die europäische und amerikanische Moderne nicht kopieren wollte und konnte, und als er im Jahr 2000 mit Julia – seine chinesische Frau hatte ihn 7 Jahre zuvor verlassen – nach Peking zurückging, gestaltete er Figurengruppen mit chinesischem Traditionsbezug: tibetanische

Mönche, mit Vögeln sprechende Alte, auf dem Boden hockende Chinesen … Und er begann nicht nur im Ausland, sondern auch in China seine Kunst auszustellen und zu verkaufen.

»Der Kunstmarkt in China entwickelt sich erst. Die Westler kaufen bei uns mit den Augen. Sie sind Kunstkenner, sie kaufen, was wirklich gut ist. Die Chinesen dagegen kaufen mit den Ohren. Sie hören, das und das ist jetzt sehr teuer und eine gute Investition für später. Also kaufen sie, legen es in den Safe, um es später bei Auktionen anzubieten. Sie wollen einfach mit der Kunst Geld verdienen. Jetzt wird auch in China alles für Geld gemacht. Das haben wir vom Westen übernommen. Es gibt bei uns keine guten neuen Werte, und selbst die alten sind inzwischen keine guten Werte mehr. Sollten wir zum Konfuzianismus zurückgehen? Diese Philosophie ist nur eine Hülle. In ihr steckt keine neue Moral. Wir sind 1,3 Milliarden Menschen, aber wir haben keinen gemeinsamen Glauben. Ich meine nicht den Glauben an Jesus, Buddha oder so. Ich meine eine gemeinsame Moral und Tugend: eine Wahrheit für das Leben. Im Moment geht hier alles gegen den einzelnen Menschen. Er ist umkreist und eingeengt. Früher von der Macht der kommunistischen Ideologen. Heute von Ideologie und vom Geld.«

Ich frage, was eine seiner lebensgroßen Bronzefiguren, »Mann spielt mit Vögeln«, kostet.

»Einige tausend Euro.«

Als müsste er sich entschuldigen, fügt er hinzu: »Julia und ich genießen in China ein sehr großes Privileg: Wir müssen nicht in China leben. Wir wollen hier leben!«

Als ich die beiden auf ihrem roten Sofa fotografiere und sich Wang Shugang wie schutzsuchend an Julia lehnt, frage ich, ob sie – ein chinesischer Künstler und eine deutsche Chefsekretärin – gut miteinander auskommen.

Wang Shugang lacht. »Julia und ich hatten und haben immer eine sehr gute Arbeitsteilung. Sie lief zum Beispiel in der

Nacht, als das Unglück geschah, umher, um Geld für die Operation des Mannes unserer Ayi aufzutreiben. Und als die Ayi eine Woche in der Klinik bei ihrem Mann bleiben musste, kochte ich das Essen für unsere Tochter.«

Julia begleitet mich bis zum Wachhäuschen des Compounds und hält auf der wenig befahrenen Straße ein Taxi für mich an. Sie erklärt dem Chauffeur, dass er nicht den einige Kilometer längeren, sondern den kürzeren Weg durch das Abrissviertel nehmen soll. Er lehnt ab. Auch der zweite, der dritte und der vierte weigern sich, durch das Abrissgelände zu fahren.

Ein Chinese, der die Szene aus der Entfernung beobachtet hat, sagt, dass er mich für 40 Yuan mit seinem Privatauto auch durch das »alte Dorf« kutschieren wird.

Julia schreibt ihm die Adresse von Klaus auf. Schon nach 5 Minuten Fahrt brennen keine Straßenlaternen mehr. Im Scheinwerferlicht erkenne ich die gespenstischen Reste von Häuserwänden und Dachfirsten. Dazwischen liegen entwurzelte Bäume und Schutthaufen. Die Löcher der Straße sind notdürftig mit Müll geflickt. Der Fahrer kurvt langsam um Gräben, und als er einem verrotteten Holzhaufen ausweicht, bilde ich mir ein, dass am Straßenrand der Kadaver einer Kuh liegt.

Ich bekomme schweißnasse Hände. Und kann nichts auf Chinesisch fragen. Und der Fahrer nichts sagen. Die Scheinwerfer suchen uns einen Weg durch das Viertel, das einem zerstörten Kriegsgebiet ähnelt. Als die Abkürzung durch das Abrissgelände kein Ende nimmt, verdränge ich den Gedanken: »Wenn der Fahrer jetzt …«

Nach einer scheinbaren Ewigkeit sehe ich Lichter. Als wir dann auf eine breite geteerte Straße fahren, greife ich instinktiv nach der Hand des Mannes.

Er schaut mich verständnislos an.

Bei Klaus trinke ich einen großen Whisky. Vor dem Fenster, in dem die Räuchermannle stehen, leuchten draußen an der Weihnachtstanne die elektrischen Kerzen. Man kann sie, im Zimmer sitzend, ein- und ausschalten.

SPICKZETTEL (17)

M. M., Berufswunsch: Eventmanagerin

Ich wünsche China mehr Freiheit, ohne dass das Land zugrunde geht oder auseinanderbricht. In Deutschland würde ich meine Familie hier vermissen, die chinesische Kultur, das chinesische Essen, Einkaufen, die Lebensweise, die Sprache und einfach die chinesische Art. China ist schließlich meine Heimat geworden, und man wird Heimat wohl immer vermissen, wenn man da weggeht.

Einen Chinesen würde ich nicht heiraten wollen. Viele sind noch sehr konservativ und respektieren auch die Frauen nicht sonderlich. Sie können es auch nicht akzeptieren, wenn die Frau mehr Geld verdient. Außerdem sprechen Chinesen mich vom Aussehen nicht sonderlich an. Auch akzeptiere ich nicht, dass viele chinesische Kinder sehr verwöhnt werden und sich dann später so verhalten, als seien sie ein König, der von allen bedient werden muss.

Johanna H., seit drei Jahren in China. Berufswunsch: Lehrerin

Von einer Fee würde ich mir unter anderem einen guten Job und eine ordentliche Karriere wünschen. Und für China eine bessere finanzielle Lage der armen Menschen und mehr Menschenrechte.

Ich möchte keinen Chinesen heiraten, weil er mich dann immer zu sehr an die normalen kleinen Chinesen erinnern würde, die hier zu Tausenden auf der Straße herumlaufen. Sie riechen manchmal nicht gut und spucken auf die Straße.

Das Unglück

ODER:

Dang er zi wei fu mu bei pi dou er qing zhu de shi hou – Als der Sohn die Vertreibung der Eltern feierte

Außer der »Großen Mauer«, dem Lama-Tempel, dem Platz des Himmlischen Friedens, der »Verbotenen Stadt«, dem Konfuzius-Tempel, dem Olympia-Stadion, den Ming-Gräbern und dem Sommerpalast gehört der Himmelstempel zum touristischen Standardprogramm in Peking. Wahrscheinlich ist der auf einem Marmorsockel stehende, durch seine drei blauen runden Terrassendächer weithin sichtbare Himmelsaltar auch der in Peking am häufigsten fotografierte Tempel. Denn obwohl Klaus das Himmelsgebäude schon von allen Seiten bei jedem Besucher, den er dorthin geführt hat (»ein gutes Dutzend«), aufgenommen hat, fotografiert er auch heute noch einmal. »Wegen des besonders guten Lichtes!«

Ich steige 27 Marmorstufen hinauf, zähle von oben jeweils 9 Marmorpfosten und könnte auch die Ringe der drei Terrassen des Altars alle mit 9 multiplizieren. Die 9, so weiß ich inzwischen, gehört zu den ungeraden Zahlen, die dem Himmel zugeordnet sind und deren höchste einstellige Zahl, die Neun, nur dem Kaiser gehört.

Nach dem Zählen von Kreisen, Pfosten, Stufen, Platten und dem Fotografieren beschäftigen sich die Besucher mit Übertragungsritualen. Dazu gehen sie an der Mauer, die das Himmelsgewölbe umrundet, in die Knie, sprechen mit den Steinen und hoffen, dass ihr Partner, der vielleicht 50 Meter entfernt das Ohr an die Mauer presst, ihre Worte versteht. Oder sie stellen sich auf einen der drei sogenannten Echosteine, klatschen in die Hände und warten darauf, dass vom ersten Stein der Ton einmal zu hören ist, auf dem zweiten Stein zweimal und auf dem dritten als Echo dreimal von der Mauer zurückschallt. Aber weil ungezählte Touristen gleichzeitig klatschen,

328

Spontaner Fächertanz im Park

flüstern und schreien, ist die Kommunikation unmöglich oder irreführend, denn von »I love you« über »Ni hao« bis zu »Du Idiot« erzählen die Steine allen so ziemlich alles und nichts.

Ich umrunde stattdessen auf der untersten Panoramaetage den Himmelsaltar, und meine Gedanken schweifen dabei von der Kaisergeschichte zu Werner Tübkes Panorama des Bauernkrieges in Bad Frankenhausen …

Im Park des über 250 Hektar großen Himmelstempels, der von 6 Uhr früh bis 21 Uhr geöffnet hat, erholt sich das Volk von Peking. In der einen Stunde, die wir dort spazieren, begegnen uns unter den ehrwürdigen Zypressen, in Wandelgängen, auf Wiesen und Plätzen wohl mehr als tausend ältere Menschen. Die Neugier der staunenden Langnasen-Touristen stört die Chinesen hier weder bei Brettspielen, Fächertänzen, bei Tai-Chi-Übungen, beim Verse-Rezitieren noch beim gemeinsamen Singen und Musizieren. Als dick in Mäntel gemummelte Chinesen aus vielen Richtungen kommen, ihre Instrumentenkoffer, die fast größer sind als sie, auspacken, das Blech der Saxophone putzen, sich Frauen und Männer um die Musikanten versammeln und Notenblätter austauschen, stellen wir uns dazu. Eine Frau, die als Einzige keine gegen die Kälte schützende Wollmütze trägt, begibt sich in die Mitte, sagt ein paar Worte und beginnt zu dirigieren. Die Umstehenden, ihre Hände in den Taschen, Einkaufsbeutel vor den Füßen und Rollis neben sich, schmettern so laut, dass die Blechinstrumente sich mühen müssen, den Gesang zu übertönen. Klaus sagt, dass sie alte chinesische Weisen, aber auch neue patriotische Lieder singen. Sie lassen sich von uns, die wir sie nun aus nächster Nähe fotografieren, nicht stören. Und von den Tönen angelockt (die vernehmbarer sind als die an der Flüstermauer) gesellen sich Vorbeikommende hinzu und singen auch noch mit.

Klaus meint: »Die hier zusammen singen, tanzen und musizieren, treffen sich spontan.«

»Kleine Volkskunstensembles«, bemerke ich. »Doch in China sind sie nicht wie seinerzeit bei uns staatlich angeordnet, organisiert, gefördert und kontrolliert …«

Nach der Besichtigung des Himmelsaltars und dem Nachmittagskonzert im Park drängen wir uns durch die langen Gänge eines sich in der Nähe befindenden zweistöckigen Konsumtempels. Die wie Marktbuden Wand an Wand stehenden Geschäfte sind türlos offen. Kimonos und Blusen und Hemden und Jeans hängen an den Wänden. Teekannen, Essstäbchen, Handytaschen, Kugelschreiber und Federbälle liegen auf den Tischen. Schuhe und Taschen zuhauf unter den Tischen. Stoffballen in den Gängen.

Weil in einem Dutzend dieser Ladenbuchten oft die gleichen Waren angeboten werden, müssen die Verkäufer die vorübergehenden Ausländer wie in einem türkischen Basar überzeugen, dass es bei ihnen »the best things and the cheapest ware« gibt. Sie tun das nicht aggressiv und drängend, sondern lächelnd.

Für umgerechnet 10 Euro kaufe ich schließlich den größten Rollenkoffer, den ich je besessen habe. Ich bin überzeugt, dass ich ihn vor dem Rückflug mit materiellen Gütern – Kimonos, Gemälden, Kunstbüchern und Teekannen – randvoll füllen werde. Viel Platz hätte ich dagegen noch für ideelle Mitbringsel: Informationen über Land und Leute und meine Versuche zur Erklärung des chinesischen Wunders.

Mir bleiben nur noch wenige Tage für Gespräche und Erkundigungen. Fest vereinbart habe ich lediglich das Abschiedstreffen mit Herrn Wu Ming. Die Hoffnung, mit »Gelbfieber-Frank«, der schon wieder außerhalb von Peking arbeitet, über die »MAD DOG« zu sprechen, habe ich aufgegeben. Auch Igor Kusnezow konnte ich weder im Park noch im Restaurant der Xinyuan Nanlu finden, und ich werde wahrscheinlich weder seine deutsch sprechende Tochter Irina noch die sich um chinesische Wanderarbeiter kümmernde Madame Zhou treffen.

Als müsste er mich trösten, verspricht Klaus, dass wir am Abend mit deutschen Freunden in einem russischen Restaurant essen gehen. Dort wird es Pelmeni und Bliny und Speck und Soljanka geben.

Von Wodka spricht er nicht.

Doch den haben die deutschen Freunde schon auf dem Tisch. Es ist eine Flasche Original-Stolitschnaja. Die Gerichte

Parkkonzert

dagegen erinnern mich weder an Speisen in Moskau noch in Nowosibirsk. Auch im russischen Restaurant kochen keine Russen, sondern Chinesen. Und halbnackte russische Mädchen, die als tanzende Beilage in einer Endlosschleife auf der großen Leinwand im Restaurant zu sehen sind, machen mir das zähe »kaukasische« Schaschlik nicht zarter.

In der Disco, die wir danach aufsuchen, ich glaube sie heißt »Chocolate«, kann man tanzende russische Strip-Mädchen in natura auf der Bühne bewundern. Aber ihre Brüste sind nicht nur wegen der künstlichen Illumination, sondern auch wegen der dichten Rauchschwaden im Saal nur undeutlich zu erkennen. Und die Sängerinnen sind kaum zu hören, und am Tisch kann man sich, ohne dass einer den anderen anschreit, nicht verständigen. Nur die Zeichensprache mit den chinesischen Kellnern, die über ihren weißen Hemden bayrische Hosenträger und englische Fliegen tragen, funktioniert. Wenn man den Daumen hebt, bringen sie eine Flasche Bier. Kaum ein Chinese und auch keiner der die russischen Lieder mitsingenden Russen an den Nachbartischen schauen zur Bühne. Man stiert auf den Tisch oder dreht sich im Kreis, um zu sehen, wen man kennt und wer einen kennen müsste. Ich suche für einen Moment Igor Kusnezow und muss über meine Einfalt lachen. Irgendwann nach Mitternacht endet der russische Abend.

Wahrscheinlich hatten Hegel und Engels mit ihrer Definition recht, dass der Zufall nur die Erscheinungsform der Notwendigkeit ist: Am nächsten Morgen ruft zwar nicht Igor Kusnezow, dafür aber seine Tochter Irina an.

Der Vater lässt sich entschuldigen, doch wenn ich möchte, würde sie mich mit Madame Zhou am Nachmittag im Restaurant in der Xinyuan Nanlu abholen.

Als ich die dicken, bunten Plastestreifen der Restauranttür zur Seite schiebe, stehen zwei sehr unterschiedliche Frauen vom Tisch auf. Irina ist zwar keine Riesin, aber die Frau neben ihr, die ebenfalls schwarzhaarig, aber schon älter ist, reicht ihr kaum bis zur Schulter. Ich gebe der kleinen, zerbrechlich wirkenden Frau zur Begrüßung nur andeutungsweise die Hand. Sie trägt ein schwarzes Kostüm mit roten Knöpfen, eine weiße Seidenbluse und rote Schuhe. Und passend zu den Schuhen eine rote prall gefüllte lederne Umhängetasche.

Irina sagt, dass sie schon Tee getrunken haben und sich auch wegen des »nicht sauberen« Wodkas und weil sie das Geschenk des Vaters vergessen hat, mit mir nicht im Restaurant unterhalten möchte. Nur 10 Minuten entfernt, in der Xindong Lu, befinde sich das Büro von Madame Zhou.

Ich möchte der kleinen Frau unterwegs die schwere Umhängetasche abnehmen, aber Irina protestiert. »Madame Zhou ist sehr kräftig. Sie hat in einer Papierfabrik schon zentnerschwere Kartons geschleppt.«

Ihr Büro, ein winziges Zimmer in einem Schuppen, der hinter dem Nebenhaus eines zweistöckigen Haupthauses steht, hat Frau Zhou wohnlich eingerichtet. Eine Kochplatte, zwei Töpfe, ein Wasserkanister, drei Büchsen mit grünem, weißem und schwarzem Tee, ein Blumentopf mit einem Weihnachtsstern und ein Strauß getrockneter Gräser, ein Computertisch

Der Chor aus Parkbesuchern

mit Drucker und PC, unter dem vier Hocker stehen, und Regale, in denen sich Broschüren und Papiere stapeln. Neben einem goldgerahmten Porträt von Mao hängt die Schwarz-Weiß-Fotografie eines alten Ehepaares, das sehr ernst schaut und in gerader Haltung vor einer noch kleinen Kiefer steht.

»Das sind die Eltern von Madame Zhou«, sagt Irina.

»Doch weder die Mutter noch der Vater ist so klein wie Madame Zhou«, entgegne ich.

»Meine Eltern waren groß und kräftig, nur ich blieb klein und zierlich. Vielleicht weil sie mir den Namen Hua gegeben haben.« Hua könnte man mit »kleine, blühende Blume« übersetzen. Sie lacht. »Heute schon eine verwelkte Blume, doch wo wir damals wohnten, in einem sehr kalten und steinigen Bergdorf von Hua'an, gab es diesen Namen sehr häufig. Wäre es nach dem Vater gegangen, hätte ich Lan, ›Orchidee‹, geheißen.«

Ich sage Madame Hua Zhou: »Irina hat mir erzählt, dass Sie als Kind bei einem Unglück die rechte Hand verloren haben.«

Sie nickt.

»Es war 1970 und ich schon kein Kind mehr. Ich war 13 Jahre alt, zwar klein, aber sehr stark, und arbeitete nach der Schule im Felsgebirge, wo wir Steine für den Bau der Häuser herausgebrochen haben. Das Lernen fiel mir leicht, denn abends erzählte mir mein Ba-Ba, was andere Schüler mühsam nachlesen mussten. Er war der Lehrer in unserer Schule.«

Madame Zhou unterbricht sich und fragt, ob ich wüsste, was in den Jahren 1966 bis 1976 während der sogenannten »Großen Proletarischen Kulturrevolution« in China geschehen ist. Ich sage, dass ich darüber schon mit Chinesen gesprochen habe.

»Auch in unser Dorf kamen damals die jungen Leute der Roten Garden aus der Stadt. Sie schenkten den Kindern zuerst Amulette von Mao Zedong. Sie rezitierten sehr schöne Gedichte, die er verfasst hat. Eines ging so, ich kenne es noch auswendig:

Ein Gewitter regt sich,
Die Banner flattern, das ist die irdische Welt …
Wir können den Mond vom neunten Himmel pflücken,
In der Tiefe der fünf Meere Schildkröten fangen …
Auf der Welt gibt es keine Probleme,
Wenn wir bereit sind, in die Höhe zu klettern …«

Die Mädchen und Jungen der Roten Garden spielten mit uns Theaterstücke, in denen die Bauern und die Soldaten der Volksbefreiungsarmee Chiang Kai-shek und seine Söldner verjagten. Keiner von uns wollte damals Chiang Kai-shek spielen. Die Kulturrevolutionäre lehrten uns auch die Gebote der Revolution.«

Nachdem sie in einem Papierstapel gekramt hat, liest sie die Gebote andächtig vor, und Irina versucht mir einige zu übersetzen. »Jeder Bürger soll manuelle Arbeit verrichten … Luxusrestaurants und Taxis haben zu verschwinden … Die privaten finanziellen Gewinne und die Mieten müssen dem Staat abgeliefert werden … Die Lehren Mao Zedongs müssen schon im Kindergarten verbreitet werden … Die Intellektuellen sollen in den Dörfern arbeiten … Bankzinsen müssen abgeschafft werden …Die Mahlzeiten sollen von allen gemeinsam in den Kommunen eingenommen werden … Parfüms, Schmuckstücke, Kosmetik, nicht-proletarische Kleidungsstücke und Schuhe sind verboten … Die erste Klasse bei Eisenbahnen und luxuriöse Autos sind ebenfalls verboten … Die Verbreitung von Fotografien von sogenannten hübschen Mädchen soll eingestellt werden …«

Eines dieser Gebote hat sie nie vergessen. Madame Zhou zitiert es aus dem Kopf: »Bücher, die nicht das Denken Mao Zedongs wiedergeben, müssen verbrannt werden.«

»Eines Tages fanden sie in unserer Wohnung die Bücher meines Vaters, die er hinter den ›Betten‹ – wir schliefen im Winter auf gemauerten, mit Kohlen geheizten Lagerstätten –

versteckt hatte. Es waren Romane, unter anderem von Tolstoi, Puschkin und Dostojewski. Mein Ba-Ba versuchte, den jungen Leuten mit den roten Armbinden zu erklären, dass es russische Schriftsteller sind, die die Große Sozialistische Oktoberrevolution mit ihren Büchern vorbereiteten. Aber einer der Jungen, er hatte viel hellere Haare als die anderen, schlug meinem Vater ins Gesicht, spuckte ihn an und sagte: ›Du bist ein Lügner! Ich habe Literatur studieren müssen und weiß, dass Puschkin und Tolstoi Adelsknechte gewesen sind.‹

Sie haben alle Bücher zusammengetragen und neben dem Denkmal von Mao Zedong, das auf einem Sockel aus den Steinen unseres Gebirges steht, verbrannt. Mein Ba-Ba durfte die Schule nicht mehr betreten und wurde zusammen mit dem Parteisekretär, bei dem die Roten Garden einen Sack mit nicht gemeldetem Reis gefunden hatten, aus dem Dorf gejagt. Man schlug sie mit Knüppeln. Die Frau des Parteisekretärs und meine Mutter stopften eiligst Hemden und Hosen und Kissen und Decken in Säcke. Sie gingen mit den Männern weg. Mein 15-jähriger Bruder Song, was ›Kiefer‹ heißt, und ich blieben zurück. Ich weinte. Aber die anderen Schüler klatschten, als die vier wie heute die Wanderarbeiter mit ihren Bündeln auf dem Rücken die Schlucht hinunterstolperten. Der Nachbarjunge hatte für den ›Sieg über die Konterrevolutionäre‹ mit meinem Bruder Raketen gebaut. Als er sie bei der ›Siegesfeier‹ anzündete, wollte ich meinen Bruder, weil die Großeltern so schrecklich schrien, zurückhalten. Aber es war zu spät. Die Rakete explodierte. Mein Bruder verlor nur einen Finger, ich die rechte Hand.«

Hua blieb bei den Großeltern. Sie arbeitete nicht mehr im Steinbruch, sondern auf dem Feld. Die Schule wurde 5 Jahre geschlossen, und die Roten Garden lehrten die Kinder anhand der Reden von Mao Zedong lesen und schreiben.

1978 durften die Eltern in ihr Dorf zurückkehren.

»An diesem Tag war es sehr heiß. Doch der Ba-Ba wollte

seinen Mantel nicht ablegen, so als hätte er immer noch Angst und müsste gleich wieder fliehen. Damals fotografierte mein Bruder die Eltern vor der Kiefer, die sie 1965 bei Songs Geburt gepflanzt hatten.«

Zwei Jahre später, die Großeltern waren gestorben, fuhr Hua Zhou auf einem Armeelaster – ihr Freund musste zu den Soldaten – von den Bergen hinunter nach Peking.

»Als das Tor seiner Kaserne sich geschlossen hatte, stand ich allein in der fremden Stadt. Mein Freund meldete sich nie wieder.«

Zuerst arbeitete Hua Zhou in einer Fabrik, in der Kimonos genäht wurden. »Ich konnte den Stoff mit dem Stumpf der rechten Hand festhalten und mit der linken unter dem Nähnadelkopf entlangführen. Wir arbeiteten jeden Tag 12 Stunden. Nur am Sonntag durften wir die Maschinen schon am Mittag abstellen. Der Lohn reichte für die Miete im Wohnheim der Nähfabrik, wo ich mit 10 Mädchen in einem kleinen Zimmer schlief. Außerdem konnte ich mir am Tag zwei Schalen Reis kaufen.«

Nach einem halben Jahr begann sie in einer Kartonagenfabrik zu arbeiten. Dort erhielt sie 80 Yuan mehr als in der Näherei, insgesamt 780 Yuan.

»Dem Besitzer der Fabrik, einen Unternehmer aus Japan, war es aber zu teuer, Elektrokarren zu kaufen. Deshalb mussten wir Wanderarbeiter die zentnerschweren Kartonagestapel aus den Lagern zu den LKWs schleppen.

Als mir ein Stapel den Fuß zertrümmerte, meine Mutter kam und mir Medizin aus den Bergen brachte und mich pflegte, wollte sie mich mit nach Hause nehmen. Aber ich erhielt in Peking eine andere, sehr gute Tätigkeit. Ich durfte als Ayi arbeiten. Erst bei einer großen chinesischen Familie und dann bei einer noch sehr jungen Engländerin. Ich hatte es gut bei ihr. Sie versuchte mir oft etwas zu erklären, obwohl ich es nicht verstehen konnte. Später, als ich schon bei dem Rechtsberater hier angestellt war, erhielt ich eine der Anweisungsbroschüren, aus denen die Engländerin mir immer etwas vorgelesen hatte.«

Sie findet das Heft erst nach langem Suchen. Der Umschlag fehlt schon, aber die Seiten sind vollständig. Es sind »lehrreiche Anweisungen«, die eine englische mitreisende Ehefrau (Tai Tai) ihren Landsleuten für die »gute Arbeitsführung einer Ayi« erteilt. Danach soll man ihr beibringen (Irina übersetzt widerwillig): »Sich die Fingernägel sauberzumachen ... in der Wohnung nur das anzufassen, was geputzt werden muss ... kein Radio oder keinen Fernseher einzuschalten ... sich zu verbeugen, wenn der Hausherr mit Gästen kommt ... nicht auf den Fußboden zu spucken ... zu schweigen, wenn sie nicht Englisch oder Deutsch sprechen kann.«

Ich vermute, dass dieses zerfledderte Heft in Kolonialherrensprache wahrscheinlich schon uralt ist. Da holt Madame Zhou ein neues Buch aus dem Regal, auf dessen Umschlag vor einem blauen chinesischen Haus mit rotem Dach eine junge Chinesin mit weißer Schürze, weißem Häubchen und Besen steht.

»Colleen Klingseisen, Heidi Katherman: Ayi Survival Guide, 2007«.

Die Anweisungen der ausländischen Dienstherrinnen für die chinesischen Ayis sind 2007 höflicher formuliert: »Bitte ziehe saubere Kleidung an! Bitte stiehl nichts im Haus! Bitte ziehe Deine schmutzigen Schuhe im Haus aus! Bitte schrei nicht im Haus! Bitte wasche Dir vor der Arbeit die Haare und putze Deine Zähne!«

Über Prügelstrafen bei Vergehen im Haus steht nichts darin. Die gab es nur zur Kolonialzeit.

Madame Zhou: »Diese Anweisungen verfassen Ausländer, die empört darüber reden, dass China die Menschenrechte nicht einhält.«

Sie schaut auf ihren Büro-Wecker, den ich bisher übersehen habe, und meint, dass sie ihre Lebensgeschichte kurz zu Ende erzählen muss.

Bei der Arbeit als Ayi lernte sie einen chinesischen Elektriker und seine Frau kennen. Sie waren etwa zur gleichen Zeit wie Hua Zhou aus einem Dorf nach Peking gekommen. »Nur mit dem Unterschied, dass der Mann seine Liebste hier nicht alleingelassen hat. Aber inzwischen mussten sie ihren erst 5 Jahre alten Sohn alleinlassen. Sie haben ihn von Peking zurück in ihr Dorf gebracht, wo eine Tante das Kind versorgen wird. Der Elektriker fluchte: ›Nach 30 Jahren bekommen wir immer noch keine Hukou-Registrierung für Peking. Wir sind Aussätzige, haben kein Recht auf einen Kindergartenplatz, kein Recht auf die Schule für unseren Sohn, kein Recht auf medizinische Betreuung. Wir dürfen nur für die Pekinger arbeiten.‹

Die beiden hatten lange überlegt, ob sie sich trotzdem ein Kind anschaffen. Dann war die Frau mit dem Sohn die ersten fünf Jahre zu Hause geblieben. Doch vor zwei Monaten mussten sie, wie gesagt, den Sohn ins Dorf bringen. Sie werden ihn, wenn sie das Geld zurücklegen können, vielleicht einmal im Jahr sehen. Es ist furchtbar, was in China mit uns Wanderarbeitern gemacht wird.«

Sie stutzt in ihrer Rede. Und sagt, dass ich sie bitte nicht falsch zitieren soll.

»Trotz alledem liebe ich dieses Land. Wir lieben China, und nur wir dürfen die Zustände hier kritisieren und verändern. Wir lassen China durch niemand von außerhalb zerstören.«

Ich zeige auf das Mao-Bild neben der Fotografie ihrer Eltern.

»Ja. Er gehört zu unserem neuen China. Als er 1949 die Volksrepublik ausrief, waren 80 Prozent der Chinesen Analphabeten. Als er starb, nur noch 10 Prozent. Ohne Mao Zedong wären wir heute vielleicht eine Kolonie von Japan oder Amerika.«

Schließlich, und damit beendet sie die Geschichte ihres Lebens, hätte sie als Müllfrau in einem Compound drei Monate keinen Lohn erhalten. Als sie das Geld einforderte, kamen

Schläger der Administration und verprügelten sie. »In dieser Zeit hielten die Götter plötzlich die Hand über mich. Ich bekam eine Stelle bei dem Rechtsberater Sun Shi. Er verdient als Jurist nicht viel. Aber er hat von seinem Bruder, einem reichen Unternehmer, soviel Geld erhalten, dass er sorglos leben kann. Und weil schon Konfuzius gesagt hat, dass derjenige Mensch, der sorglos lebt, sich um die Sorgen anderer kümmern muss, begann Herr Sun Shi, Wanderarbeiter kostenlos zu vertreten. Als er eine Frau brauchte, die ihm bei den Behörden half, sagte er: ›Hua, du hast nur eine Hand, mit der du zwar gut schreiben kannst, doch trotzdem bist du ein Krüppel. Aber Krüppel lernen immer am fleißigsten und am schnellsten. Also schicke ich dich auf eine Schule für Verwaltungsrecht.‹«

Das ist vor 5 Jahren gewesen. Nach zwei Jahren kannte sie die Rechte der Wanderarbeiter, sprach bei Behörden vor, füllte Anträge aus. Sie hat sogar schon in einer Näherei – »nein, nicht die, in der ich gearbeitet hatte, sondern in einer Pekinger Jeans-Fabrik« – im Auftrag der um höhere Löhne streikenden Arbeiter mit dem Besitzer verhandelt. »Danach erhöhte der Unternehmer die Löhne um 80 Yuan im Monat.«

Ich bin sehr froh, dass ich mit Hua Zhou sprechen kann. Der DPA-Korrespondent Andreas Landwehr hatte mir zuvor schon mit vielen Informationen zum Thema Wanderarbeiter geholfen. Ihre Zahl stieg von 2 Millionen im Jahr 1980 auf rund 150 Millionen im Jahr 2010. Auf den Baustellen arbeiten sie im Monat an 26 Tagen jeweils 10 bis 11 Stunden. Sie verdienen etwa die Hälfte des Lohnes eines normalen Arbeiters. 90 Prozent der Wanderarbeiter wollen, obwohl sie oft auf Baustellen oder in Firmenheimen »wohnen«, nicht mehr in ihre Dörfer zurückgehen. Sie sind ausgeschlossen von der sozialen Betreuung und den Bildungseinrichtungen der Städte, in denen sie arbeiten. Würden sie gleichberechtigt eingegliedert, müsste der chinesische Staat für jeden Wanderarbeiter fast 9000 Euro bezahlen; für alle 150 Millionen rund 1,3 Billionen Euro …

Wanderarbeiter

Ich hoffe, dass mir Madame Zhou von einzelnen Schicksalen der Wanderarbeiter erzählen kann.

Als ich sie danach frage, holt sie aus der roten Umhängetasche einen dicken Aktenordner. In ihm sind bunte, oft dekorativ gestaltete Zeichnungen von Gegenständen abgeheftet: ein Jadestein, ein Tiger, ein Drache, das chinesische Staatswappen, der Himmel, die Sonne, ein schießender Soldat, eine Welle, ein Phönix, ein Panther, ein Liebesherz …

»Zusammen mit dem Journalisten Liu She werde ich ein Buch über Wanderarbeiter herausgeben. Wenn es verboten wird, stellen wir es in einen Blog. Zwar sind Medien wie Twitter, Facebook oder YouTube in China gesperrt, aber bei chinesischen Anbietern wie Sina oder Tencent kommunizieren von den 400 Millionen Internetbenutzern in China inzwischen schon 200 Millionen miteinander. Also werden Millionen Menschen unsere Arbeit lesen.«

Ich frage, weshalb ihr Buch über Wanderarbeiter mit Zeichnungen von Tigern, Soldaten, Wellen und Herzen illustriert wird.

»In China gibt es zurzeit etwa 50 Millionen Kinder von Wanderarbeitern, die, von den Eltern unfreiwillig zurückgelassen, bei Großeltern, Verwandten oder ganz allein in den Dörfern leben müssen. Sie haben uns ihre Namen oder die Namen der Eltern, also Blume, Orchidee, Drache, Soldat, Woge usw. symbolisch aufgezeichnet und dazu ihre oder die Geschichte der Eltern aufgeschrieben. Mehr nicht. Und das wird ein Buch.«

Ich blättere fast zwei Stunden in dem Aktenordner. Irina übersetzt, und Madame Zhou kocht erst grünen und danach weißen Tee.

Weil ich nichts über den Inhalt weiß, tippe ich auf die mir verständlichen Zeichnungen. Das sind oft auch die farbenfrohesten.

Einen das gesamte Blatt ausfüllenden goldschuppigen Drachen (Long) mit roten Krallen hat Peng Long gemalt.

Der Junge ist 13 Jahre alt. Sein Vater hat ihn, weil die Mutter sehr früh starb, als 8-Jährigen mit auf die Wanderbaustellen von Peking genommen.

»Wir hatten dort keine Unterkunft. Die Männer schliefen neben den Wänden, die sie am Tag gemauert hatten. Wir waren abends sehr müde, denn ich durfte schon Ziegel tragen. In der Nacht mussten wir, weil wir oft bestohlen worden sind, auf unseren Sachen schlafen. Sogar den Mantel des Vaters, den er immer als Decke über mich breitete, haben uns Diebe, andere Wanderarbeiter oder Bettler, weggenommen. Wenn wir zu einer neuen Baustelle zogen, trugen wir alles, was wir hatten, in einem großen Sack. Den huckte der Vater sich auf. Ich trug meine Sachen in einer kleinen Plastetüte. Später schliefen wir in Abrisshäusern, die von den Bewohnern schon geräumt waren. Es gab dort zwar kein Wasser und keinen Strom, aber wir hatten ein Dach über dem Kopf, und einmal dauerte es fast ein Jahr, bevor die Bagger kamen.«

Damals prügelte sich der kleine Drache Long oft mit Pekinger Kindern. »Sie beschimpften uns ›Migrantenkinder‹ als Diebe, Faulpelze und Drogenhändler und die Mädchen als Huren.«

Long durfte als nicht in Peking gemeldetes Kind eines Wanderarbeiters keine staatliche Schule besuchen. Der Vater sparte drei Jahre lang jeden Yuan, damit der Sohn eine der 300 in Peking existierenden, von privaten und Wohltätigkeitsvereinen gegründeten »Schulen für Migranten« (also für Menschen, die aus der Provinz kamen) besuchen konnte. Allerdings nur zwei Jahre.

»Dann wurde«, weiß Madame Zhou, »die Migrantenschule, in der viele Lehrer ohne Lohn unterrichtet hatten, geschlossen.« Long ging zurück in das Dorf. Dort lebt er allein in der inzwischen eingefallenen und vom Vater notdürftig reparierten Hütte.

»Aber ich gehe jeden Tag zur Schule«, schreibt er am Schluss seines Berichtes.

Auf einer anderen Zeichnung marschieren Soldaten mit roten Fahnen und präsentieren ihre Gewehre. Umrahmt ist das Bild von 10-Yuan-Scheinen. Madame Zhou deutet es mir. Der Sohn Cai (Reichtum) schreibt über sich und seinen Vater Ai Jun (Der die Armee liebt). Solche patriotischen Namen wären schon vor der Kulturrevolution nicht selten gewesen, erklärt Irina und zählt auf: »Jiefang – Befreiung, Hong – Rot, Geming – Revolution, Jun – Soldat, Jianguo – Baut den Staat auf, Wu – Widersteht den Amerikanern.«

Heute würden die Kinder außer den traditionellen chinesischen auch ausländische und aktuelle Vornamen erhalten. Ao Yun – Olympiade, She Bao – Soziale Sicherheit.

Cai ist noch nicht reich geworden. Er stapelt Kisten im Pekinger Gemüsegroßmarkt. Sein Vater, der schon seit 1980 in Peking lebt und in 15 verschiedenen Fabriken gearbeitet hat, erhielt immer noch keine Hukou–Registrierung für Peking.

»Aber Frau Zhou hat versprochen zu helfen, dass wir noch in diesem Jahr gleichberechtigte Einwohner werden. Der Vater ist seit langem Mitglied in dem Verband der Chinesischen Wanderarbeiter und hat schon viele Streiks organisiert. Obwohl das Recht auf Streik 1982 aus der Verfassung gestrichen wurde, scheren sich die Arbeiter in ihrer Not schon lange nicht mehr darum. Trotzdem bleibt ein Streik gefährlich, denn oft haben die Unternehmer gute Beziehungen zu den Chefs der Partei und der Behörden in den Provinzen. Und diese schicken dann Schlägertrupps und Streikbrecher. Vor allem, wenn die Arbeiter, um ihre ausstehenden Löhne zu erhalten, aus Protest hungern. Oder wenn sie androhen, vom Fabrikdach zu springen. Mein Vater, der sich in Peking von einem Bauern ohne Schulabschluss zum Elektriker entwickelte, war nach einem Streik schon verwundet wie nach einem Krieg. Aber die Arbeiter siegen immer öfter.«

Cai berichtet in seinem Text auch von Kunstausstellungen, die Maler gemeinsam mit Wanderarbeitern gestaltet haben, von Wanderarbeitern, die Gedichte schreiben, von chinesischen Fernsehserien aus dem Leben der Wanderarbeiter. Und er endet mit: »Sie sagen: Wir gehören nirgendwohin! Aber wir leben. Wir Wanderarbeiter sind eine große Familie.«

In ein rotes Herz, das die erste Seite ausfüllt, ist ein kleiner Junge mit Tusche hineingezeichnet.

»Ich heiße Wang Lai Di. Doch der Wunsch meiner Eltern hat sich nicht erfüllt.«

Irina erklärt mir, dass man den Vornamen »Lai Di« mit »Komm, kleiner Bruder« übersetzen könnte.

»Weil es kein Junge geworden war, nannten die enttäuschten Eltern ihre Mädchen ›Komm, kleiner Bruder‹, denn nur Jungen waren und sind für die Familie eine Lebensgarantie. Sie bleiben in der Familie und können später für die Eltern sorgen. Mädchen heiraten und ziehen dann zur Familie des Mannes.«

Wang Lai Di hat keinen Bruder bekommen. »Vielleicht weil mein Vater zwei Jahre im Gefängnis verbringen musste. Er hatte zuvor in den Kohlegruben bei Datong und in der Provinz Shaanxi unter Tage gearbeitet. Doch in diesen Gruben war der Abbau von Steinkohle verboten. Die Behörden hatten die Gruben, weil die Sicherheitsbestimmungen nicht erfüllt waren und es dort tödliche Unfälle gab, schon vor Jahren geschlossen. Aber Unternehmer ließen Wanderarbeiter illegal in die Gruben einfahren, denn in China verdient man heute mit Kohle viel Geld. Nach einer Polizeikontrolle wurde mein Vater mit anderen Arbeitern unten in der Grube verhaftet.«

Als die Mutter endlich ein zweites Kind erwartete, ließ sie sich von einem umherziehenden Sanitäter durch Ultraschall das Geschlecht des künftigen Kindes bestimmen. »Und weil es wieder ein Mädchen geworden wäre, ging sie zu einer Barfußärztin, die ihr das Kind wegmachte. Viele Frauen lassen heute, obwohl diese Untersuchungen mit Ultraschallgeräten streng verboten sind, die Mädchen abtreiben und bringen ihr Kind nur zur Welt, wenn es ein Junge wird.«

Wang Lai Di schreibt optimistisch, dass sie in der Zeitung gelesen hat, dass es in einigen Jahren wegen der Abtreibung der Mädchen einen Überschuss von rund 30 Millionen chinesischen Männern geben wird. »Dann werden alle, die keine Frau abbekommen haben, um uns kämpfen müssen.«

Die Eltern von Wang Lai Di arbeiten inzwischen beide in Peking. Der Vater als Tankwart und die Mutter als Verkäuferin. »Im nächsten Jahr, wenn ich 18 bin, werden sie mich holen.«

Xing Feng hat auf das Deckblatt seines Textes das Puzzle eines Berges geklebt. Weil ich mich bei diesem Anblick an den Erzieher im Heim der »Mörderkinder« erinnere, der trotz des Namens Feng – Gipfel – von Statur sehr klein war, muss ich nicht nach der Bedeutung des Puzzles fragen.

Xing Feng ist vor 18 Jahren als Kind von Wanderarbeitern in Peking geboren und hier aufgewachsen. »Meine Eltern waren Bauern. Als sie in die Stadt kamen, wurden sie von den Unternehmern wie Sklaven behandelt. Es gab Millionen Bauern, die in Peking eine Arbeit suchten. Sie mussten jede Arbeit zu jeder Bedingung annehmen. Meine Mutter schaufelte Gräben, und mein Vater pflanzte Bäume. Sie hatten beide nichts gelernt. Sie fuhren einmal im Jahr zum Neujahrsfest nach Hause und brachten ihren Eltern Geschenke. Vor 5 Jahren kam der Bruder meines Vaters, ein ausgebildeter Maler, nach Peking. Er erhielt einen Job in einer Baufirma, die ihn, selbst als Wanderarbeiter, nach Tarif bezahlen und sogar Urlaub gewähren muss. Man kann uns heute, wo auch in China qualifizierte Arbeiter fehlen, nicht mehr alle wie Sklaven behandeln.«

Xing Feng will in der Computerfabrik später als Techniker arbeiten. »Vielleicht gehen meine Eltern, wenn ich geheiratet habe, zurück in unser Dorf. Aber ich werde zeit meines Lebens in der Stadt leben, in der ich geboren bin. Ich habe wie viele andere Kinder hier nie auf dem Feld gearbeitet. Ich verstehe nichts vom Pflügen, Säen und Ernten. In unseren Dörfern werden in einigen Jahren nur noch die Alten leben. Aber weil sie zu alt sind, um Reis und Gemüse anzubauen, werden wir unsere Maschinen aus China in anderen Ländern dann gegen Nahrungsmittel eintauschen. Natürlich nicht nur, weil wir Jungen nicht mehr auf den Feldern arbeiten wollen, sondern auch, weil China nur knapp 7 Prozent der Weltackerfläche besitzt, aber 23 Prozent der Weltbevölkerung hier leben und ernährt werden müssen.«

Auf dem letzten Blatt, das ich mir von Irina und Madame Zhou erklären lasse, ist nur ein halber Mensch zu sehen. Schuhe, Beine und Hose bis zur Hüfte. Brust und Kopf passen nicht mehr darauf.

»Wei hat sich als Riese gemalt, Wei bedeutet der ›Große‹.«

Der Text von Zhung Wei ist ein Brief an seine Eltern, die als Wanderarbeiter in Peking leben. Der 7-Jährige schreibt: »Ich soll Euch von allen hier danken. Das Geld, das Ihr geschickt habt, war sehr nützlich. Der Großvater konnte endlich in ein Krankenhaus der Stadt gebracht werden. Dort hat man seinen unbeweglichen Arm wieder beweglich gemacht. Der Onkel hat sich Ziegel kaufen können, um unser Hausdach zu reparieren. Ich danke Euch sehr, denn von dem Geld werden wir für mich auch Schulbücher kaufen.«

Ich schaue die beiden Frauen nach der Lektüre wohl nicht gerade freudestrahlend an, denn Madame Zhou fragt, ob ich andere Berichte erwartet hätte.

»Keine so unterschiedlichen. Ich dachte, dass ich nach der Lektüre sagen könnte: So leben die Wanderarbeiter in China.«

»Nein, so viele verschiedene Geschichten, so viele verschiedene Antworten! Das ist China. Mit der Zeit werden Sie es verstehen.«

Ich habe keine Zeit mehr. Und sage: »Schade, dass ich Ihre 99 Berichte erst heute lesen konnte. Vor drei Wochen hätten sie mir manche ergebnislosen Erkundungen erspart.«

»Ja, Peking ist groß. Die sich treffen müssten, treffen sich hier nicht oft«, sagt Irina und überreicht mir eine kleine, für Kinder genähte Soldatenmütze mit dem Wappen der Roten Armee. »Das ist das Geschenk von Igor Kusnezow für Sie.«

Ich bedanke mich und sage, dass ich sie an einen Enkel weitergeben werde. »Ich habe vier Töchter.«

Madame Zhou schaut mich verwundert an. »Vier Mädchen und keinen Jungen?«

Bevor ich gehe, möchte ich wissen, weshalb man sie »Madame Zhou« nennt.

»Ein Wanderarbeiter, dem ich dreimal geholfen hatte, dass der Unternehmer den ausstehenden Lohn zahlt, sagte mir einmal: ›Frau Zhou, Sie sehen in Ihrem Kostüm, der weißen Bluse und den roten Schuhen wie die feinen Damen in Paris aus. Ich werde Sie deshalb Madame Zhou nennen!‹

Der gute Mann war sein Leben lang niemals in Paris gewesen. Doch einmal hatte er sich – erzählte er mir triumphierend – im größten Pekinger Kino eine Eintrittskarte gekauft. Und in dem Film sah er die Damen von Paris.«

SPICKZETTEL (18)

Mona W., Berufswunsch: Irgendetwas mit Sprachen oder Kunst

Ich wünsche sehr, dass China in der Lage sein wird, eigene Fehler zu sehen und zu beseitigen. Zum Beispiel müsste die Bildung verbessert werden, denn es ist wahrhaftig eine Qual für die Kinder, die in engen Klassenräumen sitzen müssen oder für die Schule sehr viel Geld bezahlen müssen. Sie wollen sehr viel lernen, die Chinesen, auch an den Universitäten, aber die Bedingungen sind nicht sehr gut. Außerdem finde ich es wichtig, dass die Umweltverschmutzung vom Staat viel strenger kontrolliert und bestraft werden muss. Auch das Denken von Menschen ist manchmal noch fehlerhaft! Es ist zu wenig Liebe zwischen den Menschen. Mir fehlt in China, wenn ich an Deutschland denke, nur die klare Luft, der klare Himmel, alles, was sauber ist, aber sonst überhaupt nichts. In Deutschland würde mir all das Neue von China, das Lebendige fehlen. All die wissbegierigen und freundlichen Menschen hier. Die Unruhe. In Deutschland fühlt man sich einsam.

Der Abschied
ODER:
Zhe hen hao, mei you jing li – Es ist gut, dass keiner salutiert hat

Der Taxifahrer, der mich zum Treffen mit Herrn Wu Ming kutschiert, trinkt keinen Tee aus einem Schraubglas und spielt auch nicht mit zwei kastaniengroßen Kugeln. Stattdessen spreizt er beim Schalten seinen kleinen Finger auffällig ab. Dessen Nagel ist mindestens drei Zentimeter lang. Ich kenne das aus Afrika. Dort symbolisierte ein langer Fingernagel: »Ich muss nicht körperlich arbeiten.«

In China bedeutet es vielleicht dasselbe, denn der Taxifahrer duftet aufdringlich nach Parfüm, er schnäuzt sich die Nase mit einem weißen Taschentuch und bietet mir eine amerikanische Zigarette an.

Herr Wu Ming steht schon vor dem Restaurant neben seinem Wagen. Es ist ein sehr großes Auto, innen mit Edelholz verkleidet, und der Schalthebel glänzt golden.

»Das größte Auto der Familie, in dem sieben Personen sitzen können, fährt einer meiner Söhne.« Das nutzen sie für Familientreffen. »Einmal in der Woche sehen wir uns alle.« Inzwischen beschäftigt der Sohn dafür einen Fahrer.

Ich sage Herrn Wu Ming, dass ich ihm für die Reise und die Gespräche danke und zum Essen einladen möchte. Damit er die Speisen auswählen kann, reiche ich ihm das »Bilderbuch«. Doch er lässt nicht, wie das üblich ist, viele Gerichte auftragen, er bestellt nur zwei, drei leichte Fischgerichte. »Der Abt hat mir die Völlerei verboten. Ich soll sehr oft, aber immer nur Kleinigkeiten essen. Der Abt ist ein kluger Mensch.«

Herr Wu Ming bedauert wieder, dass ich während unserer Reise nach Jinan und Tai'an nicht mit weiteren von ihm empfohlenen Personen sprechen konnte.

Ich sage, dass ich inzwischen noch viele »kleine Leute« kennengelernt habe: Straßenkehrer, Wachhabende, Ayis, Friseure, Wanderarbeiter ...

Herr Wu Ming sagt: »Was werden Sie von Straßenkehrern, Ayis oder Wachleuten über die großen ökonomischen und politischen Veränderungen in China erfahren haben? Die schauen meist nur bis zu der Straße, auf der sie gerade gehen oder an der sie stehen.«

»Und die Wanderarbeiter?«

»Die schaffen den Reichtum von China. Die Wanderarbeiter haben in wenigen Jahren zum Beispiel die 14-Millionen-Stadt Shenzen, die vor 25 Jahren noch ein Fischerdorf war, aus dem Boden gestampft. Sie sind die Quelle, aus der das chinesische ökonomische Wunder gespeist wird. Doch das wissen sie wahrscheinlich selbst nicht.«

Deshalb hätte ich besser mit Managern, Politikern, Künstlern und anderen wichtigen Chinesen über China sprechen sollen. Er winkt ab. Nun, es sei zwar schade, aber ich hätte durch den Abt zumindest die alte Philosophie des Taoismus kennengelernt. Mit ihr könnte man das heutige China besser als durch den Konfuzianismus verstehen.

»Der Konfuzianismus«, sagt er, »war im Gegensatz zum Taoismus vor allem ein Instrument des Kaisers zu seiner Machterhaltung. Er lehrte, wie man sich der Obrigkeit zu unterwerfen hatte. Doch das ist nicht die Moral, die wir heute brauchen. Der Konfuzianismus regelt das Verhältnis des Menschen zur Macht.«

Herr Wu Ming steht dem Taoismus näher. »Er ist auch die Lehre von der Beziehung zwischen Mensch und Natur. Man soll als Mensch niemals gegen die Gesetze und das Leben der Natur verstoßen. Inzwischen versuchen wir in China die Umwelt im Sinne des Taoismus vor der Gier der Menschen zu schützen. Doch hoffentlich ist es nicht schon zu spät für die Harmonie zwischen Mensch und Natur.«

Ich frage, ob der Taoismus auch die Harmonie der Menschen zu ihrer Umgebung regelt und beispielsweise verhindert, dass die alten Hutongs, in denen die Chinesen seit Jahrhunderten leben, abgerissen werden.

Herr Wu Ming entgegnet verwundert: »Weshalb sollten wir die Hutongs nicht abreißen? Man muss nur einige historisch wertvolle erhalten. Es gibt keinen Grund, nicht anstelle der oft schon einstürzenden Hutongs neue Hochhäuser und Betriebe zu bauen. In einigen Hutongs leben die Menschen zwischen jahrhundertealten Mauern auf engsten Raum zusammen. Viele haben dort nicht einmal drei Quadratmeter Wohnfläche. Alle Menschen in China – nicht nur privilegierte Künstler oder der reiche Unternehmer – haben heute das Recht, gut zu leben. Und da streiten wir um den Abriss der Hutongs? Ein Nachbar ist für den Abriss, der andere Hausbesitzer dagegen. Sie streiten sich, und es wird überhaupt nichts passieren. Dann muss ein Kapitän entscheiden.«

»Ein Kapitän?«, frage ich. »Wer ist der Kapitän?«

»Der Kapitän ist die Regierung. Sie entscheidet, ob und wo abgerissen wird. Danach bietet sie privaten oder staatlichen Gesellschaften den Neubau von Häusern an. Aber diese Gesellschaften können nur die Nutzungsrechte kaufen. Niemals den Boden! Der Boden wird immer staatlich bleiben. In der Geschichte gab es schon viele Kriege, um fremden Boden zu erobern. Deutschland und Japan waren zu klein. Sie haben Kriege geführt, um sich zu vergrößern. China hat niemals wie die Europäer Kriege geführt, um sich zu vergrößern …

Wissen Sie, im Ausland kann man jeden Tag tausend Artikel gegen uns und unsere Politik schreiben. Das stört China nicht. Wir sind der Elefant, den der Hund anbellt. Und die großen westlichen Staaten können uns nicht mehr blockieren. Wenn sie uns blockieren, lähmen sie sich selbst. Sie verlieren nämlich ihren größten Markt.«

Er wechselt das Thema und versichert: »Wir lieben Deutschland, wir nennen es ›deguo – Land der Tugend‹. Doch die politische Grundhaltung der Deutschen unterscheidet sich sehr von der unsrigen.« Und er fragt, ob ich mir vorstellen könnte, dass bei der Vereinigung von BRD und DDR die Strukturen und Gesetze der DDR erhalten geblieben wären. »Also ein Land, aber zwei politische Systeme.«

Ich sage, dass in Deutschland nur das Prinzip »Ein Land – ein politisches System« durchgesetzt wurde.

Fahrradflickwerkstatt

»Wir dagegen,« erklärt Herr Wu Ming, »befolgen inzwischen auch in der großen Politik nicht das Entweder-oder-, sondern das Sowohl-als-auch-Prinzip. Heute, 13 Jahre nach der Vereinigung mit Hongkong, sind die ökonomischen und politischen Strukturen der kapitalistischen Hochburg Hongkong dort immer noch gültig. Das funktioniert gut.«

Nach dieser langen Rede schweigt Herr Wu Ming. Es

scheint mir, als ob er damit einer Pflicht Genüge getan hat.

Dann trinken wir Tee. Grüner Tee, sagt er, ist nicht gut für den Magen. Und er bestellt schwarzen Tee.

Irgendwann will er wieder nach Deutschland fahren. Ich lade ihn ein, mich zu besuchen.

Vielleicht hätte ich ihn zum Schluss nicht noch bedrängen sollen, mir auch Persönliches zu erzählen. So laut er über die Politik gesprochen hat, so leise erzählt er von sich. Er hat 7 Geschwister. Sein Vater war der Parteisekretär der Kommune. Kulturrevolutionäre haben ihn zu Tode gequält. Zwei Jahre später starb die Mutter aus Kummer.

»Ich war weit weg beim Studium und konnte nicht einmal zum Begräbnis bei ihnen sein.«

Er versucht die Tränen zurückzuhalten.

Es gelingt ihm mit sehr viel Mühe. Zum Abschied schenkt er mir eine Dose mit weißem Tee und eine Dose mit rotem Tee.

Ich fahre mit der U-Bahn zurück. Draußen ist es noch kälter geworden.

Eine alte Frau versucht den großen Sonnenschirm, unter dem sie auf einem Fahrrad Teigtaschen kocht, so weit nach hinten zu kippen, dass er sie wie eine Orchestermuschel vor dem eisigen Wind schützt. Aus dem Wasserkessel steigen Dampfwolken. Mopedfahrer grüßen, obwohl direkt neben der Köchin ein Straßenschild das Hupen verbietet, mit lang anhaltenden schrillen Tönen.

Wenige Meter weiter parken in der Xinyuan Jie auf nur 50 Metern Hunderte Fahrräder und Mopeds.

Alle sind verstaubt, die Fahrräder meist ohne Gangschaltung. Angebrochene Rahmen hat man mit Pflaster oder Klebeband umwickelt. Kaum ein Fahrrad besitzt eine Klingel und kein einziges eine Lampe. (Schrieb ich schon, dass es in

Peking Fahrradfahrern strengstens verboten ist, mit Licht zu fahren, um die Autos nicht zu blenden!?)

Auf dem Bürgersteig beladen die Besitzer die großen Gepäckträger und Anbauten ihrer Fahrräder mit Blumensträußen, mit Gläsern, in denen Fische schwimmen, mit Kartons, in denen Bücher gestapelt sind, mit Papierbündeln, Wasserflaschen und Kisten, gefüllt mit Erde.

Auf Schritt und Tritt begegne ich auch in der Kälte den Müllfrauen. Sie kehren Plaste, Papier und Blätter mit langen Besen auf ihre Schaufeln, werfen den Unrat in den am Fahrrad angehängten Müllwagen und schimpfen, wenn Vorübergehende neben ihnen auf den Boden rotzen. Doch einige der Beschimpften lesen sorgsam Papier auf und werfen es den Fluchenden in den Wagen.

An den großen Kreuzungen stehen Frauen mit roten Fahnen und Megaphonen und versuchen durch Schreien, mit Trillerpfeifen und Fahnenfuchteln zu verhindern, dass sich die Massen bei Rot über die Straße wälzen.

Doch alle Mühe ist umsonst.

Klaus würde sagen: »So sind sie, meine Chinesen.« Und der Satz hat bei ihm einen fast zärtlichen Unterton.

Ich bitte ihn, dass wir noch einmal am Tag durch das abgerissene Hutong fahren, in dem ich in der Nacht mit schweißnassen Händen ängstlich auf die Konturen des Verfalls gestarrt hatte.

Es befindet sich in der Nähe des Compounds. Noch nicht alle Häuser sind zertrümmert worden. Einige stehen leer. Anstelle der Fenster, Löcher in den Wänden. Und auf den Haufen von Steinen und Schutt liegen rote Transparente.

»Wohlstand für alle« und »Der Aufbau Chinas ist sieghaft«.

Der nächtliche Kadaver einer Kuh entpuppt sich bei Tag als der Rest eines Kohlehaufens.

Als wir zurückfahren, bitte ich Klaus: »Lass mich noch die

inzwischen abgerissene Dachreiter-Werkstatt fotografieren.«
Er fragt, weshalb ich am Ende meiner Chinareise ein Symbol
der Zerstörung traditioneller chinesischer Handwerkskunst
anschauen möchte.

Ich weiß es nicht.

Aber er fährt mit mir an den Stadtrand. Die Nachbargebäude der Werkstatt sind bis auf die Grundmauern abgetragen. Die Dachreiter-Werkstatthallen stehen noch, und im
Hof sind Drachen und Affen, Phönixe und Pferde versammelt. Unbemalt. Tonfarben nackt.

»Nicht alles geht so schnell«, sagt Klaus anscheinend erleichtert. »Manche Wunder dauern auch in China länger.«

Er schlägt vor, dass wir an meinem Abschiedsabend in Peking noch das seiner Meinung nach interessanteste chinesische Restaurant besuchen. Wir finden einen Parkplatz davor
und irgendwann drinnen auch einen freien Tisch. Alles ist
hier wie am Abend meiner Ankunft. An den Nachbartischen
schieben die Chinesen, wenn sie auf ihrem Teller Platz brauchen, die Speisereste von ihrem Teller auf den Tisch, und
wenn sie Platz auf dem Tisch haben wollen, die angenagten
Hühnerfüße auf den Fußboden. Und sie schreien und
schmatzen und rülpsen und trinken die Gläser trocken.

Nur eines ist hier anders als damals im »Sichuan«. Man
wählt die Speisen nicht aus einer buntbebilderten Karte. In
der Mitte des Restaurants stehen Aquarien und meterlange
Schalen. Darin schwimmen, kriechen oder zappeln Hummer
und Krebse, Langusten und Muscheln und kleine und große
Fische. Ich bin froh und könnte stundenlang sitzen und essen, schwatzen und trinken. Und die Knochen und Gräten
von meinem Teller auf den Tisch schieben. Lediglich die roten Weihnachtsmannmützen auf dem Kopf der schönen jungen Bedienerinnen machen mir den Abschied aus dem Paradies der lukullischen Genüsse leichter.

Im Restaurant

Am nächsten Morgen, der Flieger geht am Nachmittag, rufe ich schon fast intuitiv noch einmal bei Frank, dem »MAD DOG« an. Und er ist wahrhaftig zu Hause. Aber hat natürlich keine Zeit. In einer Stunde treffen sie sich zur sonntäglichen Motorradausfahrt. Wenn ich möchte, sagt er, könnten wir uns am Ausgang des Compounds wenigstens noch verabschieden.

Ein Mad Dog China aus Leipzig

Als ich komme, wartet er schon. Er sitzt in der schwarzen Motorradkluft auf seiner Maschine. Mit süß-saurem Lächeln sage ich ihm, dass ich ausgerechnet ihn, der nur hundert Meter neben uns wohnt, nicht befragen konnte. Weder über das »Gelb-Fieber« noch über die von einem Engländer angeführten »Verrückten Hunde« in Peking.

Der Leipziger sagt: »Man kann in China in so kurzer Zeit nicht alles erfahren.« Ich fotografiere ihn, als er seine Maschine aufheulen lässt, von hinten um das »MAD DOG CHINA« auf seinem Rücken zu Hause buchstabengenau abschreiben zu können.

Dann verabschiede ich mich von der Halloweenhexe, von den Räuchermannels, den Dachreitern, dem Weihnachtsbaum, den chinesischen Masken und dem Terrakottakrieger vor der Veranda.

Als Monika, Klaus und ich am Wachhäuschen vorbeifahren, steht der Junge nicht draußen.

Und ich bin froh, dass keiner salutiert.

Letzter Gruß

Verändert euch!
Das Manifest zur Energiewende
240 Seiten
ISBN 978-3-351-02742-1

Zur aktuellen Debatte

Nach der Katastrophe von Fukushima steht die Welt an einem Wendepunkt. Der energiepolitische Neubeginn ist unvermeidlich und kann nur gelingen, wenn es eine Abkehr von wirtschaftlichem Wachstum auf Kosten der nächsten Generationen gibt. Christa Wolf, Sven Giegold, Günter Kunert, Hans Leyendecker, Robert Misik, Landolf Scherzer, Friedrich Schorlemmer, Richard David Precht, Jakob Augstein, Egmont R. Koch u.v.a. schreiben darüber, wie wir uns und die Welt ändern können, um besser zu leben. Dieses Buch liefert alle Argumente für ein gesellschaftliches Umdenken, zeigt einen realistischen Weg für dieses entscheidende Zukunftsprojekt auf – und dass deshalb keineswegs alle Lichter ausgehen werden.

Mehr Informationen erhalten Sie unter www.aufbau-verlag.de
oder in Ihrer Buchhandlung

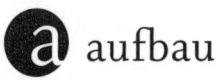

Die Welt mit den Füßen vermessen

Geplant war eine Fahrt per Traktor und Wohnwagen durch sieben osteuropäische Länder, aber bereits vor Ungarn gab der Trecker auf. So musste Landolf Scherzer mit seiner alten Kraxe loslaufen, immer geradeaus, von Grenze zu Grenze. Was enttäuschend begann, erwies sich als Glücksfall, denn wie hätte er sonst so viele Begegnungen am Wegrand haben können: ungarische Flurwächter, kroatische Friedhofspfleger, rumänische Fußballtrainer, gastfreundliche Roma und all die Grenzgänger aus dem Heer derer, die der Arbeit hinterherziehen. Ihn erwarteten merkwürdige Beispiele der Globalisierung, osteuropäisches Improvisationstalent, absurde EU–Projekte, neueste Technik neben primitivsten Bedingungen. Hass auf den Nachbarn lernte er kennen, Geschäftstüchtigkeit wie Großherzigkeit – und nicht zuletzt seine eigenen Grenzen.

»Der Meister der literarischen Reportage.« Neue Presse Coburg

Mehr von Landolf Scherzer:
Der Erste. atb 1241-6
Der Grenz–Gänger. atb 7059-1
Die Fremden. atb 8115-3
Fänger & Gefangenen. atb 1470-0

**Mehr Informationen erhalten Sie unter www.aufbau-verlag.de
oder in Ihrer Buchhandlung**

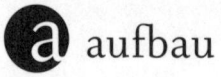

LANDOLF SCHERZER
Urlaub für rote Engel
Reportagen
Mit einem Vorwort von
Günter Wallraff
208 Seiten
ISBN 978-3-7466-2694-9
Auch als E-Book erhältlich

Die ungeschönte Wirklichkeit

Für diese Reportagen hat Landolf Scherzer wieder »weiße Flecken
in der Landschaft der sozialen Wirklichkeit dieses Landes« (Günter
Wallraff) betreten: Er wollte von der Treuhand ein Rittergut kaufen,
traf in Thüringen eine westdeutsche Puffmutter, begegnete einer
lebensmüden Arbeitslosen und hat die Millionäre im »Goldstaub-
viertel« von Radebeul gesucht.

*»Scherzer serviert Wirklichkeit in nahrhafter Form. Reportage wird in
dieser Zeit sozialer Konflikte wieder zu einem wichtigen Lebensmittel.«*
GÜNTER WALLRAFF

Mehr Informationen erhalten Sie unter www.aufbau-verlag.de
oder in Ihrer Buchhandlung

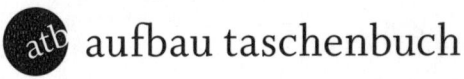

LANDOLF SCHERZER
Letzte Helden
Reportagen
208 Seiten
ISBN 978-3-7466-2663-5
Auch als E-Book erhältlich

Das Abenteuer Realität

Mit drei Reportagen beweist Scherzer erneut sein Gespür für brisante
Themen: Er reiste in die Region von Tschernobyl, erfuhr in einer
»Tafel« für Bedürftige, wie rasch man im Kreislauf von Arbeitslosigkeit
und sozialer Ausgrenzung landet, und er spürte zwanzig Jahre nach
der Wende einstige »Helden der Arbeit« auf.

Mehr Informationen erhalten Sie unter www.aufbau-verlag.de
oder in Ihrer Buchhandlung

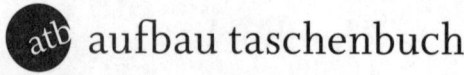

LANDOLF SCHERZER
Der Grenz-Gänger
397 Seiten
ISBN 978-3-7466-7059-1

»Meister der literarischen Reportage« NEUE PRESSE

Jedes Buch Landolf Scherzers beruht auf einem Abenteuer. Diesmal wanderte er in 15 Etappen auf dem ehemaligen innerdeutschen Grenzstreifen zwischen Thüringen, Bayern und Hessen, mehr als 440 Kilometer. Er erzählt von Einzelschicksalen wie von Problemen der Region, die stellvertretend für die des ganzen Landes stehen. Eine aufschlußreiche Langzeitbeobachtung – aktuell und kontrovers.

»Ein wertvolles Zeitdokument: voller Geschichten aus Ost und West, und mitten aus unserem Land.« STERN

Mehr von Landolf Scherzer (Auswahl):
Die Fremden. atb 8115-3
Fänger & Gefangene. atb 1470-0
Immer geradeaus. AV 02715-5

Mehr Informationen erhalten Sie unter www.aufbau-verlag.de
oder in Ihrer Buchhandlung

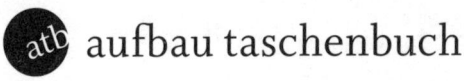

LANDOLF SCHERZER
Die Fremden
Unerwünschte Begegnungen
und verbotene Protokolle
235 Seiten
ISBN 978-3-7466-8115-3

Fremdsein in Deutschland

Auch in der DDR gab es Gastarbeiter: Vietnamesen oder Afrikaner.
Landolf Scherzer befragte damals Arbeiter, Parteisekretäre, Nachbarn
und Freunde zu ihren ausländischen Mitbürgern. Seine Aufzeich-
nungen durften nicht erscheinen. Nach zwanzig Jahren nimmt er die
Spuren der letzten Suhler Moçambiquaner wieder auf, erzählt, wie sie
die DDR-Zeit heute sehen und wie es ihnen im neuen Deutschland
ergeht, und er spricht mit einigen der früheren Gesprächspartner.
Vervollständigt wird das Buch durch aktuelle Reportagen zu Natio-
nalismus, Antisemitismus und Ausländerverfolgung.
Ein Buch, das in die Debatte über Fremdenhass und Zivilcourage in
Deutschland eingreift.

*»Seit der Wiedervereinigung zeigt sich, dass sich einiges an unseligen
deutschen Untugenden paart und damit potenziert.«* GÜNTER WALLRAFF

**Mehr Informationen erhalten Sie unter www.aufbau-verlag.de
oder in Ihrer Buchhandlung**

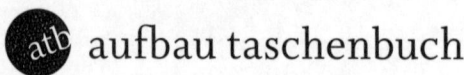

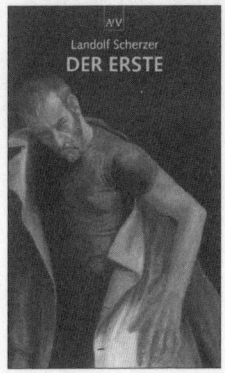

LANDOLF SCHERZER
Der Erste
Mit einem weiterführenden Bericht:
Der letzte Erste
252 Seiten
ISBN 978-3-7466-1241-6

»Schreib das auf, Scherzer!«

GÜNTER WALLRAFF

Als Landolf Scherzers Reportage »Der Erste« 1988 erschien, war das
eine Sensation: noch nie hatte es eine Innenansicht aus dem Partei-
apparat gegeben, noch nie waren so anschaulich die inneren Probleme
der DDR beschrieben worden. Scherzer, »eine Art Wallraff ohne
Maske« (Der Spiegel), hatte vier Wochen lang den ersten SED-Kreis-
sekretär von Bad Salzungen begleitet, und dieses bis dahin nicht
denkbare Beispiel für Glasnost hatte vor allem die Überforderung der
Funktionäre angesichts zunehmender Schwierigkeiten offenbart. Das
Buch gehörte zu den meistdiskutierten Publikationen in der DDR.
Ende 1989 war Scherzer wieder mit dem Ersten unterwegs und
dokumentierte die Auflösung der alten Machtstrukturen.

Mehr Informationen erhalten Sie unter www.aufbau-verlag.de
oder in Ihrer Buchhandlung

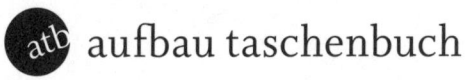